讲给孩子的
上古中国史

神话时代

李海军◎著

中国出版集团
现代出版社

图书在版编目（CIP）数据

讲给孩子的上古中国史：全3册/李海军著.——北京：现代出版社，2020.8
ISBN 978-7-5143-8437-6

Ⅰ.①讲… Ⅱ.①李… Ⅲ.①中国历史－上古史－儿童读物 Ⅳ.①K210.9

中国版本图书馆 CIP 数据核字 (2020) 第 087520 号

讲给孩子的上古中国史·神话时代

作　　者：李海军
责任编辑：袁子茵
出版发行：现代出版社
通信地址：北京市安定门外安华里 504 号
邮政编码：100011
电　　话：010—64262325　010—64245264（传真）
网　　址：www.1980xd.com
电子邮箱：xiandai@vip.sina.com
印　　刷：北京瑞禾彩色印刷有限公司
开　　本：710mm×1000mm　1/16
印　　张：46.75
版　　次：2020 年 8 月第 1 版　2020 年 8 月第 1 次印刷
书　　号：ISBN 978-7-5143-8437-6
定　　价：168.00 元（全 3 册）

目 录

鸿蒙之初：混沌吞吃世界　　　　　　　　　 / 001

垂死化身：盘古开天辟地　　　　　　　　　 / 007

五岳独尊：盘古之首东岳泰山　　　　　　　 / 012

乘龙快婿：盘古双足西岳华山（1）　　　　　 / 021

劈山救母：盘古双足西岳华山（2）　　　　　 / 029

禅宗武祖：盘古之腹中岳嵩山（1）　　　　　 / 045

学府嵩阳：盘古之腹中岳嵩山（2）　　　　　 / 053

　　视此而兴：北宋书院肇始之地应天府书院　 / 056

　　岳麓爱晚：于斯为盛的千年学府　　　　　 / 057

　　白鹿归洞：雨过琴书的白鹿洞书院　　　　 / 062

衡阳雁断：盘古的左臂南岳衡山　　　　　　 / 065

一局烂柯：盘古的右臂北岳恒山　　　　　　 / 071

碧落黄泉：真实的创世记　　　　　　　　　 / 076

目　录

人猿揖别：中国人是黄土捏出来的吗 / 085

　　抟土作人：神祺女娲创造人类 / 085

　　偷食禁果：人类原罪失乐园 / 092

　　蹒跚学步：人类从哪里来 / 099

感应而孕：华胥舍身为人 / 104

一画开天：人文初祖伏羲 / 116

　　退而结网：伏羲如何发明渔网 / 117

　　薪尽火传：伏羲如何取得火种 / 119

　　星火燎原：宙斯为什么派潘多拉报复人类 / 128

　　河图洛书：包罗万象的先天八卦 / 136

炼石补天：大洪水时代的到来 / 144

钻木取火：人类第一次支配自然力 / 153

华夏之源：神农炎帝的故事 / 163

日尝百草：神农日中七十毒而不死的秘密　　**/ 163**

秋收冬藏：神农发明畜牧业和农业　　**/ 167**

古井无波：神农发明水井　　**/ 170**

日中而市：传说中最早的商品交换　　**/ 171**

野草断肠：英雄最后的叹息　　**/ 173**

四时八节：中国的人农耕时令　　**/ 174**

天干地支：古人的计时方法　　**/ 176**

朝云暮雨：巫山神女是神农的女儿吗　　**/ 177**

精卫填海：永不屈服的海边精灵　　**/ 180**

三皇五帝：从神话时代到传说时代　　/ 188

炎黄传说：历史上第一次民族大融合　　/ 191

阪泉之战——我们为什么被称为炎黄子孙　　**/ 192**

魑魅魍魉：蚩尤起兵战黄帝　　**/ 196**

目 录

风后指南：蚩尤吞云吐雾围困黄帝　　　　　　**/ 199**

赤地千里：旱魃（bá）大败风伯雨师　　　　　　**/ 203**

常先造鼓：雷神的骨头夔的皮　　　　　　**/ 205**

且听龙吟：应龙大破魑魅魍魉　　　　　　**/ 207**

夸父追日：最后一个"盗火"英雄　　　　　　**/ 208**

血荐轩辕：奇门遁甲擒杀蚩尤　　　　　　**/ 211**

先蚕娘娘：嫘祖养蚕缫丝　　　　　　**/ 217**

大美嫫母：古代四大丑女都有谁　　　　　　**/ 225**

嫫母衣锦：黄帝为何迎娶丑女嫫母　　　　　　**/ 225**

磨石为镜：镜鉴的由来　　　　　　**/ 228**

自荐枕席：为什么说有事钟无艳、无事夏迎春　　　　　　**/ 230**

举案齐眉：相敬如宾的模范夫妻　　　　　　**/ 235**

算无遗策：识福知祸、保全二子的阮氏女　　　　　　**/ 241**

鸿蒙之初

混沌吞吃世界

"天地玄黄，宇宙洪荒"，这是与《三字经》《百家姓》并称我国传统三大启蒙读物之一《千字文》的开篇之语，意思是天是黑的、地是黄的，鸿蒙之初的宇宙处于一片混沌之中，这句话说的是古人眼中的宇宙起源。下面就让我们一起走入神话世界中的宇宙洪荒。

很久很久以前，我们生活的世界没有天、没有地、没有花草，也没有小动物，更没有人类，只有一群神仙飘来飘去。这些神仙从哪里来，至今都没人能说清楚。

在他们之中，有三位神仙非常厉害，统治着我们的世界。居住在南方的叫作倏（shū），我们称他为"南海之帝"；居住在北方的叫作忽，我们称他为"北海之帝"；居住在中间的叫作混沌（hùn dùn），我们称他为"中央之帝"。

倏和忽与我们人类长得非常像：眉清目秀、高鼻阔嘴、方面大耳，是标准的美男子。

混沌的长相就不太好看：没有眼睛、没有鼻子、没有耳朵、没有嘴，只有一个光秃秃、圆咕隆咚（yuán gū lóng dōng）的脑袋，像个鸭蛋。

混沌非常好客，经常请倏和忽到家中喝酒聊天。倏和忽非常感激混沌的热情款待，总想找个机会感谢他。

这一天，倏和忽又到混沌家中做客。

倏对混沌说道："我们每次都是到你这里吃吃喝喝，你也应该给我们一个机会让我们表达一下谢意。"

混沌说道："我款待你们，只是真心当你们是朋友，不需要回报。"

忽说道："你要是不答应这个请求，我们睡觉都睡不安稳，吃饭都吃不香甜。"

混沌没办法，只好答应倏和忽的请求："你们打算如何谢我呀？"

倏说道："我们都有双眼、双耳、两个鼻孔和一张嘴这七窍，可以看、可以听、可以闻、可以吃，唯独你没有，让我们为你凿出七窍（qiào），你就可以和我们一样了。"

混沌连连摆手，说道："不行不行，我听说如果我有了七窍，这个世界就会发生灾难，千万不能这样做。"

忽笑着说道："那都是骗你的话，我们有七窍，也没看到这个世界有什么灾难啊！当你拥有七窍，就会知道这个世界是多么美好！"

混沌嘴上说不愿意，其实他非常羡慕倏和忽，每当他们谈起美好的世界，他也想看一看、听一听、闻一闻，于是同意了倏和忽的建议。

你可能会有疑问："混沌没有七窍，怎么能和倏、忽讲话呢？"这个问题问得好！神仙嘛，当然无所不能，比如他们能够通过心灵感应来对话啊！你可以充分开动聪明的小脑瓜，想象一下神仙们是如何做到这一点的。好了，我们继续讲故事。

第一天、第二天，倏和忽用凿子和斧子为混沌凿出两只眼睛。混沌睁开眼睛，他从没看过这个世界，高兴地叫道："这个世界多么美丽！"

第三天、第四天，倏和忽用凿子和斧子为混沌凿出两个鼻孔。混沌深深地呼吸，他从没有闻过一丝气息，高兴地叫道："这个世界多么清新！"

第三天、第六天，倏和忽用凿子和斧子为混沌凿出两只耳朵。混沌静静地聆听每一个声响，他从没有听过一点声音，高兴地叫道："这个世界多么动听！"

倏非常兴奋（xīng fèn）地对混沌说道："没有骗你吧，我们已经为你凿出六窍，世界也没发生什么灾难啊！"

忽对混沌说道："再帮你凿出一张嘴，你就和我们一样了。"

混沌有些心急如焚："快！赶快给我凿出嘴，我就可以品尝世界上最美味的食物！"

倏和忽说道："好！明天我们就为你凿出一张嘴！"

混沌说道："我真希望明天马上到来！"

第七天很快就到了，倏和忽费了一天的劲儿帮混沌凿嘴，一张嘴即将完成。

倏擦拭（cā shì）着脸上的汗："还剩最后一下，你就可以尝遍天下的美味！"

"快些啊！"混沌催促着，"我都等不及了！"

倏用力凿了最后一下。就在这时，可怕的事情发生了，混沌的嘴越变越大，见什么吃什么，都不受混沌控制了。倏和忽还没反应过来，就被混沌一口吞下去。接着，这个世界上的所有东西、连神仙们都被混沌吞了下去。混沌哭泣着，但他又有什么办法呢？最后混沌把自己也吞掉了，世界真的遇到灾难！

混沌死后，在他死去的地方只剩下一个大鸡蛋一样的东西，据说那就是混沌。"混沌"在这里是个神仙，古人认为天地未开之前，宇宙一片模糊，他们把这种状态称为"混沌"。

关于混沌的故事可不是我瞎编的。春秋战国时期有个叫庄周的人，他和他的门人弟子写了一本书，名叫《庄子》。在这本书中有一篇文章叫作《应帝王》，其中记载着混沌的故事："南海之帝为儵，北海之帝为忽，中央之帝为混沌。儵与忽时相与遇于混沌之地，混沌待之甚善。儵与忽谋报混沌之德，曰：'人皆有七窍以视听食息，此独无有，尝试凿之。'日凿一窍，七日而混沌死。"庄周被世人尊称为"庄子"，他与道家学派的创始人、被神话为太上老君的老子并称为"老庄"。到了唐代，因为庄子曾经隐居于南华山，所以唐明皇册封他为南华真人，《庄子》一书也因此被称为《南华经》。

"子"是古代对道德高尚、学识渊博的人的一种尊称。儒家创始人、大圣人孔子，姓孔名丘，人们尊称他为"孔子"；墨家创始人墨子，姓墨名翟（dí），人们尊称他为"墨子"；法家思想的集大成者韩非子，名叫韩非，人们尊称他为"韩非子"。人们在尊称这些圣人的时候，往往用"姓"加"子"，不过在这些人里面，老子是比较特殊的一个，老子不姓老，而是姓李，名叫李耳，又叫老聃（dān），之所以没有称呼他为"李子"，大概是怕他被人吃了吧！当然这只是一句玩笑话，有人用一个美丽的传说解释他为什么被称为"老子"。据说老子的母亲非常长寿，怀孕九九八十一年才从腋（yè）下生出老子。老子一出生就已经是一个八十一岁的老爷爷，满头白发，连眉毛和胡子都是雪白的，人们就称他为"老子"。还有一位叫"孙子"，"孙子"也是一位厉害人物，名叫孙武，他作战打仗从没有失败过，还写出一本流传百世的传奇兵书—《孙子兵法》，被后人尊称为"兵圣"。曾经有人说《孙子兵法》不是孙子写的，而是一位叫孙膑的人整理出来的，后来考古人员在一座古墓中发现《孙膑兵法》，这段公案才算有了一个了结。

chuí sǐ huà shēn
垂死化身
盘古开天辟地

混沌死了之后，世界沉寂了很久，但这不是世界末日，而是新的开始。

有一天，那个"大鸡蛋"有了一阵轻微的心跳，一个新的神仙在那里慢慢成长，我们都亲切地称他为"盘古"。

盘古不断地成长着，这一长就是一万八千年。一万八千年过去，盘古终于长成一个超级巨人。他睁开眼睛，但是什么都看不见，他被一大团混沌紧紧地包裹着，动也不能动一下。

"我怎么能在这样的地方生活？"盘古无法忍受黑暗的世界。他挣扎着，他的手指忽然碰到了什么。那是一把斧子！你猜得没错，就是倏和忽为混沌凿开七窍时用的那把斧子。

盘古心里有了主意，握住那把斧子，用力一挥"咔嚓"一声巨响，整个大鸡蛋被劈得粉碎。在这些碎屑中，一些轻飘并且清澈的物质上升，聚在一起，形成天空；一些沉重并且混浊的物质下坠，聚在一起，形成大地。

　　盘古站起来，天空与大地之间的距离恰好是盘古向上伸直手臂的高度。天和地之间的距离不变，盘古却还在继续长高，没多久头已经触碰到天空，于是盘古举起双手，一用力将天空托起来。就这样，盘古在天与地之间站着，托举着天空。盘古每长一尺，天空就上升一尺，大地就增厚一尺；盘古每长一丈，天空就上升一丈，大地就增厚一丈。过了一万八千年，天空变得高不可及，

大地变得厚实无比，天与地之间相距九万里。

盘古老了，他也累了，手也撑不住天空，摔倒在地上。盘古临死之前，世界只有天、只有地，四周黑漆漆的。他觉得这个世界太冷清："我要改变这个世界，让我的子孙后代生活得更好！"于是他把自己化作万物：他的呼吸化作风云，他的声音化作雷霆；他的左眼化作太阳，照耀大地；他的右眼化作月亮，点亮夜空；他的血液化作江河，滋润大地；他的肌肉化作土壤，养育万物；他的头发化作星辰，撒满星空；他的皮肤化作草木，装点大地；他的牙齿化作珍宝；他的汗水化作湖泽。他高兴便是晴日，他恼怒便是阴雨……他担心世界没有生机，就将自己的精髓化作大大小小的神仙。他又担心天与地重新聚合，就将自己的四肢化作四根擎天（qíng tiān）的柱子，称为"四极"，其中一根在不周山。请记住这座不周山，我们还会与它不期而遇。不过也有人说，盘古其实是将连同四肢在内的五体化作五座巍峨的山峰，称为"五岳"，支撑着天空。由此有这样的说法："盘古的头化作东岳泰山、左

右图是《传说时代》中的人物，
你记得他是谁吗？
可以把这个故事讲给别人听吗？

臂化作南岳衡山、右臂化作北岳恒山、肚子化作中岳嵩山、双脚化作西岳华山。从地图上看，这正是一个人头东脚西平躺的姿势。

"五体"是指四肢和头。有一句成语叫作"五体投地"，就是指双手、两膝、头部同时着地，这本是古代印度一种最为恭敬的致敬仪式，后来演化为敬佩到了极点。"岳"的意思是高大的山，五岳就是中国有五座非常有名的山，分别是山东省泰安市的东岳泰山、湖南省衡阳市的南岳衡山、陕西省华阴市的西岳华（huà）山、山西省浑源县的北岳恒山和河南省登封市的中岳嵩（sōng）山。

在讲述人类接下来将要发生的故事之前，我们先来听一听五岳的故事。当然，你不愿意听这些故事，也可以直接跳过这部分内容，去看看女娲（nǚ wā）娘娘是如何创造人类的。

wǔ yuè dú zūn
五岳独尊
盘古之首东岳泰山

东岳泰山以雄伟著称。它的四周是平坦的华北平原，似乎坐在平地之上，因此有人说"泰山如坐"。泰山素有"五岳独尊"之称，当你登上泰山之巅，就会看到一块巨大的石头上撰写（zhuàn xiě）着四个鲜红的大字——五岳独尊，这四个字是清末宗室爱新觉罗·玉构题写。在它的右侧还有四个小字——昂头天外。古代中国文人喜欢在悬崖峭壁上刻画些文字，抒发情怀，人们送给这种行为一个美好的名字——摩崖（mó yá），这些在历史中留下来的刻画称为"摩崖石刻"。

当你游历泰山时，今天看到最多的就是形形色色刻着"泰山石敢当"的石头。据说这些可以驱邪。这说法是如何而来的呢？

相传在泰山上住着一区非常勇敢的小伙子，名叫石敢当。一天，石敢当到镇上卖柴，听说一户人家唯一的女儿玉珠被妖魔缠身，病入膏肓（bìng rù gāo huāng）。这户人家说如果有人能够降妖除魔，救玉珠的性命，就将女儿许配给他。石敢当为人豪爽，喜欢打抱不平，应允这户人家定要为其除害。

石敢当在集市上买了一把宝剑，藏在玉珠房中。到了夜晚，妖魔刚刚进入房间，石敢当手持宝剑，跳了出来，大喝一声（dà hè yì shēng）："泰山石敢当在此，拿命来！"

妖魔一愣，见眼前只是个凡人，心无畏惧，上前一步，与石敢当厮打起来。这妖魔看似凶狠，不过是虚有其表，没几下就被石敢当打了个头破血流，落荒而逃。

妖魔被凡人打败，回到洞府，越想越气，决定报复人类。他不敢再去玉珠家中，就跑到其他人家为非作歹。

受尽苦难的百姓知道石敢当能够降妖除魔，纷纷求助于他。石敢当义不容辞地答应下来。

妖魔非常狡猾，知道百姓请石敢当对付自己，就和石敢当玩起捉迷藏：石敢当来到张家，他就跑到李家；石敢当来到李家，他就跑到陈家……

几天下来，还没见到妖魔的影子，石敢当就被折腾得筋疲力尽。正当石敢当束手无策之际，玉珠想出了一个好办法："妖魔非常怕你，如果把你的名字刻在石头上，立于每户百姓家中，说不定可以吓跑他。"

石敢当觉得这个办法不错，就到泰山之上收集许多青石，在上面刻上"泰山石敢当"五个字，送给每户百姓。说也奇怪，自此以后那妖魔再也不敢去害人间。

走走妖魔，石敢当和玉珠过上幸福、安宁的生活。后来他们有了三个女儿，大女儿、二女儿先后出嫁，只有小女儿生活在他们身边。小女儿心地善良，大家都称她为"三姑娘"。

一天，三姑娘上山砍柴，突遇暴雨，看见一山洞，就跑过去躲雨。刚进山洞，就看到一位老奶奶在洞中烤火。一问才知，这位老奶奶孤苦伶仃，一个人在这山洞中生活。三姑娘顿生恻隐之心（cè yǐn zhī xīn），从此照顾老奶奶生活起居，数年如一日。

有一天，老奶奶突然对三姑娘说道："善良的姑娘，感谢你对我无微不至的照顾。我无以回报，就告诉你一个秘密。山有山神、地有地仙，现在天下所有大山都有山神守卫，唯独泰山仍是一座无主之山。过几天，天帝会在泰山之巅召集神仙，选出泰山之主。凡人之中，谁在那一天最先到达泰山，并在泰山山腰的大松树下留一凭证，谁就是泰山之主。你要记住，在泰山山腰有一棵大松树，你在树下掘地三尺，会发现一个木鱼，你把你的绣花鞋埋于木鱼之下，即可成为泰山之主。"

三姑娘惊得睁大了眼睛，问道："您怎么会知道这些事情？"

老奶奶笑着说道："不要问太多，按我说的去做就好！"话音刚落，老奶奶就消失在三姑娘眼前。原来，这位老奶奶是天上的神仙，在凡间为天帝寻找泰山之主，经过这几年与三姑娘朝夕相处，认为三姑娘是最佳人选，才告诉她这个秘密。

三姑娘按照老奶奶的话，准时登上泰山。果然，她在泰山半山腰的大松树下发现一个木鱼，就把自己的一只绣花鞋埋在木鱼

之下。等她到达泰山之巅，天帝和众神仙已经聚在那里。和她同时抵达的，还有一个凡人——柴王。

这下天帝为难了，问左右神仙："按照规定，谁先到达泰山，并在半山腰的大松树下留一凭证，谁就是泰山之主。现在他们同时到达，该选谁呢？"

这时，一位神仙姐姐走出来，对天帝说道："您可以先看看他们埋下的凭证再做决定。"

天帝想想，问三姑娘和柴王："你们可曾在大松树下埋有什么凭证？"

柴王抢先回答："我在树下埋了一个木鱼。"

三姑娘答道："我在树下埋了一只绣花鞋。"

天帝领着众人来到树下，树下只有一处土地被翻动

过。柴王走上前说："这就是我埋木鱼的地方。"说着，柴王扒开土层，挖出一个木鱼，心想：这里再没有埋东西的痕迹，那个小丫头一定在说谎，肯定没埋过什么绣花鞋。

三姑娘看着柴王得意的表情，早猜出他心中想些什么，不动声色地对天帝说道："非常巧，

我的绣花鞋也埋在这里。"说着，三姑娘走到柴王挖的土坑前，继续挖下去，没一会儿就挖出一只绣花鞋。

这时，那位神仙姐姐又走出来，对天帝说道："按照常理，先埋下去的东西应当在下面，由此可以判断一定是三姑娘先到这里。"

天帝略作思索，没多说什么，就封三姑娘为"碧霞元君"，主政泰山。

读到这里，大家一定猜到了，神仙姐姐就是三姑娘照顾过的那位老奶奶。

柴王没有得到泰山之主的位置，非常气愤，就想把泰山顶上的树全部拔掉，让三姑娘连个遮阴的地方都没有，整日挨（ái）晒。他力气很大，一口气拔光泰山顶上的松树，捆成两大捆，担在肩上，往山下走。走到泰山南天门的时候，柴王突然回过神来，心想：我背着这两捆松树下山，也没什么太大用处，还耗费体力，得不偿失。

于是，他一脚把前面一捆松树踢到前山，另一脚把后面一捆松树踢到后山。从此，泰山

左图是《传说时代》中的人物，你记得她是谁吗？可以把这个故事讲给别人听吗？

前山、后山都有大片松林，顶上却是光秃一片，没有遮阴之处。

神仙姐姐怕三姑娘孤单，经常到泰山看望她。泰山顶上的彩云，就是神仙姐姐在为三姑娘遮阴避暑。

泰山之巅有一碧霞祠，祠里供奉着三姑娘碧霞元君，以保佑国泰民安。碧霞，是东方的霞光；元君，是道教对女神的尊称。碧霞元君又称为泰山娘娘、泰山老母、泰山奶奶等，与妈祖娘娘一起素有"北元君、南妈祖"之称。唐代诗人李白在三《游泰山》系列诗中想象着在泰山遇到几位仙女的情景，他写道："玉女四五人，飘飖（piāo yáo）下九垓（jiǔ gāi）。含笑引素手，遗我流霞杯。稽首再拜之，自愧非仙才。"意思是这几位仙女面含笑容，赠送李白一个流霞杯，他受宠若惊，再三拜谢，非常惭愧自己没有学仙成道的天分。李白在之后又写道，他在泰山之上遇到一个童子，童子却"笑我晚学仙，蹉跎凋朱颜"。在民间传说中，最初只有泰山玉女，元明之际，才有碧霞元君之说。

提起泰山不得不说的就是"封禅（fēng shàn）"。什么是封禅呢？"封"就是祭祀上天，"禅"就是祭祀大地。古代，皇帝为了向人们显示自己受命于天，他们通常要举行一些仪式告慰天地，而这一地点常常选在天下第一山——泰山。《史记》中记载远古时代有伏羲（fú xī）、神农、炎帝、黄帝、尧、舜、禹、汤等七十二位帝王封禅过泰山，但是至今还没有找到具体的证据证实这些事情，我们可以确信的第一位举行盛大仪式封禅泰山的帝王是秦始皇。从秦始皇封禅泰山开始，历朝历代帝王便纷至沓来（fēn zhì tà lái），先后有十二位皇帝封禅于此，最后一位在泰山举行封禅大典的是宋真宗。在这之后，人间的皇帝再来泰山便只是举行一些祭祀仪式，不再举行封禅大典。

与泰山相关的词语很多。人们常用"泰山北斗"来形容令人敬仰之人，北斗就是指天上的北斗七星，泰山就是指东岳泰山，将泰山与天上的北斗七星相提并论，可见泰山在众山之中地位之高。春秋战国时期儒家学派创始人孔子曾经登临泰山，不禁感慨地说道："登东山而小鲁，登泰山而小天下。"意思是孔子登上东山向下望去，鲁国风光尽收眼底，鲁国看起来是那样小；登上比东山高许多的泰山向下

望去，整个天下尽收眼底，觉得天下是那样小。后来人们将孔子的话引申为"站得越高，视野越广"。唐代大诗人杜甫为了能够体会孔子的心境，在登泰山时不住地暗下决心："会当凌绝顶，一览众山小。"意思是登山之路再难，我也一定要登上泰山顶峰，在那里我俯瞰（fǔ kàn）众山，曾经的高山险阻都会显得非常渺小。《史记》的作者司马迁在《报任安书》中写下一句关于泰山的千古名言："人固有一死，或重于泰山，或轻于鸿毛。"这句话的意思是，人总是要死的，但是有的人死得有价值，他的死比泰山还要重，有的人死得毫无价值，他的死比大雁的羽毛还要轻。司马迁在刚开始写《史记》的时候，因罪被处以最让男人羞耻的刑罚——宫刑。但是为了能够完成《史记》，他坚强地活下来。完成《史记》之后，一向非常器重他的同僚任安获罪入狱，司马迁给任安写了这封书信，在书信中用这句话表明自己忍辱负重、志向远大，死也一定要死得有价值。

chéng lóng kuài xù

乘龙快婿

盘古双足西岳华山（1）

西岳华山以奇险著称，万仞石壁，似刀削斧劈一般或直或斜地站立眼前，因此有人说"华山如立"。人们常用"自古华山一条路"形容华山之险。这句话是怎么由来的呢？原来，最初没有路通往华山主峰，唐朝的时候，道教盛行，道士们开凿出一条通往华山顶峰的路，由此流传下来这句千古名句。华山经常出现在武侠小说中，尤其以华山派最为著名。在金庸大师的小说《笑傲江湖》中，华山派既有天下第一伪君子"君子剑"岳不群，又有放荡不羁（fàng dàng bù jī）的天下第一大侠令狐冲。小说中，华山也是著名的比武场地，在《射雕英雄传》中，东邪黄药师、西毒欧阳锋、南帝一灯大师段智兴、北丐洪七公、中神通王重阳为争夺一本武林奇书《九阴真经》，在华山之巅斗了七天七夜，最终中神通王重阳艰难胜出，不仅得到了《九阴真经》，还被奉为武为天下第一。你如今登上华山之巅，就能看到今人立下的"华山论剑"石碑。

除了武侠小说外，关于华山的故事、传说数不胜数。传说春秋战国时期，秦穆公女儿周岁的时候，秦穆公为她搞了个"抓周"仪式，也就是在她面前摆上好多物品，她抓到的物品就预示着她的未来。比如济公抓周抓了一串佛珠，长大后他剃度做了和尚；贾宝玉抓周抓的是脂粉钗环，他的父亲便断定他将来必是儿女情长，成不了大业；钱锺书抓周时抓了一本书，大人便给他起名"锺书"，他也的确没有辜负大人对他的期望，成为名闻天下的大文豪。当然，抓周只不过是大人对孩子的美好期望，当不得真。秦穆公这个女儿在众多物品中独独抓取一块美玉，秦穆公欣喜，给她起名"弄玉"。

弄玉擅长吹奏一种叫作"笙（shēng）"的乐器。秦穆公非常疼爱弄玉，给她修建一座高楼，名叫"凤楼"，又在楼前建起一座高台，名叫"凤台"。凤楼是秦穆公所建，后人常称之为"秦楼"，再后来引申为青楼等风尘之所、烟花之地。

看着女儿日渐长大，出落得楚楚动人，秦穆公满心欢喜，想给她找个如意郎君。可是弄玉却有自己的想法，她对秦穆公说道："我的如意郎君一定要会吹笙，日日与我相和，除此之外，我谁都不嫁。"

秦穆公拗（niù）不过女儿，便派人四处寻找，始终没找到合意的人选。

有一天，弄玉如同往常一样登上高楼。一轮明月，遥似铜镜。她心血来潮，燃起一炷香，手持玉笙，轻轻吹奏，悠扬的声音在夜空中飘浮，越远越淡，消逝在遥远的天边。忽然一阵清风拂面，轻柔的触觉中似乎隐藏着一阵曼妙的声音，与她轻轻相和、丝丝入扣。

弄玉心中诧异，连忙停下来，那声音竟也戛然而止（jiá rán ér zhǐ），只有余音在空旷（kōng kuàng）的天空中回响。弄玉扶窗四下张望，不见一个人影。

弄玉心中怅然（chàng rán），久久不能入睡，恍惚之中，看见西南方天门大开，霞光四射，把黑夜映成白昼。光芒中，一个头戴羽冠、身着鹤衣的俊美男子，骑着彩凤自天而降，站立于凤台之上，对着弄玉说道："我是华山之神，天帝命我与你成亲。"说着，男子从腰间解下一支玉箫，吹奏起来。那曲子是如此动听，忽而低沉，忽而高亢，忽而婉转悠扬，弄玉听得如醉如痴，就连那只彩凤都情不自禁（qíng bù zì jīn）地翩

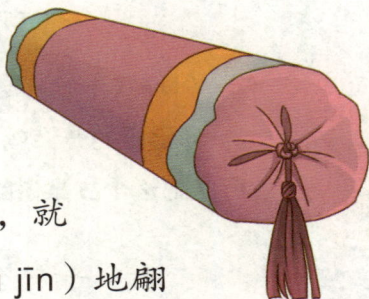

翩起舞，鸣叫着应和箫声。

弄玉从未听过这样动听的音乐，问道："这是什么曲子！"

男子轻轻答道："这是自创的《华山吟》第一乐章。"

弄玉怯怯地问道："我非常喜欢这支曲子，可以教我吗？"

男子笑着说道："我们都要成为夫妻了，教你又有何妨！"

说着，男子走上前来，轻轻拉住弄玉的纤纤（xiān）玉手。两手相触之间，弄玉心头一颤，猛地惊醒，原来是一场美梦！

弄玉以为只是做了一个普通的梦，就把梦中遇到的事情告诉秦穆公。秦穆公却不认为这只是一个梦，他坚信这是上天为自己女儿安排的一段姻缘，便派人按照弄玉梦中见到的情景四处找寻。

弄玉缘分（yuán fèn）已到，派出去的人很快带回一个消息："华山之上有一明星岩，那里隐居着一个青年，不知何年何月从何而来。他每天都会

右图是《传说时代》中的人物，你记得她是谁吗？可以把这个故事讲给别人听吗？

下山买上一壶好酒独自畅饮，每到晚上都会吹箫一曲。箫声悦耳动人，凡是听到那曲子的，都会忘记困意，不知身在何方。"

秦穆公听闻大喜，连忙赶到明星岩。果然有一男子，头戴羽冠、身着鹤衣，与弄玉梦中所见并无半点差别。

秦穆公邀请男子来到凤台之上，见他潇洒大方、超凡脱俗，心中已是三分喜欢。短暂交谈，得知这男子姓萧名史，擅长吹箫。

秦穆公邀其吹箫一曲。萧史从腰间取出一支晶莹剔透、光彩照人的玉箫，不紧不慢地吹奏起来。刚刚吹奏一曲，便觉清风习习；吹奏第二曲，已是彩云四合；及至第三曲，只见白鹤成对、翔舞于天空之上，孔雀数双、栖集于林际之间，百鸟齐鸣、经久不息。

秦穆公听得心旷神怡（xīn kuàng shén yí），在卷帘之后偷看的弄玉更是心喜："这就是我要找的如意郎君！"

秦穆公高兴地对萧史说道："我的女儿一直想找一位会吹笙的丈夫，你的箫声能通天地，不知要胜于

笙几倍呀！我愿把女儿嫁给你，这可是上天注定的缘分，你千万不要推辞！"

萧史再三拜谢，并择日与弄玉成婚。结婚那天，正是八月十五中秋月圆之日，人们都说这就是："天上月圆圆，地上人团圆。"

半年后的一天夜里，弄玉夫妻俩在月下笙箫相和，忽然有一只紫色的凤凰落在凤台的左侧，有一条红色的长龙盘卧在凤台右侧。萧史站起身来说道："我本是天上的神仙。天帝认为人间史籍散乱，特命我到凡间整理。我初到人间时降生于萧家，被唤作'萧三郎'，我长大

后整理史籍有功，人们称我为'萧史'。到现在，我来人间已经一百一十多年。天帝褒奖（bāo jiǎng）我整理史籍之功，命我做华山之神，与你喜结良缘。我们现在都是神仙，不应该久留人间。你看今晚龙凤翔集，正是我们回到天庭的时候。"

弄玉心中舍不得自己的父亲和家人，对萧史说道："临走之前，我要先和父亲道别！"

萧史担心弄玉见到秦穆公会改变心意，不肯与他一同回到天庭，对弄玉说道："神仙就该超然于物外，无牵无挂、无忧无虑。你可千万不要对家人有过多的眷恋啊！"

萧史说服了弄玉，他们一个乘着赤龙、一个乘着紫凤，自凤台飞升而去。

第二天，有人向秦穆公报告了他的女儿、女婿乘龙凤飞升之事。秦穆公不禁感慨："假如也有龙凤接我入天，我也一定会如同抛弃破衣烂鞋一样抛弃这江山！"

后来，秦穆公派人到明星岩找过萧史和弄玉，始终没有找到，于是他命人在明星岩建立一座祠庙，唤作"萧女庙"，以纪念自己的女儿和女婿。据说在这庙中经常会听到凤凰鸣叫。萧史乘龙而去，从这个故事中引申出一个成语——乘龙快婿，常常用来称赞他人的女婿才貌双全。

pī shān jiù mǔ
劈山救母
盘古双足西岳华山（2）

　　游历华山，你一定要去看一个景点。这个景点在华山莲花峰莲花石旁，一块巨石，齐刷刷地断为三截，像被斧子劈开一样，人们都说这是当年沉香救母、斧劈华山的遗迹，这块石头被称为"斧劈石"。相传在汉朝的时候，天上的仙女三圣母被玉皇大帝派遣到华山为神。三圣母可不是一般的人，她是玉皇大帝的外甥女，是三只眼二郎神的妹妹。

　　这一天，庙中无人，三圣母闲得无聊，现了真身在大殿上翩翩起舞、放声歌唱。她歌声悠扬、舞姿翩跹（piān xiān），正应了那句："此曲只应天上有，人间能得几回闻。"

　　恰巧一个士子路过殿前，听到动人的歌声，如醉如痴，心想："什么样的

女子会唱出如此醉人的歌声？！"心里想着，双脚不听使唤也近向大殿。三圣母唱得正酣，忽然听到一阵急促的脚步声，她连忙飞起，化作一尊泥像。

士子满怀期待地想着一段不期而遇，可是进了大殿却失望至极，歌声停了，除了一尊泥像，大殿空空如也，连个苍蝇蚊子都没有。士子满脸遗憾，转身准备离去，眼角的余光无意扫到三圣母的塑像，心跳忽然加速，忍不住停下脚步多看了几眼：姣好（jiāo hǎo）的面容、顾盼的眼神、曼妙的身姿……士子不禁对着塑像若有所思："若和这样的女子结缘，功名利禄又算得了什么呢？"想着想着，士子深情地对着塑像拜了三拜。

三圣母坐在上面看得明白，士子心里想的她也一清二楚，见这士子对自己如此轻佻（qīng tiāo），不禁有些恼怒，心想："我一定要让他吃些苦头！"

士子走出大殿向山下走去。自古华山一条路，下山的路有一段非常险峻，两边悬崖峭壁，中间一条小路只容得下一个人通过。三圣母打定主意："就在那里下手，掀起一阵大风，把他吹下山崖。"

三圣母飞到那段险路，躲在一边，只等着士子到来。

不一会儿，一个身影渐行渐近。三圣母憋足一口气，准备用力吹过去，把他吹下山崖。那个身影渐渐清晰，三圣母刚要张口，忽地又把那口气憋了回去。是她顿起怜悯之心回心转意了吗？当然不是。原来走过来的不是那士子，而是一个拄着拐的白胡子老爷爷。

见了那位老爷爷，三圣母满脸疑惑，跳了出去："你来这里做什么？"

白胡子老爷爷也被吓了一跳，怯怯地问道："吓煞老朽！姑娘是要打劫吗？除了这把老骨头，我可是别无长物！"

三圣母一脸愠色（yùn sè）："别装了！别人不认得你，我可知道你的底细！太白金星，你无故来此何干？"

老者扔了拐杖，直起身子，捻（niǎn）着胡须，哈哈大笑："三圣母好眼力呀！"太白金星没有回答，反问三圣母，"你不在神庙之中，来此又要做些什么？"

三圣母有些心虚，左顾右盼地答道："我出来欣赏风景，透透气！"

太白金星说道："莫要说谎！依我看，你来此是想要了那士子的性命！"

被太白金星道破心思，三圣母无法狡辩，只得说道："他在殿中对我心存不敬，

我只想教训他一下。"

太白金星摇摇头："我们都是神仙，食人间烟火、享世人礼拜，就要造福一方百姓。怎能因一言一语、一个眼神就要人性命？更何况，爱美之心人皆有之，你可以不爱他，却不能阻止他喜欢你。他拜你三拜，你和他就有三宿（xǔ）姻缘。"

拜别太白金星，三圣母就见那士子的身影越来越近。她听从太白金星的劝告，没有加害那位士子，而是化作一凡间女子，偷偷跟踪士子数日。那士子原本就是一位儒雅之士，无论贫贱，待人都是谦恭有礼。渐渐三圣母改变了对士子的看法，她也知道那士子姓刘名向，为求得功名利禄，只身一人，在家苦学，那一日闲得无事，在华山游玩，正巧遇到三圣母，出于爱慕之情才对三圣母心起爱意，全然不是轻佻之举。日子一久，三圣母还真喜欢上了刘向，于是便借个机会对刘向表明真情。

刘向又惊又喜，遂与三圣母结为夫妻。太白金星说她和刘向只有"三宿"之缘，三圣母心中懊恼，当初刘向为何不拜上几千或上万下。新婚三

日之后，三圣母必须离开，她对刘向说道："我乃华山神女，与你有三宿之缘，如今缘分已尽，我要返回华山神庙。"

刘向一听恍然大悟，哪里肯放娇妻离去。三圣母也是不舍，刘向送了三圣母一程又一程，最后三圣母狠下心来对刘向说道："此处就是你我绝情之地。你要用心读书，将来定会博取功名！"

刘向心知无法挽留，痛哭流涕，从身上掏出一块沉香，说道："我乃一个穷书生，只有这一块祖传沉香甚是珍贵。你把它带在身边，见到它就如同见到我一样！"

三圣母走了之后，刘向每天都会跑到华山神庙，可那庙中却只有一尊冷冰冰的塑像。一连数日，刘向整天坐在塑像前面静静地凝视自己的妻子。终于，三圣母不忍刘向如此堕落下去，又现了真身，走到刘向面前，劝他说："好男儿志在四方，不可耽于儿女情长。他日你金榜题名（jīn bǎng tí míng），定会与我再续前缘。"

刘向下山之后，刻苦读书，几个月过去，真的榜上有名。他兴冲冲地返回华山，眼前的一切令他目瞪口呆：那座华山神庙已经倒塌，变成一片废墟。

刘向不知所措，那个白胡子老爷爷又出现了，对他讲起这里发生的事情。

原来，三圣母与刘向三宿姻缘之后回到庙中，那时她的身中已经怀上小宝宝。这一日，王母娘娘宴请众神仙，唯独三圣母没有露面。王母娘娘惦记三圣母，派二郎神前去探望。

二郎神一见三圣母隆起的肚子，心中已然明白。他最见不得仙人触犯天条，就要捉拿三圣母前去治罪。任凭三圣母苦苦哀求，二郎神就是无动于衷。

二郎神不讲兄妹情面，三圣母更不愿束手就擒，两人"噼里啪啦"地打了起来。若论拳脚，三圣母根本不是哥哥的对手，可是她的手中握有一盏宝莲灯。宝莲灯是华山镇山之宝，被它的灯光一照，二郎神就算有吞天的本领，也只剩招架之功，毫无还手之力，使不出半点本事，落荒而逃。二郎神养了一只宠物，名叫哮天犬。哮天犬可不是一般的小狗，它战功赫赫，当年孙悟空（sūn wù kōng）大闹天宫，二郎

神与孙悟空久战不决，就是它趁机在孙悟空的腿上狠狠地咬了一口，让齐天大圣重重地摔了一跤而败。如今哮天犬见吃了败仗的二郎神满面愁容，心生一计，趁着夜色偷偷跑到华山神庙去盗取宝莲灯。三圣母与二郎神酣战（hān zhàn）一天，十分疲惫，端坐着闭目养神，没有发现哮天犬潜入殿内。哮天犬蹑手蹑脚（niè shǒu niè jiǎo）地在殿中东寻西找，终于看到宝莲灯，一个箭步扑上去，叼起宝莲灯冲向殿外。三圣母听到动静，睁开双眼，见哮天犬偷走宝莲灯，大惊失色，急忙跳出殿门，想要拦住哮天犬的去路。她还是稍微慢了一些，殿门之外，一个高大的身影手握宝莲灯正看着她狞笑，那人就是二郎神。二郎神二话不说，跳上天空，伸出右手，抓向华山。没有宝莲灯镇守的华山在二郎神面前就像一个小小的玩具，他抓起华山重重地压向三圣母。没有宝莲灯庇护（bì hù）的三圣母就像一只断翅的凤凰，哪里躲闪得开，被困在华山之中。

三圣母流着眼泪大声质问自己的哥哥："你对我为

什么如此绝情？"

二郎神面无表情地答道："你触犯天条，我不能徇私枉法（xùn sī wǎng fǎ）！"

失去宝莲灯，三圣母一直没能走出被二郎神施了咒语（zhòu yǔ）的华山。

太白金星讲完华山发生的事情，刘向大骂二郎神，发疯似的要去寻找三圣母。

太白金星拦住他说："二郎神在山中施了咒语，别说你是个凡人，就算我这个神仙想去见她一面也颇费周折。"

正说话间，一个人跟跟跄跄（liàng liàng qiàng qiàng）地走了过来，伤痕累累。刚到近前，就摔倒在地。

刘向定睛一看，吓得毛骨悚然（máo gǔ sǒng rán），这人长得极其丑陋，但见他：头发上跳动着微弱的火焰，闪着点点绿光；额头上横着一只三角眼，下巴上竖着一只月牙眼；鼻梁上伸出一对触角，各长着一个鼻孔，一个朝天，似乎在吸食日月的精华，另一个向地，似乎在吐纳万物的灵气；一个耳朵长在脸前，聆听着未来，另一个耳朵长在脑后，追思着过往。

太白金星一脸淡然，俯下身去，轻声问道："成功了吗？"

那人面带着淡淡的笑容，摊开双臂，露出一个褴褛

（qiǎng bǎo），一个孩子已经安然入睡。

太白金星抱起孩子，那人安详地闭上双眼，头顶的火焰渐渐熄灭。

刘向惶恐地问道："这是什么人？"

太白金星一脸忧伤："他不是人，是夜叉！"

刘向一听，感觉自己心头之肉都在颤抖。他听说过夜叉，那是一群极其丑陋而又恶毒的魔鬼。据说这世上有男夜叉，也有女夜叉。男夜叉长得凶神恶煞，女夜叉却是貌美如花。有一种夜叉长着一对翅膀，能够在天空中自由飞行，叫作空行夜叉；倒在地上的这个夜叉不会飞，叫作地行夜叉。当然还有其他的夜叉，比如东海中的巡海夜叉，经常狗仗人势地欺负百姓，可是他的运气实在太差，碰上大闹东海的哪吒（né zhā）三太子，被生生打死！

太白金星见刘向心中恐惧，安抚他说："不要害怕！人不全是好人，夜叉也不全是魔鬼！他是个好夜

叉！"太白金星边说边把孩子递给刘向，"这是你和三圣母的子！他就是为了救出这孩子才死的。夜叉有些法力尚且在华山之中丢了性命，你肉体凡胎想要闯那禁地，岂不白白送死！回去把孩子抚养成人，他自会解救母亲！"

"好！我一定好好抚养孩子，将来救出三圣母！"刘向接过孩子，一块沉香从襁褓中掉落下来，正是当年他送给三圣母的传家宝。睹物思人，刘向长叹一声："唉！这孩子还没有名字，就叫他沉香吧！"

沉香渐渐长大，可是没有法力，无法冲破舅舅二郎神施下的咒语救出母亲。

这一天他来到华山神庙废墟前，想着从未谋面的母亲，潸然泪下（shān rán lèi xià）。

忽然一个仙风道骨、慈眉善目的老者走到他的面前。老者手摇蒲扇、满脸笑容，最奇怪的是走在荆棘丛生、乱石满地的山岭之上，他竟然没穿鞋袜、光着双脚。

"你为何在此哭泣呀？"老者笑着问道。

沉香见老者慈祥，便把自己的遭遇和苦恼说了出来。

老者摇着蒲扇，静静地听着。待到沉香说完，哈哈一笑："想救你的母亲，这有何难！"

"您有办法？"沉香问道。

"我可以教你些本事，不过这要吃常人不能吃之苦，要遭常人不能遭之罪。"

沉香一听，低头就拜："只要您肯收我为徒，上刀山、下火海，就算丢了性命，我也愿意！"

老者见沉香意志坚决，欣然应允。

这老者是哪路神仙？他就是赫赫有名的赤脚大仙。赤脚大仙宅心仁厚，就是最歹毒的恶魔，他也不愿伤其性命，而是以教化为主，他常为凡人打抱不平。据《西游记》记载，当年王母娘娘在瑶池设蟠桃（pán táo）盛宴，孙悟空心中恼怒自己没在嘉宾名单之中，就去大闹蟠桃会。路上正好碰到赤脚大仙前去赴宴，为了不让赤脚大仙破坏自己的计划，孙悟空谎称蟠桃会临时改了地点，把赤脚大仙骗到别处。又据《水浒传》记载，北宋年间赤脚大仙转世投胎宋仁宗。刚出生的时候，宋仁宗哭个不停。他的父亲宋真宗以为这孩子得了什么怪病，便张出黄榜，求医问药。其实呀，这孩子并没有得什么怪病，因为他知道自己将来要当皇帝，在向玉皇大帝请求派一些精兵强将下凡，

辅佐他治理江山。会哭的孩子有奶吃，玉皇大帝听到孩子的哭声，参透他的用意，就让太白金星下凡给他捎句话。太白金星一到凡间就化作白胡子老爷爷，揭下黄榜。看守黄榜的军官兴冲冲地带着太白金星去见皇帝。也不怪那军官激动，黄榜已经张贴数日，普天之下竟没有一个看病的郎中敢来揭榜。皇帝听说有人揭榜，更是高兴，他真的担心自己宝贝儿子会哭泣而亡。可是一见到太白金星他的心凉了半截，先不说这老者医术如何，就是他那打扮看上去就像个江湖骗子：没有白大褂、没有听诊器，甚至连个小药丸都没有。

皇帝有些不高兴，但仍叫人抱出皇子，问道："先生用什么药给我的儿子治病啊？"

太白金星连看都没看皇子一眼，只是神秘一笑："不需要任何药，只用八个字就可以治好皇子的病！"

"八个字？开什么玩笑，那么多华佗再世，那么多妙手回春，开了大把的药方都没治好我儿子的病，你只用八个字？你当那些御医都是白痴呀！"皇帝心里想着，嘴上却说："不知是哪八个字？"

"这八个字只能说给皇子听！"太白金星边说边凑到皇子耳边，轻声含糊道："文有文曲，武有武曲！"

说也奇怪，太白金星刚说完这八个字，皇子竟然停止哭泣，露出可爱的笑容。

太白金星说的"文曲"就是天上的文曲星，他主管"文运"。凡是文采飞扬的人都被称为文曲星下凡，这一朝代文曲星下凡到人间的就有大名鼎鼎的开封府尹、龙图阁大学士包拯包青天。被认为文曲星下凡的还有传说心有七窍的比干（bǐ gàn），写下《岳阳楼记》的范仲淹，民族英雄文天祥，据说许仙和白娘子的儿子许仕琳也是文曲星下凡。

太白金星说的"武曲"就是天上的武曲星，他主掌"武功"。凡是武艺超群、忠肝义胆之人都是武曲星下凡。不过你不要认为武曲星都是一介武夫，他还掌管"财富"，是一等一的理财高手。这一代武曲星下凡到人间就是大破西夏、面有刺字、人称"面涅（niè）将军"的狄青狄汉臣。武曲星中最有名的就是义薄云天的关羽关二爷。

沉香拜赤脚大仙为师之后，每日刻苦练功，终于练就一身好本领。据说，八仙之一的何仙姑还指点过他的武功。八仙是道教中的八位神仙，民间有"八仙过海，各显神通"之说。八仙成员说法不一，明代有人写了一本《东游记》，讲述汉钟离、铁拐李、吕洞宾、张果老、何仙姑、蓝采和、韩湘子、曹国舅等八人修炼成仙、大闹东海的故事，从此成员就固定为这八个人。

十六岁那年，沉香学艺功成，拜别赤脚大仙，前往华山去救自己的母亲。临别之前，赤脚大仙送给沉香一柄萱（xuān）花大斧。在华山之巅，沉香与二郎神打得天昏地暗，惊动了玉皇大帝。玉皇大帝不忍甥舅二人反目成仇，派太白金星前去说和。二郎神消除华山咒语，沉香挥起大斧劈开华山。母子相见、夫妻团圆，一家人从此过上了幸福的生活。

在劈山救母的故事中，二郎神被描写得如同凶神恶煞一般。其实他也是个苦孩子。更为巧合的是，二郎神也曾劈山救母，不过他劈的不是华山，而是桃山。你问我这样说有根据吗？其实我也是听别人说的，这个人就是孙悟空，在《西游记》第六回中对此有过详细的描述。二郎神长得相当清奇俊秀，但见他："仪容清俊貌堂堂，两耳垂肩目有光。头戴三山飞凤帽，身穿一领淡鹅黄。缕金靴衬盘龙袜，玉带团花八宝妆。腰挎弹弓新月样，手执三尖两刃枪。"二郎神长相的奇特之处在于他比别人多了一只眼，这只眼长在两眉之间，能识别一

切鬼神；他的本事很大，与孙悟空一样，会七十二般变化；他的兵器是三尖两刃刀，他还有一只宠物就是前面讲过的哮天犬。二郎神本名杨戬（jiǎn），他的母亲是玉皇大帝的妹子。她思凡下界，与一杨姓男子结合，生下二郎神。玉皇大帝闻听此事，非常震怒，将自己的妹妹压在桃山之下。二郎神长大之后，学了一身非凡本事，大战天兵天将，又用巨斧劈开桃山救出母亲。虽然二郎神后来被玉皇大帝封为"二郎显圣真君"，但是他与自己的舅舅玉皇大帝关系很不融洽，听调不听宣，守着自己灌江口那一亩三分地逍遥快活。

chán zōng wǔ zǔ
禅 宗 武 祖
盘古之腹中岳嵩山（1）

中岳嵩山以"峻"闻名，一直被视为天地之中。它由太室山和少室山组成，俯瞰似乎是一片远山卧于平原之上，因此有"嵩山如卧"之说。传说大禹的妻子涂山氏在太室山生下我国历史上第一个王朝——夏朝的开国国君启。"室"是妻子的意思。太室山一共有三十六座山峰。少室山在太室山的对面，传说大禹的第二位妻子，也就是涂山氏的妹妹生活在这里。非常巧合，少室山也有三十六座山峰，所以嵩山一共有七十二座山峰。

少室山中有一座千年古刹（gǔ chà），提起它的名字你一定不会陌生，这就是"少林寺"。少林寺始建于北魏年间，因它坐落于少室山的丛林之中，故名"少林寺"。

少林寺落成没多久，迎来一位高僧，这位高僧就是达摩祖师。达摩祖师生于南天竺（tiān zhú），也就是今

天的印度。他从天竺来到中国，在南方登岸。当时中国正是南北朝混战时期，南方处于梁武帝的统治之下。梁武帝也是向佛之人，达摩祖师想要度化梁武帝，可是他每与这位皇帝谈起佛法，总是话不投机。达摩祖师失望至极，逐不辞而别，直奔北方而去。

俗话说："失去了才懂得珍惜！"梁武帝听说达摩祖师弃南向北，马上派出大队人马追赶。达摩祖师本是个行脚的普人，哪里跑得过快似闪电的骏马。他刚刚走到江边，就见远处两山之间尘土飞扬，"嗒嗒嗒"的马蹄声急促而来。

前有江水拦路，后有人马堵截，达摩祖师似已走投无路。就在这时，诡异的事情发生了，远处的两座大山移动起来，相互靠拢，紧紧地合在一起，把那队人马夹在中间，进也不是，退也不成。达摩祖师看着两山之间惊恐的人们，微微一笑，伸出一只手，两指捏住一根芦苇，轻轻一折，投入江中。那芦苇似乎被施加了魔法，一碰到江水，就化作一叶扁舟（piān zhōu）。达摩祖师跳上小船，船借着风势、水势，漂到对岸，化险为夷。后人把达摩祖师这段神奇的经历称为"一苇渡江"。

达摩祖师到了北方之后，辗转来到少林寺。少林寺的清幽留住他的脚步，从此他在少林寺开始广传佛法。达摩祖师在南天竺修习禅宗，他带给中国的也是禅宗，因此达摩祖师是中国的"禅宗初祖"，少林寺也成为中国的"禅宗祖庭"。传说达摩祖师在少林寺的一个山洞中盘膝静坐、面壁九年参研佛法，以至于他对面的一块石头上都留下他的影子。这个山洞就是"达摩面壁洞"，那块石头就是"达摩面壁影石"。

达摩祖师面壁期间，追随他的信众来了又走，走了又来，换了一批又一批。在这些人中，有一个名叫神光的僧人自始至终没有离开达摩祖师，请求达摩祖师收他为徒。不知为什么，达摩祖师一直没有收下这个虔诚的僧人。

这一天早上，达摩祖师醒来，推开房门。天空中飘着美丽的雪花，一夜的大雪早把整个嵩山包裹上一层厚厚的银装。忽然，一道惊诧的目光从达摩祖师的眼中射出，门前赫然站立一人，全身披满白雪，地上厚厚的积雪已经没（mò）过那人的膝盖。达摩祖师认识这个人，他叫神光。

"你怎么会在这里？"达摩祖师问道。

"希望您能收下我做您的弟子。"

"你这样是徒劳的，我不会收你做徒弟，你走吧。"

神光没有离去，他连动都没动一下，表情坚定地苦苦哀求着达摩祖师。

达摩祖师没再说一句话，静静地思索着该如何拒绝这个任性又想收为徒弟的僧人。他看着被雪染成白色的世界，心中有了主意，对神光说道："我可以收你为徒，不过要等到天降红雪那一天！"

红雪？天上怎么可能飘下红色的雪花呢？这分明就是不想收神光为徒。

神光仍然站在原地，没有动一丝一毫，甚至连他那坚毅的表情都没有丝毫改变。他轻轻地问了一句："只要天降红雪，您就会收我为徒？"

达摩祖师点点头。

神光没再说一句话，右手慢慢拔出腰间的戒刀，从腋下向上用力砍下自己的左臂。一瞬间，飞扬的雪花被染得鲜红，落到地上。

"现在天降红雪，您可以收我为徒了吧！"神光在晕倒之前用尽最后一丝气力问道。

达摩祖师被神光的这一举动震惊了，也被他所感动，遂收下神光为徒。这就是"断臂求法"的故事。后来，达摩祖师改神光法号为"慧可"。慧可深得达摩祖师的衣钵（yī bō）真传，成为禅宗的第二代祖师。

还有一个关于达摩祖师的故事。有一个叫宋云的人，他很久以前就作为皇帝的使臣出使西域，达摩祖师圆寂（僧尼死亡称为"圆寂"）两年之后，宋云回国。在回国的路上，他竟然看到达摩祖师。只见达摩祖师身穿僧衣、赤裸双脚，一手拿着锡杖，另一手拿着一只鞋，独自一人向西而去。由于那时候交通不发达，信息传递很慢，宋云久在国外，并不知道达摩祖师已经圆寂。

宋云急忙追上达摩祖师，问他要去往何处。

达摩祖师说他要向西天而去，叮嘱宋云回国之后千万不可对人说起遇到自己之事，否则必将大难临头。

宋云对达摩的话不以为然，回到都城刚见到皇帝就说自己在西域遇到达摩祖师。

宋云还没把话说完，皇帝就勃然大怒："人人都知达摩祖师已经圆寂，很多人都看到达摩祖师被安葬在熊耳山上，你竟然敢欺骗我说你见到达摩祖师！"

皇帝遂以欺君之罪不由分说地把宋云关入天牢。欺君之罪，就是指欺骗皇帝，这可

是十恶不赦（shí è bú shè）的大罪啊，必死无疑。也是命不该绝，一天皇帝想起宋云之事，心中奇怪宋云为何要编造出这么一个毫无技术含量的谎话，认为其中必有蹊跷（cī qiao），便把他从牢中提了出来，让他把事情经过原原本本地细说一遍。宋云说得有板有眼，皇帝觉得他不像在说假话，但又苦于无法证明宋云所说真伪。就在左右为难之际，一位大臣建议，只要打开达摩祖师的棺木就可以证明宋云所讲是真是假。

皇帝接受这个建议，命人打开达摩祖师的棺木。棺木里面的情景让所有人大吃一惊，除了一只鞋，什么都没有。宋云的冤情由此而解。

这就是达摩祖师"只履归西"的故事。"履"是我们穿的鞋；"只履"就是一只鞋；"只履归西"就是说达摩祖师只带着一只鞋向西而去，那么他的另一只鞋呢？当然是留在自己的棺木中了。

易筋经、金刚指、七十二绝技……这些五花八门的名称就是少林功夫。少林功夫名扬天下，更是武侠小说中标配门派，有"天下武功出少林"之说。少林功夫讲求"禅武合一"，"禅"就是禅宗，"武"就是少林功夫，意思是习武就是修禅，修禅就是习武。达摩祖师创立中国佛教的禅宗，同时也有很多人说他开创了少林功夫的先河，被尊为少林功夫的祖师。实际上，开创少林习武之风的是北齐时的一位武僧，这已是在达摩祖师圆寂之后了。到了隋末唐初，一次机缘巧合，少林功夫使得少林寺步入它历史上第一个兴盛时期。

　　事情是这样的：隋朝末年，天下大乱，各路诸侯纷纷起兵，企图问鼎天下。唐太宗李世民也拥护自己的父亲唐高祖李渊冲向皇帝的宝座。当然，那个时候他们还不是唐太宗、唐高祖，这些名字是他们夺取天下之后才有的。这一年，一个叫王世充的人占据隋朝国都洛阳，自立为帝，国号为"郑"。一心想要问鼎天下的李世民哪肯让天下落入他人之手，带兵攻打洛阳。很不幸，在一次战斗中，他被王世充抓个正着，关进大牢。李世民被抓之事传到少林寺，少林寺的武僧昙（tán）宗非常钦佩李氏家族，带领十二个武艺高超的棍

僧偷偷潜入洛阳，寻着关押李世民的大牢，用尽九牛二虎之力救出李世民。不仅如此，还在混战中捉住王世充的侄子王仁则。后来，王世充被李世民所破，举城投降。李世民东征西讨，最终平定天下。李世民十分感谢十三棍僧相救之恩，在他当上皇帝之后，封昙宗为大将军、少林方丈，赐给少林寺良田四十顷，少林寺迎来了它历史上第一个辉煌时期。在20世纪80年代，根据十三棍僧救唐王的故事改编的电影《少林寺》，不仅成就一代影星李连杰，而且还以一毛钱的票价卖出一亿六千万的天价票房，简直就是一个奇迹。

学府嵩阳

xué fǔ sōng yáng

盘古之腹中岳嵩山（2）

嵩山素有一文一武之说。"武"就是之前提到的少林寺，"文"就是我们现在要讲的嵩阳书院。

嵩阳书院始建于北魏年间，初为佛、道场所，北宋年间改称"嵩阳书院"，据说司马光曾在这里编写史学巨著《资治通鉴》。嵩阳书院有两棵柏树，树龄约为四千五百年，是我国现存最古老的柏树。这两棵柏树分别是"大将军""二将军"，连同毁于明末的"三将军"，合称"将军柏"。"大将军"枝繁叶茂，斜靠在一堵墙上；"二将军"高大挺拔，树干中空，形成一个大洞，可容五六余人。这三棵柏树的名字源自一个有趣的传说。

相传汉武帝游历嵩山，遇到一棵高大的柏树，不禁赞叹："如此高大之树，世间少有，像一位守护嵩山的将军，我就封你为'大将军'！"

走着走着，汉武帝碰到一棵更大的柏树，他又是一阵赞叹，心想："我已经封刚才那棵柏树为大将军，这棵柏树比那棵还要大，也得封它一个官职，可是封什么官职呢？"他琢磨一会儿，说道，"我封你为'二将军'！你们要一同为我镇守嵩山！"

这时有人提醒汉武帝，二将军比大将军高大威猛，现在反而封比较矮小的为大将军，有悖常理，应该将两棵树的官职对调一下。

汉武帝可是一言九鼎的真龙天子呀，自己说出的话就像发出去的水，怎么能说收回就收回呢？他看着这个败兴的大臣，生气地说道："什么高哇、矮啊！我这是先入为主！"

大臣被汉武帝训斥得无话可说，继续跟着向前走。打脸的事情又发生了，他们遇到一棵更加高大的柏树，汉武帝感到脸上无光，气呼呼地说道："你就是三将军！"

大将军个头儿最矮，封的官职最大，心中有愧，抬不起头来，身子越长越斜，最后靠在

右图是《神话时代》中的人物，你记得他是谁吗？可以把这个故事讲给别人听吗？

那堵墙上；二将军心眼儿小，对大将军一百个不服气，心中的怨气撑破肚子；三将军脾气暴躁，自己个头儿最高，官职却最小，忍受不住这口恶气，一把火自焚而亡。

书院是我国古代一种比较特殊的教育机构，就如同我们现在的小学、中学、大学一样。它最早出现在唐朝，不过那时候官方主办的书院更是像一个宫廷图书馆，讲学授课不是它的主要职能，倒是少数私人兴办的书院已经初步具备讲学的功能，开始收学生，教授课程。书院兴盛于宋朝，大批私人兴办的书院如雨后春笋般地出现在民间。书院与我们现在的大学有些类似，以教育精英和有一定学识的人员为主。凡是到书院学习的人，都以自学为主，老师的指导只起辅助作用。它创立的最重要的教育形式是"讲会"制度，也就是一大群人在一起举办学术辩论会。江西庐山的白鹿洞书院、湖南长沙的岳麓（yuè lù）书院、河南商丘的应天府书院，再加上嵩

山的这座嵩阳书院，并称"中国古代四大书院"。四大书院，每个书院都有自己独特的成就。

视此而兴：北宋书院肇始之地应天府书院

应天府书院所在地河南商丘，是北宋四大京城之一的"南京应天府"的学府。应天府原本称为宋州，北宋开国皇帝宋太祖赵匡胤（yìn）还没有当上皇帝的时候，曾是这里的节度使，地以人贵，北宋第三位皇帝宋真宗就把这里升格为应天府，后来觉得应天府的地位还不够高，又把这里升格为"南京"。北宋正式的国都是"东京开封府"，在《水浒传》中我们常常会看到"东京汴梁"，就是指北宋的国都，东京汴梁就是现在的开封。"南京"只是东京的陪都。

"陪都"是在国都之外另设的第二国都，地位略低于国都。我国很多朝代都有"陪都"，比如说东汉时期的国都在洛阳，当时也被称作"东京"，西汉故都长安则在东汉时期被定为陪都，称为"西京"；再比如，唐朝的都城在西安，它东面的洛阳被定为"东都"；到了抗战时期，日本人侵占国民政府的首都

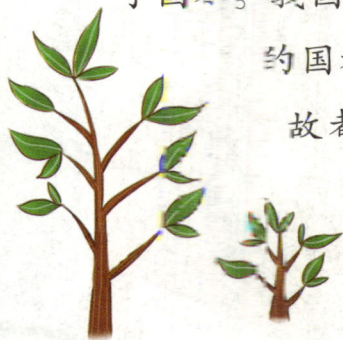

南京，制造了惨绝人寰（cǎn jué rén huán）的南京大屠杀，国民政府暂时搬到重庆，把那里当作陪都。

除"东京""南京"之外，北宋还有两大都城：一个是"西京河南府"（旧址在现在的河南洛阳），另一个就是"北京大名府"（旧址在现在的河北邯郸），《水浒传》中的玉麒麟（qí lín）卢俊义就生活在大名府。应天府书院的独特之处在于它是唯一一所被升为"国子监"的书院。"国子监"是国家设立的最高学府。应天府书院之所以能够升格为国子监，这要归功于那位"先天下之忧而忧，后天下之乐而乐"的北宋大文学家范仲淹。范仲淹曾在这里主持讲学，后来应天府书院升格为"国子监"。

自应天府书院创立之后，宋朝各州郡开始效仿置办官学，因此《宋史》中对应天府书院有"天下庠序（xiáng xù），视此而兴"之说。"庠序"泛指学校，《孟子·滕文公上》中说"夏曰校，殷曰序，周曰庠。"

岳麓爱晚：于斯为盛的千年学府

岳麓书院坐落于湖南长沙的岳麓山下，岳麓山是南岳衡山的一部分。书院始建于

唐末五代之时，原为僧人讲学之所，北宋初年，潭州太守在岳麓山抱黄洞附近正式创立了岳麓书院。岳麓书院历经千年，七毁七建，延续至今，故有"千年学府"之称。清末岳麓书院改名为湖南高等学堂，之后又有诸如湖南高等师范学校、湖南工业专门学校等名称，最终被定名为湖南大学，现在岳麓书院是湖南大学的一个下设机构。每个学院都有很多对联，岳麓书院也不例外，在这些对联中最有名的应该算是书院大门两旁悬挂的"惟楚有材，于斯为盛"，八个简简单单的字，骄傲自信中透露出一丝霸气。上联语出《左传》，"惟"是助词，没有实际意义，意思是说"楚国这个地方出人才"，湖南在春秋战国时期属于楚国的领地，从古至今人才辈出。

下联语出《论语》，意思是"这个地方最为兴盛"。两句连在一起，意思就是"楚国人才济济，这个地方人数最多"。是岳麓书院自夸吗？纵观历史，它完全担得起这个评价。朱熹、王阳明这些被历史记住的名字都曾在这里有过或长或短的停留，到了清朝末期从这里走出去的人更是撑起了那段热热闹闹的历史：左宗棠、曾国藩、魏源……难怪余秋雨先生会

情不自禁地讲道："你看整整一个清代，那些需要费脑子的事情，不就被这个山间庭院吞吐得差不多了。"这副对联在清嘉庆年间，由时任山长袁名曜（yào）撰写。"山长"相当于现在的校长，大概最初人们都在山中设立书院，所以人们称掌管书院的人为"山长"。据说，当时袁山长要为岳麓书院大门题写对联，于是借用《左传》"虽楚有材"之语，出了"惟楚有材"这个上联，让学生应对下联。他话音刚落，一个名叫张中阶的学生脱口而出"于斯为盛"，听者无不拍手称快，于是就有了这副让人叹为观止的名联。

岳麓山上清风峡中有一小亭，名曰"爱晚亭"，清乾隆年间由岳麓书院山长建造。最初这个亭子名叫"红叶亭"，后来有人联想起杜牧《山行》中的两句诗："停车坐爱枫林晚，霜叶红于二月花。""红叶"二字在后一句中，他便取前一句中"爱"字和"晚"字给这个亭子改名为"爱晚亭"，其意境一下提高数倍。爱晚亭是中国四大名亭之一，另外三大名亭分别是醉翁亭、湖心亭和陶然亭，这四个亭子都因古代文人雅士而闻名天下。爱晚亭因杜牧的诗句闻名，醉翁亭则因《醉翁亭记》而被誉为"天下第一亭"。这篇文章的作者欧阳修，是唐宋八大家之一，号醉翁。他在安徽滁州的时候，与山中

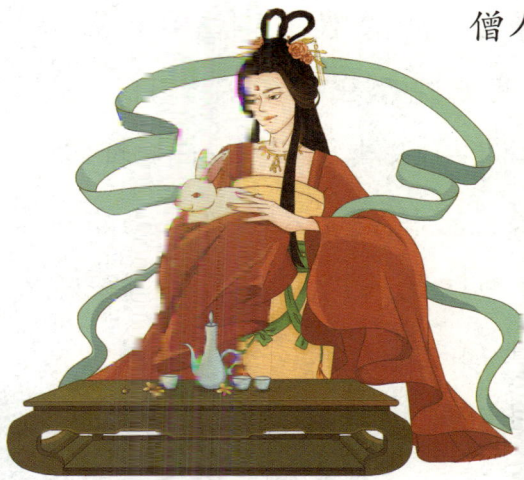

僧人交游甚厚，僧人便在山中为他建造一座亭子，以供他歇脚之用，名之为"醉翁亭"，并让他为之作记。欧阳修文思泉涌，不假思索地写下脍炙人口（kuài zhì rén kǒu）的《醉翁亭记》，一句"醉翁之意不在酒，在乎山水之间也"，不知醉倒多少世人。湖心亭位于杭州西岳中的一座小岛上，在这个亭子旁边立着一块石碑，上面写有"虫二"两个字，"虫"是"虫"的繁体字。当年乾隆皇帝下江南，在这座小岛上玩得不亦乐乎，乘兴写下"虫二"这两个字。面对这两个不成文章的字，身边的大臣十分不解，也有装糊涂的。乾隆爷会心一笑，说这二字的寓意是"风月无边"，也就是景色好到了极致。为什么"虫二"两个字代表的是"风月无边"呢？原来，乾隆爷的这一做法是文人墨客常常玩的"拆字"小把戏。"风"的繁体字是"風"，把"風"和"月"的边框去掉就是"虫二"，风月没有边框，引申为风月无边。泰山上也有一处摩崖，刻着"虫

二"，不过那不是乾隆皇帝的手迹。陶然亭位于我们伟大祖国的首都北京市，北京市

左图是《传说时代》中的人物，
你记得她是谁吗？
可以把这个故事讲给别人听吗？

内有一处公园，名叫"陶然亭公园"，此亭就坐落于此，公园因亭而得名。陶然亭建于清康熙年间，亭名取自白居易《与梦得沽酒闲饮且约后期》诗中"更待菊黄家酿熟，与君一醉一陶然"一句最后两字，显出在此亭驻足时的悠然自在。这里还见证了高君宇和石评梅两位革命先辈的伟大爱情。高君宇是我党早期的革命活动家，石评梅是"五四"新文化开创时期的著名作家，她才华横溢，与吕碧城、萧红和张爱玲合称"民国四大才女"。不过很可惜，二人虽然相爱，却并未结合。高石二人均于20世纪20年代逝世，逝世时都不到三十岁，真是天妒英才啊！二人的合葬墓就在陶然亭旁，了却了他们"生前未能相依共处，愿死后得并葬荒丘"的遗愿。

白鹿归洞：雨过琴书的白鹿洞书院

白鹿洞书院坐落于庐山五老峰，书院西廊柱联："雨过琴书润，风来翰墨香"，道出书院的别致风韵。相传唐代有个人叫李渤，他年轻的时候隐居在这里读书。李渤养了一只宠物，不是猫，也不是狗，而是一只白鹿。与人相处久了，这只白鹿变得非常通达人性，主人让它往东，它绝对不会往西，主人让它站着，它绝对不会趴着，甚至还能够帮助主人传递物件，人们都以此为奇，称它为"神鹿"，李渤因此被称为"白鹿先生"。后来，李渤做了大官，常常思念自己年轻时的那段求学时光，便在这里建造一些亭台楼阁，后人称之为"白鹿洞"。

白鹿洞本没有洞，只因这里地势较低，从高处向下看如同地洞一般，故名之为"洞"。到了明朝，有人觉得称之为"洞"却没有"洞"，名不副实，就在山中凿出一个山洞。又有人认为，称之为"白鹿洞"却没有"白鹿"，实在不妥，就用石头雕刻一只白鹿放于洞中。可是大家的意见总是不一样，又有人认为凿洞置鹿，多此一举，就把白鹿从洞中请出来，深埋地下。到了现代，人们无意中从地下挖出那只白鹿，于是又把它置于洞旁。

北宋初年，大宋王朝刚刚走出战争的阴霾（yīn mái），百废待兴，仕子求知若渴。但那时教育毁损殆尽，官学刚刚起步，学院这种民间组织便乘势而起。待到北宋政权稳定，各领域蓬勃发展之时，学院逐渐被官学取代。各地书院沉寂一百多年，不过它很幸运，白鹿洞书院也不例外。这一年理学大师朱熹（zhū xī）来到白鹿洞书院，见满目杂草、残垣断壁（cán yuán duàn bì），甚是感慨，便下令修复白鹿洞书院，使得白鹿洞书院重获新生。朱熹在白鹿洞书院创设的那一套教学理论和方法也被其他书院效仿，书院在南宋时期发展到了极致。书院起起伏伏的经历了元、明、清三代，到了清朝末期，1901年光绪帝下令书院改为学堂，开始仿效西方改革教育，书院从此退出历史舞台。

除了这四所书院，有一所书院也值得一提，这就是明朝末年的"东林书院"。东林书院位于江苏无锡，建于北宋年间，因周围环境酷似庐山东林寺，因此命名为"东林书院"。明朝末年，东林学者顾宪成、高攀龙来到此处，重建荒废已久的书院。他们与以魏忠贤为首的阉党（yān cáng）展开激烈对抗，被冠以"东林党"。东林书院有一副对联："风声雨声读书声，声声入耳；家事国事天下事，事事关心。"这副名联为顾宪成所写，讲的就是我们既要用心读书，又不能死读书，要关心国家和天下之事，要忠于自己的祖国。

héng yáng yàn duàn

衡 阳 雁 断

盘古的左臂南岳衡山

　　衡山以"秀"著称，称为"五岳独秀"。清代学者魏源遍游五岳后认为"恒山如行，泰山如坐，华山如立，嵩山如卧，唯有南岳独如飞"。为什么说衡山如飞呢？有一种说法是衡山经常云遮雾罩，置身其中似乎是在腾云驾雾，如同飞翔在空中。另一种说法是衡山整个山体走势看起来像一只展翅的飞鸟，这只飞鸟名叫朱雀，是衡山的山徽。

　　关于衡山就是一只朱雀的说法还有一个美丽的传说，相传这里本来没有什么山，放眼望去都是平地，当年神农炎帝在此采药时，用赭鞭（zhě biān）检验草药，无意中打落一只刚刚飞来的朱雀，朱雀落地便化作衡山。神农采药的故事以后我们还会讲到，这里先说一说什么是朱雀。古人把天上一部分星星划成二十八个区域，称为二十八星宿（xīng xiù），并给这二十八个星宿分别取了一个名字，在这里只记住与衡山相关的"轸"（zhěn）和"翼"两个星宿就可以了。这二十八个星宿每七个归为一组，一共四组，称为"四象""四维""四兽"或者"四方神"。这四组分别有一神兽对应，依次是东方青龙、北方玄武、西方白虎、南方朱雀，朱雀是守护衡山的神鸟。

青色的龙、白色的虎、红色的雀，这些都好理解，玄武是什么呢？"玄"是深黑色。在金庸的武侠小说《神雕侠侣》中出现过一种兵器——玄铁重剑。玄铁是黑色的铁，为天下至宝。玄铁重剑的主人就是以"无招胜有招"而著称的独孤求败。独孤求败的武功很高，他对自己的评介是："纵横江湖三十余载，杀尽仇寇，败尽英雄，天下更无抗手，无可奈何，惟隐居深谷，以雕为友。呜呼，生平求一敌手而不可得，诚寂寥难堪也。"普天之下竟寻不到一个对手，看来高高在上的人也是如此寂寞呀！玄武据说是龟和蛇的结合体，具体长什么样子，只能想象一下了。

衡山名字的由来也值得考究。据说，衡山在

天上的星宿中对应的是朱雀中的轸、翼两个星宿，掌管万物生死，千且它能够像秤一样称出天地的重量，保持天地的平衡，因此称为"衡山"。"衡"有秤杆、称量的意思。

衡山除了被称为"南岳"，它还有个名字叫作"寿岳"，"寿"就是长寿的意思，寿岳就是长寿之山。如果你对这个名字感到陌生，那么提到与"寿"相关的另外一个名字你就一定会非常熟悉——南山！人们在向老人拜寿的时候常会说道："福如东海，寿比南山！"意思是祝愿一个人的福气像东海一样广阔，一个人的生命像南山一样长久。"东海"，就是东面一望无际的海洋，那样的福气，该是多么广阔啊！"南山"是指哪座山，说法不一，有说是终南山的，有说是南岳衡山的，多数人还是倾向于后者。在衡山上有一块石刻，上书四个大字"寿比南山"，到那里游玩的人，一般都会在这块石刻前留影。

衡山三峰名叫"祝融峰"，这个名字源起于我国古代传说中的火神祝融，以后我们会详细讲述祝融的故

事。

相传黄帝打败炎帝后，炎帝派他的属臣祝融去辅佐黄帝。一天，黄帝路过南方一座大山，故意问祝融："这是什么山啊？"

"衡山！"祝融答道。

"这座山有什么来历吗？"

祝融回答说："盘古开天地，他的头化作泰山、右臂化作恒山、肚子化作嵩山、双脚化作华山，这衡山就是他的左臂。"

"这座山又为什么叫作衡山呢？"

祝融回答说："这座山形似一杆秤，可以衡量天地的轻重，可以衡量道德的高下，可以衡量政治的清浊，所以称为衡山。"

黄帝见祝融对答如流，非常高兴："我要封这五座大山为五岳，为我镇守四面八方。衡山在南面，就叫'南岳'吧！你熟悉这里，就由你来掌管这里！"

从此，祝融住在衡山最高峰，也就是现在衡山的主峰祝融峰。

唐代诗人高适在《送李少府贬峡中王少府贬长沙》

中写道："巫峡啼猿数行泪，衡阳归雁几封书。"这首诗句与衡山一座山峰有关。相传进入秋天，北方的大雁会飞往南方越冬，这座山峰所在之处——衡阳气候温暖，大雁飞到这里就会停下来过冬，第二年再返回北方，因此这里被称为"回雁峰"。后来，人们据此演化出一个词语——衡阳雁断，比喻音信不通。

一局烂柯
yì jú làn kē

盘古的右臂北岳恒山

北岳恒山绵延五百余里，像行走奔跑的健儿，所以魏源才会形容"恒山如行"。关于恒山名字的由来也是说法不一：有的说恒山绵延横向铺开，"横"与"恒"同音，因此取名恒山；有的说此山脚下有一条河流，古称恒水，因此取名恒山。不管是哪种说法，恒山终究还是那座山。据说在西汉时期，恒山改过一次名称，汉文帝名叫刘恒，为避他的名讳（míng huì），将恒山改名为"常山"。

"避讳"是中国古代的一种制度，当你在写字或说话的时候，如果遇到的这个字是帝王或尊长名字中有的字，你一定不能直接说出来，或者改用别的字代替，或者改用别的称呼，或者缺省笔画，或者干脆空着不写。秦始皇名叫嬴政，"政"与"正"同音，当时人们就

把"正月"改为"端月"以避秦始皇的名讳。又如汉高祖刘邦的老婆名叫吕雉（zhì），"雉"是一种非常漂亮的鸟，当时人们为了避吕太后的名讳，就把这种鸟改称为"野鸡"。有一句俗语"只许州官放火，不许百姓点灯"，也是因为避讳而来的。据说宋朝的时候有一个叫田登的人做了大官，有权有势之后难免有些飘飘然，他下令在自己的管辖区域内任何人都不能说、不能写"登"字，包括 dēng、děng、dèng 与"登"音同或音近的字。于是在这个地域内，再也见不到"登"字或与"登"音相同或音近的字。其他的字都好办，遇到与人们日常生活息息相关的"灯"该怎么办呢？这也难不倒聪明的人们，他们用"火"来代替"灯"，于是每到月上柳梢的时候，家家户户都开始"点火"照明。这一年的上元节，按照习俗家家都要"放灯"，官府也支持这一习俗，张出告示写道："本州依例放火三日。"看到这一告示，人们心口窃笑，有好事者遂说出"只许州官放火，不许百姓点灯"这句家喻户晓的俗语，用来讥讽那些随意弄权的人。

恒山上有一处著名景观名叫悬空寺。悬空寺依山而立，下不接地，十几根碗口粗、深插入地的木桩从底部托起寺院，远远望去，似乎悬在空中。寺院下面虽然立有木桩，但支撑悬空寺一千五百多年不倒的其实是那些表面上看不到的、横插入山壁之中的飞梁。虽然悬空寺已经存在一千五百多年，但是一本名叫《时代》（*TIME*）的美国杂志却把它评为世界十大不稳定建筑之一。悬空寺是一所"儒、释、道"三教合一的寺院。"儒"就是由孔子而来的儒教，"释"就是从印度而来的佛教，"道"就是奉老子为始祖的道教。道教讲玄、佛教说空，所以悬空寺最初的名字是"玄空阁"。

走入悬空寺最高处的三教殿，赫然映入眼帘的是正襟危坐的佛祖释迦牟尼（shì jiā móu ní），也就是我们常说的如来佛，他的左手边是儒家创始人孔子，他的右手边是道家始祖老子，三人平等共处、其乐融融。

悬空寺下有一巨石，石上刻着两个鲜红大字"壮观"，这是唐代大诗人李白留下的墨宝。据说，当年李白来到此处，看到悬空寺如此奇巧，激动不已，挥笔写下"壮观"二字。写罢，仍觉得这二字并不能完全表达自己的心情，于是又在壮字最后一横上加了一点。我猜想，李大诗人言外之意是这悬空寺不止壮观一点啊！

悬空寺旁有一小亭，亭中立有一块石碑，上书"霞客遗迹"。这是为了纪念《徐霞客游记》作者——明代大旅行家徐霞客而建，当年徐霞客来到这里，也如同李白一样，接捺（àn nà）不住心中的兴奋，挥笔写下四个大字"天下巨观"，以彰显悬空寺成就的奇观。

恒山有十八景，其中一景名叫"弈台鸣琴"。东汉人许慎著的《说文解字》中解释说："弈，就是围棋。"所以，这一处景观又叫琴棋台，据说这里是仙人下棋弹琴的地方。根据这个说法，有人在其旁边写下"一局烂柯"。这四个字是什么意思呢？传说晋朝的时候，有一个人到山中砍柴，走到一个石屋旁边，看到两个须发苍苍的老人坐在一个平台前下围棋。他非常好奇，又喜欢围棋，便走上前去观棋。其中一个老人见他过来，从衣兜中掏出一个枣一样的东西，让他含在嘴中。这人接过那个东西，放入口中，顿时口舌生津，肚中也不觉饥饿。两位老人棋下得出神入化，那人看得津津有味。一局棋还未结束，一个老人就开口对他说道："你来这里已经很久，该回去了！"那人看看天色已晚，便起身下山回家。当低身去拿放在地上的斧子时，他惊呆了：斧子的木柄已经烂成碎屑！那人下山之后，遇到更奇怪的事情：还不到一局棋的时间，世界就已经变得面目全非，认识不得，哪里还找得到自己的房屋哇！他四下打听，才知道原来时间已经过去数百年，没人认得他，也没人能够说清楚他的后人在哪里！有人说，他去的那个地方是神仙住所，待上一会儿，世上就已过去数百年！后来，人们用"一局烂柯"来感叹世界的变化转移！"柯"就是斧子上的木柄。

碧落黄泉
bì luò huáng quán

真实的创世记

"碧落"意思是天上、天宫。"黄泉"是大地极深处的泉水，古人认为那是死去的人生活的阴间。在古人的意识中天有九重天，地有九重地，黄泉又称"九泉"。"碧落黄泉"代指天上、地下，整个宇宙。唐代大诗人白居易在《长恨歌》中写道"上穷碧落下黄泉，两处茫茫皆不见"。写的是杨贵妃死后，唐明皇思念她，派人到天上、地下到处寻找，希望她能起死回生，可是找遍世界每一个角落都没找到。

我们中国人认为天与地是盘古开辟出来的。有些国家的人们则认为天与地是另外一些神仙创造的，其中最有名的就是"上帝创世"的故事。

世界笼罩着无边的黑暗，世界的主宰上帝认为世界可以变得更加美好，于是他开始创造万物。

第一天，上帝说："要有光！"日子便被分为白天和黑夜。

第二天，上帝说："要有空气！"世界便被空气隔成天与地。

第三天，上帝说："要有土和水！"世界便有了陆地和海洋，地上长出各种花草树木。

第四天，上帝说："要有日月星辰！"于是，白天有了太阳，晚上有了星星和月亮。

第五天，上帝说："要有万物。"于是，水里有了鱼，空中有了鸟，陆地上有了各种生灵。

第六天，上帝说："要有人，掌管这个世界。"于是，上帝按照自己的形象创造出一个人。

第七天，上帝看着美丽的世界非常满意地说道："我该歇歇了！"于是，第七天成了人类的休息日。

上面讲的都是一些神话故事，从古至今根本不存在盘古或是上帝，我们的世界也不是他们创造出来的。实际上我们生活的这个世界被称为宇宙，古人说："上下四方曰宇，往古来今曰宙。""上下四方"就是空间，"宇"代表着我们生活的空间；"往古来今"就是时间，"宙"就是我们生活的时间。宇宙在空间上没有边界没有尽头，在时间上没有开始没有结束。

大约在一百三十八亿年前，宇宙发生一次大爆炸，至于大爆炸之前宇宙是什么样子，没人能说清楚。在这次大爆炸之后，宇宙不断地膨胀，在膨胀的过程中产生各种星体以及其他天体，这些天体散落在宇宙中，离得近一些的相互围绕着运动，组合在一起形成星系，宇宙是由很多星系组成的，我们生活的银河系就是其中之一。

我们生活在银河系，是宇宙的一员。之所以称它为银河，是因为在夜晚站在地球上看，它就像挂在天上的一条闪闪发光的长河，银河又被称为天河、银汉。如果你能飞出银河系看银河，那么你就会看到另一番景象：从侧面看银河就像一个鼓着肚子的大圆盘，从上面看银河就像一个伸着手臂的大旋涡。它由数不清的像太阳一样的巨星组成，还有很多星云和星团以及其他天体。太阳系就是银河系一个很小的组成部分，小到什么程度呢？你甚至在银河系中无法发现它。

大约在五十亿年前，太阳系诞生，我们生活的星球——地球就是太阳系的一

右图是《神话时代》中的人物，
你记得他是谁吗？
可以把这个故事讲给别人听吗？

员。太阳是太阳系的中心，给我们提供光和热，没有太阳的光和热，地球就会变成一片不毛之地。在太阳的周围围绕着八颗行星：水星、金星、地球、火星、木星、土星、天王星和海王星。原来有一颗叫作冥王星的也是行星，后来人们觉得它长得不太像行星，就把它从行星的队伍中开除了。除了这八大行星，还有数以万计的小不点儿行星、拖着长长尾巴像扫帚一样的彗星、一不小心走错路误闯大气层燃烧成美丽流星的小碎块……

八颗行星中有六颗拥有自己的卫星，最有名的就是地球的卫星月亮。当然，地球只有一颗卫星，这算是少的，木星至少有六十三颗卫星，高居榜首，除了这六十三颗卫星，科学家还发现木星周围有几颗类似卫星的星体，目前还不能断定是否属于卫星，如果算上这些，木星的卫星就会更多。论天然卫星的数量地球比不过其他星球，如果加上人造卫星，地球卫星的数量绝对遥遥领先，迄今为止（qì jīn wéi zhǐ）人类放

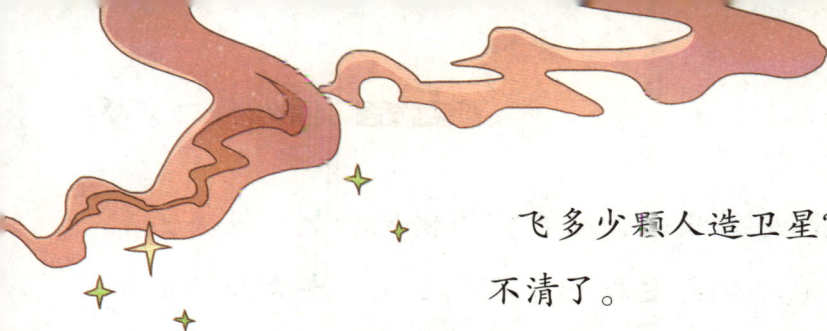

飞多少颗人造卫星？反正我是数不清了。

地球，我们生活的星球，它是个球体，人们的第一感觉就是地球像足球、篮球一样圆，实际上它是一个不规则的球体，样子甚至有些丑陋。地球大部分区域覆盖着海水，这些海水连成一片，我们称之为"洋"。如同一个人被分为头、脖子、胳膊，我们把整个大洋分成四个部分：最大的太平洋、S形的大西洋、最热的印度洋、最冷的北冰洋。大洋的边缘地带与陆地相连的部分，有一些区域我们称之为"海"，列如我国大陆边缘有四大海：渤海、黄海、东海、南海。海和洋统称为海洋。陆地和海洋不一样，他们并不都连在一起，而是被海洋分隔开。大一点的，我们称之为"大陆"，从大到小一共有六块大陆：亚欧大陆、非沙大陆、南美大陆、北美大陆、南极大陆、澳大利亚大陆。小一点的叫作"岛屿"，岛屿成千上万，世界最大的岛屿是格陵兰岛，我国最大的岛屿是台湾岛。大陆和岛屿组成"洲"，世界共有七大洲，从大到小依次是：亚洲、非洲、北美洲、南美洲、南极洲、欧洲和大洋洲。大家一定要注意，亚欧大陆被分成亚洲和欧洲两部分。我们的国家叫作中华人民共和国，就在太平洋边上的亚洲。

　　地球的卫星是月亮，月亮绕着地球日夜不停地旋转。月亮本身不发光，它的光来自太阳，当太阳的光被月亮反射到地球，我们就可以看到月亮。我们能够看到物体，是因为物体能够把光线照射或反射到我们的眼睛里，例如我们能够看见火，那是因为火发出的光照射到我们的眼睛里；你也一定听说过"伸手不见五指"这个词语吧！它是用来形容黑夜的，我们为什么看不见自己的五根指头呢？那是因为黑夜中没有足够多的光线照在手指上反射到我们的眼睛里，所以我们看不到它们。月亮在天空中的形状我们称为"月相"，你可以将它理解为是"月亮的相貌"。有的时候月亮像个圆圆的银盘，有的时候月亮像艘弯弯的小船，有的时候你在辽阔的天空中又寻不到它的影子……因为月亮反射到地球的光线每天多少不一，所以每天我们看到的月亮形象也就不同：农历初一，月亮没有光线反射到大地，所以在天空中看不到月亮，我们把这一天的月亮称为"朔月"（shuò yuè），意思是正在孕育中的月亮；朔月之后月亮渐渐变大，随日出而出，随日落而落，白天明亮的日光中看不到它的身影，只在黄昏短暂的一刻能够在天空中看到一轮弯月，像翩翩少女

明眸（míng móu）上的一弯蛾眉，这就是"蛾眉月"；到了农历初七、初八，月亮会在傍晚慢慢地爬上天空，羞涩地半遮脸庞，匆匆地划过天空，刚到半夜便急急地沉入西方的地平线，你仔细看它，它就像一张弓弦（gōng xián）笔直的弯弓，我们叫它"弦月"，又因为它出现在上半月，所以人们亲切地叫它"上弦月"；日子又一天一天飞过，弓弦被渐渐张开，它又有了一个新的名字，"凸月"，就像一个人凸起的肚子；到了农历十五，月亮终于不再羞涩，把自己整张脸打扮得光亮可人，黄昏时分从东边慢慢升起，在夜空中悠闲地踱着步子，黎明时分才慵懒地从西边落下，这一天的月亮被称为"望月"或"满月"，你可以把它理解为全世界的人们都在这一天仰望天空，欣赏满满的月亮；刚过农历十五，月亮像害了一场大病，逐渐消瘦，这一过程正好与之前的过程相反，只是名称不尽相同，依次是凸月、下弦月、残月。农历每月最后一天，我们称它为晦日（huì rì），在这一天，月亮又消失在夜空。古人根据月亮的阴晴圆缺，给阴历每月的几个特定日子取了特殊的名称：

（1）初一：朔日　（2）初二：既朔（朔日已经结束）

（3）初八：上弦　（4）十四：即望（即将到望日）

（5）十五：望日　（6）十六：既望（望日已经结束）

（7）廿二：下弦　（8）最后一天：晦日或即朔（即将到朔日）

在满月的时候，我们会看到月亮有的地方很亮，这就是月陆；有的地方很暗，这就是月海。虽然叫作月海，其实里面一滴水都没有，古人看到月亮上的这片阴暗地方，就像地球上的海洋，以为那里有很多水，所以就把它称为月海。实际上月陆地势高，反射的阳光多，看起来就特别亮，月海地势低，反射的阳光少，看起来要阴暗一些。除了月陆和月海，在月亮的下半部分还有个非常大的辐射线条，这是月亮上的"辐射纹"，据推测是由环形山或火山作用形成的。环形山，就像放在月球表面上的一只大碗，据说它是陨石在月亮上砸出的大坑。

由于某种巧合，月亮就像一个腼腆（miǎn tiǎn）的小姑娘，羞答答（xiū dā dā），始终对我们半遮脸庞，只留给我们一面，在地球上，我们永远看不到月亮的背面。人们面对明亮的月亮总是充满无尽的遐想：那里有座广寒宫，住着嫦娥仙子，怀抱一只玉兔，还有个大汉吴刚，永不停歇地砍着那棵随砍即合的桂树。美国人阿姆斯特朗乘坐阿波罗十一号宇宙飞船在月球上留下人类第一个脚印。他在月球上骄傲地说："这是个人的一小步，却是全人类的一大步。"在他之后，又有几批人也曾到过那里，不过他们看到的月亮可能会让大家非常失望，所有到过那里的人并没有发现任何生命，哪怕是一滴水，更别说什么嫦娥玉兔了。月球上只是荒凉一片。

rén yuán yī bié

人 猿 揖 别

中国人是黄土捏出来的吗

抟土作人：神禖女娲创造人类

神仙住在天上，这些神仙从何而来谁都说不清楚。这些神仙长得都很奇怪，有的蛇身人面，有的牛首虎鼻……那时候神仙往来天地之间并不困难，他们一般有两种选择：一种是腾云驾雾，就像孙悟空一样一个跟头十万八千里，但是这种方式要在毫无凭借的情况下硬生生地把自己送到九万里之外，很费法力和体力，所以神仙们更愿意选择第二种方式——走天梯。

天梯是连接天与地的一条通道，它不是我们现在用的梯子，而是一棵树，称为"建木"。当年盘古死去的时候，想着以后会有神仙往来于天地之间，便将自己的一小块皮肤化作一棵参天大树。这棵树长得非常奇特：粗大的树根深入地下不知几万里，有一些裸露在地面上，像一座座绵延的小山；它的树干光滑而又笔直，没有一个枝节，直入云霄，一眼望不到头；它的树冠蔓延在云海中，弯弯曲曲的树枝相互缠绕、相互攀附，像把巨伞遮天蔽日；它的叶子是青色的、根茎是紫色的、开的花是黑色的、结出的果是黄色的……到哪里才能找到这棵树呢？据说盘古把它种在大地的中央，那个地方叫作都（dōu）广，只有神仙或是能够通神的人才能到达那里。

有一天，一个叫女娲的神仙顺着天梯来到大地，这是她第一次从天上下来。当她的脚沾到第一粒泥土，就爱上这里。大地实在太漂亮了：百花争妍，吐露芬芳；万木竞青，苍翠欲滴；蜂蝶婀娜（ē nuó），流连在万紫千红中，鸟兽曼妙，自在于山川草木间；湖似明镜、河如锦缎；一带远山、连绵起伏……女娲欣赏着美景，情不自禁地唱起歌来，竟引来鸾鸟（luán niǎo）相和、凤凰伴舞。

和鸟兽虫鱼相处几天，女娲突然感到一阵孤独：这里虽好，却好像少了一点什么？她左思右想，终于想明白：这里缺少的是灵气与智慧！

"对！"百思不得其解之后的灵光一现，让女娲欣喜若狂，"我要把天上的智慧带给大地！"

女娲找来鱼，鱼儿只学会游泳。

女娲找来鸟，鸟儿只学会飞翔。

女娲找来兽，兽儿只学会奔跑。

它们都没有实现女娲的愿望。女娲有些累了，在一处水边坐下来，清风徐徐，水面上晃动着她的影子。

看着自己的影子，女娲自言自语："我为什么不能创造出一种生物，让他们拥有和我一样的智慧和灵性呢？"

鱼、鸟、兽……该创造什么样的生物呢？女娲看到自己映在水中的影子，有了灵感：就创造一种和我一样的生物吧！

她在水边顺手抓起一把泥土，捏成一个和自己一样的泥娃娃，吹一口仙气。泥娃娃竟然活了，高兴地又蹦又跳，围着女娲发出一种奇怪的声音：妈妈、妈妈……

女娲看着自己的杰作，满心欢喜："总得给她起个名字，我就叫她'人'。"

于是这个世界上又多了一种生物。

女娲看到其他生物都是成群结队，心想：这个世界只有一个人，她该多么孤单啊！

于是，女娲又动起手来：一个、两个……成千上万个人在她的手中诞生。

这些人都围在女娲身边叫喊着："妈妈、妈妈……"

女娲还是觉得人不够多，但是她实在太累了，便从地上捡起一根藤条，在河边搅动几下，藤条上沾满泥浆，女娲顺手一甩，数不清的泥点溅落在地。

那些泥点一落地就变成人，都围在女娲的身旁。女娲摸摸这个，抱抱那个，喜不胜收。忽然，一只硕大无比的老鹰从天而降，抓起一个人，腾空而起，一口把那个人吞下去；一只快如闪电的豹子冲入人群，一口咬断一个人的脖子，叼起来便消失得无影无踪；一条粗大的蛇吐着火红的芯子，张开大嘴咬住一个人的胳膊，那个人惨叫一声，倒地抽搐（chōu chù）几下就停止了呼吸……

看到这些女娲心里掠过一丝忧虑：鹰有尖锐有力的爪子、豹有风驰电掣（fēng chí diàn chè）的速度、蛇有奇毒无比的毒液，人却什么技能都没有，她们要怎么生存下去啊？

"把我的神力全给她们？"女娲转念一想："不行！要是万能的天帝知道了，不仅要惩罚我，他还会毁灭人类！"

女娲思索着，忽然眉头一展，有了主意。她对着人类吹了一口气："我赋予你们想象力，有了想象力你们就可以学会你们想要的本领，将来一定会主宰这个世界。到各地去创造属于你们的天地吧！"

人们似乎听明白女娲的话语，三两成群地奔向世界各地。

女娲回到天上。在天上生活的日子里她一直惦记着人类，不知过了多少年，她又来到大地。本以为有了人类的大地会异常热闹，令她吃惊的是，她创造出来的成千上万的人所剩无几：地上到处可见死去的人们，病的或衰老得走不动道的人躺在地上无助地呻吟着……原来女娲所创造出的人类有着生老病死，所以才会越来越少。

女娲见人类越来越少，赶紧坐在河边又捏起人来，一副忧心忡忡（yōu xīn chōng chōng）的样子，沮丧地想：每当有人死去我就要再捏些人，这也不是长久之计呀！我必须想个万全之策，让人类自己创造后代繁衍（fán yǎn）下去。我该怎么办呢？

就在女娲毫无头绪的时候，一只凤与一只凰从女娲头上欢叫着飞过，原来是凤在追求凰，女娲立即喜上眉梢："我把人类分为雄凤雌凰不就可以了吗？"

于是，女娲把原来创造出来的人叫作女人，把新捏出来的人叫作男人，教会他们结婚生子。自此，人类就在大地上生生不息地生存下来。直到现在我们还称女娲为"神禖（méi）"，也就是婚姻之神。

偷食禁果：人类原罪失乐园

盘古开天辟地和女娲造人是我们中国人的创世纪。西方人在《圣经》中也讲到人类诞生的故事：上帝用七天创造世界，其中的第六天他用尘土按照自己的模样创造一个人，他称这个人为男人，给他起名"亚当"。上帝非常偏爱亚当，在大地的东方给他修建一个园子——伊甸园。

园子里有各种植物和动物，还有各种果实。

上帝对亚当说："在这里你没有烦恼、没有忧伤。这里的一切都归你掌管，这里所有的果实都可以吃，除了园子中央那两棵树的果实。"

亚当顺着上帝手指的方向望去，只见两棵高大的树上挂满了红彤彤的果实。

上帝继续说道："左边那棵是智慧树，右边那棵是生命树，吃了这两棵树上的果实，你就会死去。"

亚当牢牢记住上帝的话。上帝走后亚当就在园子中闲逛，他给见过的每一种动物、每一种植物都取了好听的名字，当他走到智慧树和生命树前时，略作思索，自言自语地说道："以后我就叫你们苹果树吧！"

亚当在伊甸园中过着无忧无虑的生活，饿了就摘一颗最香甜的果子，渴了就捧一抔（póu）最清冽的泉水，累了就找一处最阴凉的树荫，孤单了就抱起一只最温顺小动物……即使生活如此美好，亚当心中仍有几分落寞。

上帝非常惦记亚当生活得如何，又来到伊甸园，亚当正熟熟地睡着。

看着满园的祥和，上帝对自己的杰作非常满意，正要离开，忽然听到亚当几声梦语："为什么别的动物都是成群结队，而这里却只有我一个人？"

本以为自己创造了一个极乐世界，听见亚当的梦语，他才意识到这完美中还有一点小小的缺憾。

上帝在亚当面部轻轻一挥，亚当睡得更加深沉。上帝从亚当胸前抽出一根肋骨，吹了一口气，那肋骨就变成一个翩扁人类。

上帝唤醒亚当，说道："这是你的同伴，你是男人，她是女人，让她陪伴你在这里生活，你要告诉她在这里的禁忌。"

自从有了女人，亚当整天笑逐颜开，他把伊甸园中的一切都告诉这个女人，并说："我是亚当，以后我就叫你夏娃吧！"

女人很高兴地接受这个名字，两个人一起愉快地玩耍着，不知不觉走到智慧树旁，夏娃看见满树红彤彤的苹果，兴奋地说道："这么好看的果子，一定很好吃！"说着伸手就要去摘。

亚当连忙阻止："这个可不能吃，吃了我们都会死掉！"

夏娃连忙缩回手："这么好看的果子怎么会不能吃呢？"

亚当答道："上帝说的，在这个园子里，任何果子都可以吃，唯独这两棵树上的果子不能吃！"

夏娃悻悻（xìng xìng）地说："上帝说不能吃那就

一定不能吃。这是什么果子呀？"

亚当答道："我叫它苹果！"

两人边说边远离这两棵树，在园子里继续着他们的幸福生活。

他们没有想到，在这幸福的背后始终有一双愤怒的眼睛注视着他们，这个人就是魔鬼撒旦（sā dàn）。撒旦本是上帝创造出的一位法力高强的天使，在上帝创造出亚当的时候，上帝让所有天使跪拜亚当。跪拜凡人？撒旦心中不服，遂对上帝产生不敬与反叛之心。上帝察觉后一怒之下把他从天上扔到人间，从此以后撒旦就从天使变成恶魔。撒旦把自己的遭遇归咎（guī jiù）于亚当，他时时刻刻都在伺机报复亚当。

这一天，夏娃一个人在园子里游玩，走到智慧树下，望着诱人的果子发呆。

这时候一条蛇慢慢地沿着树枝爬到夏娃面前说："这里所有果子你都能吃吗？"这条蛇就是撒旦变的，他要引诱夏娃偷吃禁果。

夏娃答道："当然了，不过这棵树上的果子我不能吃，

左图是《传说时代》中的人物，**你记得她是谁吗？** **可以把这个故事讲给别人听吗？**

吃了就会死！"

蛇听了哈哈大笑："这是谁告诉你的？"

夏娃说道："是上帝告诉我们的。"

蛇收住笑容："你知道这是什么果子吗？"

夏娃骄傲地答道："这是苹果啊！"

"苹果？"蛇又笑了起来，"是那个傻瓜亚当告诉你这是苹果吧！其实这是智慧果，吃了不但不会死，你还会拥有和上帝一样的智慧，能和上帝一样分清善恶美丑！上帝就是怕你们会变得和他一样，才骗你们说吃了会死。"

"是真的吗"夏娃将信将疑地问道。

"我欺骗你干吗？"蛇反问道，"你不是早就想尝一尝它的味道吗？为什么不摘一个？"

夏娃有些动心，心想：我先吃一个，如果真像蛇说的那样我没有死，我就让亚当也尝一尝。

想到这里，夏娃伸手摘下一个果子，咬了一口。智慧果如此香甜，胜过其他果子，夏娃非但没有死，而且看周围事物的感觉都不一样了。

她低头一看自己赤裸的身体，满脸通红，连忙摘下一些无花果的叶子围在身上。

看到这一切，蛇偷偷地笑了，顺着树枝溜得无影无踪。

夏娃找不到那条蛇，便摘了一个智慧果兴冲冲地跑到亚当身边。

看着夏娃这身打扮，亚当奇怪地问道："你围这些叶子做什么？"

夏娃掏出智慧果递给亚当，神秘地说道："你吃一口就知道了！"

亚当吓得睁大了眼睛："吃苹果是要死人的！"

"你还骗我，这明明就是智慧果！"夏娃嗔怪（chēn guài）道，"你看我不是好好的吗？吃了智慧果非但不会死人，还会拥有智慧！"

亚当半信半疑地接过智慧果，怯怯地咬了一口，奇怪的事情也发生在亚当身上，他看到自己赤裸的身子，脸也红了，拽（zhuài）过一些无花果的叶子围在身上。

就在这时，亚当和夏娃听见上帝的脚步声，想着没有遵守上帝的禁令，偷吃禁果，上帝一定不高兴，心中一阵恐慌。亚当连忙拉着夏娃躲进一片茂密的草丛中。

上帝在伊甸园中转了半天，找不到他们，大声喊着："男人、女人，你们在哪里，赶快出来见我！"

亚当知道躲不过去，便拉着夏娃胆怯（dǎn qiè）地来到上帝面前。

一看亚当、夏娃的打扮（dǎ bàn），上帝已经明白发生了什么事情："你们为什么不敢出来见我？"

亚当颤抖着声音答道："我们光着身子，怕您生气！"

"怕我生气？"上帝若有所思地问道："你们一定是偷吃了禁果！"

"是她引诱我吃的！"亚当见上帝揭穿自己的谎言，指着夏娃，连忙辩解。

夏娃眼泪唰地流了下来，没想到亚当如此没有担当，这么快就出卖自己："这不关我的事，是那条蛇让我吃的！"

"好了！好了！"上帝叹了一口气，"你们有了智慧就会去吃生命之果，吃了生命之果你们就可以长生不死，这是我不允许的！你们离开这里吧！为了惩罚（chéng fá）你们对我的不忠，男人要承受劳役之苦、养家糊口，女人要承受生育之痛、传宗接代！至于那条蛇，我要让它永远用肚皮行走！"

亚当和夏娃被赶出伊甸园，在大地上繁衍子子孙孙。所以根据《圣经》的传说，我们都是亚当的后代，他是我们人类的祖先。

后来，很多人试图重新回到伊甸园，但是没有一个人成功过，因为上帝已经完全切断重返伊甸园之路。即使有人能够找到那条路，也无法进入园内，上帝早就委派一位天使拿着冒火的宝剑守在园口，阻止一切人入内，保卫着生命之树。

在希腊神话中关于人类诞生过程是这样记载的：一个叫普罗米修斯的神仙按照自己的模样用泥土捏了许多泥人，吹一口气，他们便有了生命。普罗米修斯的好朋友智慧之神雅典娜对着人类吹一口气，人类便有了灵性。

蹒跚学步：人类从哪里来

现在我们知道人类是由古代生物进化而来，那么最早的人类起源于哪里？对于这个问题科学家一直没有定论。尽管科学家还不清楚人类最初来自哪里，但是大家已经达成共识：人类不是由神创造出来的。有些人认为人类是在自然选择的作用下由古猿一步一步进化而来，这就是进化论。在进化论领域，名气最大的是英国学者达尔文，他用大量的事实揭示生物进化的过程。地球最初没有生命，后来在自然力的作用下，出现简单的生命，随着自然力不断作用和生物之间相互竞争，生命得以持续进

化，适应环境的生命存活下来，不适应环境的生命被大自然淘汰，逐渐形成现在我们所看到的多姿多彩的世界，并且现在这个世界还在不断进化着。如果有一天我们人类不适应环境，也一样会灭绝、会被大自然淘汰，那就是人们现在常常担心的世界末日。你不要认为这是危言耸听，曾经统治地球、不可一世的恐龙家族最终走向灭绝，就是一个活生生的例子，就是"物竞天择、适者生存"的结果。

既然人类是由古猿进化而来的，那人猿揖别（yī bié）的标志是什么呢？最初，科学家认为会制造工具是人类形成的标志，不过一只黑猩猩给他们泼了一头冷水，一位科学家发现黑猩猩竟然也会制造简单工具，所以能够"制造工具"这一说法自然是站不住脚了。后来，科学家又提出能够用双腿直立行走是人类形成的标志。面对莫衷一是（mò zhōng yī shì）的说法，我们且认为能够直立行走的会制造工具的动物就是人类吧。

对于古猿进化成人类的过程，科学家也是众说纷纭。有一种说法是人类由古猿进化到现代人经历了能人、直立人、早期智人、晚期智人四个阶段。最早发现能人化石的科学家，认为能人已经能够制造工具，是手巧能干的人，因此命名其为能人；直立人，顾名思义是已经能够直立行走的人；智人，就是指有智慧的人，科学家认为人类发展到这个阶段已经相当聪明；到了晚期智人阶段，现代人已经形成，我们都是智人。

有些科学家认为我们的祖先有很多，现代人是由世界各地不同古人类进化而来的，这就是"多祖论"。另一些科学家则提出反对意见，他们认为人类的进化只有一个源头，现代人都是由这一个共同祖先进化而来的，这就是"单祖论"。公说公有理，婆说婆有理，双方谁也不能说服谁。如今，在科学界单祖论似乎稍占上风。如果这种理论成立，那么我们的祖先生活在哪里呢？科学家在非洲发现一具女性化石，还给她取了一个非常好听的名字——露西。露西女士是进化成人类的南方古猿，现在已经三百五十万岁。所以，我们可以这样想象：三百五十万年前，以露西为代表的古猿在非洲自由自在地生活，她们有很多后代，这些后代不断地向外扩散，走出非洲，来到亚洲、欧洲……直至世界每一个角落。

人类不是上帝创造的，中国人当然也不是女娲捏出来的。目前，科学家在山西境内发现我国最早的人类遗存，距今已有一百八十多万年，遗憾的是，

在那里没有发现人类化石，只发现一些人类活动遗迹。在我国发现最早的人类化石是云南元谋人的两枚门齿化石，距今已有一百七十万年。在我国境内发现的最有名的人类化石要算是北京人化石。二十世纪二十年代，一群中外考古学者在北京西南周口店龙骨山的一个山洞里发现五个较为完整的北京人头盖骨化石。这里是世界上出土古人类化石和遗迹最丰富的遗址，不过，现在我们已经看不到当时发现的这些头盖骨化石，在日本侵略中国期间，这些化石不知所踪。后来，考古学者在龙骨山顶的洞穴口又发现一些距今更近的古人类化石，学者把这些远古人称作"山顶洞人"，几十个山顶洞人生活在一起形成氏族，他们共同劳动、共享食物、没有等级贵贱之分。

人类制造工具也有一个演变过程。开始，人们只是用石头相互击打，制造成各种工具，这一阶段称为"旧石器时代"；后来，人们制造工具的经验逐渐丰富起来，他们开始磨制石器，这一阶段称为"新石器时代"；在这之后人类学会冶炼纯铜器，但还

右图是《传说时代》中的人物，你记得他是谁吗？可以把这个故事讲给别人听吗？

离不开石质工具，这时候人类就步入"金石并用时代"；当人类聪明得能够冶炼青铜器的时候，这个时代就称为"青铜时代"；再后来，人们冶炼出来更加好用的铁器，这就是"铁器时代"。

中国人的皮肤是黄色的，称为黄色人种。我们的祖先看到自己的肤色和黄土的颜色一样，就很有想象力地编出"抟土造人"这个美丽神话，说中国人是女娲用黄泥捏出来的。那么世界其他地方也都是黄色人种吗？当然不是，世界上有三个主要的人种，除了黄色人种，还有黑色人种和白色人种。黑色人种主要生活在光照强烈的热带地区，白色人种主要生活在光照较弱的寒带地区，黄色人种生活在他们两者之间的温带地区。随着人类不断交流，这三大人种生活区域变得不那么泾渭分明。世界上所有的人都是平等的，不能因为皮肤颜色不同而分出个高低贵贱。

gǎn yìng ér yùn
感 应 而 孕
华胥舍身为人

最初世界上没有火，人们过着茹毛饮血（rú máo yǐn xuè）的日子。由于没有火，人们像老虎、狮子生吞活剥猎物一样连毛带血地吃他们捕获到的飞禽走兽。那时候，人们的寿命也没有现代人长，比如北京猿人大多数在十七岁之前就死亡了。

最初的人们单独生活，但是一个人的力量十分单薄，不仅常常饿着肚子，而且也无法抵挡虎豹狼虫的袭击。后来，男人和女人结合，繁衍后代，形成家庭，家庭的形成使人们拥有更大的力量来获取食物、抵御野兽。再后来，家庭的子子孙孙越来越多，他们又组成许多家庭，这些家庭联合起来形成氏族。

不知过了多少代，在大地的东面雷河边上出现一个氏族，氏族的首领是一位老奶奶。这位老奶奶有一个孙女名叫华胥（huá xū）。华胥美丽善良，老奶奶非常疼爱她。一天，雷河水突然上涨，河水咆哮着冲破堤岸，肆意漫延。人们四处奔逃，老奶奶领着华胥费了九牛二虎之力才爬上一座山尖。华胥站在山顶四下望去，山下一片汪洋，自己生活的那个小村庄早已不见了踪影，来不及逃到山顶的人们呼喊着、挣扎着，和大水裹挟着的山石草木一起随波而去，逃到山顶的人们眼睁睁地看着亲人被大水吞没而束手无策，或声嘶力竭地哭喊，或无可奈何地叹气……

华胥第一次见到如此场景，哭着问奶奶："我们为什么会遭受如此灾难？"

"唉！"老奶奶叹了一口气，"这条河的源头有一片大湖，叫雷泽，那里的水是黑的，山是秃的，土是硬的；天上乌云翻滚，不见天日；地上寸草不生，死气沉沉；还有刺眼的闪电，每天劈向大地千百万次；那里到处都是动物死后的骨架，空气中弥漫着令人作呕的腐臭气息……那里住着一位神仙，名叫雷神，他长着人的脸庞、龙的身子，他

喜欢拍打自己的肚子，每拍一下，就会响起轰隆隆的雷声。雷神的脾气非常暴躁，当他睡着的时候，雷河风平浪静，我们就可以过上幸福的生活；一旦他醒来，雷河就会波浪滔天，我们的家园就要被洪水淹没。"

"我们为什么不离开这里，找一处更加幸福的家园？"华胥不解地问道。

"雷河原本是直的，从村边流过。自从雷神到来，这条河就把我们村子包围起来，河宽且水流湍急（tuān jí），外面的人进不来，里面的人出不去。好在雷神二十年才醒来一次，每次醒来只几天又沉沉地睡去，因为这样我们的家族才得以生存下来。"

后来，华胥长大了做了首领。她带领族人把自己的家园建设得欣欣向荣，人们过着幸福的生活。但是华胥始终有个未解的心结，生怕某一天雷河之水再次泛滥，冲毁她的家园。

这一天，华胥在雷河边上游玩。一阵困意袭来，她便躺在一处草地上美美地睡了过去。

睡梦中，天上浓云翻滚，由远及近传来一阵轰隆隆的雷声。

华胥抬头望去，一条龙从远处飞过来，落到地上化作一个翩翩少年。

"你是谁啊？"华胥问道。

那少年哈哈大笑："我就是雷神！你不是一直想找到我吗？"

"你就是雷神？"华胥怒目圆睁地质问："你为什么要害死我的族人？"

"那是你们人类对神不守信用应受到的惩罚！"

"借口！明明就是你脾气不好，滥用你的神权！"

"谁告诉你我是这样的？"

"你的劣迹世人皆知！"

"是吗？"雷神哈哈大笑，"可爱的姑娘，这是你们人类编出来的故事。事实是这样的，我和女娲有个约定，要把天上的火带到人间。但这需要你们人类自己到天上去取火种。于是，我就到人间在你们族群中寻找能帮我完成这项任务的人。我找到的第一个人最初答应我，可后来她反悔了！欺骗神，是要受到惩罚的，所以我就让雷河之水翻滚起来，惩罚那些不守信用的人！这之后，我每过二十年来一次，可每次你们人类都不守信用，欺骗我。怕你们逃离这里，我就用雷河把你们围困在这里！"

"你为什么不到其他族群寻找这样的人？"

"其他族群有其他天神安排的任务。"

"如果我帮你完成任务，你以后是不是就不再祸害我们？"

"那是当然！不过你不想知道之前的那些人为什么要反悔吗？"

"为什么？"华胥问道。

"要完成这项任务，你先要到雷泽。"雷神不紧不慢地说道，"你知道雷泽是什么样的地方吗？"

华胥点点头。

"那就好！"雷神接着说道，"到那里之后，你要嫁给我，你会在十二年后生下我的孩子，这个孩子会把火种带到人间。"

华胥略想一下答道："我可以做到！"

"先别急着答应我，你知道我长什么样子吗？"

"人面龙身！很久以前我就听说过！"

"哈哈哈！"雷神大声笑着说，"你先来看看我真实的样子！"

雷神话音刚落，就已变成另外一副模样：魔鬼般狰狞（zhēng níng）的面孔、弯曲着的蛇一样的身体上布满了鳞片。

虽然有所准备，华胥还是被吓了一大跳。

雷神敏锐地抓住华胥表情间的微小变化："害怕了吧！你现在反悔还不晚！"

"我愿意！"华胥斩钉截铁地说道。

雷神微微点头："很好！很好！但有一件事情我还要和你讲清楚！我们之间没有爱情，你以后不会再见到我，孩子生下来你就会死去，你一辈子都不会得到爱情。"

雷神安静地看着华胥。

华胥迟疑了一阵说道："只要你不再为害人间，我愿意牺牲我的一切！"

雷神忽地飞上天空："一言为定！明天太阳升起的时候，你来到这里，雷河上会出现一座桥，你过了桥沿着大路一直走就会到达雷泽，我在那里等你。记住，桥一瞬间就会消失，在消失前你要是没走到桥上，就算反悔！你是知道后果的！"

说完，雷神消失在茫茫天际。

雷神走后，华胥呆呆地坐在河边，这一夜她没有回家，一夜未睡。她的思绪非常纷乱：她一会儿想着必须要去，这是拯救族人唯一的办法；一会儿又想着，自己

这一去断送的不仅是自己一辈子的幸福，还有自己宝贵的生命；一会儿她又想着，自己走入地狱般的雷泽还能活着出来吗；去，是死路一条；不去，自己现在就可以回去带领族人走上那高高的山顶，躲过即将到来的滔天洪水，但是洪水过后，自己的家园又会狼藉一片，自己的族人以后还要忍受这永不休止的轮回。火种是什么东西？它有什么用呢？为什么女娲娘娘要让人间有火呢……

华胥整理着自己的思绪，但是无论如何她都没有办法理出个子丑寅卯。天一点点亮了，就在太阳跳出云层的一瞬间，原本湍急的雷河水似乎凝滞了一样，在她的眼前出现一座七彩长桥，横卧在静静的雷河之上。

也不知哪里来的一股力量，华胥本能地站起来，飞快地跑上桥去。她也不知自己到底在想些什么，在决定着什么。她只顾着往前跑，头也不回地往前跑，生怕自己一回头就会转身返回原地。

说也奇怪啊，华胥向前迈一步，她身后的桥就消失一步，她向前跑一米，她身后的桥就消失一米。很快她就跑过桥去，回头一看，除了远去的村寨和湍急的雷河水，再也寻不到桥的影子。

华胥按照雷神的话，继续前行，渴了就喝一捧山泉水，饿了就摘几个野果子，困了就爬上一棵安稳的大树上睡一觉……她日夜兼程地沿着大路走了三天三夜，当她穿过一片树林后，眼前豁然开朗（huò rán kāi lǎng）：大路消失在一片青青的草原中，草原开满各种各样美丽的花朵，风轻轻吹过，一些她叫不上名字的小动物若隐若现；再远处，高大的动物成群结队地聚在一起，低着头悠闲地吃着青草；数不清的鸟儿从飘着白云的湛蓝天空中掠过；再远处，是一眼望不到边的湖水，像一块蓝色的宝石镶嵌在草原的边缘上，湖中有成群的鱼儿，黑压压的，偶尔有跃出水面的，落入水中的一瞬间，激起洁白的水花……

这就是传说中的雷泽？华胥怎么也不敢相信自己的眼睛，这哪里是什么地狱呀，简直就是人间天堂。

华胥徜徉（cháng yáng）在雷泽边上，深深地陶醉于这无边的美景。忽然，她想起自己来到雷泽的使命，便开始四处寻找雷神。她围着雷泽走了一圈，没见雷神的影子，就在湖边生气地喊着："雷神，你在哪里……

你这个骗子，为什么不敢出来见我？"任凭华胥如何喊叫，就是不见雷神的身影。

华胥边走边寻，已是筋疲力尽，心想："再寻不着雷神，我就回家！"正思索间，忽见前方大地凹陷下去一块，远远望去竟似一个巨大无比的脚印。

华胥心中暗喜："莫非这就是雷神的脚印！如果是，那雷神应该在此不远！"

她跑到脚印旁边，四下张望，还是不见雷神的踪影："这个脚印好大呀！"华胥自言自语着，出于好奇，她在那个脚印上踩了一下，"他的脚可比我的大多了！"

正思索间，华胥忽然感到腹中一热，接着听见雷神的声音："小姑娘，你已经怀上了我的孩子，现在可以返回家园！"

"你为什么不出来见我？"

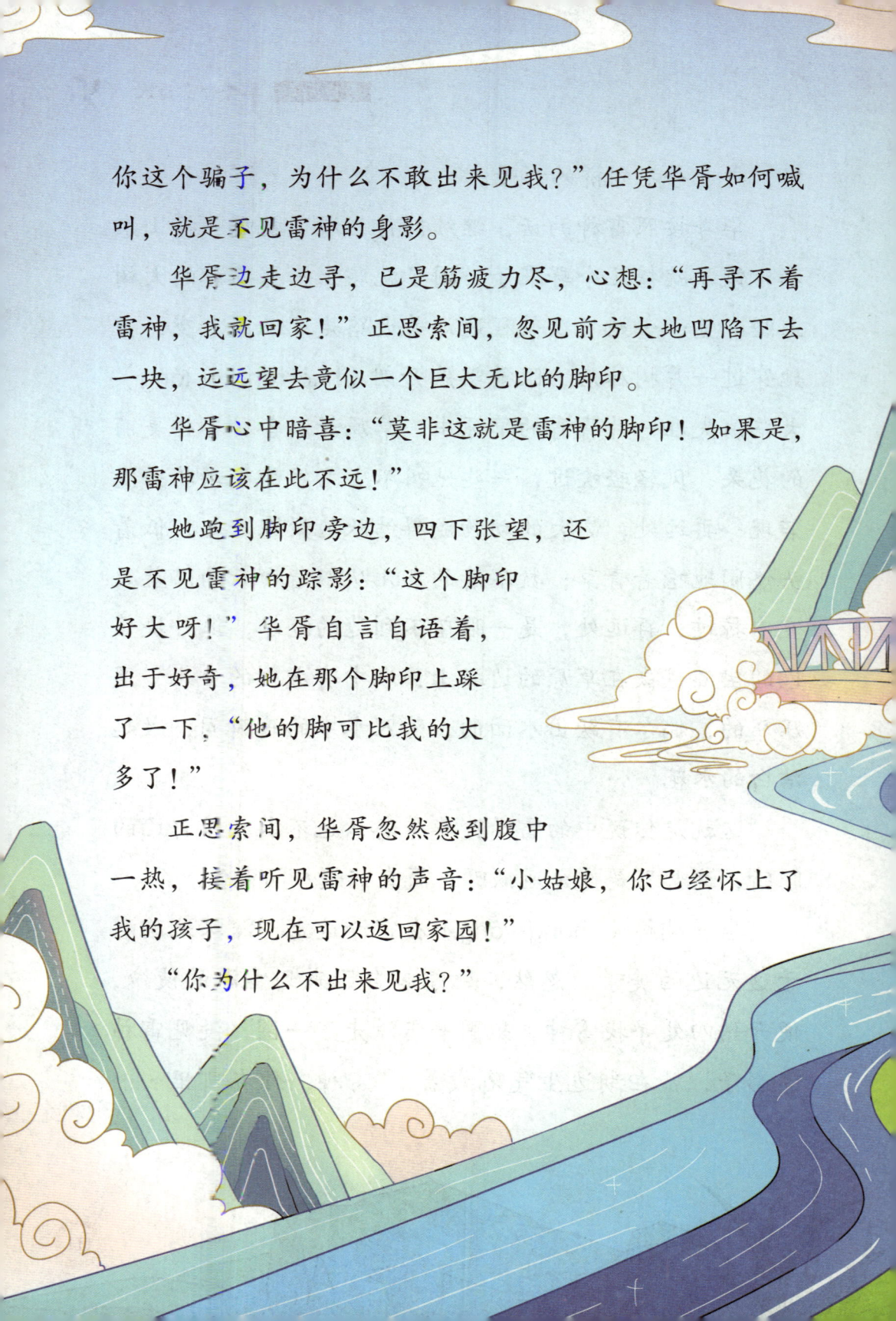

"我早就和你说过，我们不会再见面！感谢你为人类做出的牺牲！"

"你以后还会再祸害我的族人吗？"

"哈哈！你回到家中去看看吧！"

"孩子长大了，怎么能够取到火种？"

"等他长大了，自然会知道！"

"火种是做什么用的？"

雷神不再回答。

华胥沿着雷河向家的方向走去，快到家的时候，忽然发现路上出现几个族人。那几个族人见到华胥一拥而上："首领，终于找到你了！这些天你都跑到哪里去了？我们一直在找你！"

华胥也非常奇怪："你们是怎么渡过雷河的？"

族人回答："不知为何，雷河水突然变得平静，围在村寨周围的雷河也变直了！我们现在可以自由出入村寨！"

从那以后，雷河再也没有出现过水患，而且雷神只按农时打雷闪电、行云布雨，天地之间变得风调雨顺。人们为了纪念华胥为村寨作出的贡献，便把村寨命名为"华胥匤"。

　　人们按照血缘关系结合在一起形成氏族，氏族是原始社会的一种形式。氏族社会又分为两个阶段：母系氏族社会和父系氏族社会。在母系氏族社会，女人完全占据主导地位，男人从属女人。在那个时候，女人没有固定的丈夫，所以孩子一出生只知其母、不知其父。后来随着男人在社会中的地位逐渐提高，母系氏族社会转变成父系氏族社会，男人成为社会的主导者，女人从属男人，夫妻之间的关系也相对稳固，所以孩子一出生既知其父又知其母。

yí huà kāi tiān
一画开天
人文初祖伏羲

一晃十二年过去，当传来新生儿的啼哭声时，山寨中的人们围在华胥房子的周围，没有欢声笑语，只有一阵静默。

华胥虚弱地问道："男孩？女孩？"

"男孩！给他取个名字吧！"

华胥看着那个孩子，面带微笑，平和地说道："就叫他伏羲吧！"

据说华胥死后变成神仙，一直陪在雷神身边。

伏羲是雷神的儿子，他和雷神一样也是人面龙身。他不是一个普通人，他拥有神力。当他和人们在一起的时候，就变成人的样子；当没有人在身边的时候，就恢复自己本来的面目。

伏羲长大之后，变成一个非常强壮的男人，族人推举他做首领。伏羲也没有辜负族人的信任，把华胥国治理得蒸蒸日上。

退而结网：伏羲如何发明渔网

中国有句古话："临渊羡鱼，不如退而结网。"意思是与其站在河边想要吃到水中的鱼，不如回家编织渔网再来捕鱼，以此说明一个人想要实现美好的愿望，必须付诸实际行动。

远古时期，人们还没有发明渔网。有一天，伏羲走在雷河边上，看见几个族人正在河边"打鱼"。只见他们手拿大棒，站在河边一动不动地紧盯水面，当有鱼经过的时候，他们立即用木棒重重地击打水面，水面激起巨大的水花，溅得族人浑身上下都是水。

伏羲在水边默默地看了好一阵子：技术好一点的偶尔会打着一条鱼，技术差一点的则一条鱼都打不上来。

劳累一天，族人们拎着四五条鱼，兴高采烈地返回村寨。

伏羲并没有跟着回去，独自留在雷河边上。他一副心事重重的样子，心想：族人每天都很辛苦，可是打来的这几条鱼还不够大家分的，必须想个办法

让大家能够打到更多的鱼。

他看着雷河水和水中匆匆游过的鱼群不停地思索着，却没有一点头绪，除了用木棒打鱼，他实在想不出别的办法。

眼看着天就要黑了，伏羲挪动一下脚，准备返回村寨，忽然胳膊上缠住一缕柔柔的轻丝，那是蜘蛛丝。他拽掉胳膊上的蜘蛛丝，发现蜘蛛丝连着一个八角形的蜘蛛网，那网挂在两棵草的中间，不停地晃动着，网上粘满小飞虫，有的被蛛丝包裹着、有的刚刚被蛛网粘上拼命地挣扎着、有的已经干瘪（gān biě）只剩下一个空壳……一只小蜘蛛躲在一旁等待着自投罗网的猎物。

伏羲若有所思地靠近蜘蛛网，仔细观察一番，忽然一拍脑门："有了！这不就是一个捕鱼工具吗？"

伏羲回到村寨，让族人给他准备了两根长长的杆子和一些藤条，他按照蜘蛛网的样子编织了一张大大的渔网。渔网刚编完，他就迫不及待地跑到雷河边上，把网撒在水中。

和他一起来的族人不知道伏羲在搞什么名堂，奇怪地问道："首领，您这是要做什么呀？"

"嘘！"伏羲轻声说道，"别出

声，一会儿你们就会明白！"

过了很长一段时间，伏羲感到有什么东西在拖拽着网，急忙喊道："大家快来帮忙！"

族人不知发生了什么事情，连忙跑到伏羲身旁，七手八脚地帮助伏羲把那张大网拽上来。

随着网慢慢地露出水面，他们既惊讶又兴奋，十几条活蹦乱跳的大鱼在网里面拼命地跳跃着想要逃脱。伏羲哪会让到手的猎物溜走，指挥族人迅速把每条大鱼收入囊中。

从此，华胥国的人们再也不会饿肚子了。后来，伏羲又教人们用渔网捕捉飞鸟，人们的食物更加丰富了。

薪尽火传：伏羲如何取得火种

伏羲把华胥国治理得很好，他心中却始终有一件事情放不下，那就是自己的母亲为之付出生命的火种，可是他已经问过很多人，却没有一个人能够告诉他火种是什么，更没有人知道如何从天上把火种带到人间。

这一天，伏羲祭祀女娲，跪在女娲像前拜了又拜，像是在问女娲，又像是在自言自语："火种是什么？到哪里才能得到火种？"

不知不觉，他在女娲像前睡着了。睡梦中女娲走到他的身旁，轻轻抚摩着他的头："和你父亲长得真像啊！"

伏羲似乎醒了，连忙起身，向女娲拜了又拜。女娲摆摆手，就像慈母关爱儿子一样："不必多礼！你为什么如此忧愁哇！"

伏羲答道："我母亲说过，您当年和我父亲有个约定，要把火种带到人间。为此，我母亲付出生命，临终前她叮嘱我长大后一定要把火种从天上带到人间，可是十多年过去了，我连火种是什么都不知道哇！"

女娲微笑着说道："找到你的父亲，你就会找到火种！"

伏羲问道："我的父亲住在天上，我怎样才能找到他呢？"

"在大地的西南方，有一片乐土名叫都广，那里长着一棵高大的树叫作建木，你沿着建木爬上去就可以到达天上找到你的父亲。"

"我听说只有神才能看到建木！"

"你是雷神的儿子，你具有神力，只要肯找，你当然可以见到建木！"

伏羲还要问些什么，一阵风吹过来，迷住他的眼睛，等风过后他睁开双眼，女娲已经消失得无影无踪，他向四周看去，自己还倒卧在女娲像前，刚才只是做了一场梦。虽说只是一场梦，但是梦中的情景他还记得清清楚楚。

"女娲娘娘不会骗我！"伏羲坚定了信念。第二天他告别族人踏上了寻找火种之路。

这一路并非坦途。伏羲昼行夜伏，白天参照太阳的位置向着西南走，晚上则在树上休息躲避猛禽巨兽；太阳暴晒，他的每一寸皮肤似乎都干枯开裂；冷雨来袭，他的每一滴血液似乎都冰冻凝结；路上，坚硬的砂石磨得他的脚水泡丛生；蹚河，锋利的石片割得他的腿血肉模糊；蚊虫叮咬、野兽侵袭……无论遇到什么磨难，伏羲始终没有放弃到天上取回火种的信念，始终大踏步地前行着，他每前行一步，母亲的音容笑貌似乎就近了一步。

不知经历多少寒暑，伏羲忽地转入一片净土，只见：

百谷在这里自然生长，麦、菽（shū）、稻、黍（shǔ）、稷（jì）结着金灿灿的穗；鸾鸟自由自在地鸣叫、凤鸟自由自在地飞翔、百草自由自在地生长、百兽自由自在地奔跑……

伏羲心想：这里应该就是都广了吧！可是建木在哪里呢？伏羲四下张望，并没有见到高大的树。

虽然没有找到建木，伏羲还是爱上这里：在这里生活衣食无忧，如果我的族人也能够来到这里那该多好哇！

伏羲四处转着，忽然有什么东西遮住阳光，抬头一看，吓了一跳，一棵高耸入云的大树屹立在眼前。

伏羲难掩心中的兴奋，跳了起来，激动地喊道："我终于找到你了！"

兴奋之余，伏羲心中不免产生几分疑惑：这么大的一棵树，一开始我怎么没有看到呢？

伏羲试着变动自己的位置，他发现一个奇怪的现象，当建木挡住他观察太阳的视线时，他就能够看到建木，否则就看不到

建木，原来如此！

伏羲沿着建木向上爬，越向上风越大，风吹在身上如同刀割一般，几次差点把他吹下来；再向上爬，夹杂着冰雹的大雪打在伏羲身上，像坚硬的石头击打着他的每一块骨头，似乎要把他敲碎；再向上爬，建木被冰雪包裹着，滑滑的，冻得伏羲瑟瑟发抖，他几次差点从建木上滑下来，幸好他每次都紧紧地抱住建木；再向上爬，伏羲正准备接受更加严峻的考验，不承想穿过一片云朵之后就到了建木巨大的树冠。风停了、雪住了、一缕阳光照得伏羲浑身暖洋洋的。

伏羲跳上一片叶子，树冠上枝叶繁茂，无数根树枝密密麻麻地伸向四面八方，树枝间不见一个人影。

伏羲不知道走哪根树枝才能找到雷神，正不知所措，一位仙女从伏羲身边飘过，伏羲立即像遇到救星一样，叫住那位仙女："仙女姐姐，您知道怎么才能找到雷神吗？"

仙女仔细打量着伏羲，然后指着一根树枝说道："从那里过去，走到尽头就可以找到雷神！"说完仙女就飘走了。

　　沿着仙女指出的路，伏羲很快找到雷神。

　　见到伏羲，雷神并没有太多惊喜，似乎早就预料到他们父子会在这一天相见。

　　"你来了！"雷神心平气和地说道。

　　"是的！现在您可以把火种交给我了吧！"

　　"拿着这个！"雷神递给伏羲一根干枯的木棍，"你还需要经历最后一关考验！"

　　"什么考验？"伏羲拿着这根人间很寻常的木棍不解地问道。

　　"你在建木下面把它举过头顶，电神会从空中释放一束闪电，你要在闪电接近你的一瞬间用这根木棍接住它，火种就会留在人间，如果你没有接住，就会被闪电劈死。你一定要记住，拥有神力的人才能接住闪电，凡人只会被劈死！千万不要让你的族人效仿！"

　　伏羲听完，头也不回地向外走去，雷神叫住他："临走之前，你没有什么话要对你的父亲说吗？"

　　伏羲停下脚步想了一想，什么都没说，扬长而去，身后只留下雷神的一声叹息。

　　伏羲回到地上，高高举起那根木棍。电神在天空中看见伏羲举起木棍，从天空中释放出一道明亮的闪电，这道闪电没有奔向伏羲，而是劈在远处的一块大石头上，震得伏羲两耳嗡嗡作响，那块石头立即粉碎成一团尘埃，弥散在空中；弓神又释放出一道明亮的闪电，这道闪电也没有奔向伏羲，而是劈在不远处的一棵大树上，闪得伏羲两眼金星乱舞，那棵大树立即裂成两半，轰地倒在地上；电神又释放出第三道闪电，直奔向伏羲，在那道闪电即将接触到伏羲的时候，伏羲竟神奇地用那根木棍接住闪电，伏羲只觉得全身一阵酥麻，接着一阵难以忍受的疼痛让他觉得五脏六腑都像被撕裂一般，等他从酥麻和疼痛中回过神来，发现那根木棍的顶端跳跃着一团耀眼的红色，那就是火。

伏羲把火凑近自己的身体，感觉"火"这东西暖乎乎的；当贴到自己皮肤上的时候他感到一阵灼痛（zhuó tòng），火将他的身体烫出几个燎泡；他身边的一片枯草碰到火，立刻熊熊燃烧起来；原本在他身边怡然自得的猛兽，一见他手中的火，便吓得四处逃窜。他终于知道火的厉害。

很快，伏羲就把火带回到华胥国。

族人见到火很稀奇，纷纷询问这是什么东西。

伏羲让人搬来一堆枯草干木，他要让大家见识见识火这东西的厉害。

很快，大火燃烧起来，大家感受到火的温暖，感受到火的明亮。

伏羲高兴地说道："我们再也不用担心冬天的寒冷！我们再也不用害怕夜晚的黑暗！"

大家围着篝火（gōu huǒ）唱着、跳着。

伏羲想起火在自己身上烫过的那几个水泡，警告族人："千万不要让火碰到你们，否则你们会被烧伤、烧死！"说到这里，伏羲突发奇想：把肉扔到火里会怎样呢？

他边想边将一只羊腿扔到火里，不一会儿，火里飘出一阵香味。伏羲赶紧从火中取出羊腿，小心翼翼地尝了一块，味道非常鲜美，比生肉好吃多了，他立刻招呼族人一起品尝。

从此以后，人们再也

不生吃食物了。

人们最初发现的火是自然火，也就是雷电或是火山喷发点燃林木产生的火，当时人们还不会人工取火，还不清楚为什么会有火，因此就产生许多诸如火是从天神那里偷来的传说。《庄子·养生主》中写道："指穷于为薪，火传也，不知其尽也。"意思是木柴虽然烧光了，但是火种留传下来，永不熄灭。它从一个侧面描写出原始人保存火种的情形，因为那时人们不会人工取火，要保存火种，只能不断地向火堆中添加木柴，这就是"前薪虽尽，后薪以续，前后相继，故火不灭也"。后来人们把这句话总结为一个成语："薪尽火传"或"薪火相传"，用来比喻老师教育学生，把知识一代一代地传下去。

星火燎原：宙斯为什么派潘多拉报复人类

关于偷取火种的传说还有很多，古希腊有一个神话，也是说最初大地上没有火，火被掌握在众神之神宙斯的手中。由于没有火，人们只能吃生的东西，人类的夜晚是漫长漆黑的，人类的冬天是荒凉寒冷的。创造人类的天神普罗米修斯觉得人类的生活非常悲惨，决定把火种带到人间。于是他请求众神之神宙斯将火种送给人类。

左图是《神话时代》中某人物，你记得她是谁吗？可以把这个故事讲给别人听吗？

宙斯微笑着说道："我可以把火种送给人类，但是人类必须非常虔诚（qián chéng）地信奉我，必须拿出最珍贵的东西和我交换火种！"

普罗米修斯从天上来到人间为宙斯寻找人类最珍贵的东西。一路上，普罗米修斯总觉得宙斯是众神之神，应该造福人类，不应该向人类索取，而且他看出宙斯并不想把火种送给人类，他决定要用自己的智慧让宙斯免除人类进献祭品，并把火种带到人间。经过认真思考，他终于想出一个好办法。他在人间找到一头大公牛，将这头公牛分成两部分：一部分用牛皮包裹，里面是最鲜美的牛肉，这部分看起来要小一些；另一部分用诱人的牛油包裹，但里面全是牛骨，这部分看起来要大一些。

普罗米修斯对宙斯说道："尊贵的宙斯，众神之神，我在人间找到两份祭品，这是人类最珍贵的东西。我知道您并不贪心，一定会只留下其中的一份，而把另一份返还给人类！"

普罗米修斯以为自己的这个办法很聪明，宙斯一定会选择那份大的，这样宙斯只会得到一些牛骨，而最好的牛肉他可以带回人间给人类享用。他哪里知道，万能的宙斯早就看出他的那点伎俩（jì liǎng），但还是故意选择那份大的祭品。

普罗米修斯以为宙斯上当，高兴地说道："现在我可以把火种和另一份祭品带回人间了吧！"

宙斯剥掉他那份祭品上的牛油，当看到里面包裹的全是骨头（gǔ tou）时，假装直到现在才发现上当，故意非常生气地说道："这就是人类最珍贵的东西吗？"

普罗米修斯狡辩道："尊贵的宙斯呀！这可是您自己的选择！"

宙斯气愤地说道："我早看出你的心思，只是没有揭穿你。我希望你能自己悔悟，你却执迷不悟，你要为自己的欺骗行为付出代价，人类永远不会从我这

里得到火种！"

　　普罗米修斯一无所获地离开宙斯，心中并不服气："你不给人类火种，我就把火种偷到人间！"

　　他拿定主意后，立即找来一根长长的茴香竿，在天上等着太阳车。他知道太阳车的轮子上燃烧着火焰，只要火焰把茴香竿点燃，他就可以把火种带到人间。

　　太阳车没有辜负他的等待，带着一股热浪从他身边飞驰经过，普罗米修斯非常及时地把茴香竿伸到太阳车飞驰经过的车轮中，那茴香竿立即熊熊燃烧起来。

　　普罗米修斯以最快的速度返回人间，用冒着火的茴香竿点燃一些干木枯草，火在人间燃烧起来。

　　就在大火点燃的一瞬间，宙斯看到了人间的火焰，他知道这一切一定是普罗米修斯干的，他的灵魂像被那火焰焚烧炙烤（zhì kǎo）着一样，非常震怒地叫来他的儿子火神赫淮斯托斯："去，把人间的火给我灭掉，然后用最严酷的办法惩罚普罗米修斯！"

　　赫淮斯托斯不敢违背宙斯的命令，来到人间。他十分敬佩普罗米修斯造福人类而无所畏惧的精神，对普罗米修斯说道："只要你把火种灭掉，我就可以在宙斯面前为你求情，你只要向宙斯认错，就可以免除对你的惩罚！"

普罗米修斯轻蔑地笑道："我有什么过错？想要惩罚就让他惩罚我吧！就算是万箭穿心，我也要让人类得到火种！"说着，他把已经燃烧着的火四散打开，整片树林燃烧起来。

赫淮斯托斯再想把火灭掉已经来不及了，火在人间扎下了根。

赫淮斯托斯不想为难普罗米修斯，回到天上向宙斯复命。

宙斯勃然大怒："人类有了火，就不会再对天神有敬畏之心，这是我绝对不可以容忍的。我必须惩罚人类！"

前文我们讲过普罗米修斯创造人类，但他只创造了男人，世界上还没有女人。宙斯召集来众神，说道："我要你们创造一个无与伦比的女人，她要能够吸引住一切男人，我要她把所有的祸水带到人间，让人类从此不得安宁！"

众神根据宙斯的旨意创造一个女人：火神赫淮斯托斯给了

她漂亮的外表，智慧女神雅典娜给了她最漂亮的服饰，爱神阿佛洛狄忒给了她无法抵挡的魅力，众神的使者赫尔墨斯给了她妩媚的形态……

宙斯对这个刚刚创造出来的女人非常满意："这个女人天生具备一切禀赋，就叫她潘多拉吧！你们每个人再给她一份危害人类的东西，装到这个盒子里，让她带到人间！"

众神遵照宙斯的吩咐，有的把疾病装到盒子中，有的把战争装到盒子中，有的把洪水、干旱装到盒子中……轮到雅典娜，她突然对人类涌起无限怜悯之心，便把"希望"装到盒子里，她生怕别人发现，就把"希望"放在盒子的最下面。

雅典娜的行为怎么能瞒得过宙斯，他把潘多拉送到人间，临行前单独对她说道："到了人间，你要让普罗米修斯最亲近的人打开这个盒子，让里面的灾祸到处传播，让普罗米修斯感到愧对人类。但是你千万不要让他把盒子最底下的'希望'放出来，你要让它永远待在这个盒子里！"

到了人间，潘多拉迷倒无数男人，她按照宙斯的旨意，选择和普罗米修斯的弟弟埃庇米修斯结婚成家。埃

庇米修斯非常善良、单纯，潘多拉把那个盒子送给他："这是天神送给你的礼物，你把它打开，我们就可以永远幸福！"

普罗米修斯提醒过弟弟不要接受天神送给他的任何礼物，可是善良的埃庇米修斯早把哥哥的忠告抛在脑后，他也不会相信自己美丽的妻子会利用他、会欺骗他，他毫不犹豫地打开盒子。刹那间，各种灾难冲破牢笼一般飞快地冲向四面八方，从此人间有了疾病和各种灾害，死神总是悄无声息地在人们身边掠过，带走一个个鲜活的生命。潘多拉没有忘记宙斯的嘱咐，"希望"刚刚要从盒子中飞出，潘多拉立即合上盒子。从此，谁要是被死神盯上，他就再也看不到任何希望。

做完这些事情，宙斯仍然不解心头之气，又叫过赫淮斯托斯："带上你的两个仆人克拉多斯和皮亚，去给普罗米修斯最严厉的惩罚！"经历这几次事情，宙斯已经不相信赫淮斯托斯会对普罗米修斯痛下狠手，所以让他带着他那两个心狠手辣的仆人去给普罗米修斯最严厉的惩罚。他这两个仆人的名字就是他们的性格：一个人的名字意思是强力，另一个人的名字意思是暴力。

这两个仆人很卖力气，按照宙斯的旨意三下五除二地抓住普罗米修斯，在高加索山中找到一处陡峭的悬崖，悬崖下面是阴森恐怖的深渊。他们用铁链把普罗米修斯吊在悬崖上面，用铁环套住他的四肢，并用钉子把他的四肢钉在悬崖上。白天，太阳炙烤着普罗米修斯，像万箭穿心一样让他痛不欲生；晚上，严寒侵蚀着普罗米修斯，像风刀霜剑一样让他生不如死。

赫淮斯托斯临别之前十分惋惜地对普罗米修斯说道："事到如今，你只有忍受这样的痛苦，万能的宙斯不会再改变心意！"

普罗米修斯轻轻笑道："我既然敢违抗宙斯的心意，就已经做好接受惩罚的准备！"

宙斯听说普罗米修斯接受的惩罚，觉得让他只接受这点痛苦对他实在过于仁慈，于是又派了一只凶恶的老鹰终日守在普罗米修斯的身边，不停地啄食他的肝脏，直到有人愿意牺牲自己代

替普罗米修斯接受惩罚为止。恶鹰白天啄食普罗米修斯的肝脏，晚上普罗米修斯的肝脏又会完全长出来，普罗米修斯就这样日复一日、周而复始地承受这种痛苦的折磨。

右图是《传说时代》中的人物，**你记得他们是谁吗？可以把这个故事讲给别人听吗？**

终于有一天，普罗米修斯可以解除这些痛苦了。一个名叫赫拉克勒斯的天神路过这里，看到普罗米修斯，并为他的事迹所感动。他弯起弓箭，射死那只恶鹰，然后拔出钉子，砸碎铁链，救出普罗米修斯。为了让宙斯不再为难普罗米修斯，他找到一个名叫喀戎的人，喀戎本来是可以永生的，但是他十分敬佩普罗米修斯，心甘情愿为他牺牲，因此他作为普罗米修斯的替身永远留在那面悬崖之上。从此宙斯解除了对普罗米修斯的惩罚，普罗米修斯重获自由之身。

河图洛书：包罗万象的先天八卦

伏羲生活的那个年代，人类仍处于蛮荒状态，人们对很多自然现象迷惑不解：太阳为什么是炽热（chì rè）的，月亮为什么是阴冷的？天空为什么会打雷，为什么会下雨？为什么有的时候会很热，有的时候会很冷？人什么时候生，什么时候死？

人们找不到这些问题的答案，整日提心吊胆地生活着。他们去问首领伏羲，聪明的伏羲也不知如何回答。于是伏羲派重、该、修、羲四人到东、西、南、北四方去探寻天地运行的奥秘。

四人问道："什么是东、西、南、北？"

伏羲答道："太阳升起的地方是东方、太阳落山的地方是西方，左手指西、右手指东，你们面对的方向是北方、背对的方向是南方！"

过了几年，伏羲派出去的四个人回来了，带回来他们观测的结果。在他们离开的这些年，伏羲也在思索着天地变化的奥妙，他仰观天象、俯察地理，近则思考人体运行之道、远则研究鸟兽生存之法，渐渐地对天地变化有了初步认识。

派出去的人说道："天地运行存在着轮回，最初的时候天气温暖、万物萌生，然后天气闷热、万物生长，接着天气转凉、万物成熟，最后天寒地冻、万物匿迹（nì jì）。"

伏羲答道："那就把这个轮回称作'年'，四个变化的阶段就叫作'四季'：春、夏、秋、冬。"

伏羲指着夜空接着说道："你们看，那里有一颗星，我观察它很久了，它始终都在北方，满天的星斗都在动，只有它一直没有改变过位置。当年我到都广寻找建木，晚上行路的时候，就是靠它来辨别方向，它始终在北方，就叫它北极星吧！你们再看北极星的旁边，有七颗星星，像是一把勺子。"

众人顺着伏羲手指的方向望去，果然有七颗星星连成勺子形状。

只听伏羲说道："我把这七颗星星称为'北斗七星'，这七颗星可以为我们指示四季。当它的勺柄指向东方的时候，就是春季；当它的勺柄指向南方的时候，就是夏季；当它的勺柄指向西方的时候，就是秋季；当它的勺柄指向北方的时候，就是冬季。"

过了几天，伏羲又询问四人这些年的见闻，四人把他们这些年在外观测到的天、地、风、雷、水、火、山、泽等细细地说给伏羲听。伏羲不停地思索着，这些天，他获得很多信息，但是总觉得这些信息过于零散，怎么样才能把它们联系在一起呢？

正思索间，忽然天空阴云密布，狂风大作，雷电交加，伏羲还没来得及躲避，倾盆大雨打落下来。

伏羲正要找个地方避雨，忽见身前河水翻滚，一匹怪兽从激荡的漩涡（xuán wō）中一跃而出。只见那怪兽一副马的身子，身上长着龙鳞，浑身墨绿，夹杂着红色的条纹。那怪兽十分高大，八尺五寸，左右各有一个翅膀，凌波踏水，自由驰骋（chí chěng）。

说也奇怪，怪兽一出，风停了、雨住了，天空放晴！

伏羲仔细观察怪兽，只见那怪兽身上有着许多奇怪的斑点，有的黑色，有的白色，看似杂乱无章，似乎又有着一定的规律。

"忽然出现这样一个神兽，莫非是上天给我的启示？"想到这里，伏羲异常兴奋，连忙捡起一块石头，按照那怪兽身上的斑纹在地上画了起来。

他刚刚画完，那匹神兽倏地一下沉入水中不见了。后来，人们把这匹怪兽称为"龙马"。

伏羲望着地上的图案出神，琢磨

不透这些图案到底有什么含意。

"首领，我们在洛水抓住一只神龟！"伏羲抬头一看，四个族人抬着一只巨大无比的乌龟，慢慢地向他这边走来。

伏羲走近细细端详，除了体型巨大，这只乌龟的背上也有着一些由白点、黑点组成的图案，与那龙马身上的图案有异曲同工之处。一天见到两只神兽，伏羲更加坚定自己最初的想法：这一定是上天给我的暗示！天地运行的奥秘一定就隐藏在这些图案之中！

为了参透这些图案隐藏的玄机，伏羲把自己关在一个土台之上，这里人少又清静，他可以集中精力坐在那里思考。

他这一坐就是好多天：阴天风雨来了，他感觉到冷；天晴太阳出来了，他感觉到热；白天他感觉到明亮，夜晚他感觉到黑暗；早晨他看见自己长长的影子，到了中午他的影子变得非常短，晚上他的影子又被太阳拉长；他画在地上的图案也一样，有的黑、有的白……

就这样，八八六十四天之后，伏羲茅塞顿开（máo

sè dùn kāi）："我明白了！"

他捡起一根树枝，在地上飞快地画着："这世界有男就有女，阴天过后一定会有晴天，黑夜之后就是白天；我能感受到冷，就一定能够感受到热……这个世界都是由阴、阳组成的。万物之间既有相生又有相克：水浇灌树木能生长、树木燃烧能够生成火、火烧木头灰烬变成土、土中孕育着金石、金石中又涌出水；反之，金石能削断树木、树木吸收土里的养分让土壤贫瘠（pín jí）、土能挡住水、水能灭火、火又把金石融化……"

伏羲越想越兴奋、越画越快，经过几次修改，他终于站起身来把手中的树枝一扔，伸直双臂对着天空高声呼喊道："我终于知道天地运行的奥秘了！"

族人被伏羲的声音吸引过来，见地上画着一个奇怪的图案，十分不解。

伏羲平复一下激动的心情，给族人一点一点地解释开来："这是我画出来的八卦图，这一长横代表着'阳'，这两个短横代表着'阴'，阴阳结合组成八卦，

我把这八卦叫作'乾（qián）、坤（kūn）、震（zhèn）、巽（xùn）、坎（kǎn）、离（lí）、艮（gèn）、兑（duì）'，也就是你们说的'天、地、风、雷、水、火、山、泽'，这世间的万事万物全都装在里面。现在给你们讲，你们也听不明白，以后我会慢慢教你们。"

自从有了八卦，伏羲和他的族人就能推测出自然界很多事物的运行规律，再也不怕什么灾难：他们知道什么时候会打雷，什么时候会刮风，什么时候要下雨……八卦这部无字天书揭示了天地运行的规律，因为'阳'的符号像汉字"一"，所以人们称伏羲创的八卦为"一画开天"。龙马、神龟给伏羲创造八卦带来很大的启示，它们身上的图案被人们称为"河图洛书"。伏羲创八卦所在的土台被后人称为"画卦台"，现在很多地方都有画卦台，最知名的一处在甘肃天水。后来，人们从伏羲八卦发展出太极八卦图，关于太极八卦图最有名的一句话就是"太极生两仪、两仪生四象、四象生八卦"。

与周敦颐、张载、程颢、程颐并称"北宋五子"的北宋哲学家邵雍提出"先天八卦"和"后天八卦"。相传伏羲

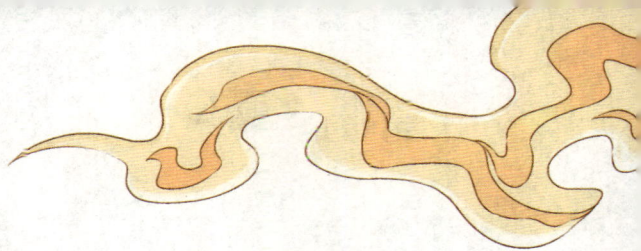

八卦就是先天八卦，

商朝末年周文王改进的八卦是后天八卦，又叫"文王

八卦"。

　　在伏羲的带领下，他的部落变得越来越强大，天下
人都推举伏羲为王。传说我们华夏文明自伏羲开始传承
下来的，因此伏羲被称为华夏民族的"人文始祖"，而
中国人的"龙"图腾，据说就是由伏羲开始的。

炼石补天
liàn shí bǔ tiān

大洪水时代的到来

盘古让天空离地九万里，但当时的天空并不稳定。

这一天，女娲又回到大地，和几个人在河边玩耍，有的吹笙、有的弹琴……这些都是女娲看到人们生活单调，特意为人类创造的乐器。人们围在女娲身边载歌载舞（zài gē zài wǔ）。

忽然，天空传来一声巨响。女娲抬头一看，天空的一角出现一道巨大的裂缝，这道裂缝越来越大，向四周蔓延开来。

女娲见势不妙，指着山腰，焦急地招呼人们："快往山洞里面跑！"

早已被吓得不知所措的人们哀号着，顺着女娲手指的方向跑去。

刚跑进山洞，就看到天上掉下无数火球，密密麻麻的，落到地上掀起大片尘土，山林燃烧，大地也随之颤抖。

人们躲在山洞中，吓得瑟瑟（sè sè）发抖。

女娲安抚着人们："不要怕，你们在这里躲好！我去看看到底发生了什么事情！"

女娲站在洞口向天上张望，当天火烧毁地上大片树木的时候，天上的那个大裂口中喷出巨大的洪水，天河之水汹涌地冲向大地，大地立刻变成一片汪洋。水越涨越高，一些低矮的山坡淹没在水中，惊慌失措的人们疯狂地向更高处逃窜。恶禽猛兽趁火打劫，吞食着老人、小孩儿和受伤的人。

看到这一切，女娲心急如焚，却又无能为力，她忽然想：这火和水来自天上，我在天上一定能够找到解决的办法！

"你们赶快到更高的地方躲起来！我不回来你们千万不要乱跑！"女娲安顿好人们，返回天上。

女娲刚到天上，就看到一个神仙在她家门口来回踱着步子："女娲，你终于回来了！可把我急死了！"

女娲问道："发生什么事情？"

"都是伏羲惹的祸！"

那神仙说道，"伏羲把火种偷到人间，又创造出八卦，能够洞晓天上地上一切事物。天帝知道这件事，非常震怒，让天塌下一个口子，先是天火，再是洪水，他要毁灭人类！"

"我这就去见天帝！"女娲说道。

"你赶快去吧！天帝正训斥雷神呢！"

女娲见到天帝，天帝威严地坐在上面，雷神跪在地上一声不响地听着天帝的训斥。

天帝见到女娲，大声斥责："瞧你和雷神做的好事，把天机泄露给人类！雷神的好儿子伏羲创造八卦，参透天地运行规律，假以时日，人类还不得反上天来？"

女娲心中早有对策："天帝息怒！人类取得火种，是为了给您做出更好的祭品；人类创造出八卦，他们就能更好地生存下去，这样才能够世代奉祀您啊！"

听了女娲的话，天帝怒气消了很多："我不会再怪罪人类，但是我也不会把人类从这场灾难中解救出来，让他们自生自灭吧！"

女娲问道："您是否允许我去把天补好？"

天帝心想补天可不是件容易事，说道："可以！不过，从今以后，我要毁掉天梯，人类不得再上天界，天神也不得随意出入人间。"他看了一眼雷神，"还有你！伏羲是你的儿子，我罚你永远生活在雷泽，除了打雷行雨，再无法力！"

女娲和雷神从天帝那里出来，雷神问女娲："你有什么办法把天空补好？"

女娲紧锁眉头："还没有好办法！"

雷神低声对女娲说道："我听说东海里面有座仙山，名叫天台山。一只巨大的海龟背负着天台山在海中四处漂流。天台山上有五彩的石头，你把五彩的石头熔化后填充到天空中的漏洞里，就可以补好天。"

女娲关切地对雷神说道："非常抱歉，连累你了！"

雷神摆摆手，示意女娲什么都不用说，独自回到雷泽。

女娲回到大地，大水已经淹没大片平原，直抵太行山下。支撑天空的四根柱子在大水的冲击下摇摇欲断。

女娲先是到各地收集芦苇，然后把这些芦苇搬到天台山上，堆得与天一样高；她在天台山上寻找到三万六千五百零一块十二丈高、二十四丈见方的五彩石，把它们放到芦苇堆上。海龟驮着天台山慢

慢移动到天洞下方，芦苇高耸入
天，正好把五彩石填充到天洞
里。一切准备妥当，女娲点燃芦
苇堆，熊熊大火燃烧起来，把整个
天空映得通红。那些五彩石一块一块地熔化，流入天洞
之中，天洞越来越小，最终补好整个天空。据说，天空
中的彩霞就是女娲补天所用石头的颜色。女娲补天的时
候，有一块石头没有用上，女娲便把它丢在大
荒山无稽崖青梗峰上，后来这块石头修炼成
一块通灵宝玉，在人间体验一番红楼幻梦，
成就一篇满纸荒唐言的石头记，这个神话记
录在清代大文豪曹雪芹的《红楼梦》中。

　　女娲见汹涌的海水已经淹没海边的平原，便把芦苇
的灰烬撒入太行山下的海水之中。海水被芦苇灰烬填平，
形成新的平原，这就是现在的华北平原。洪水退去，人
们还是不敢走出山洞，原来天塌下来的时候，恶禽猛兽
见人就吃，尤其是一条黑龙，不知吃了多少人，人们吓
得躲在洞中不敢出来。女娲寻到那条黑龙，斩杀黑龙于
冀州水边。那些恶禽猛兽一见黑龙被斩，嚣张的气焰立
即（lì jí）被压了下去，急急地散去。天空补好了，恶禽
猛兽销声匿迹了，人们从躲藏的山洞中走出来，又过上

了幸福的生活。不过，由于天河中的水落入人间，在之后的几千年里，水患始终是中国人面临的大问题，中国神话传说中的大洪水时代就此拉开序幕。

虽然天补好了，但是支撑天空的四根天柱却在这场灾难中坍塌，天空仍有再次倾覆的危险。

女娲正一筹莫展（yì chóu mò zhǎn），那只背负着天台山的神龟游到女娲身边："女娲娘娘，你可以砍下我的四条腿作为撑天的柱子！"

"那你怎么办啊！"

神龟答道："没关系！快！快！再慢一些天空就要塌下来了！"

女娲别无选择，只得砍下神龟的四条腿，在东、西、南、北四方重新立起四根撑天的柱子，从此天空稳定下来，人们再也不用担心天会塌下来了。

神龟没有了腿，再也不能在水中漂浮，天台山压着神龟慢慢地沉向海底。这可是女娲没有预料到的，她迅速潜入水中，用手托起天台山，把天台山推到东海边上的平原上，现在天台山仍然矗立（chù lì）在山东日照的东海边上。还有那只神龟，为了感谢它为人类献出四条腿，女娲从衣服上扯下一块衣襟，送给神龟。那衣襟一碰到神龟，立即变成四个"鳍（qí）"状的四肢。从此，海龟都用它们游泳。

女娲回到天庭复命。天帝拆毁立于天地之间的天梯，人类再也无法到达天庭。天帝也给神仙立下许多规矩，比如天神与人不得结婚啊！天神不得随意到达人间啊！也是这个原因，女娲再也没有回到过她深爱的人间。

女娲对天帝说道："您拆毁天庭与人间的道路，如何能够有效地管理人间万物呢？不如在人间安排一人代替您主管人间！"

天帝想了想，说道："好！就按你说的做吧！你认为谁能代替我来掌管人间呢？"

女娲答道："伏羲半人半神，聪明仁爱，完全有能力掌控人类！"

于是，天帝命伏羲为'东方青帝'，伏羲又被称为太昊（tài hào），他的助手是木神勾芒（gōu máng）。据说勾芒人面鸟身，脚踏两龙行走，手拿圆规，掌管春天。伏羲之后又有四位替天帝掌管人间的帝王：南方赤帝炎帝，炎帝又被认为神农氏，他的助手是祝融。祝融就是我们中国人的火神，他手拿秤杆，

掌管夏天；西方白帝少昊，他的助手是蓐收（rù shōu）。蓐收被称为"秋神"，也是"金神"，手拿曲尺，掌管秋天；北方黑帝颛顼（zhuān xū），黑帝又称玄帝，他的助手是玄冥（xuán míng）。玄冥是中国人的水神、冬神，玄冥是两个人，手拿秤锤，掌管冬天；中央黄帝，号轩辕（xuān yuán）氏，他的助手是土神后土（hòu tǔ）。后土手拿绳子，掌管四时。勾芒、蓐收、玄冥都是少昊的儿子，后土是怒触不周山的共工的儿子，后面会提到少昊和共工的故事。

zuàn mù qǔ huǒ

钻木取火

人类第一次支配自然力

伏羲从天上取来的火种是自然火，当时还没有掌握人工取火的方法，所以人们必须非常小心地保管火种。一旦火种熄灭，伏羲就必须返回到建木那里，让电神赐予（cì yǔ）他火种。后来天帝发怒，给神仙立下很多规矩，其中有一条就是不得再给人类火种，一旦火种熄灭，人类将会永久地失去"火"，因此，人们不得不整天守在火种旁边，保证火种不熄灭。

伏羲之后不知过了多少年，伏羲的家族中有一个孩子，非常崇拜伏羲，憧憬自己长大以后能够像伏羲一样周游四方，造福族人。后来他长成一个高大的小伙子，有着聪明的头脑、坚强的毅力和超凡的生存能力。

他向家人提出自己要出去远游，他的父母一听，脑袋摇得像拨浪鼓一样："不行！外面到处是洪水猛兽，你一个人无法在野外生存下去！"

153

可是那个年轻人主意已定，任凭父母如何阻拦，他都要出去看看外面的世界。后来父母拗不过他，只得含泪送他离开部落。

那个年轻人从南走到北，从东走到西，这一天，来到昆仑山。据说，昆仑山上到处都是奇珍异宝，那里的树上长的不是绿色的叶子而是各种各样的玉片，结的不是美味的果子而是五颜六色的珍珠。那里有一个装满琼浆的大湖，叫作瑶池，瑶池边上住着一位神仙，名叫西王母，后人说她是天帝的妻子，称她为"王母娘娘"。

昆仑山有一个部落，年轻人在这个部落停留一段时间。这一天，他收拾好行装准备奔赴（bēn fù）下一站，忽然部落里乱作一团。

"莫非是野兽来袭？"他拦住一个族人问道，"你们这么惊慌，发生了什么事？"

"毕方来了！快躲起来吧！"那个族人挣脱年轻人，头也不回地跑了。

"毕方？"年轻人正奇怪毕方是什么怪物，忽见远处天空

中出现几个黑点。那些黑点越来越近，他终于看清楚，那是一群像鹤一样的鸟儿，蓝色的羽毛上点缀着红色的斑点，短小坚硬的嘴巴呈现出扎眼的白色，它们只有一条腿，呼扇着巨大的翅膀向这边飞了过来。

年轻人正要笑话这些人竟会怕这么几只大鸟，那些鸟已经飞到他的头顶，就在那一瞬间，从这些鸟的嘴里"噼里啪啦"地掉落些什么，闪着光、冒着烟、黑色的……其中一颗在他胳膊上蹦跳两下落在地上。

年轻人感到胳膊上一阵灼痛，似乎还闻到一股烧焦的味道，他连忙抬起胳膊，胳膊上已经红了一片。好奇心让他顾不上疼痛，低下头看落在地上的到底是什么。当他的目光刚刚触碰到那黑色的东西，一阵兴奋让他顿时忘记胳膊上的疼痛："火！这真的是火？"年轻人激动地差点叫出声来，简直不敢相信自己的眼睛，他想起自己部落的族人生怕火种熄灭，整天提心吊胆，没日没夜地轮流看护火种，劳累得痛不欲生，自忖道："这些鸟儿居然能喷火！如果抓住一只，我的部落不就永远不用为火种发愁了吗？"

就在这时，年

左图是《夏商周故事》中的人物，你记得他是谁吗？可以把这个故事讲给别人听吗？

155

轻人的周围已经燃起烈火，这都是毕方的杰作。毕方在天空中盘旋几圈，像在审视自己的战利品，长鸣几声，转身向远处飞去。

年轻人立刻沿着毕方飞走的方向奔跑起来，他要跟着毕方找到它们的栖息（qī xī）地，瞅准机会抓住一只带回自己的部落。他边跑边仰望天空，毕方飞得太快，转过一片树林，就不见踪迹。

年轻人在原地寻找半天，始终没有看见一只毕方的影子，只得沮丧地回到那个部落。

大火已被扑灭，部落恢复平静，年轻人找到一位老人问道："毕方到底是什么怪物！"

老人慢条斯理地说了起来："毕方是昆仑山中的一种神鸟，据说它们栖息在燧（suì）明国，那是一个太阳和月亮都照不到的地方，那里的人们不知道有白天，也不知道有黑夜。那里长着一种大树，叫燧木。燧木高耸入云，没有树皮、没有树叶，只有树枝。毕方就是以这种树为食。"

"毕方怎么会喷出火球？"年轻人问道。

老人哈哈笑了几声，说道："它们吐出来的就是吃到肚里的燧木！"

"您越说我越糊涂，难道毕方能在肚子里点燃燧木？"

"不是毕方能点燃燧木，是它们吐下去时燧木就已经是燃烧着的了！"老人看年轻人仍然一脸疑惑，解释说，"毕方的嘴十分坚硬，它们吃东西的时候，就像啄木鸟一样不停地啄食燧木，它们每次能啄下一大块燧木。燧木经毕方一啄马上就能燃烧，毕方只吃燃烧的燧木。这鸟儿还有个怪癖（guài pǐ），喜欢看到着火和人们四处逃窜的样子，所以它们经常袭击我们！"

"你们为什么不离开这里呢？"

"离开这里？"老人若有所思地说道，"这里有火，离开这里我们到哪里能找到火呢？"

"为什么不到燧明国，找到燧木，抓住毕方？"

"没人知道燧明国在哪里！我给你讲的这些也是老一辈口口相传下来的，到底是真是假，没人证实过。"

年轻人一夜未睡，思考着如何才能找到毕方，这样他们

部落就再也不用担心会失去火种。如何才能找到毕方呢？年轻人很聪明，他想：毕方喜欢拿人类取乐，它们一定会沿着一条固定的路线飞到这里，然后再沿着这条路线飞回去，我只要每天守在前一天跟丢它们的地点，就一定会再次看到它们飞向哪里，每天跟上一段路程，总有一天我会找到燧明国！

年轻人越想越兴奋，天没亮，他就爬起来，躲在前一天跟丢毕方的那片树林里。他的等待很快有了回报，毕方从他的头顶飞过又飞回，这一天他又向前追了一段距离。一天、两天、三天……他终于在毕方的带领下来到燧明国。

燧明国里真的见不到太阳，也见不到月亮，但是这里却不是黑暗的，这里长着数不清的燧木，每一棵燧木上都站着数不清的毕方，它们飞快地啄食着，每啄一下，燧木就发出耀眼的火花，有的红色、有的黄色、有的蓝色，有的像珍珠、有的像宝石……灿烂的火花交杂在一起，就像节日的夜空中绽放的五颜六色的礼花，这些火花把燧明国照耀得灯火通明。

除了毕方，燧明国里还住着一个部落。一些小孩子顽皮地拿着小石块在燧木上划过，燧木上便留下一条长长的火龙，煞是耀眼。部落里从没来过外人，他们很高兴地和年轻人攀谈起来。年轻人给他们讲了自己所在的华胥国，讲了这一路上的见闻。燧明国里的人们从未出去过，听了都非常感慨。

"我能抓几只毕方出去吗？"年轻人向燧明国里的人说明自己想抓毕方的用意。

燧明国里的一位长老说道："你不必去抓毕方，只需带上燧木就能够实现你的愿望！"说着那位长老捡起一根燧木，上面铺了一些枯草，拿一块石头像那些小孩子一样在燧木上一划，一道长长的火星过后，枯草燃烧起来。

年轻人告别燧明国的人们，背着一大捆燧木兴高采烈地返回家乡。一路上，他留下很多标记，这样以后用光燧木，他就可以寻着这些标记返回燧明国。路过一些部落，他会留给他们一根燧木做火种。

走着走着，先前的那段兴奋劲就消失得无影无踪，他看着只剩下一小捆的燧木，意识到一个严重的问题：这些燧木总有用完的一天，那时候我还得返回燧明国，从我们的部落到燧明国往返要好几年，人们怎么能够忍

受长时间没有火的日子呢？

年轻人转念一想：既然拿石头划燧木能够获取火种，那么用石头划其他的树木能不能获得火种呢？

年轻人从地上拿起一根枯木，上面覆盖一些枯草，捡起一块石头在枯木上不停地划，很遗憾，那堆枯草没有任何变化。

年轻人回想着毕方啄食燧木的场景，毕方啄食燧木的速度非常快，年轻人拿起石头一下也不停、飞速地砸着枯木，只听"咔嚓"一声，枯木断成两段，再看那些枯草，依然没有任何变化。

"除了速度，一定还有其他原因！"年轻人一会儿看看燧木，一会儿看看那根枯木；一会儿划划燧木点燃一堆火，一会儿砸砸枯木累出一身汗；一会儿摸摸刚划过的燧木，一会儿摸摸刚砸过的枯木……

"原来如此！"年轻人一拍脑袋，似乎找到症结（zhēng jié）所在，"划过的燧木非常烫手，而枯木却没有任何热度！"

年轻人一会儿砸一砸、一会儿划一划……经过不断试验，他最后在用一根削尖的木棍钻那根枯木之后，感受到枯木变得很热。他充满信心："只要我加快钻木的速度，就一定会让这堆枯草着起来。"

年轻人的想法没错，他飞快地钻了一个多时辰，那堆枯草开始冒烟。年轻人脸上露出胜利的笑容，越钻越快，用尽最后一丝力气之后，年轻人终于看到胜利的果实，那堆枯草真的着起火来。年轻人松开双手，往后一躺，冲着天空哈哈大笑……他胜利了！虽然他手上磨出的水泡又被磨破，虽然他满身汗水累得大口喘着气！

后来年轻人回到他的部落，教会人们钻木取火。人们推举他做部落的首领。因为这个年轻人是从毕方啄食燧木中获取的灵感，所以人们就称这个年轻人为"燧人氏"。

燧人氏把自己这一路的见闻讲给族人，特别是一个叫作"有巢氏"的部落，那里的人们为了躲避野兽，学着鸟儿在树上筑巢，也在树上建起大大的巢穴，人住在里面既舒服，又不用担心野兽侵袭，比他们现在住的山洞、地洞安全、舒服多了。于是燧人氏带领人们学着建造巢

穴，开始是在树上，后来转移到地上，他们把这个居住的地方称作"房子"。

钻木取火是人类历史上的一次重大突破，伟大的革命导师恩格斯说："就世界性的解放作用而言，摩擦生火还是超过了蒸汽机。因为摩擦生火第一次使人支配了一种自然力，从而最终把人与动物界分开。"

华夏之源

huá xià zhī yuán

神农炎帝的故事

在中国的神话传说中有"五氏"这样一个说法，五氏就是五个氏族，本来每个氏族都出现过很多杰出的首领，但是人们往往把这些人想象成一个人，也就是这一个人取得经济或技术突破，带领着本氏族的人们走向美好、幸福的生活。经过他们的努力，人类知道打鱼捕兽、懂得用火、学会盖屋建房……从而形成我们现代社会的源头。前面已经讲过了"四氏"，即女娲氏、伏羲氏、燧人氏和有巢氏，现在要讲的是五氏中的最后一位：神农氏。在之前衡山的故事中，简单提到过"神农鞭打朱雀"的神话传说，这里将详细介绍神农的一生。讲完神农氏的故事，中国历史就从神话时代迈入传说时代。

日尝百草：神农日中七十毒而不死的秘密

神农氏，有人认为他是炎帝。他出生之前，人们通过摘取果实、打鱼捕兽来获取食物，后来人们懂得用火，生活水平一下子提高许多，人们的寿命越来越长，地球上的人也越来越多，他们摘到的果子、可以捕到的鱼兽越来越填不满自己的肚子。自然界的食物不够吃了，人们时常忍饥挨饿（rěn jī ái è）。

传说神农牛头人身，生下来第三天就能说话，第五天就能走路，他的肚子和五脏六腑都是透明的。神农长大成人之后，被推举为部落的首领，他经常为自己的族人吃不饱饭而发愁，但是人们面对种类繁多的植物却不敢大快朵颐（dà kuài duǒ yí），因为他们不知道哪种植物有毒、哪种植物无毒。神农就想帮助人们分辨清楚哪些植物能吃，哪些植物可以治病，哪些植物会让人丧命。

一天，天空中传来一阵鸟儿的叫声，他好奇地抬起头，只见一群全身通红的大鸟向他飞来，其中一只嘴里衔着一根黄灿灿的植物。就在那只鸟儿飞过神农头顶时，神农大吼一声，鸟儿一惊，那根黄灿灿的植物便从它的嘴中掉落到地上。

神农跑过去，

右图是《神话时代》中的人物，你记得他是谁吗？可以把这个故事讲给别人听吗？

拾起那根植物。那根植物有九个穗（suì），每个穗上都结满一粒粒黄色的果实，剥开果实黄色的外衣，里面是晶莹剔透（tī tòu）的白色颗粒。

神农没见过这种植物，心想：既然鸟儿能吃，那人类也一定能吃！

神农咬下一小块植物的茎，非常干涩；他又咬了一下植物的叶子，难以下咽；他嚼了一下植物上的颗粒，坚硬得毫无滋味。他不甘心，取下一个穗儿在火里烧，又取下一个穗儿在水里煮……火里烧的没一会儿就变成黑灰，水里煮的却发生惊奇的变化：那晶莹剔透的白色颗粒慢慢变大、变软，散发出一阵诱人的清香。神农把那变软的颗粒放在嘴中尝了尝，清爽可口。

"原来这种植物是这样吃的！"神农把这种白色的颗粒称为"米"。

神农看着手中剩余的米穗出神良久，心想：一粒草种子落到地上，第二年就会长出草来，草又能结出许多种子。如果我把这些米粒埋到土里，会不会也像草一样，长出更多的米来呢？

神农把几颗米

粒埋入土中，过了一天又一天，等了足足一年也不见土里长出什么东西。神农没事的时候就把剩下的米粒拿出来端详，但是始终揣摩（chuǎi mó）不出其中的奥秘。

神农一拍脑袋：既然鸟儿能找到这些米穗，我为什么找不到呢？

于是神农开始自己的长途之旅。他走入大山之中，一股新奇之感油然而生：我们身边竟然隐藏着这么多的草，以前我怎么就没有注意到呢！

神农摘下一片叶子吃了下去，他的肚子是透明的，能够看到这片叶子被吞下去之后在他肚子里的运动过程。

"这种叶子是苦的，可以吃，保护我的肝脏。"他边看着那片叶子在自己肚子里运行，边让身边的随从记下他观察到的结果。他一会儿尝尝植物的根，一会儿尝尝植物的叶，一会儿尝尝植物的茎……这种植物能吃，那种植物有毒，一天下来，神农一共中了七十种毒。刚开始的时候他还能抵得住毒草的侵袭，可是

当中到第七十种毒的
时候，他实在抵挡
不住这草的毒性，
踉跄（liàng qiàng）地迈出
几步，歪歪斜斜地倒在地上。
他的随从见此情景大惊失措，不知
该如何为神农解毒。神农自知时日不多，心想：我要
再尝一种草，为人类再作一点贡献，这样我死而无憾！
想着，他迷迷糊糊地摘下身旁一棵草的嫩芽吃了下去。
只见那棵小草在神农的肚子中到处游荡，它到哪里就
把哪里的毒草清理干净，最后竟然清除掉神农肚中所
有毒草。

　　神农恢复神志，赶紧让随从记下这枚珍贵的植物：
"它能查遍我的身体，帮我祛毒，就叫它'查（茶）'
吧！"

秋收冬藏：神农发明畜牧业和农业

　　从这以后，神农知道自己一天最多能忍受七十种
毒。日复一日，年复一年，神农坚持不懈地尝着野草，
每当中到第七十种毒的时候，他会找些茶吃下去解毒。
在尝野草的过程中，他收集到很多植物的种子，把它们

拿回去煮着吃。他把其中五种食物分别称为"粱、菽、麦、黍、稷",把它们统称为"粮食"。他仔细观察这五种食物的生长过程,终于发现它们的秘密:种子要埋在土里,但不能埋得太深;它们生长需要水,但水不能太多;它们的生长需要阳光,没有阳光就会死亡。它们春天破土而出,夏天茁壮成长,秋天硕果累累,冬天就枯萎焦黄。种下一粒种子会结出很多粮食,人们可以吃掉大部分,只留下一小部分作为种子来年耕种。

神农发现粮食的这些秘密,便教人们如何耕种。他又发明锄头等劳动工具,提高了种植效率,从此人们再也不会饿肚子了。

神农又突发奇想:我们能把植物种在土地上,那我们能把动物养在家里吗?

于是每次捕捉到动物,他都会让族人把受伤的幼小动物留下,圈起来养大。你还别说,这一招真灵验,一些动物真就在人们的豢养(huàn yǎng)下一代又一代地繁衍下来。这些动物中有我们现在仍然很熟悉的马、牛、羊、鸡、狗、猪,后来,人们把

右图是《神话时代》中的人物,
你记得他是谁吗?
可以把这个故事讲给别人听吗?

这六种动物称为"六畜"。

认识这么多的植物，还养了这许多的牲畜，神农始终记挂着放在怀里的那棵金灿灿的植物，在他心里还没有哪种粮食比它更好吃，而这么多年他始终没有找到这种植物。

夜深人静，神农坐在屋里借着火光整理着一天的收获。他的眼前一亮，一位白发长须的老人驾着一道金光进入他的屋内，对他说道："我是天帝派来的使者。天帝被你为人类幸福敢于牺牲自己的精神感动，特意派我赐你一根'赭鞭'，你用它鞭打各种草木，就可以详细了解它们是有毒还是无毒、是清凉还是温热！"

有了这根神鞭，神农再也不用亲自品尝那些草木，他很快就掌握整座山上植物的属性，神农尝百草的这座山就是现在的神农架。山上的植物查完了，他又想水中的植物怎样呢？于是他来到一片沼泽前。他刚到沼泽边上，就惊奇地瞪大眼睛，原来他一直寻找的那棵金灿灿的植物就长在水里，成片成片的，数也数不过来。神农把这种植物命名为"稻"，与之前已经找到的五

种粮食合称为"六谷"。

古井无波：神农发明水井

"古井无波"形容人的内心恬静，不为外物所动。唐朝诗人白居易在《赠元稹》诗中写的"无波古井水，有节秋竹竿"，就是这个意思。那么是谁发明的水井呢？

人们在神农的带领下过上三衣足食的生活，但是天有不测风云，这一年天下大旱，河里的大水变成涓涓细流，眼看着地里的庄稼一天比一天枯萎、牲畜一天比一天瘦小，神农心中十分焦急，任凭他如何祈求（qí qiú）上天，也没见一滴雨水落下。

"再这样下去，我们都要渴死！必须想个办法帮大家找到水！"

神农跑到山顶，四处张望哪里在下雨，哪里的河里还有水，可是令他失望的是除了满眼枯黄的植物和奄奄一息（yǎn yǎn yī xī）的动物，他什么都没有看到。忽然，一处翠绿吸引住他的目光，在山脚下一个洼地中挤满了生机盎然（shēng jī àng rán）的植物。

"植物能在那里生长，那里就一定有水！"神农飞快地跑过去，可是残酷的事实令他极度失望，植物下面只有湿润的土壤。

左图是《神话时代》中的人物，你记得她是谁吗？可以把这个故事讲给别人听吗？

神农不相信自己的判断是错误的，他立刻召集来几个族人，带上工具在那个洼地里挖了起来。一尺、两尺，他们越挖越深，土壤越来越潮湿，最后竟然渗出水来。他们继续挖着，水越来越多，集满了深深的坑底。大家欢呼着，又按照神农的指示在其他地方挖出八个大水坑，从此人们再也不愁没有水喝。因为一共挖出九个水坑，所以人们把它们称为"井"。"井"字，就像九个水坑。

日中而市：传说中最早的商品交换

神农到另一个部落去做客，路上遇到两个人正吵架。神农劝开两人问道："你们为什么争吵哇？"

其中一个人手里拿着两张弓对神农说道："我会做弓，他会造箭，我们俩约好一起去打猎，打着的猎物平均分配。可是现在他反悔不认账，非说射中猎物他造的箭功劳最大，要多分给他一些猎物。"

神农说道："弓离不开箭，箭离不开弓，缺了任何一个，都不可能打到猎物，你们的功劳是一样的！"

经神农劝解，两个人心悦诚服地离开了。

看着远去的背影，神农心中有了一个主意：我们部落粮食多，这个部落牲畜多，为什么我不能用粮食去换他们的牲畜呢？

于是神农找来这个部落的首领，这个部落的首领非常赞成神农的主意。俩人开始商量细节：

"每天大家都要劳作，没有时间进行交换啊！"那个部落的首领说道。

"这好办，每天太阳绕到我们头顶的时候，我们都在休息，这个时候就可以进行交换！"

"在哪里交换？"

神农答道："就在我们两个部落中间划出一片区域吧！"

"如何交换呢？"

神农想了想："八斗米换一只鸡，两只羊换一头猪，两头猪换一匹马……"

这就是人类最早的买卖，当时只是以物易物，后来发展到以金钱为媒介进行等价交换，两个部落之间划定的那片区域就是我们现在的集市。

野草断肠：英雄最后的叹息

人们过得越来越幸福，但是我们的英雄却走到了生命的尽头。这一天，神农又开始尝野草。他用赭鞭对着这棵草一劈，这棵草的特性就显现出来；他用赭鞭对着那棵草一劈，那棵草的特性便显现出来。意外发生了，当他用赭鞭对着一棵开着黄色小花的植物劈下去时，竟毫无反应。神农以为自己没有劈到那棵植物，又劈了一下，那棵植物还是没有任何反应。第三下、第四下……那棵植物始终没有反应。

"莫非赭鞭失灵了？"神农把赭鞭扔到一边，凑近那棵植物仔细观察。那棵植物没什么特别，除了它绽开的黄色小花：那小花一会儿开、一会儿合……反反复复、无休无止。

有了许多死里逃生的经历，神农并不惧怕这棵植物，揪下一小段放在嘴里细细咀嚼起来，说道："柔软、味苦、无……""毒"字还没有说出来，他忽然大叫着捂着肚子，豆大的汗滴"噼啪"地掉在地上。

随从见状十分惊慌，一看神农的肚子，只见那棵植物慢慢地顺着神农的肠子游移着，它到哪里，哪里的肠子就立刻断掉。

"茶！快给我吃点茶！"神农用尽最后一点力气向随从要茶解毒，可是一切都晚了，由于那棵植物已经把神农的肠子弄断，所以他吃下去的那些茶根本到不了神农的肠子里面。

神农的呼吸越来越弱，最后永远地闭上双眼。

因为那棵植物弄断了神农的肠子，所以人们把这种恶毒的草称为"断肠草"。

四时八节：中国的人农耕时令

出现农业之后，中国人发明了二十四节气以指导农耕。一年有二十四个节气，从立春开始，依次是雨水、惊蛰（jīng zhé）、春分、清明、谷雨、立夏、小满、芒种、夏至、小暑、大暑、立秋、处暑、白露、秋分、寒露、霜降、立冬、小雪、大雪、冬至、小寒、大寒。其中立春、惊蛰、清明、立夏、芒种、小暑、立秋、白露、寒露、立冬、大雪、小寒为十二节，其余为十二气。每个节气都有相应的含义，表示一定的农时现象。最常见的一首二十四节气歌如下：

春雨惊春清谷天，（立春、雨水、惊蛰、春分、清明、谷雨）

夏满芒夏暑相连，（立夏、小满、芒种、夏至、小暑、大暑）

秋处露秋寒霜降，（立秋、处暑、白露、秋分、寒露、霜降）

冬雪雪冬小大寒。（立冬、小雪、大雪、冬至、小寒、大寒）

每月两节不变更，

最多相差一两天，

上半年来六廿一，

下半年来八廿三。

古人用"四时八节"来表示一年四季中的各个节气。"四时"是指春、夏、秋、冬四季，"八节"是指立春、春分、立夏、夏至、立秋、秋分、立冬、冬至。

天干地支：古人的计时方法

古代中国人用天干地支计数和表示日期。天干（tiān gān）地支简称"干支"，是由树木的树干和树枝衍生而来的。

十天干：甲（jiǎ）、乙（yǐ）、丙（bǐng）、丁（dīng）、戊（wù）、己（jǐ）、庚（gēng）、辛（xīn）、壬（rén）、癸（guǐ）；

其中，甲、丙、戊、庚、壬为阳干，乙、丁、己、辛、癸为阴干。

十二地支：子（zǐ）、丑（chǒu）、寅（yín）、卯（mǎo）、辰（chén）、巳（sì）、午（wǔ）、未（wèi）、申（shēn）、酉（yǒu）、戌（xū）、亥（hài）；其中，子、寅、辰、午、申、戌为阳支，丑、卯、巳、未、酉、亥为阴

支。

十二地支又与十二生肖相互对应：子鼠、丑牛、寅虎、卯兔、辰龙、巳蛇、午马、未羊、申猴、酉鸡、戌狗、亥猪。

阳干与阳支相结合，阴干与阴支相结合，如：甲子、甲寅、乙丑、乙卯等，组成六十个序列。这些序列以甲子开始，往复循环，以六十为一个周期，称为"六十甲子"。六十甲子可用来表示年，也可用来表示月、日，例如戊戌变法、甲午战争、辛亥革命，这里戊戌、甲午、辛亥都是用干支纪年。

戌、戍、戊，己、已、巳这几个字非常相似，有一句口诀可以帮助区分它们："横戌（xū）点戍（shù）空心戊（wù）、己（jǐ）缺巳（sì）满巳（yǐ）半头。"

朝云暮雨：巫山神女是神农的女儿吗

炎帝神农一共有四个女儿，其中一个女儿叫瑶姬。

瑶姬长得非常漂亮，心地善良又天真无邪，炎帝非常喜欢她，视若掌上明珠。天不佑人，瑶姬得了一种怪病，炎帝使出浑身解数（hún shēn xiè shù）也没能治好瑶姬的病。瑶姬死后，炎帝把她埋葬在巫山上。没过多久，埋葬瑶姬的地方长出一棵奇怪的草，人们叫它"瑶草"。它的叶子重重叠叠地向上生长，开出美丽的五色花朵，结出扁圆形果实包裹在花冠中。瑶草吸收天地之灵气、日月之精华，女孩子吃了这种草，就会长得和瑶姬一样美丽漂亮。后来瑶草修炼成一块巨大的石头，屹立在巫山上，远远望去宛若一位亭亭玉立的少女。人们说那是世间最多情的石头，称它为"神女峰"。

几千年之后，春秋战国时期，巫山地区成了楚国的天下。一天楚襄王游历到这里，见神女峰四周云雾缭绕，不时变幻着各种形状，就像一位绰约多姿（chuò yuē duō zī）的少女在舞弄着自己白色的纱裙，不禁感叹大自然的鬼斧神工。

站在一旁的大才子宋玉连忙说道："这是朝云！"

楚襄王问道："什么是朝云？"

宋玉答道："先王楚怀王曾游历至此，累了就在这座山峰之下小憩，梦中忽见一位美艳的少女。那少女自称是炎帝的女儿瑶姬，特来侍奉先王。第二天，少女便要离开，先王十

分不舍，问她以后该如何见面，少女答道：'我就住在这高山之上，旦为朝云，暮为行雨。以后若早晨来，看到袅袅升起的云雾那就是我；若晚上来，看到匆匆而过的细雨那就是我！'刚才我们看到的是朝云，想必就是那位少女！"

这就是瑶姬的传说，宋玉还根据这些传说写过两篇名垂千古的文章《高唐赋》和《神女赋》。

精卫填海：永不屈服的海边精灵

炎帝的小女儿女娃非常爱美，她喜欢穿一袭黑裙和一双红色的鞋，她喜欢每天头戴一个五彩斑斓的花环。

一天她到海边玩。海水平静得像一面蓝色的镜子，海浪轻抚着沙滩，向远处望，海天一线之间，分不清哪里是蓝蓝的海、哪里是蓝蓝的天。

女娃或是踢踢海浪，或是筑起一个小小的沙丘，或是拾起一个美丽的贝壳……

她渐渐远离人群，正玩得高兴，忽然听到一个非常沉闷的声音："小姑娘，你难道不想到大海深处玩一玩吗？"

女娃向四周望望，没有发现任何人，奇怪地问道："你是谁啊？我怎么看不到你？"

那个声音答道："我是龙王，你只要到了大海深处就可以看到我！"

女娃疑惑地说道："可是我的父亲告诉我，大海很可怕，它会吞噬（tūn shì）我的生命！"

"哈哈哈！"龙王笑着说道，"你父亲在骗你！他怕你看到大海中有这么多好玩的东西，再也不想回家！你看，海上风平浪静，怎么会可怕呢？"

"大海深处真的好玩吗？"

"当然了！里面有很多奇珍异宝，是你一辈子都没见过的！等你玩累了，我就送你回家！"

女娃犹豫一下，说道："好吧！我就过去看看！可是，我怎样才能到达大海深处呢？"

"你坐上这艘船，它会带你到我这里来！"

不知什么时候，一艘船已经停靠在岸边。女娃跳上船，船便驶向大海深处。

"这里一点都不好玩！"船离岸边越来越远，除了一望无际的海水，女娃没有找到任何好玩的东西，"你赶快送我回家吧！"

那个声音没有回答，船还在向前行驶着。

"快送我回家！我不去你那里了！"女娃有些害怕。

那个声音还是没有回答。

女娃还想说些什么，忽然船左右晃动，海上的波浪也比之前高大许多。

女娃吓得大叫起来，但是任凭她如何喊叫，那艘船依旧驶向前方。

那个声音终于出现了："小姑娘，到我这里来吧！我——要——吃——了——你！"

女娃吓得大哭起来，她紧紧抓住船舷，大声喊道："你是坏人！你是骗子！快送我回家！"

"不用着急！小姑娘，你很快就会来到我这里！"声音刚落，只见天空乌云翻滚、遮天蔽日，一阵大风掀起一个巨大的海浪，带着那艘船冲向天空，然后又狠狠地扎向大海，淹没在深不见底的海水中。

女娃淹死了！可就当海面刚刚恢复平静的时候，一只小鸟从女娃摔落海中的地方冲了出来，奋力挥动着翅膀，飞向陆地。只见那只小鸟

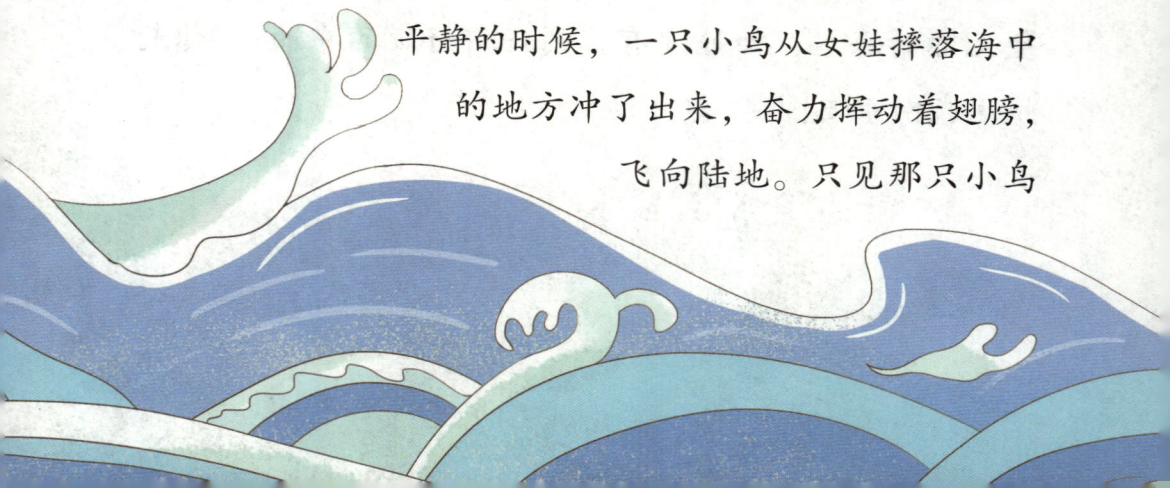

全身覆盖着黑色的羽毛、两只红红的小爪子、一张白色的小嘴、一簇（cù）五颜六色的羽毛顶在头上。没错，这就是女娃，在她生命停止的那一刻她变成一只小鸟，她绝不愿向那个恶毒的龙王屈服，她要飞回到父亲的身旁。

飞着飞着，她看见父亲。炎帝听说女儿沉入大海，正带着族人四处寻找。

她连忙飞了过去，绕着炎帝的头顶不停地喊着："父亲！父亲！"可是她现在已经变成一只鸟，她叫着"父亲"，发出的声音却是"精卫！精卫！"

极度悲伤中的炎帝认不出这只鸟儿就是自己的女儿，也听不明白鸟儿的叫声，觉得这鸟儿绕得自己头晕、叫得自己心烦，影响自己寻找女儿，便拿出弓、搭上箭，准备把那鸟儿射下来。

女娃大惊失色，四处乱飞。

炎帝身旁的一个随从制止住炎帝："首领，它全身是黑的、爪子是红的、嘴是白的、头顶还有一团五颜六色的羽毛，这很像女娃呀！女娃不就穿着黑裙子、红鞋，头戴花环吗？"

炎帝心中一惊，放下弓箭，伸出一只手，对着鸟儿说道："如果你是我的女儿，就飞到我的手上！如果你不是我的女儿，就赶快飞走吧！"

鸟儿听明白了炎帝的话，轻轻地落在炎帝的手上。一股泪水立刻涌出炎帝的眼眶，他抚着那只可爱的鸟儿痛哭不止。女娃也流着泪，嘴里不停地叫着："精卫！精卫！"

许久，炎帝才平复自己悲伤的心情，对着那只小鸟说道："以后我就叫你'精卫'吧！"

女娃展开双翅，盘旋在炎帝周围，炎帝心中又是一阵悲伤，对着精卫唱道："精卫鸣兮（xī）天地动容！山木翠兮人为鱼虫！娇女不能言兮父至悲痛！海何以不平兮波涛汹涌！愿子孙后代兮勿入海中！愿吾民族兮永以大陆为荣！"这首诗歌的意思是：精卫的叫声感动了天地；山林青翠，人却像鱼虫一样遭遇灾难！我深爱的女儿不能再说一句话，我心里无比悲伤！大海依旧波涛汹涌，怎样才能把它填平呢？愿我的子孙后代再也不进入这大海中！愿我的民族永远在陆地上繁荣昌盛！

当精卫听到父亲说要把大海填平，心中熊熊燃起一股复仇的火焰："我要用石块和木枝把大海填平，我要让恶毒的龙王再也无法害人！"

说着她飞了起来，飞向旁边的发鸠山，那里有取之不尽、用之不竭（yòng zhī bù jié）的石块和大枝。

炎帝不知自己的女儿想要做些什么，过了一会儿看见她衔着一颗小石子飞回来，扔到大海中，然后又飞向发鸠山……

一次、两次、三次，精卫始终没有要停下来的意思，炎帝终于明白，她的女儿是想把那大海填平。她对着精卫大声喊道："孩子！别做傻事！你是没有办法把那辽阔的大海填平！"

精卫只是冲着他的父亲叫了两声："精卫！精卫！"然后又冲向发鸠山。

鸟儿们知道精卫的举动，都嘲笑她："想把大海填平？真是异想天开啊！"

龙王知道精卫的举动，笑得差点儿背过气："就凭你，还想把我这大海填平！别做白日梦了！"

精卫才不顾这些嘲笑，仍然日复一日、年复一年地向大海里扔着石头和木枝："我要把你这大海填平，让你再也不能伤害别人！"

龙王实在是坏，每当精卫扔进海里一块石头，他就用海

浪把那块石头冲到岸上；每当精卫扔进海里一根木枝，他就用海风把那木枝吹到岸边。他时不时地下一场暴雨，打湿精卫的翅膀，让她飞翔艰难；他时不时地刮一场狂风，吹迷精卫的眼睛，让她无法前行……但是无论有多少困难，精卫始终不改本心。

后来，有一只海燕听说精卫的故事，被精卫无所畏惧、坚持不懈的精神感动，就飞到她的身旁陪伴她，最后他们成了夫妻，生下很多孩子。男孩儿像海燕、女孩儿像精卫，直到现在我们在海边还能看到这些小精卫们不停地衔着石头，要填平大海。

人们写过很多诗歌赞美精卫。晋陶渊明在读《山海经》的时候，看到精卫的故事，不禁感叹："精卫衔微木，将以填东海。刑天舞干戚（gān qī），猛志固常在。"前面一句赞扬的是精卫，后面一句赞扬的就是我们之后会提到的一位英雄——刑天。明末清初的思想家顾炎武在《精卫》一诗中写道："万事有不平，尔何空自苦？长将一寸身，衔木到终古。我愿平东海，身沉心不改。大海无平期，我心无绝时。呜呼！君不见，西山衔木众鸟多，鹊来燕去自成窠（kē）！"第一句写出人们对精卫的不理解，世间不平的事情很多，为什么要凭借自己弱小的身躯填平大海，苦了自己呢？第二句是精卫的回答，体现出精卫的精神，我就是要填平东海，只要东海没被填平，我就一直做下去，即使被波涛吞没，我也无怨无悔。第三句拿其他的鸟儿与精卫对比，其他的鸟儿衔枝都是为了给自己筑巢，而精卫却是为了填平大海，不再让它害人，这就是精卫的伟大之处。

sān huáng wǔ dì
三皇五帝
从神话时代到传说时代

中国历史上有三皇五帝的说法。

三皇是谁？历史学家一直没有定论。

有一种说法，三皇是指天皇、地皇和人皇。传说天皇有十二个头，有十二个兄弟，每个兄弟都活了一万八千岁；地皇有十一个头。盘古化作太阳、月亮、星星的时候，并没有安排好它们的位置和秩序，有的时候它们不管白天黑夜都在天上，有的时候又躲起来不知所踪，有的时候它们离地面很远，有的时候它们又离地面很近，近得人们走路时一不小心就撞到它们，总之这些家伙很是顽皮。这样闲散的日子不知道过了多久，地皇给它们立下很多规矩：离地九万里，太阳要白天出来、晚上休息，星星和月亮要晚上出来、白天休息。经过地皇整顿，日月星辰都规规矩矩地各司其职。人皇有九个头，他乘坐着云彩做成的车，六只神鸟为他驾车，他把大地划分为九州，命他的九个兄弟替他掌管这些地方。

还有一种说法，把五氏（女娲氏、伏羲氏、有巢氏、燧人氏、神农氏）中的三位奉为三皇，有的说女娲、伏羲、神农是三皇，有的说伏羲、神农、有巢是三皇，有的说伏羲、神农、燧人是三皇，更有甚者还把盘古、黄帝、共工、祝融等一班神话、传说人物拉进了三皇的队伍。真可谓"公说公有理，婆说婆有理"，谁都不想承认自己的观点是错误的。无论人们怎么争吵，有一点是可以肯定的，在这些说法中，绝大多数人认为伏羲和神农是三皇中的两位，五氏中剩下的三位谁能够获得"三皇"称号的最后一个名额，就成为大家争论的焦点。认可度比较高的，是《尚书》把伏羲氏、燧人氏、神农氏称为三皇。

"三皇"大家意见不一，"五帝"大家分歧较少，除了前面介绍过的青、赤、白、玄、黄五位上帝外，著名的历史学家司马迁在他的历史名著《史记》中直接为五帝作了界定，他认为五帝是指

"黄帝、颛顼（zhuān xū）、帝喾（kù）、尧、舜"五位杰出的部落首领。

从五帝开始，中国历史正式进入传说时代，五帝第一人便是大名鼎鼎的黄帝。

yán huáng chuán shuō
炎黄传说
历史上第一次民族大融合

中国历史发展到黄帝时代，大地已经失去往日的和平。各个部落变得越来越大，当部落的边界碰到一起时，难免会发生一些冲突。起初，天下共主神农部落的首领炎帝还能够化解这些矛盾，但是随着神农氏在天下权威的逐渐削弱，有些比较大的部落开始公于违背炎帝的命令，相互攻伐、相互兼并；那些小部落只能在夹缝中生存，今天顺从这个部落，明天臣服另一个部落，到了后天可能就消失在其他部落的攻击之下，天下陷入混战。就在这时，一个被称为"黄帝"的人带领着自己的部落挺身而出，为维护天下秩序开始讨伐那些不服从炎帝命令的部落，各部落都怕被黄帝歼灭，纷纷依附黄帝部落。经过多年征战，黄帝一族终于脱颖而出，成为能够和神农部落相互匹敌的强大力量。

阪泉之战——我们为什么被称为炎黄子孙

黄帝本姓公孙，后改姓姬，名轩辕，以土德称王，土为黄色，所以我们称他为"轩辕黄帝"。当然他还有一些其他称呼，例如因为他在一个叫作有熊的地方建立国都，又被称为有熊氏。

黄帝向炎帝提议，要大会天下部落，以彰显炎帝威严，让那些不听话的部落乖乖顺从，炎帝同意了黄帝的建议。

黄帝把这次大会的地点选在泰山之上。大会那天，场面煞是宏大：雷神开路、风伯扫尘、雨师洒水，腾蛇匍匐于地上、凤凰翱翔于天空，九黎族的首领蚩尤（chī yóu）率领部队分列两旁，黄帝和炎帝分别乘坐六条蛟龙拉着的象牙车缓缓而过，虎狼鬼神跟在车后依次而行，四周响起黄帝亲自创作的《清角》之歌，那可真是感动天地、震慑鬼神。名义上炎帝是各部落的盟主，可谁都知道真正实力强大的是黄帝。

雷神前面提到过，就是伏羲的父亲；风伯，又叫飞廉，是掌管风的神仙，据说他长着鹿的身体，身上布满豹子一样的斑纹，他的头和孔雀的一样，身后还拖着一条蛇一样的尾巴；雨师，有人说他是玄冥，也有人说他叫萍翳（píng yì），是掌管雨的神仙，雨师长得可就不怎么漂亮，据说他身材短小，长得像蚕一样，但是他的本领十分高强，只要他愿意，他走到哪里哪里就会大雨倾盆；腾蛇，是一种会飞的蛇，三国时期著名的政治家曹操在《龟虽寿》这首诗中提到过腾蛇："神龟虽寿，犹有竟时。腾蛇乘雾，终为土灰。老骥伏枥，志在千里。烈士暮年，壮心不已。盈缩之期，不但在天；养怡之福，可得永年。幸甚至哉，歌以咏志。"

蚩尤，是炎帝的后代，做了九黎族的首领，也是我国古代的战神。传说他面如牛首、背生双翅，英勇无比。他还有八十一个兄弟，这些兄弟个个都是铜头铁臂，本领非凡。蚩尤部落也很强大，所以他对黄帝此次喧宾夺主看不顺眼，但是又不好违背炎帝的命令，只好忍气吞声地来给黄帝捧场。

炎帝也不傻，看出黄帝的野心，大会散后越想越气，他招来自己的属臣火神祝融，说道："再这样下去，那小子还不得吞并我们的部落！你有什么办法去惩治一下他们？"

祝融答道："黄帝部落非一般人能够打败，这一次必须您亲自征战！到时候

我们可以利用火攻消灭他们！"

炎帝听从祝融的建议，聚集人马，杀向黄帝部落。黄帝心知迟早会与炎帝发生冲突，他早就做好战争准备：整肃军队，囤积粮草，抚慰民众，训练熊、罴（pí）、貔（pí）、貅（xiū）、貙（chū）、虎等野兽部队。炎帝和黄帝两支部队在阪泉（bǎn quán）相遇。

战争刚一开始，祝融就出其不意地飞上天空，向黄帝的队伍扔出一团团火球，黄帝带领着严阵以待的战士，正思索着该如何应对敌人的冲锋，没想到首先到来的竟是火球！他们的四周燃起熊熊大火，队伍变得混乱，士兵四处逃散、野兽到处乱奔，被火烧伤烧死的、相互践踏的……黄帝的部队死伤无数。

黄帝急命队伍后撤，脱离漫山遍野的火海，可是他们哪里能逃得掉啊！祝融已经用火把他们团团包围，无论他们怎么跑，那些火就像长了眼睛一样，如影随形。

炎帝也没想到此次出战如此顺利，不废一兵一卒就将黄帝队伍杀个片甲不留，踌躇满志（chóu chú mǎn zhì）地欣赏着这胜利的场面。

在大火的炙烤中，黄帝想不出破敌之法，正在这时，他的队伍里忽然飞起一条长着双翅的长龙，黄帝像是抓住救命稻草一样欢呼起来："应（yìng）龙！应龙！赶快为我灭火！"

龙分多种：有鳞的称为蛟（jiāo）龙，有翼的称为应龙，有角的称为虬（qiú）龙，无角的称为螭（chī）龙。又有说寿命五百年的是角龙，一千年的是应龙。

应龙飞上天空，只一张嘴，一股大水喷涌而出，很快就浇灭祝融的大火。

本已唾手可得（tuò shǒu kě dé）的胜利转化作乌有，炎帝的部队立即乱了阵脚，黄帝趁此机会率领军队浩浩荡荡地杀了过来。炎帝来不及组织有效的防御，只得领兵后撤，直至退到一个山谷中才甩掉黄帝的追击。

黄帝将炎帝围困在山谷之中，他以熊、罴、貔、貅、貙、虎为前锋，以山鬼天神为主力，以雕、鹰、鹫（jiù）、鸢（xiāo）为后援，又向炎帝发动了几次猛烈的攻击，重创炎帝的有生力量，但是百足之虫，死而不僵，黄帝始终无法彻底消灭炎帝的队伍。打到最后，双方疲惫不堪，谁都无法击败对方，只得握手言和，结成联盟。后来，这个联盟发展成为华夏族，也就是我们汉族的前身，我们自称"炎黄子孙"也是源于此。

魑魅魍魉：蚩尤起兵战黄帝

炎帝虽然失败了，但仍然保存着一定的实力，特别是蚩尤的部队并没有遭受重创。

蚩尤劝说炎帝："我观察过黄帝部落，别看他排场很大，气势很强，那不过是些空架子，只要我们找到支援力量，就一定能够打败他们。"

他找到雷神、风伯和雨师，蚩尤在黄帝大会天下的时候结交这三位神仙。

蚩尤说道："三位本是天上的神仙，黄帝小儿何德何能，竟像使唤下人一样对三位吆五喝六！不如和我一起向黄帝讨个说法！"

被蚩尤一激，风伯、雨师义愤填膺（yì fèn tián yīng），立即答应蚩尤加入作战队伍。雷神却不以为然，摆摆手，拒绝蚩尤的邀请，回他的雷泽过那安稳日子去了。

右图是《夏商周故事》中的人物，**你记得她是谁吗？** **可以把这个故事讲给别人听吗？**

虽然没有请到雷神帮忙，但是有了风伯和雨师二位神仙相助，蚩尤也是万分满意。看着慢慢强大起来的队伍，他意得志满，似乎已是稳操胜券（wěn cāo shèng quàn）。

这一天晚上，蚩尤刚刚操练完队伍，独自一人走着，忽然感觉有人跟在他的后面，转身一看，只见一个头上长角、尖耳红身、只有一手一脚的怪物鬼鬼祟祟（guǐ guǐ suì suì）地跟在后面。

"你是谁？为什么跟踪我？"蚩尤警惕起问道。

那怪物跑到蚩尤面前："我是魑魅（chī mèi），我还有一班兄弟叫作'魍魉（wǎng liǎng）'，我们也想和您一起消灭黄帝！"

蚩尤听说过这世间有一些怪物叫作魑魅魍魉，他们是山林之中的异气邪雨所生、木石禽兽所化，喜欢学人说话以迷惑人们，最后把受迷惑的人吃掉。相传海上有一座度朔山，这座山是这些怪物的老巢。山上有一棵大桃树，枝干蜿蜒三千里，在桃枝的东北方有一扇门，就是这些怪物出入的鬼门。这些怪物本来在人间无人约束，过得

优哉游哉，可是黄帝却不想让他们再逍遥法外，残害人类，便派神荼（tú）、郁垒（yù lěi）两个神人把守鬼门，监视魑魅魍魉。黄帝只允许魑魅魍魉晚上到人间游荡，不准他们吃人害人。黄帝在山上放了一只金鸡，每当黎明金鸡鸣叫的时候，魑魅魍魉必须回到岛上，回来晚的或是在人间做了坏事的，神荼和郁垒就会用一条芦苇做的绳索把那小鬼捆个结结实实，扔去喂大老虎。黄帝管束之后，魑魅魍魉再也不敢出来害人，他们对黄帝恨之入骨，一直期盼有一天有人能够打败黄帝，让他们再次过上自由自在的生活。顺便说一下，神荼和郁垒后来成为门神。各地信仰的门神很多，影响比较大的除了这两位门神外，还有会捉鬼的钟馗和唐代的两员猛将秦琼、尉迟（yù chí）敬德。古人相信桃木能驱邪压鬼，因此在桃木板上或写神荼、郁垒两位门神的名字，或画两位门神的画像，再加上一些吉言祥语制成桃符，挂在门上，以祈福消灾。北宋王安石《元日》诗中写道："爆竹声中一岁除，春风送暖入屠苏。千门万户瞳瞳（tóng）日，总把新桃换旧符。"这首诗描写的就是古人在新年用新桃符换下旧桃符的情景。后来，桃符逐渐发展为现在的春联。

"你们为什么要帮我？"蚩尤不相信这个世界上会有无缘无故的爱。

"当然有交换条件！"魑魅说道，"打败黄帝之后，你要让我们重新获得自由！"

风后指南：蚩尤吞云吐雾围困黄帝

黄帝听说蚩尤正在训练军队，准备和他再战，便派人说炎黄两个部落已经结盟合好，劝说蚩尤放弃战争。黄帝的本意是避免战争给人们带来灾难，蚩尤却以为黄帝惧怕他的军事实力，非常坚定地拒绝了黄帝的建议。

"只有战争才能消灭战争！"既然不能兵不血刃，黄帝只好"以战去战"。

很快蚩尤就带领着他的部队在涿（zhuō）鹿与黄帝

的部队短兵相接。

蚩尤这边有风伯雨师、魑魅魍魉、八十一兄弟，黄帝那边也不弱，什么天神地鬼、猛兽飞禽，统统派上用场。

蚩尤相当厉害，他挥舞着铜锤利斧，指挥着自己的军队把黄帝的军队冲击得七零八落。黄帝狼狈而逃。

黄帝很快又组织起一支队伍，浩浩荡荡地杀向蚩尤。还没碰到蚩尤的军队，天地间忽然涌起一股浓浓的大雾，把黄帝的军队团团围在中央。原来，蚩尤会吞云吐雾，上一场大战虽然打败黄帝，但是自己也损失很多人马，为减少伤亡，蚩尤使出自己的看家本领，他见黄帝的军队靠近，便登上山顶吞下一大团云彩，变成浓雾，用力吐向黄帝的军队。

大雾中，黄帝的军队立刻失去方向，像无头苍蝇乱哄哄地东奔西撞。蚩尤召集来魑魅魍魉。魑魅魍魉本是山林中的异气邪雨所生，根本不怕这些大雾。他们冲进雾里，如鱼得水，一会儿左、一会儿右、一会儿上、一会儿下、一会儿能看见、一会儿又消失得无影无踪……他们见人杀人、遇神斩神。黄帝的军队抵挡不住攻击，节节败退。

"跟我往这边走！"黄帝带领军队向后撤，可是跑了一阵子，他们发现又跑回到原点。

"跟我走那边！"黄帝带领军队换个方向跑了一阵子，可是他们还是在原点打转。

面对团团迷雾，面对神出鬼没的魑魅魍魉，恐惧与绝望的情绪笼罩在黄帝的军队中。

正无计可施，黄帝回头发现自己的大臣风后坐在地上，微闭双目，似睡非睡、似醒非醒。风后是伏羲的后代，伏羲姓风，是我们的人文始祖，因此"风"也被视为中华民族第一姓。风后没有辅佐黄帝之时，只是一位住在海边的普通百姓。一天，黄帝梦见狂风大作，吹尽天下所有污垢，风停之后便是玉宇澄清。黄帝醒后，非常奇怪，对身边大臣说道："风为号令，这应该是个执政者；'垢'字被风吹去土，应该是个'后'字，风后……世上可有个叫风后的人吗？"大臣谁都没有听说过这个人，黄帝派人四处寻找，终于在海边找到风后，与之交谈，果然不同凡响，黄帝便对他委以重任。

看见风后坐在那里若无其事，黄帝十分恼怒："这都火烧眉毛了，你怎么还有心思闭目养神！"

风后答道："我哪有那份闲心？我是在想办法！"

"你想到办法了吗？"

风后说道："天上的北斗星斗柄能够指示方向，如果我们按照它的原理做出一种能够指示方向的工具，不就可以走出这团迷雾？"

黄帝立即命风后研制这种工具。经过不断尝试，风后终于研究出一种工具：一辆车上站着一个木人，无论车辆如何运动，木人抬起的一只手臂始终指向南方。这就是"指南车"。利用指南车，黄帝军队终于冲出迷雾，得以短暂休整。

指南车，有些人认为是靠磁石指南，原理与现在的指南针相同，可是据《宋史》记载指南车并不是靠磁石指南，而是通过车轮带动一组齿轮运动，齿轮运动使车上人的手指始终指向南方。遗憾的是，这种技术已经失传，指南车到底什么样子，只能存在于我们的想象里了。

赤地千里：旱魃（bá）大败风伯雨师

黄帝接连吃了几场败仗，军队士气低落。

"必须打一场胜仗提提士气！"黄帝远远地望着蚩尤的营寨，百思终得其解，"蚩尤能够吞云吐雾，我这里有应龙喷水啊！用水攻一定能淹死那些魑魅魍魉！"想着应龙曾经大败祝融，黄帝心里乐开了花。

应龙展开双翅，偷偷飞到蚩尤营寨上方，他深吸一口气，准备把身体里所有的水都吐向蚩尤的大营，但是他却没有发现一双眼睛早就盯着他。一个声音在他的上方冷笑道："就你这么一条小虫子也想在这里兴风作浪，真是自不量力！"

应龙抬头一看，只见风伯站在他头顶的云端上，正看着他笑。原来，应龙刚入蚩尤的大寨，风伯就已经发现他的行踪，只是好奇应龙想要做些什么 这才一路跟他到了这里。

应龙刚要逃跑，已经来不及了，风伯张开大嘴，一阵狂风向应龙吹了过来，应龙脚底一滑摔倒在地。应龙刚爬起来，第二阵大风又刮了过来，蚩尤的守军听到动

静挥舞着兵器奔向这里，应龙见大势不妙，挣扎着连滚带爬地逃回黄帝营中。

黄帝正热切地期待着应龙胜利的消息，却没想到应龙这般狼狈地回来，也没怪罪应龙，安慰他说："你只是世间的一条小龙，怎能敌得过天上的神仙！"

正说着，忽然天上风雨大作，原来是风伯和雨师追来了。风越刮越狂、雨越下越大，黄帝只得领着残兵败将爬上高高的山顶躲避洪水。

黄帝站在山顶仰望猖狂的风伯和雨师，心想：再这样下去，我们连吃的都没有了，难道要困死在这里？

站在一旁的风后看着眉头紧锁的黄帝，忽然想起一人，对黄帝说道："要击退风伯和雨师，必须请一个人前来助战！"

黄帝连忙问道："这人是谁？"

"就是你的女儿魃！"

黄帝一听，如梦方醒："我怎么没想到她呢！"

魃是黄帝的女儿，喜欢穿青衣，秃顶没有头发。她天生有一神功，只要她到哪里，哪里的天气就会变得非常炎热，光照变得非常强烈，四季无雨，赤地千里，因此，人们称她为"旱魃"。此时，她正在昆仑山上学艺。

黄帝命应龙赶快去请旱魃。旱魃来到阵前，刹那间，天空中乌云散开，烈日当头，风不刮、雨不下。刚刚还得意扬扬的风伯、雨师本以为能为蚩尤立下头功，忽然自己的法术在旱魃面前变得一文不值，又羞又恼，没脸再见蚩尤，转身返回天庭。

黄帝这边一见天气骤晴，洪水退去，已经憋了好几天劲的飞禽猛兽、天神地祇如同决堤的洪水，蜂拥着冲向蚩尤的军队。蚩尤被这气势吓得惊慌失措，乱了阵脚，死伤无数。

常先造鼓：雷神的骨头夔的皮

黄帝虽然取得一场胜利，但是并没有伤到蚩尤的元气。特别是蚩尤手下的那些魑魅魍魉，时不时地混入黄帝军中，杀死许多士兵。这些魑魅魍魉神出鬼没，黄帝军中人人自危，刚刚因一场胜利高涨的士气又低落下来。

黄帝手下有一个大臣名叫常先，趁着交战间歇期，躺在一棵树下稍作休息。恰好九天玄女奉西王母之命前来助战黄帝，路过这里。九天玄女是一位法力无边的女神，在《水浒传》中曾在梦中与宋江相见，请他喝了三杯酒、吃了三枚枣，还给了他三卷天书。

九天玄女本想叫醒常先，告诉他一个击败蚩尤的良策，但转念一想自己是神仙，不好直接与凡人对话，就悄悄走入常先梦中："我是九天玄女，特来助战黄帝。在东海流波山上有一只神兽，名叫夔（kuí）。它外表像牛，全身灰色却没有角，只有一条腿。它生活在水中，每当它从水中出来的时候必定风雨大作，它的身体有日月一样的光芒，它的叫声如同雷鸣。用它的皮做成鼓，敲起来，声震五百里，本方的将士听了会士气大振，敌方的将士听了会闻风丧胆。有了这面鼓，就能打败蚩尤。"

常先问道："这么大的一面鼓，用什么工具才能敲响呢？"

九天玄女答道："用雷神身体里最大的一块骨头就可以敲响这面鼓。"

常先问道："雷神是神仙，我们怎么

可能抓住他？”

九天玄女答道："雷神被天帝贬到凡间，丧失神力，抓他轻而易举！"

常先醒后，把九天玄女的话讲给黄帝。虽然夔和雷神与黄帝部落往日无冤、近日无仇，但是他们却毫无知觉地卷入这场战争。黄帝派人把夔和雷神抓来，任凭如何反抗，最终还是杀死了他们。

常先对着蚩尤军队敲响战鼓，战鼓每响一下，那巨大的声音就像一把利剑冲入蚩尤的军队。在震耳欲聋的声音中，蚩尤的八十一个兄弟死伤过半。

且听龙吟：应龙大破魑魅魍魉

面对这次巨大的胜利，黄帝还是觉得有些美中不足，对九天玄女说道："虽然这次重创（zhong chuāng）蚩尤的军队，但是他的主力魑魅魍魉却没受到任何损伤，这些妖魔鬼怪伤害我不少士兵，我一直想不出对付他们的办法！"

九天玄女笑着答道："之前我在昆仑山遇到一只神兽，这只神兽全身雪白，形似狮子，头长双角，留着一绺（liǔ）山羊胡，能讲人语。这只神兽自称'白泽'，熟知天下妖魔鬼怪、魑魅魍魉之事，但它只在有圣人出世之时才会开口讲话。听说我要到这里助您攻打蚩尤，对我说起一万一千五百二十种怪物之事。它说魑魅魍魉最怕龙的叫声，只要听到龙的叫声他们就会形神俱散。"

黄帝一听大喜，连忙叫来应龙。应龙正因前些日子偷袭失败而闷闷不乐，现高兴地接受这项任务。这一次他不再偷偷摸摸，而是大摇大摆地飞到蚩尤军中，扯开嗓子四处吼叫。蚩尤军中的那些魑魅魍魉一听应龙叫声，个个头昏脑涨、四肢无力，没一会儿就魂飞魄散，消失成尘。

本想凭借魑魅魍魉反戈一击，再打个翻身仗，现在却眼睁睁地看着这些盟友痛苦地死去，蚩尤彻底绝望，领着残兵败将迅速撤退。蚩尤手里的将士所剩无几，降与不降，最终都是个失败。

夸父追日：最后一个"盗火"英雄

蚩尤正没个主意，他的一个兄弟说道："如果夸父族能助我们一臂之力，我们或许还有反败为胜的希望。"

夸父族也是炎帝

的一支，他们住在一座名叫
"成都载天"的大山之上，这座山
与天齐高、峻峭挺拔。夸父族的
人们个子高得直入云端，力气大得能够挂倒山峰。他
们每个人手中都握着两条黄蛇，耳朵上也缠着两条黄
蛇，专爱打抱不平。

在这个家族中曾经出现过一个神奇的人物，但很可
惜我们不知道他叫什么名字，只能称他为"夸父"。

传说这个夸父有一天突发奇想："太阳为什么每天
都东升西落、早出晚归，不能在夜晚出来，一直给我们
光明呢？为什么不能在冬天给我们如同春天般的温暖，
让我们不再挨饿受冻呢？我要抓住他，让他在夜晚也能
照亮天空，让他在冬天也能给我们温暖。"于是他抄起
一根拐杖，朝着太阳飞奔而去。

太阳正在天空中悠然自得地东升西落，忽然看到地
面上有一个巨人向他飞奔而来，大惊失色，对那个巨人
喊道："你要干什么？"

夸父高声答道："我要抓住你，让你在夜晚也能照
亮天空！"

太阳从来没有遇到过这样疯狂的人，他不想每天连
个休息的时间都没有，急忙对夸父说道："你别过来！

否则我烤死你！"

夸父哪里肯听太阳的话，仍然像风一样飞快地追赶着太阳。

太阳见夸父执意要抓住自己，也在天空中奔跑起来。夸父跑得快，太阳也躲得快。夸父越跑越快，任凭汗水像雨水一样滑落，他丝毫没有放慢脚步的意思。

终于，太阳没有退路，在他落山的地方——禺（yú）谷停了下来。

"这回我可要抓住你了！"夸父边跑向太阳边兴奋地大声喊叫着，伸出两只手要把太阳揽入怀中。

太阳不甘示弱，他集中自己所有的光和热，全部射向夸父。

夸父从没感受过如此多的热量，一阵头晕之后，只觉得整个身体似乎都被太阳烤干，几乎流不出一滴汗。他一阵口渴，心想：我必须先找些水喝，否则我真要被太阳烤死了！等我喝完水，再来抓他！

他转身跑向离他最近的黄河，一低头一口就吸干黄河水。可他还是觉得口渴，跑到渭河边，一低头一口又吸干渭河水。还是不解渴，他又向北方跑，他听说北方有一个非常大的湖泊——瀚海，心想那里的水一定够他喝。非常遗憾，他实在太累太渴，还没有跑到那个湖边，就渴死了。

临死前夸父抛出自己的手杖，在他手杖落地的地方长出一片邓林，也就是桃林，每年都能结出鲜美的桃子，为过往的路人解渴纳凉；夸父死后，他的身体变成一座高山，后人称为"夸父山"。

夸父族本来听从炎帝的命令，没有参与蚩尤与黄帝的战争，但是蚩尤凭借他那三寸不烂之舌成功说服夸父族的这些巨人加入战斗。这已经是蚩尤能够抓住的最后一根救命稻草了。

夸父族仰仗着自己高大的身体和巨大的蛮力，在黄帝队伍中横冲直撞。黄帝的士兵被打死的、踩死的、抓起来摔死的不计其数。战争的局面发生反转，在夸父族的帮助下，蚩尤反败为胜，将黄帝的军队打得落荒而逃。

血荐轩辕：奇门遁甲擒杀蚩尤

那时候人们打仗没有什么章法，就是一群人在打群架，他们根本

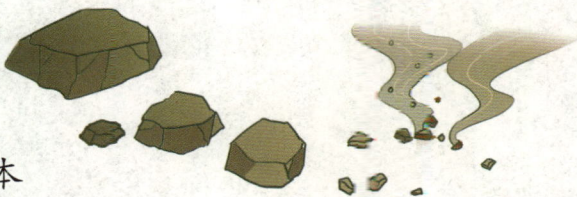

不懂什么调兵遣将（diào bīng qiǎn jiàng）、排兵布阵。

　　九天玄女对黄帝说道："蚩尤虽然又胜了一仗，但他凭借的是夸父的蛮力，我这里有兵书一卷。如果你按兵书中的内容演练阵法，一定会给蚩尤致命一击。"

　　黄帝接过这个长九尺、宽三寸的玉盒，上书十六个大字："太乙在前，天乙备后，河出符信，战则克矣。"那意思是只要有了这东西，就会战无不胜、攻无不克。黄帝打开盒子，里面是一本天篆（zhuàn）文册、龙甲神章，拿在手中甚是欣喜，于是按照兵书所载日夜操练人马。没过多久，竟演练出一千零八十局奇门遁甲（qí mén dùn jiǎ）。

　　几天后，九天玄女又来见黄帝。与上次不同，这一次她带来一把寒光四射的青铜宝剑，剑身一面刻有日月星辰，另一面刻有山川草木。九天玄女说道："这是我用昆吾山上的红铜打造的一把宝剑。蚩尤铜头铁额，刀枪不入，这把宝剑削铁如泥（xuē tiě rú ní），可以帮助你斩杀蚩尤。"

　　智慧终究会战胜蛮力，有了兵法相助，黄帝带领军队势如破竹，打得蚩尤军和夸父族丢盔弃甲，最终将他们

围了个水泄不通。蚩尤不甘心束
手就擒，领着军队左突右冲，但
是在地上有熊黑貔虎拦路、在天
上有应龙雕鹫擒杀，就算蚩尤有
三头六臂的本事，也难以力挽狂澜。
黄帝的军队大获全胜，但始终没能捉住蚩尤。原来蚩尤
会腾云驾雾，又是铜头铁额，普通的士兵既抓不住他，
也杀不死他。眼看蚩尤就要逃之夭夭，黄帝忽然看到那
面曾立下战功的大鼓。

　　"咚、咚、咚……"常先连敲九下，每敲一下，蚩
尤就会感到一阵撕心裂肺的疼痛，终于因为疼痛难忍掉
在地上再也动弹不得。

　　黄帝抓住蚩尤，爱惜他的勇猛，劝他投降，但是蚩
尤却是铁骨铮铮（zhēng zhēng）誓死不降，只求一死。
万般无奈之下，黄帝用轩辕宝剑割下蚩尤的头颅。蚩尤
虽死，但是他不屈的精神仍在，传说绑缚过蚩尤的枷锁
化作一大片枫林，秋天里火红的枫叶就是他的鲜血染红
的，每当风吹过枫林，你可以听到"沙沙"声，那是蚩
尤向黄帝矢志不渝（shǐ zhì bù yú）的宣战。

　　在黄帝与蚩尤的涿鹿大战中立过战功的旱魃和应龙
沾染了魑魅魍魉的邪气，再也没法回到天庭，黄帝在取

得胜利之后似乎遗忘了他们，他们只得浪迹人间。最后，旱魃停留在北方，所以北方常常会出现干旱；应龙则去了南方，它能喷水，所以南方经常会出现洪涝。

xiān cán niáng niang
先 蚕 娘 娘
嫘祖养蚕缫丝

《三字经》中有这样一句话："蚕吐丝，蜂酿蜜，人不学，不如物。"蚕是一种小虫子，它吐出的丝可以纺成丝绸，丝绸可以做漂亮的衣服。我们常见的蚕有两种：一种是家里养的蚕，叫作家蚕或是桑蚕，它们最喜欢吃桑树叶子；另一种是山蚕，也叫柞（zuò）蚕，它们喜欢吃柞树叶子。我国养蚕的历史已经有五千年。如果你仔细观察，蚕的头部像马头一样，由此诞生了一个美丽的神话故事，而这个神话故事就与黄帝的妻子嫘（léi）祖有关。

相传黄帝一共有四位妻子，分别是嫘祖、女节、彤鱼氏和嫫（mó）母。嫘祖是黄帝的原配，她的孙子是后来的颛顼帝。嫘祖最先教会人们养蚕缫（sāo）丝，被后人称为"先蚕"。"先蚕"就是开始教民众养蚕之神。

黄帝打败蚩尤，普天同庆。那时候人们已经过上丰衣足食的日子，但是他们的衣服是兽皮草叶做成，穿在身上很不舒服。黄帝就让心灵手巧的嫘祖为大家制作一种新的衣服，这种衣服穿起来既要保暖，又要舒服。

嫘祖试着用很多材料制衣，没有一件衣服让她觉得满意，为此她大病一场，黄帝请来好多医生为她治病、给她吃了好多药就是不见好转。其实，嫘祖得的是心病，只要做不出满意的衣服，她的病情就不会好转。

这一天，从她的屋外走进来一个女孩儿。那个女孩儿穿着（chuān zhuó）非常奇怪：在她的背上披着一张晒干的马皮。

"你是什么人啊？"嫘祖用虚弱的声音问道。

"我是蚕女！"那女孩答道，"蚕女"只是这个女孩儿自谦的称呼，她实际上是"蚕神"，住在欧丝之野的树上。

"蚕女？"嫘祖从来没有听说过这个人，"你找我有什么事吗？"

"听说你病了，我特意带来这些东西给你看看，或许能治好你的病！"那女孩儿说着伸出双手递给嫘祖两团东西，一团是金黄色的，另一团是银白色的，两样东西在阳光下闪着耀眼的光芒。

"这是什么呀？"嫘祖好奇地问道。

"这是蚕丝，有了它就可以做出舒服、漂亮的衣服！"

嫘祖一下来了精神，接过蚕丝用手一摸，又光滑、又柔软、又轻薄，她问："怎样才能得到蚕丝呢？"

"这是我吐出来的！"

原来这个女孩儿住在一个叫作广汉的地方。那一年她父亲随着大军远征其他部落，一走就是一年多，杳无音信（yǎo wú yīn xìn）。家中只剩下母亲和父亲最爱的一匹战马陪伴她。女孩儿非常想念父亲，整日茶不思、饭不想，以泪洗面，人也渐渐瘦得形如槁木〔gǎo mù〕。

她的母亲心中非常焦急，生怕女儿撒手人寰（sā shǒu rén huán），就当着部落里面的人发誓说："只要谁能把我的丈夫找回来，无论他是老是少、是美是丑，就算是个牲畜，我也愿意把女儿嫁给他！"

部落里的人知道此行凶多吉少，有去无还，所以没有一个人愿意帮助她们母女。就在这时，她父亲的那匹战马躁动不安、跳跃不止，疯了一样地挣脱缰绳飞奔而去。没过几天，她的父亲就骑着那匹战马返回家乡。

一家人团聚，女孩儿的病很

快就好了。母亲向父亲讲出事情的经过，但是故意隐去许婚之事。她的父亲更加喜爱这匹战马，每天拿出最好的东西给它吃。可是那匹战马什么都不吃，整日嘶鸣。她的父亲很奇怪这匹战马的反常举动，她的母亲只好告诉父亲实情。

女孩儿也不愿意嫁给那匹马。她的父亲得知真相之后，非常恼怒地对她母亲说道："我的女儿只能嫁给人，不能嫁给马！这世上哪有人和马结婚的？"然后，他对那匹战马说道："马儿马儿，你治好我女儿的病，我很感激你，我会给你最好的地方住，给你最好的东西吃！但是让我把女儿嫁给你，我做不到哇！"

战马一心只想娶到女孩儿，哪里听得进去主人的话，整日嘶叫，在马厩（mǎ jiù）中不停地转来转去，刨刨土地、踹踹围栏，宣泄着自己的不满。

女孩儿的父亲非常生气："你就是只牲畜，有什么资格娶我女儿！"边说边弯弓搭箭，几下就射死那匹战马。还不解气，他把马皮剥下来，晾晒在院子中间。

一天，女孩儿从那张马皮旁边经过，马皮忽然腾空而

起，裹着女孩儿飞上天空，直到遇到欧丝之野的一棵桑树才停在上面。从此，女孩变成一只蚕，吃着桑叶、吐着银丝、结着白茧（jiǎn）。

女孩儿的父母满山遍野地寻找着她，可是怎么也找不到，他们心中非常懊悔，悔恨自己没有坚守承诺，才落得如此下场。

有一天，她的父母忽然看到那个女孩儿，骑着那匹战马，踏着五彩祥云，周围跟随着十几个侍从，缓缓地从天而降。原来，天帝感念女孩儿对父亲的一片孝心，便让她做了天上的神仙。当然在天帝的主持之下，女孩儿也嫁给那匹战马，不过那张马皮已经与她融合，再也揭不下去。以后，当那张马皮打开时，她就是一位披着马皮的少女；当那张马皮合上时，她就会变成一只不停吃着桑叶、吐丝结茧的蚕宝宝。

嫘祖听得出神，以至于还没回过神来，蚕女就已经消失了。她正要寻找蚕女，只见床边放着一片桑叶，上面密密麻麻地粘着一些小点点的东西。

"这叶子上面就是蚕卵，你要好好地饲养它们！"声音越来越模糊，嫘祖知道蚕女已经走远。

养蚕不是一件容易的事情，经

过不断地观察、研究，嫘祖终于摸透蚕宝宝的习性。

最初的时候，蚕卵就像小小的芝麻一样附着（fù zhuó）在桑叶上，嫘祖把它们放到"蚕床"里，"蚕床"就是一个大大的竹篾（zhú miè）。过了几天，就会看到或黑色或褐色的极为细小的蚕宝宝在桑叶上不停地蠕动着，那样子像极了小小的蚂蚁，嫘祖亲切地呼唤它们"蚁蚕"。嫘祖像爱护婴儿一样照顾这些小小的蚁蚕，她会采一些鲜嫩的桑叶，剪成细长的丝喂给它们吃。别看蚁蚕个儿头小，它们的胃口却大得不得了，它们一小口一小口日夜不停地啃食着那些嫩嫩的桑叶，没一会儿就吃掉一大筐。为了这些小宝宝能够茁壮（zhuó zhuàng）成长，嫘祖日夜看守着它们，及时为它们添加食物。虽然累了些，但是看着这些小家伙一天天长大，嫘祖心里还是非常高兴的。看着它们的吃相，嫘祖戏称这叫"蚕食"。这些小吃货终于吃得要撑破自己的肚皮了，这时它们将面临生命中的第一次蜕变（tuì biàn）。那几天它们的食欲会突然减退，直至什么也不吃，会吐出一点点丝。它们

右图是《夏商周故事》中的人物，你记得他是谁吗？可以把这个故事讲给别人听吗？

将自己的腹足固定在蚕床上，然后昂起头，像个要冲锋的战士，其实它们的胆子非常小，保持着那个姿势一动也不敢动。每到这个时候，嫘祖就会兴奋地喊着大家："快来看啊！我的蚕宝宝睡着了！"嫘祖之所以见到蚕宝宝睡眠就高兴，是因为她知道这是蚕在蜕皮，等到它们从那层旧皮里钻出来的时候，不仅会换上一身新衣，还会变得比以前更大更胖更能吃。经过这样四次蜕皮，就要给蚕宝宝准备最后一次大餐。美美地吃饱之后，蚕宝宝开始寻找蚕山吐丝结茧。"蚕山"是嫘祖专门用稻草为蚕宝宝准备的吐丝结茧场所，它上窄下宽，几簇连在一起，像连绵起伏的小山。睡在蚕山上，蚕宝宝在茧里会像变魔术似的把自己变成一只小小的蚕蛹。再过几天当那蚕茧被咬开时，人们就会大吃一惊，爬出来的不是蚕宝宝，也不是小蚕蛹，而是一只长着翅膀、像蝴蝶一样的蚕蛾。雄蚕蛾、雌蚕蛾飞到一起生下数不清的微小蚕卵，雄蛾会在那天死去，雌蛾也会在几天之内结束生命，它们用自己的生命换来种族的延续。这就是一只小小的蚕宝宝羽化的过程。

223

　　嫘祖会在蚕宝宝结茧之后取下一些蚕丝，纺成丝绸。你可别小瞧那个小小的蚕茧，据说一个小小的蚕茧里可以抽出一千米的长丝。

　　黄帝轻轻抚摸（fǔ mō）着嫘祖编织好的丝绸，只觉得这丝绸像刚刚舒展开的云朵，像刚刚伸张开的流霞，披在身上软软的、滑滑的。黄帝立即让嫘祖把养蚕纺丝的技术传播天下，从此人们跟着嫘祖学习养蚕，大家都穿上了舒适的衣服。

dà měi mó mǔ

大 美 嫫 母

古代四大丑女都有谁

嫫母衣锦：黄帝为何迎娶丑女嫫母

黄帝的第四位妻子叫作嫫母，嫫母没有母仪天下的嫘祖那样幸运，她不仅没有子孙做过帝王，而且长得奇丑无比，丑到什么程度呢？见过她的人是这样形容的：她的额头像大大的锤子，她的鼻子像高高的山丘，虎背熊腰，皮肤黝（yǒu）黑。威武的黄帝为什么会娶如此丑陋的女子为妻呢？原来，嫫母虽然容貌丑陋，她的品德却十分高尚，所以才会被黄帝选中，而黄帝与嫫母喜结连理，还纠正了当时社会二流行的一种陋习。

黄帝时代社会上流行着一种婚礼习俗——抢婚。抢婚就是不管你愿不愿意，只要你长得漂亮，长得帅气，只要我看上你，我就会用武力把你抢过来做我的新娘或是新郎，也就是说那个时候不光男人抢女人，女人也会抢男人。这样的婚俗搅得每个人都不敢出门，抢与被抢的家族常常以武力解决矛盾。

有人向黄帝建言："再如此下去，我们的部落一定会大乱。"

黄帝对此也非常头疼，对于抢婚的这些人，他打也不是，不打也不行，真是左右为难、无所适从。

黄帝心烦，抛开所有大臣，独自一人在河边散心。忽然看见一女子坐在河边唱着山歌、洗着衣服。那歌声婉转、轻盈、欢快，还有一群鸟儿飞绕在她的左右唱和不已。黄帝听着动人的歌声，只觉得像是窒息（zhì xī）的房间突然打开一扇窗，一股新鲜的空气穿堂而过，沁人心脾（qìn rén xīn pí），再差的心情也抛到九霄云外去了。

"怎么会有如此快乐之人？"黄帝思忖（cǔn）着，走了过去。可是一见那女子，黄帝着实吓了一跳，心想，这世上又怎么会有如此丑陋的女人？

黄帝毕竟是见过世面的大人物，瞬间镇定下来："你在这里，难道不怕被抢婚的人抢走吗？"

女孩儿表情非常自然地答道："我长得这么丑，怎么会有人来抢我？"

"那你又为何会如此快乐呢？"快乐是会传染的，黄帝在这快乐的歌声中忘记所有烦恼。

"你是说我长得丑就不该如此快乐吗？"那女孩儿问道。

黄帝略显尴尬（gān gà），不知该如何回答女孩儿的问题。

女孩儿笑着说道："我不介意你认为我长得丑。可是丑的只是我的容貌，只要我不停地提升自己的德行，只要我始终保持内心纯正，长得丑又算得了什么呢？总有一天有一个人会认可我的贤德之美！"

黄帝被这个女孩儿的乐观与坦率吸引了，令他更为高兴的是，他在这里找到了心中那道难解之题的答案。

黄帝对大臣说："我要在天下的女子中再选一位妻子。"

大臣一听，这事儿好办，于是昭告（zhāo gào）天下。很快，全国各地的美女们源源不断地涌到京城。可是，黄帝对这些女子一点儿兴趣都没有。大臣实在是摸不透黄帝的心思。

没几天，谜底终于揭开，黄帝把在河边遇到的那个丑陋的女子娶回家做了第四位妻子，并给她取了一个名字——嫫母。

人们非常疑惑，世界上这么多漂亮的女孩儿，黄帝为何单单看上这位奇丑无比的女子呢？

黄帝对大臣说道："重美貌不重德者，非真美也，重德轻色者，才是真贤。"意思是说，重视容貌而不重视德行的女子，即使长得再漂亮，那也不是真正的美丽；重视德行而忽视容貌的女子，那才是真正贤德之人，我们要娶妻子，就要娶贤德的女子。

传说，黄帝在征战炎帝、蚩尤时，正是嫫母协助他稳定后方，为他解除后顾之忧。

正是黄帝的言传身教，人们改变了婚俗观念，再也没有发生抢婚事件。

磨石为镜：镜鉴的由来

有人说，镜子是嫫母发明的。我们日常生活中所用的镜子是用玻璃做的平面镜。可是在原始社会，人们还没有掌握制作镜子的方法，想要照镜子，只能找一处平静的水面，看看水中的倒影，既不方便，也不清楚。随着人们掌握的技术越来越多，人们发明了"鉴"（jiàn）。"鉴"

是一种盛水的容器，人们在鉴中盛满水，就可以照见自己的模样。"鉴"最初是瓦做的，后来改用青铜等金属。再往后发展成金属抛光的镜子，最常用的金属是铜，因此中国古代最常见的是铜镜。汉代以前，镜子称为"鉴"；汉代时改"鉴"为"镜"，就有了现在镜子这种称呼。到了明代，玻璃镜子才从国外传入我国。

据说，有一天嫫母在山上采石，一块石头反射阳光正好照在她的脸上，她好奇地走近那块石头，石头上影影绰绰（yǐng yǐng chuò chuò）地映着她的脸庞。

"它竟然能够照出我的模样！可惜不太清楚哇！"

嫫母把那块石头拿回家中，试着磨了几下。再看那块石头，自己在那里面的模样清晰许多，于是她拼命地磨了起来，直到那块石头被磨得又光又平，可以非常清晰地照出自己的模样为止。

有了这块石头，嫫母想打扮自己，再也不用跑到水边，只需拿出那块石头照照自己，既清晰，又省事。嫫母没敢把这件事情告诉别人，只在没人的时候，才偷偷拿出那块石头。

有一天，她正对着那块石头打扮自己，忽然黄帝的脸庞出现在石头之中。嫫母回头一看，黄帝不知何时悄悄地站在她身后，出奇地看着那块石头。

媆母只好把石头的来历原原本本地告诉黄帝。

黄帝听完非但没有怪罪媆母，反而非常赞许媆母这种探索精神。他把这块石头拿给嫘祖等人，她们也觉得这块石头是个好东西。于是，黄帝给这块石头取了一个好听的名字："镜子。"自此，人们想要梳洗打扮，再也不用跑到水边。

古代中国有四大美女，人们给她们分别取了一个雅号：沉鱼（西施）、落雁（王昭君）、闭月（貂蝉）、羞花（杨玉环）。与之相对应的是天下第一丑女媆母领衔（lǐng xián）的四大丑女，其他三人分别是钟离春、孟光、阮氏。这四大丑女没什么雅号，但她们的故事却不输于四大美女。

自荐枕席：为什么说有事钟无艳、无事夏迎春

钟离春，战国时期齐国国君齐宣王的王后，因家住无盐，后人称她为"钟无盐"，又因她长得非常难看，后人戏称她为"钟无艳"。钟离春有多丑呢？书上记载说，她凹头顶、深眼窝、手指又长又粗、骨节又大又圆、脖子粗大、头发稀疏、弓背鸡胸、皮肤漆黑，总之是丑得举世无双。她年近四十还没有成家，又举目无亲，

四处流浪，居无定所。

生活已经把她逼迫得走投无路，忽然听说齐宣王这个人还不错，有古代帝王风范，肯于接纳一些贤良之人，心想自己也有些本事，于是死马当活马医，整理衣衫，跑到王宫之外，对守在门口的侍卫说道："我是一个没人要的女子，但是我很有才华。我听说君王是圣德之人，我心甘情愿做他的妃子（fēi zǐ），希望大王能够应允（yīng yǔn）。"

侍卫以为这个蓬头垢面（péng tóu gòu miàn）、不堪入目（bù kān rù mù）的女子在拿他们取乐，谁也没当回事儿。可是钟离春非常执着，不肯离去，侍卫没有办法只得进门禀告（bǐng gào）齐宣王。

齐宣王正在大宴群臣，大臣一听，无不哈哈大笑："还从来没见过如此不知自重的女子！"

齐宣王想拿钟离春找找乐子，便让侍卫把她带进大殿。

齐宣王从没见过这样难看的女子，四目对视，就有想要逃跑的冲动，但还是装作一本正经地问道："你想做我的妃子？"

钟离春答道："是！"

齐宣王根本没想过要娶这个女子，

只不过是想把她召进来让自己和大臣开怀一笑，却不想这女子竟如此认真，齐宣王反倒有些骑虎难下。旁边的大臣吃惊于这个女子神经病似的想法，同时也都是强忍着笑容冷眼旁观齐宣王如何下这个台阶。

齐宣王很聪明，慢条斯理地答道："先王已经为我娶了妃子，恐怕现在已经没有名额了！"

大臣被齐宣王逗得差点笑出声来，钟离春倒是神态自若："您可以为我增加一个名额！"

齐宣王见钟离春仍不死心，只得又问："要入我的后宫，必须有一技之长。你有什么奇特的技能可以展示给我们吗？"

钟离春非常干脆地答道："没有！我只是仰慕大王的美德！"

齐宣王心想：仰慕我美德的人非常多，我也不能什么人都纳入后宫啊！作为一国之君，这话也只能想一想，不能说出口，他就问道："那你总该擅长点什么吧？"

齐宣王想着如果钟离春再回答"没有"，就直接把她打发走，省得留在这里让自己难堪（nán kān）。但让

他没想到的是钟离春不紧不慢地答道:"我会隐身,这算特长吗?"

"隐身?"齐宣王一下子来了劲头,就像一个饥饿的人突然看到水和面包一样,"当然算!我对隐身特别感兴趣,你试一下给我看看!"

齐宣王话音刚落,钟离春就消失得无影无踪。齐宣王又惊又喜,连忙让钟离春把隐身术的秘籍(jí)写下来。打发走钟离春和群臣,齐宣王独自研究起隐身术来。也不知道是这法术过于高深,还是齐宣王理解能力太差,研究了一晚上,齐宣王也没学会。

第二天一早,睡眼蒙胧的齐宣王急三火四地叫人找来钟离春。

钟离春也没有向齐宣王讲解隐身术,只是站在那里抬头、张口、举手、拍打膝盖,说道:"危险啊危险!"如此重复四遍。齐宣王大惊,以为是自己练习隐身术不得要领而面临险境。

钟离春不慌不忙地解释说:"大王面临着四大险境。现在各国虎视眈眈(hǔ shì dān dān)于齐国,您对此视

而不见，这是第一大险境。所以，我要抬头帮您看清世界形势。现在齐国内忧外患，您不听忠告、不纳善言，这是第二大险境。所以，我要张口直言，为您献计献策。秦楚已是大兵压境，您不任用贤良、抵御外敌，却与一群阿谀奉承（ē yú fèng cheng）之辈沉湎（chén miǎn）于酒肉欢娱之中，这是第三大险境。所以，我要挥手为您驱逐身边的小人。现在民不聊生、朝不虑夕，您却在大兴土木，修建豪华的宫殿供自己享乐，这是第四大险境。所以，我要拍腿为您拆除这些宫殿，为您换取民心。"

钟离春早就看出齐宣王对自己毫无兴趣，所以才弄出个隐身术以吸引齐宣王的注意力，借机向他进言。

齐宣王也不是不明事理的昏庸之辈，听完钟离春一席肺腑之言，不禁喟然长叹（kuì rán cháng tàn）："我很久没有听到过这样的忠告了！"

于是，齐宣王拆掉宫殿、清退小人、广开言路、招揽人才、厉兵秣马（lì bīng mò mǎ），齐国再现大国之风，并且齐宣王出人意料地接纳了钟离春，还给她最高荣誉，封为王后。据说，钟离春不仅帮助齐宣王把齐国

治理得很好，还能征善战，打得临国闻风丧胆。

"有事钟无艳，无事夏迎春"，为了体现钟离春的智慧与才能，当代人给她杜撰（dù zhuàn）出一个死对头，说齐宣王娶了貌美如花、毫无才能的夏迎春。遇到困难，齐宣王就请钟离春出谋划策；困难一过，齐宣王就躲着钟离春，整日生活在夏迎春的温柔乡中。

由于钟离春心地纯正、能力出众而又言辞得体，后人引用《诗经》中的一句赞美她："既见君子，我心则喜。"

举案齐眉：相敬如宾的模范夫妻

孟光，东汉梁鸿的妻子。先说一下这个梁鸿，他生逢西汉末年的乱世，自幼家贫，但他学习刻苦，长大之后不仅知识渊博，而且品德高尚，不愿为官。

据说，他养过猪。一次，家中着了一场大火，不仅自家被烧个精光，还连累邻居也遭受损失。他家中贫困，拿不出钱来赔偿，只得用猪抵债。有一个邻居觉得梁鸿赔给他的那些猪不够弥补损失，就和梁鸿纠缠赔偿一事。

梁鸿早已身无长物，对那个邻居说道："我已经没什么财产可用来赔偿你的损失，从现在起我就给你的用人，直到你认为我的付出能够弥补你的损失为止，你看如何？"

那个邻居清楚梁鸿家的情况，便让他做了自己的用人。

有一位德高望重的老者看到梁鸿经常出入那个邻居家，了解情况之后，非常生气，找到那个邻居责备道："你怎么能让梁鸿这样高尚的人做你的用人呢？"

邻居知道自己错了，不仅免去全部债务，还把先前梁鸿赔付的那些猪全部送回。当然，像梁鸿这样高尚而又有气节的人是不会接受这些猪的。后来，梁鸿回到家乡。家乡人知道梁鸿正直、高尚，争先恐后地想把自家女儿嫁给他，可是梁鸿全都拒绝了。

右图是《夏商周故事》中的人物，你记得他是谁吗？可以把这个故事讲给别人听吗？

孟光与梁鸿是同乡，家庭条件略好些。孟光的容貌虽然没有嫫母、钟离春难看，但也绝对是人中少有的丑陋。即便这样，她也不乏有几个追求者，很可惜她一个都没看上，直到三十岁也没把自己嫁出去。这可急坏了她的父母，女儿长得不好看，年龄又大，肯定要单身一辈子。

可是孟光却有着自己美好的憧憬（chōng jǐng），她满不在乎地对父亲说道："我要嫁就嫁梁鸿那样的人！"

这模样还想找梁鸿那样的学士，不仅其他人笑她痴人说梦，就连她父母也觉得女儿疯了。正是有了这么多的不可能，才会有那么多的奇迹。没几天，梁鸿听说这件事，竟带着聘礼主动找上门来，死活要娶孟光为妻。

结婚那天，孟光把自己打扮得非常漂亮，涂了胭脂水粉、穿着绫罗绸缎，高高兴兴地坐着轿子来到梁鸿家，拜花堂、入洞房。

可是意想不到的事情发生了，已经结婚七天了，梁鸿竟是一言不发，甚至都没正眼看过孟光。

这下可急坏了孟光的父母，私下里议论着："莫非梁鸿看见咱们女儿的模样，想要反悔？"

他们在这里胡乱猜测，孟光那边可忍不住了，质问梁鸿："我做错了什么？"

梁鸿没有回答，只是默默地坐着。

孟光接着说道："我听说你选择妻子十分严格，千挑万选才挑中我，现在刚刚结婚你就这样对我，莫非你有心反悔？"

梁鸿还是没有回答。

孟光又说道："我选择丈夫非常谨慎，我看中你品格高尚才答应嫁给你，难道我看错了？"

这时梁鸿开口了："我早就听说你是一个非常贤惠的女子，我也一直想找一位朴实无华，愿意和我一起隐居山野的女子为妻。我找寻很久，但是一直没有找到，直到遇见你。现在娶到你，我发现你和其他的女子一样，也是一个爱打扮、爱慕虚荣、过惯了锦衣玉食生活的娇气小姐。我很失望！"

孟光一听，破涕为笑（pò tì wéi xiào）："你看看这些都是什么！"梁鸿见孟光打开嫁妆，里面不是什么金银珠宝，全是粗布麻鞋、竹筐纺线，"哪个女子不希望自己能够成为世界上最美丽的新娘呢？但我也有这些能够和你一起过隐居生活的服装！"

说着，孟光起身脱去嫁衣，换上一身麻布衣服。梁鸿知道错怪了自己的妻子，连连道歉，非常高兴地说道：

"这才是我梁鸿的妻子！这才是能够和我一起终老山野、长相厮守的妻子呀！"

新婚宴尔，小两口儿的小日子过得非常舒坦。一天，孟光突然问道："你不是常说要远离这喧嚣的城市，去过那山野村夫无忧无虑的日子吗？我看你现在好像已经忘记这个志向，是不是也想如同其他人那样在朝中谋个一官半职呀？"

梁鸿答道："我是怕那样的生活委屈了你！"

孟光答道："我过得了安逸的生活，也能过得了清贫的日子。从嫁给你那天起我就已经下定决心，你过什么样的日子，我就过什么样的生活！"

梁鸿领着孟光在山中的一个僻静处，过上男耕女织、弹琴吟诗的悠然生活。然而好景不长，一次梁鸿远游路过京城，不禁有感写了一首诗，发了几句对当时社会不满的牢骚。这首诗七传八传，最后传到皇帝那里，皇帝非常生气，立即全国通缉、抓捕梁鸿。梁鸿只得隐姓埋名，带着孟光东躲西藏，最后来到吴地。

为了维持生计，梁鸿在一个名叫皋（gāo）伯通的富户人家做些杂活，挣点小钱养家。梁鸿的人生已经跌落到最低点，但是孟光对他始终不离不弃，关爱有加。每当梁鸿劳作归来，孟光都会把早已准备好的美食，毕恭毕敬地端到他面前。每一次孟光都低着头、弯着腰，把餐盘举到与眉毛平齐，等到梁鸿把食物接过去，她才站直身子侍立一旁。由此传下来一段"举案齐眉"的人间佳话。

有一天，皋伯通路过梁鸿家，恰巧看见孟光正端着餐盘侍奉梁鸿用餐，心中惊奇：梁鸿只不过是我的一个普通用人，他的妻子竟能对他如此恭敬，这梁鸿一定不是个普通人！

从此皋伯通对梁鸿另眼相看，善待有加。即使后来知道他就是皇帝缉捕的重犯，也佯作不知，待他如初。后来梁鸿病死，皋伯通为梁鸿在要离（yào lí）墓旁选了一块墓地："要离是烈士，而梁鸿一生清高，这两人正好结伴。"至于孟光，有人说曾在她的老家扶风见过她和她的儿子，除此之外，再没有她的消息。

古代中国，女人附属男人，圣人们为女人立下"三从四德"的规矩。"三从"是指"未嫁从父，既嫁从夫，夫死从子"。也就是说，一个标准的好女人，在她待字闺中的时候，要听从父母的话，不能违背

长辈的训导；出嫁以后，要服从于丈夫；如果不幸丈夫先死，她又要尽心抚养幼子，等到儿子长大，她还要尊重儿子的生活理念。"四德"，一是要有妇德，必须要品德高尚；二是要有妇言，必须要有修养、言辞得体；三是要有妇容，要端庄稳重，不能轻浮随便；四是要有妇功，要相夫教子（xiàng fū jiào zǐ），持家有道。这些都是为了强化男人对女人的领导权，然而梁鸿与孟光却给我们树立一个男女平等、相敬如宾的榜样。

算无遗策：识福知祸、保全二子的阮氏女

阮氏女，是三国曹魏时期许允的妻子，她因过人的才智和不凡的远见卓识而名垂千古。古时候，女人的社会地位很低，历史没能留下她的名字，我们只能称她为阮氏女。她的父亲与许允同朝为官，见许允这个人还不错，便把自己的女儿嫁给他。

结婚之前，许允从未见过阮氏女，拜完天地才知道自己的妻子长得如此之丑，让人看了第一眼就再也不

左图是《夏商周故事》中的人物，你记得她们是谁吗？可以把这个故事讲给别人听吗？

敢看第二眼，所以他拿定主意，这一辈子都不入洞房。

阮氏女在洞房中等待着自己的丈夫，左等右等就是不见有人进来，心知许允当晚不会过来掀起她的红盖头。

她的婢女（bì nǚ）见此情景很为女主人担忧，阮氏女抱着一丝希望，强作镇定地说道："你出去看看，老爷为什么还不过来？"

婢女出去一看，许允正在陪一位客人喝酒，不紧不慢，分明就是在打发时间，要躲过洞房一劫。

婢女回到屋中，告诉阮氏女说："老爷正陪一位客人喝酒！"

阮氏女问道："是哪位重要客人，竟能够拴住老爷的心？"

婢女一阵心碎，心想：那许允的心压根就不在这里，小姐这辈子算是耽误在这小子手里了！但她又不敢直说，回答道："是桓（huán）范大人！"

一听是桓范，阮氏女喜上眉梢："有桓范大人在，老爷一定会踏进这道门。"

果然，许允对桓范抱怨说："他们阮

家欺骗我，把一个嫁不出去的丑姑娘许给我。我许允上辈子到底犯了什么错，竟让我娶到这么难看的老婆？明天我就把她休了！"

桓范不以为然，劝许允说道："阮卫尉是位正人君子，他能把这样的女儿嫁给你，这女子一定有过人之处。你不妨先和她谈谈，如果还不满意，再去悔婚也不迟呀！"

正如阮氏女预料的一样，许允勉强同意桓范的建议。但是当他推开房门，看见阮氏女的一瞬间，立即反悔，转身就走。

阮氏女知道许允这一走就再也不会回来，连忙拽住他的衣襟，强行把他留在屋内。

许允非常生气，大声斥问："圣人说女子要有'四德'，你有哪样？"

"除了容貌，我什么也不缺。"阮氏女也不示弱，温柔地质问许允，"圣人说君子要具备各种美德，你又具有几种？"

许允赌气地答道："我有一百种、一千种，我有各种各样的美德！"

阮氏女轻声说道："各种品行，'德'字为先。可是你好色不好德，怎敢说你各种美德样样都有？"

许允被阮氏女问得哑口无言、面带惭色，终于相信桓范说的没错，这女子绝对不是简单人物，便欣然接受阮氏女，从此夫妻二人如胶似漆、情投意合。

许允娶了阮氏女真可谓捡到一块至宝，在内阮氏女把这个家族管理得井井有条，家庭温馨和睦，在外又给许允出谋划策，常常让他在官场上化险为夷。

许允做官时，任用很多同乡人。有好事者在皇帝面前打小报告说许允这是在拉帮结派、徇私枉法。皇帝一听非常震怒，派人去抓许允。

阮氏女叮嘱许允："你见到皇帝，必须以理说服他，千万不要求他饶你一命。"

见许允被带走，家中的亲戚、用人、奴婢无不泪眼汪汪，呼天抢地。

阮氏女却像没事的人一样："大家都别哭了！赶快去准备饭菜，老爷一会儿就会回来。"

许允见到皇帝，完全按照阮氏女的嘱咐，解释说："孔子说过，要任用你了解的人。我所任用的这些同乡，我非常了解他们，他们能力很强，胜任现在的工作。陛下（bì xià）可以派人细细核查，如果有一人不称职，我甘愿承担所有罪责。"

皇帝派人把每个人的工作情况细查一遍，果然如许允所说，这些人都很称职。皇帝觉得这么一折腾，对不住许允，便赐他一件新衣，放他回家。

许允回到家中，厨房中的粥还没熬熟。大家都非常钦佩阮氏女的见识。

那时候皇帝已经成为傀儡（kuǐ lěi），朝廷内外大权都掌握在权臣司马师手中。许允听说司马师一直怀疑自己对他有不臣之心，总是担心有一天司马师会杀了他。可是结果令他非常庆幸，司马师只是任命他离开京城到外地任职。

许允得到任命终于少了一块心病，高兴地对妻子说道："这回我可以放心了！出了京城我就能够幸免于难！"

阮氏女却不这样认为，给他泼了一盆冷水："灾难才刚刚开始，你怎么会认为幸免了呢？"

许允问道："司马师不杀我，还任命我到外地做官，这难道不是好事吗？"

阮氏女说道："司马师现在大权在握，一直想废掉皇帝自己当政。所以，你千万不要让他发现你和皇帝亲近，否则必定大难临头。"

第二天，皇帝为许允送行，大宴群臣，还特意把他拉到自己身边坐下。许允一时感慨，竟忘记阮氏女对他的忠告。想着马上就要离开京城，离开相处多年的朋友，许允不禁在皇帝面前痛哭流涕。

早就有人把这一切告诉司马师。许允还未上路，就被司马师罗列一大串罪名，免去所有官职，发配边疆，妻子、儿女不得同行。

临行时，许允非常后悔，握着阮氏女的手，感慨道："每每遇到困难，我总是听从你的建议。没想到，只此一次没听你的忠告，就铸成如此大错，这就是命啊！我很后悔，没有听从你的忠告！我也很庆幸，这辈子能够遇到你！"

两人依依惜别。没想到这一别竟是永别，许允在这年的冬天病死在发配的路上。

许允死后，司马师派钟会前来吊唁（diào yàn）。许允的一个门人得知此事，知道司马师这是黄鼠狼给鸡拜年——没安好心，生怕会对阮氏女母子不利，提前赶到许允家中报信。

阮氏女非常镇定，继续织着布，说道："我早料到他会派人过来！"

那个门人看着许允的两个儿子焦急地说道:"我马上把两个孩子带走,免得被他们抓住!"

阮氏女说道:"他们如果现在逃走,司马师一定会把他们抓回来杀掉!"

两个孩子一听,吓得直哆嗦:"那我们只能坐以待毙吗?"

阮氏女说道:"你们不用惊慌! 司马师如果想杀你们,早就派兵来了。他派钟会来,不过是要了解一下你们的才能。如果你们才能出众,那一定是死到临头。你们虽然很优秀,但毕竟能力有限,不及你们的父亲,司马师不会把你们放在心上。钟会来了之后,你们想怎么说,就怎么和他谈;你们不要极度表现出对父亲去世的悲伤之情,他哭,你们就哭,他不哭,你们也要停止哭泣;如果他要和你们谈论朝廷上的事,你们随便应付一下就行了。"

钟会来了之后,两个孩子照着母亲的吩咐去做。如阮氏女所料,钟会这次真的是带着任务而来,回去之后和司马师说许允的两个儿子才能平平,司马师放下心来，许允的两个儿子死里逃生。

阮氏女凭借自己对丈夫、对孩子以及对世事的了解，保全住两个孩子的性命，使许家免遭灭门之灾，因此虽然其容貌不美，但还是为后人称道。

除了四大美女、四大丑女，中国古代还有四大美男之说。这四位大帅哥，首推天下第一美男子潘安，排在第二的便是大才子宋玉，这两位常被放在一起形容男子容貌之美："美如宋玉、貌若潘安。"另两位美男子，一位是戴面具的悲情王子兰陵王，另一位是被粉丝活活看死的名士卫玠（jiè）。

讲给孩子的
上古中国史

传说时代

李海军◎著

中国出版集团
现代出版社

图书在版编目（ＣＩＰ）数据

讲给孩子的上古中国史：全 3 册 / 李海军著 . -- 北京：现代出版社 , 2020.8
ISBN 978-7-5143-8437-6

Ⅰ . ①讲… Ⅱ . ①李… Ⅲ . ①中国历史－上古史－儿童读物 Ⅳ . ① K210.9

中国版本图书馆 CIP 数据核字 (2020) 第 087520 号

讲给孩子的上古中国史 · 传说时代

作　　者：李海军
责任编辑：袁子茵
出版发行：现代出版社
通信地址：北京市安定门外安华里 504 号
邮政编码：100011
电　　话：010—64262325　010—64245264（传真）
网　　址：www.1980xd.com
电子邮箱：xiandai@vip.sina.com
印　　刷：北京瑞禾彩色印刷有限公司
开　　本：710mm×1000mm　1/16
印　　张：46.75
版　　次：2020 年 8 月第 1 版　2020 年 8 月第 1 次印刷
书　　号：ISBN 978-7-5143-8437-6
定　　价：168.00 元（全 3 册）

目　录

仓颉造字：人生识字忧患始　　　　　　　　　　 / 001

乳目脐口：猛志常在的战神刑天　　　　　　　　 / 011

长庚启明：少昊建立鸟之国　　　　　　　　　　 / 017

颛顼倚薄：五帝中负面最多的帝王　　　　　　　 / 028

　　绝地天通：颛顼为什么断绝天地联系　　　　 / 028

　　天倾地陷：共工怒触不周山　　　　　　　　 / 035

箕裘不坠：人才辈出的帝喾家族　　　　　　　　 / 048

　　日升月恒：太阳和月亮的母亲是谁　　　　　 / 048

　　履迹而孕：被遗弃的怪物后稷　　　　　　　 / 053

　　玄鸟生商：谁是殷商的祖先　　　　　　　　 / 055

　　灵犬盘瓠：帝喾的女婿为何犬首人身　　　　 / 058

尧天舜日：选贤任能禅让天下　　　　　　　　　 / 066

　　十日升空：娇惯任性的太阳　　　　　　　　 / 067

目 录

后羿射日：太阳是三足乌吗　　　　　　　　　 / 069

辟恶除患：后羿铲除六凶　　　　　　　　　　 / 074

逢蒙学艺：男儿有求安得闲　　　　　　　　　 / 082

渡尽劫波：后羿求不死灵药　　　　　　　　　 / 086

嫦娥奔月：碧海青天夜夜心　　　　　　　　　 / 094

游龙惊鸿：后羿为谁射瞎河伯一只眼睛　　　　 / 099

望洋兴叹：贻笑大方的河伯　　　　　　　　　 / 105

假戏真做：西门豹革除河伯娶妻陋习　　　　　 / 109

禽兽负恩：逢蒙杀后羿　　　　　　　　　　　 / 115

鲧治水患：不得其法流放羽山　　　　　　　　 / 119

许由洗耳：尧帝访贤让位　　　　　　　　　　 / 125

克谐以孝：舜如何通过尧的考察　　　　　　　 / 132

吉人天相：舜如何三次死里逃生　　　　　　　 / 135

天下咸服：舜为人民驱除哪四凶 　　　　　　/ 143

大禹治水：公天下的绝唱 　　　　　　　/ 146

任重道远：大禹受命治水患 　　　　　　　/ 146

候人兮猗：九尾白狐现祥瑞 　　　　　　　/ 149

黄梅迎雨：大禹妙计捉应龙 　　　　　　　/ 154

金简传字：玄夷苍水带给大禹的秘密 　　　/ 162

河伯献图：大禹一过家门而不入 　　　　　/ 165

禹王锁怪：大禹二过家门而不入 　　　　　/ 169

飖厉负重：定海神铁降妖魔 　　　　　　　/ 176

女娇化石：大禹三过家门而不入 　　　　　/ 184

鲤跃龙门：龙门三月鳞甲变 　　　　　　　/ 192

地平天成：大禹诛杀相柳治水功成 　　　　/ 196

诺亚方舟：西方人的大洪水时代 　　　　　/ 202

目　录

葫芦兄妹：中国人的诺亚方舟　　　　　　　　/ 205

重瞳孤坟：痛哭远望湘妃泪　　　　　　　　/ 212

家国天下：从"天下为公"到"天下为家"　　/ 216

孝感天地：由虞舜领衔的二十四孝　　　　**/ 219**

亲尝汤药　　　　　　　　　　　　　　　　/ 219

啮指痛心　　　　　　　　　　　　　　　　/ 220

百里负米　　　　　　　　　　　　　　　　/ 221

芦衣顺母　　　　　　　　　　　　　　　　/ 221

鹿乳奉亲　　　　　　　　　　　　　　　　/ 222

戏彩娱亲　　　　　　　　　　　　　　　　/ 223

刻木侍亲　　　　　　　　　　　　　　　　/ 224

行佣供母　　　　　　　　　　　　　　　　/ 225

怀橘遗亲　　　　　　　　　　　　　　　　/ 226

扇枕温衾　　　　　　　　　　　/ 226

拾葚异器　　　　　　　　　　　/ 227

涌泉跃鲤　　　　　　　　　　　/ 228

闻雷泣墓　　　　　　　　　　　/ 229

乳姑不怠　　　　　　　　　　　/ 232

卧冰求鲤　　　　　　　　　　　/ 232

恣蚊饱血　　　　　　　　　　　/ 234

扼虎救父　　　　　　　　　　　/ 235

哭竹生笋　　　　　　　　　　　/ 235

弃官寻母　　　　　　　　　　　/ 235

涤亲溺器　　　　　　　　　　　/ 236

卖身葬父　　　　　　　　　　　/ 237

仓颉造字

cāng jié zào zì

人生识字忧患始

　　黄帝时代发生了一件重大的事情，它揭开了中国历史文明的新序幕，这就是仓颉（cāng jié）造字。

　　人类诞生之初没有文字，那个时期流传下来的一些事情只能靠口口相传。后来，一些聪明人发明了结绳记事：遇到大的事情，就找一根绳子打个大结；发生小的事情，就找一根绳子打个小结，再配上一些颜色或其他物件，便记录下很多事情。据猜测结绳记事有可能是这样的，例如某天杀死十二只羊，那就用羊毛拧成一根绳子，打一个大结代表"十"，打两个小结代表"二"，涂上一些红色代表这些羊是被杀死的；如果是杀死十二只鸡，那就在绳子上绑上鸡的羽毛。当然这些只是猜测，到现在，我们只能在书上看到"结绳记事"这四个字，这种方法早已失传在浩瀚的历史长河中。

　　到了黄帝那个时代，人们还用结绳记事这种方法记录一些重要的事情。

"仓颉！我之前交代给你的事情完成了吗？"黄帝碰到仓颉，忽然想起一件事情。

"已经完成了！我马上演示给您看看！"

仓颉，黄帝的一名史官，就是负责给整个部落写日记，记录发生在部落每一件需要记载的事情。据说仓颉长着四只眼睛，每只眼睛里都有两个瞳孔。史书上明确记载有两个瞳孔的人也就七八个，而且个个都不是普通人，比较有名的除仓颉外，还有五帝之一的舜，春秋五霸之一的重耳（chóng ěr），与刘邦争夺皇位的西楚霸王项羽，写过很多优美词句的五代十国唐后主李煜（yù）。

我们已经说过，那个时候人们还用结绳的方法记事，随着部落中的事情越来越多、越来越复杂，详细记录一件事情需要用大量的绳子，时间长了人们很容易忘记那些大大小小的绳结的含义。

黄帝交代给仓颉的事情是什么呢？这还得从黄帝和炎帝结盟说起。签订盟约之时，黄帝问起部落共有多少人、多少地、多少牲畜……仓颉立即翻出他的那些绳子，可是这些绳子太多了，仓颉用了很长时间才弄清楚所有的事情。

"仓颉，都说你很聪明，你能不能找一种方法，让大家能够更加清楚、更加方便地记下发生的事情啊？！"

仓颉把自己关在屋里，拿着手里的绳子左看看、右想想，总是觉得结绳记事是一种非常完美的记事方法，一连好几天他都想不出有什么办法能够更好地记事。

他决定出去走走，呼吸一下新鲜空气，放松一下心情。

路过一个山洞，几个人正在那里画着岩画，这是部落中非常寻常的事情，每天都会有很多艺术家在这个山洞里涂鸦。他没有打扰这些艺术家，站在他们身后静静地欣赏着他们即将完成的艺术品。那些人画的是一个狩猎的场景：一轮太阳高悬天空，一群人手里拿着各式各样的武器围着一只受伤的鹿，青青的草地、蜿蜒的河流、飞翔的鸟儿……仓颉目不转睛地盯着那些美丽的图画，那些图画在仓颉眼中似乎在慢慢地变形，仓颉心想：万事万物都有自己的特征，我能不能用一些简单的图形来代表事物呢？

仓颉在地面上画了起来，太阳可以画成个圆圈，月亮可以画成个月牙，人就是一个身体两条分开的腿，水就是三道波纹……在地面上出现的东西越来越多，仓颉的思路也越来越广，画出的图画也越来越多，忽然他停下来："有实在形象的可以用图画表示，那些没有实在形象的呢？怎么表示数字？怎么表示方向？怎么表示某个物体的一部分呢……"

仓颉冥思苦想，终于有了一个想法：对于这些事物，就直接画个符号，从这个符号能看出这个图画的意思。

他又在地上画起来：画一横代表数字一，画两横代表数字二，在刀上点上一点就是刃，横上面加一点就是上、横下面加一点就是下……

他画累了，站起身来。这个时候那些艺术家已经画完岩画，正围在仓颉周围，不知道他在做些什么。

仓颉有些得意地指着地上简单的图画问他们："你们觉得这些图画像什么？"

"这个像太阳！这个是月亮吧？这个应该是把刀！这个是鸟、这个是水……"当他们看到仓颉后画的一些图画不解地问道，"这些图画是什么东西呀？"

"这个是数字一！"仓颉指着一横答道。

"那这就是二、这就是三吧！"一个人惊奇地说道，"这刀上一点是什么呀？"

"刀的边缘是什么呀？"仓颉反问那人。

"刀刃！这莫非就是刀刃？"那人简直不敢相信世间竟还有这么聪明的人。

"哈哈哈！"仓颉大笑起来，他认为自己已经找到一种记事的好方法。

一个人问道："如果把两个图画放在一起会怎样呢？"

仓颉慢慢答道："把'一'和'太阳'放在一起就是'一个太阳'，把'鱼'和'水'放在一起就是鱼在水里游……"

"用这些图画不就可以把我们所有的语言都表达出来了吗？"一个人问道。

"是呀！"仓颉更得意了。

忽然一个人似乎自言自语地说道："小、土？'小'和'土'好像不能放在一起呀！"

一个问题就是一种方法。仓颉听到那人的话，茅塞顿开（máo sè dùn kāi）："它也可以表达事物哇！小小的土不就是'尘土'吗？"说着他又在地上画起来，"两人相随可以是'从'，三人是'众'，不好是'孬'，田里的劳动力是'男'，日月在一起是'明'，人说出的话是'信'，人靠在树上就是'休'，……"

在大家的帮助下，仓颉又画出许多图画。

"这种方法好是好，可是要画这么多图画，还是很繁琐。能不能有更简单的方法表达意思呢?"

仓颉又陷入沉思。正在这里，一群鸟儿争食，打了起来。他们一会儿相互追逐飞上天空，一会儿又聚集在地上互相拍打，天空中留下它们散落的羽毛，地上留下一些横七竖八、纵横交错的爪印。

一个人说道："你们看，这一道爪印不就是'一'吗? 我们能不能按照这些鸟的爪印来画图呢?"

仓颉围着那一道爪印转了一圈，一拍脑袋，拉着那些人说道："你们看，这一道横，如果把它立起来就是'竖'，把它向左旋转就是'撇'，把它向右旋转就是'捺'，把它一端向上就是'折'……按这个思路我们重新画一下?"

在大家的启发之下，仓颉简化了那些图画。

黄帝看了仓颉的演示非常满意，命仓颉在整个部落推行这种记事方法。

"请您为这种记事方法起个名字吧！"

黄帝思考一会儿，说道："就叫'文字'吧！"

文字在部落中推广得很快，但是麻烦也随之而来。黄帝匆匆地叫来仓颉："文字虽好，但是你现在创造的文字太少，根本没有办法完全表达意思！你赶快想个新法子创造更多的字！"

仓颉又开始到处寻找灵感。

仓颉路过一个农家，看到他们正在喂养家禽。这些家禽中有鸡、有鸭、有鹅……仓颉似乎有所感悟："我创造的文字中没有这几样东西，大家都用'又''甲''我'代表这些鸟儿，这样用起来太不方便了。'又''甲''我'……鸟儿……"仓颉慢慢地思索着，"这些都是鸟，我在'又''甲''我'旁边加个鸟不就可以表示这些家禽了吗？'又''甲''我'表明这些字的读音，'鸟'表明这些事物都是鸟儿！"

仓颉又试着用这种方法创造了一些字，他慢慢地发现这种方法比之前的方法可以创造出更多的字，而且方法简单。他把这种方法报告给黄帝，黄帝对这种方法大加赞许。从此以后，文字逐渐成为人们记事的主要方法。

　　据说，仓颉造出文字之后，天降大雨，但是从天空中掉下来的不是雨滴，而是粮食，那是因为天帝担心有了文字之后人类不再耕种，而是用买卖文字获取一些小利，他怕人类以后饿肚子，所以让人们事先储备一些食物。有了文字，人类经常写一些文章到天帝那里状告行为不轨的鬼神，鬼神们因此而受到天帝的责罚，那些受到责罚的鬼神常常在夜里偷偷哭泣。所以文字的出现是一件"惊天地、泣鬼神"的大事。也有人说，鬼神是为人类而哭，因为有了文字，人类就会见多识广，就会积极思考很多事情，各种忧愁烦恼都会接踵而来，不会再像蛮荒时代只要吃饱就可以无忧无虑地生活。难怪几千年后北宋的大文豪苏东坡会非常感慨地写道："人生识字忧患始。"

　　以上只是一个关于汉字起源的传说。文字起源于原始图画，经过不断地发展、完善，最终发展为现在的汉字。我们现在已经发现的汉字中，最早的是刻在龟甲和兽骨上的甲骨文，然后依次发展为刻在青铜器上的金文、笔画繁琐的大篆（dà zhuàn）字、秦始皇统一六国文字命李斯创作的简化小篆字（至今

刻制印章常用的文字）、在汉字发展史上具有里程碑性质的隶书、由隶书演变而成至今仍在使用的楷书。另外，草书也是由隶书演变而成的一种字体，还有介于楷书与草书之间的行书。

汉字的造字方法有"六书"之说，前面讲仓颉造字时，提到"四书"，依次是象形、指事、会意和形声。除此之外，还有转注和假借两种创造汉字的方法。

我们现在使用的汉字是简体字，在我国台湾、香港、澳门地区仍在使用繁体字，在新加坡、马来西亚等地的海外华人使用的汉字则是繁简并存。

<ruby>乳<rt>rǔ</rt></ruby> <ruby>目<rt>mù</rt></ruby> <ruby>脐<rt>qí</rt></ruby> <ruby>口<rt>kǒu</rt></ruby>

猛志常在的战神刑天

　　黄帝战胜蚩尤，为了记载这一丰功伟绩，他命人在首山开采铜矿，用这些铜在荆山脚下铸成一个青铜大鼎。鼎铸造好之后，黄帝举行了一场盛会。盛会正在进行中，只听天空中发出一阵"隆隆"之声。大家仰头向上一看，一条金龙在乌云密布的天空中盘旋。

　　人们看见这条金龙，大惊失色，乱作一团。黄帝抽出宝剑，厉声呵斥："你是哪里来的金龙，来此有何贵干！"

　　那条金龙答道："黄帝莫怕！我是天帝派来人间的使者，天帝念您统一华夏有功，特封您为中央之帝，掌管四时四方。请您跟我到天庭去觐见（jìn jiàn）天帝！"

　　黄帝道："我是凡人，无法到达天庭！"

　　金龙答道："这个无妨，您骑到我的背上，我会带您去见天帝！"

说着，那金龙的胡须变长，慢慢地从天空垂下，直接垂到那个大鼎上面。

黄帝抓住龙须，一用力就骑上龙背，然后招呼着他的功臣和后宫一同上来。

后宫和大臣们争先恐后地爬上龙背，一数，一共有七十多人。其他大小国王、普通百姓一见有机会上天成仙，也顾不上什么礼节，一哄而上，也想爬到金龙背上。可是这么多人七手八脚地都去抓那龙须，龙须哪能禁得住如此之多的人啊，他们还没骑上龙背，龙须就被扯断，全都掉落下来。连同他们一起掉下来的，还有黄帝心爱的一张金弓。

等到这些人从地上爬起来的时候，黄帝早已驾着金龙飞天而去。见黄帝乘龙远去，地上的人们抱着那张金弓号啕痛哭。为了纪念黄帝，人们把黄帝飞升之地称为"鼎湖"，黄帝掉落地上的那张金弓被称为"乌号"，那些被扯落的龙须掉落地上化作一种草，人们称它为"龙须草"。

炎帝很快知道黄帝飞升的消息。自从与黄帝结盟，炎帝就拱手让出肥

右图是《神话时代》中的人物，你记得他是谁吗？可以把这个故事讲给别人听吗？

沃的土地，搬迁到南方做了偏安一隅的帝王。炎帝手下那班战将对黄帝如此安排愤愤不平，想要再去与黄帝一较高下。炎帝却把自己的实力看得透彻，也没有了恢复帝位的雄心壮志。所有战将在炎帝的压制之下，还算安分守己，谁知蚩尤竟违抗炎帝的命令，最终惨死在黄帝手里。

得知蚩尤死讯，炎帝手下又一名猛士站了出来。这名猛士本是炎帝手下无名之辈，后人给他起了个名字——刑天，就是敢于砍杀天帝的意思。

刑天见到炎帝："请您让我领兵为蚩尤兄弟报仇！"

炎帝也正为蚩尤之死难过，不过他还是不想与黄帝为敌："算了吧！"

刑天悲愤地说道："黄帝抢了我们的地盘，杀死蚩尤兄弟，现在又到天庭为帝为王，您得到了什么？"

炎帝有些愤怒："之前你来请愿，我就已经命你不得轻举妄动。我意已决，你不必多言！下去吧！"

原来，在蚩尤起兵之时，刑天就有心助他一

臂之力，共同讨伐黄帝，无奈炎帝一直不肯让他参与此事，刑天只得作罢。蚩尤的死，使得刑天再也无法遵守炎帝的命令。炎帝不给他兵，他决定单枪匹马去给蚩尤报仇。

刑天左手握着青铜方盾，那时称作"干"（gān），用于防守；右手握着一把青铜巨斧，那时称作"戚"（qī），用于进攻。

刑天这一路根本没有遇到像样的抵抗，一路杀到黄帝面前。

"你是何人？为何要打杀到我这里！"

"我要为蚩尤兄弟报仇！"

一听"蚩尤"，黄帝心中大怒，没想到蚩尤死了这么久还阴魂不散，立即拔出宝剑，与刑天战到一处。只见一边是剑光闪闪，一边是斧影绰绰，两人从早打到晚，又从天上打到人间，直到常羊山下，斗得筋疲力尽，却又不分胜负。战到最后，刑天有些心急，毕竟自己没有一兵一卒，倘若黄帝的救兵一拥而上，他必败无疑，因此斧斧都是狠招，恨不得一斧就结束战斗。黄帝那边处处小心，却也是不紧不慢，耐着性子要磨尽刑天最后一点锐气。终于，黄帝看到刑天有些心急，便卖个破绽。刑天不知有诈，跟着一斧砍了过去。哪知黄帝轻身一转，闪到刑天身后，提起宝剑，劈了下去。刑天躲闪不过，只觉得脖子一凉，一颗硕大的头颅就滚落在地。

刑天头颅虽被砍掉，却并没有死去。他有一项本事，只要找到头颅，就可以把那头颅重新接到脖子上。刑天蹲下身，在地上东摸摸、西摸摸，想要找到他的头颅。

黄帝见了倒吸一口凉气，他从来没见过头颅掉了仍然不死的人。他明白刑天想要做什么，黄帝深知一旦刑天找到头颅难免又要和他死战到底，他绝不能让刑天找到头颅。想到这里，他挥起宝剑朝着常羊山峰劈了下去，那山峰顿时一分为二，就在山峰分开的一瞬，他把刑天那巨大的头颅踢到两山中间，然后运用法力将两山合上。

刑天正在满地找头颅，忽然听见山开山合的声音，马上知道发生了什么事情，站起身来，手握干戚，呆呆地站在那里。

黄帝在一旁冷笑道："你的头都没了，还能撑到什么时候！"

但是黄帝立刻就知道他所面对的这

个对手绝对比蚩尤还要勇猛。只见刑天大力撕去自己的衣服，露出赤裸的上身，他的乳房变成两只喷着怒火的眼睛，他的肚脐变成一张怒吼着的嘴，挥舞着手中的巨斧，冲向黄帝……

黄帝震惊了，也被这个勇士折服，他无心恋战，一起身飞回天上，只留下一个没有头颅的刑天。

失去头颅的刑天再也无法追上天庭，他也无法远离埋葬他头颅之地，所以直到现在他仍然留在常羊山下，挥舞着斧与盾要与黄帝分个胜负。

长庚启明

少昊建立鸟之国

白帝少昊，相传他有与伏羲一样的品德和能力，伏羲被称为"太昊"，他被称为"少昊"。他号金天氏，又号穷桑氏，东夷族的首领，是黄帝的儿子。又有传说，说他是天上的神仙太白金星和皇娥的儿子。

皇娥是一位住在天上的仙女，她的屋子叫作璇宫，璇宫是用玉装饰的宫殿：窗户上用细腻洁白的和田玉雕刻着龙飞凤舞，温润金黄的岫（xiù）岩玉床上铺着炫丽的锦缎，斑驳陆离的独山玉桌上摆着镶嵌红绿宝石的透明玉瓶，瓶中插着五颜六色的玉玫瑰（méi gui），皇娥坐在一把天蓝色的绿松石椅上，面前是一张织机，色彩斑斓的布在皇娥纤细的双手中缓缓织出……

"唉！"不知为何，皇娥叹了一口气，"外面是怎样的世界呢？"

皇娥从小到大一直没有离开过这间屋子，她每天除

了吃饭、睡觉，就是纺纱织布，她想要看一看外面的世界，可是她的母亲却告诉她外面的世界很凶险，绝对不能迈出这屋子半步。

一只凤凰落在她的窗前，皇娥问那凤凰："凤凰啊！你能给我讲一讲外面的世界是什么样子吗？"

凤凰说："你的屋外就是银河，银河的尽头、西海之滨就是穷桑。那里有一棵大桑树，弯曲的树干高一万丈，硕大的树冠绵延几千丈，长出的叶子红得像天边的晚霞，结出的桑葚（sāng shèn）紫得像一颗颗宝石，这棵树一万年才结一次果实，吃了它就能长生不老。那树上百鸟翔集，那树下群兽戏舞，我正要赶往那里呢！"

皇娥悄悄地推开家门，门前果然有一条静静流淌的长河，河边是一竹筏（zhú fá）。皇娥跳上竹筏，逆流向西，不知行了多远，到了河的尽头。那里果然长着一棵参天（cān tiān）大树。凤凰早已飞到这里，正引着百鸟嬉戏。

皇娥跳上岸去，忽见一身着白衣的英俊少年。那少年向皇娥轻轻一拜，彬彬有礼地说道："我是白帝的儿子，天上的金星。"

皇娥第一次见到陌生男子，脸一红，正不知说些什么，只见那少年轻轻拉起她的手："我带你到树冠上，你一定会喜欢那里！"

少年带着皇娥慢慢飘起，穿过树叶，便看到树冠最上方有一处巨大而又平坦的鸟巢，落在上面，软软的，很是舒服。

"这是什么地方啊？"皇娥从来没有在这么高的地方看天上的云霞、看长长的银河，她任凭轻风吹散自己的长发，闭上双眼呼吸着自由的空气，暖暖的阳光照在她绯红的脸上。

白衣少年说道："这是西方之国穷桑。这棵大树就像一个王国，每只鸟儿各司其职。"他指着一只鸟儿说道："这是鹁鸪（gū），天要下雨或刚刚放晴的时候，它们就会飞到树上'咕咕'地叫，好像在教人们如何识别阴晴雪雨。"

他又指着另外一只鸟儿说道："这是鹫（jiù）鸟，它勇猛刚毅，能征善战，就像一位将军。那是布谷，它们是这树上最有爱心的父母，一共有七个孩子，每天早晨雌鸟辛苦地出去觅食然后从上到下把孩子们喂个遍，每天晚上雄鸟出去觅食然后从下到上把

孩子们喂个遍。它们在喂食的时候，每个孩子得到的食物一样多，绝对不会偏向这个多喂这个一口，也不会偏向那个多喂那个一口。"

一只大鸟展开双翅在天空中盘旋，忽然俯冲而下，伸出利爪抓住一只鸟儿。皇娥焦急地问道："它为什么要抓住那只鸟儿？"

白衣少年解释说："那只大鸟是鹰。它目光敏锐，能够洞察世间一切奸邪。刚才那只被抓的鸟儿一定是犯了错误，受到惩罚了！"

一群小鸟儿飞起，皇娥目光随着鸟儿飞行的轨迹移动："这是什么鸟儿？"

白衣少年答道："这是斑鸠！别看它们个子很小，但是它们心思缜密，非常适合做些杂七杂八的活！"

"你知道那一对是什么鸟儿吗？"白衣少年问道。

"凤凰！我经常和它们聊天。它们有什么来历吗？"

"凤凰是最神奇的！雄的叫凤、雌的叫凰，它们总是成双成对，所以叫作凤凰。它们出现在哪里，哪里就会吉祥和谐。这还不算什么，最神奇的是它们能浴火重生！"

"浴火重生？"

"嗯！凤凰代表着吉祥，每隔五百年它们就会堆起高高的香木，背负着它们在人间收集的悲伤与痛苦，点火自焚。你不用担心，它们不会在熊熊的烈火中死去，火只会燃尽人间的苦难。火灭之后，凤凰的羽毛变得更加鲜艳，叫声变得更加清脆，从此以后，永生不死。我把这叫作'凤凰涅槃'（niè pán）。由于它们有这样的本事，所以我让它们主管这树的世界。"

"你让它们主管这里？"皇娥惊奇地睁大眼睛。

"是呀！"白衣少年不无自豪地说道，"这个树世界就是我创造的一方自由、无忧的乐土。"

一只鸠鸟落在白衣少年的肩上，白衣少年拍拍鸠鸟的头，问道："鸠鸟鸠鸟！现在是什么风向啊？"

鸠鸟把头偏向西北。

"原来是东南风啊！"白衣少年会心一笑，拉起皇娥，"我带你去看看海上的仙山！"

已有一艘大船靠在银河岸边，只见那艘船上立着一根桂木做的桅杆，桅杆上飘扬着薰茅裁成的旌旗（jīng qí），一张大大的帆张开在微风之中。

白衣少年对着那只鸠鸟说了一声："去吧！"

只见那只鸠鸟径直飞到桅杆顶端，立在上面，化成

一只玉鸠，被风吹得头向西北、尾向东南。

虽然见过很多玉做的东西，但是皇娥还是第一次见到玉鸠，惊奇地问道："它怎么飞到那上面化作一只玉鸠？"

白衣少年答道："这叫'相风'，它能感知四时之风，通过它我们就知道风往哪里吹！"

船沿着银河顺流而下，前行数里，出现一道瀑布，银河之水轰鸣着向下冲去。船到瀑布前便随着巨大的水流一头栽了下去。

船落在瀑布之下便平稳地飘在水面上，皇娥四下张望，船已经漂在笼着月光的海面上，在风的推动下缓缓前行。抬头仰望，皓月当空、繁星点点；平视远眺，海天一色、微波粼粼。

船不知行驶几千里，抬头看时，只见一座大山隐隐约约漂浮在平静的海面之上。但见那山烟雾缭绕、直入云端，上有青松翠柏，花团锦簇；亭台楼阁，或隐或现；人语鸟鸣，时断时续。

皇娥正要问此为何处，白衣少年已娓娓道来（wěi wěi dào lái）："我们到归墟（guī xū）了。归墟就是海中一条深不见底的峡谷，不论是人间的大江，还是天上的银河，最终都要汇入这里。你别看海面风平浪静，其实它的下面早已暗流涌动。

"归墟周围有五座仙山：岱舆、员峤、方壶、瀛洲和蓬莱。我们看到的这座山就是蓬莱。人间的神仙都住在这五座仙山之上。这五座仙山每座都蜿蜒三万里、山顶最平坦处也有九千里。岛上到处都是金银珠宝搭建而成的楼堂殿宇，到处都奔跑着、翱翔着浑身纯色的飞鸟走兽，树上挂满珠玉宝石，开着艳丽的花儿、结着鲜美的果儿，那些果实只要吃上一颗就会长生不老、永不死亡。山与山相隔七万里，但是住在那里的神仙都是邻居，他们有腾云驾雾的本事，一天就能游遍天上地下。这五座仙山原本在海中漂浮，常有沉没的危险，天帝感念人世间的神仙居无定所，便命令海神禺强（yú qiáng）把它们固定在大海之中。

"禺强长着鱼一样的身体，双手各握一条青蛇，双脚踩着一条双头青龙，海中的鱼虾龟蟹全归他统领。禺强想出一个好办法，他召集来十五只巨大无比的海龟，让它们每三只背负一座大山，六万年一轮

换，从此这五座仙山固定在海中，再不漂流。"

皇娥和白衣少年在岛上畅玩几日，流连忘返。后来，皇娥生下一个孩子，这就是少昊。据说少昊出生的时候，有五只凤凰在他身边飞来飞去。长大之后，少昊成为东夷部落的首领，在那里建立一个国家。这个国家非常奇怪，所有的官员都是会飞的鸟儿。凤凰统领百鸟、鹁鸪掌管教育、鸷掌管军事、布谷掌管建筑、鹰掌管司法、斑鸠掌管琐碎之事……没错，它们都是皇娥在那棵大桑树上看到的鸟儿，白衣少年派遣它们来到人间辅佐少昊。每当少昊开会的时候，场面十分热闹，这边是凤鸣燕舞，那边是鹰叫鸷啼，喜鹊喳喳、斑鸠咕咕……整个会场充斥着各种鸟儿的叫声，可是这些声音在少昊耳中是那样动听和井井有条，他听得懂这些鸟儿在说些什么，在这些鸟儿的帮助下，少昊把这个鸟之国治理得欣欣向荣。

为了把国家治理得更好，少昊把黄帝的孙子颛顼（zhuān xū）请到自己的国家辅政。前面已经讲过，颛顼是五帝之一，那时候他很小，还没有当上部落的首领。颛顼做得非常出色，鸟之国变得更加强大。少昊怕颛顼孤单，特意把父亲传给自己的那把琴送给颛顼，并教会颛项弹琴，这样颛项在工作之余就不会感到寂寞。颛项没有一直待在鸟之国，没过几年他就回到自己的部落做了首领。颛项走后，少昊感到非常孤单，时常会想起颛项。他想颛项的时候，就会拿出琴来弹上一曲，可是他越是弹琴，越是想念颛项，越是想念颛项，越是感到孤单。最后，他无法忍受这份孤单，便把那把琴扔入大海之中。从此每到夜晚，平静的海水中总会发出阵阵琴声，据说那就是这把琴发出的声音。

少昊有四个儿子，他们都很厉害。大儿子叫重，他后来成为青帝伏羲的辅臣，就是之前提到过的勾芒。二儿子叫该，也就是金神蓐收（rù shōu），他又是刑罚之神，尘世间谁要是作奸犯科，就会受到他的惩罚，蓐收留在少昊的身边，后来追随少昊跨越茫茫无边、一片死寂的大沙漠，又渡过连羽毛都无法漂浮的弱水，到达西方少昊的出生地——穷桑之国。后来帝喾（kù）的儿子中有九个太阳，它们每到黄昏就会回到皇娥与白衣少年相会的那棵大桑树上休息。少昊和蓐收就负责监督这些太阳每天按时回到树上。三儿子叫修，四儿子叫熙，也就是玄冥，他们是黑帝颛项的属臣。

颛顼倚薄
zhuān xū yǐ bó

五帝中负面最多的帝王

　　唐代诗人杜甫在《西阁曝日》诗中写道："羲和流德泽，颛顼（zhuān xū）愧倚薄（yǐ báo）。"五帝虽被后人称道，但是颛顼却有很多负面新闻。"倚薄"是处于困境的意思。

绝地天通：颛顼为什么断绝天地联系

　　颛顼是北方黑帝（玄帝），主管冬天，他是黄帝的孙子。人无完人、金无足赤，圣人也有糊涂的时候，虽然颛顼本事很大，也为人类做了不少好事，但是他的统治似乎总有那么一点点的缺憾，而这些缺憾全都因他对几个儿子过于宠爱。

　　话说天帝因为伏羲盗取火种一事，断绝人类通往天庭之路。天帝之所以这样做，只是想给人类立个规矩，不希望人类再随随便便地跑到

天庭。但是通天之路一断，天帝再也听不到人间的声音，而自己的旨意也无法传达到人间。还好天帝聪明，很快就想出一个好办法，当人们祭祀他的时候，他就让人间的巫师向他报冤祈福，并传达他的降福之意。最初的时候，只有很少的人能够成为巫师，举行祭祀；到了颛顼时代，几乎人人都可以成为巫师，人人都能举行祭祀，与天帝对话。

这一阵子，天帝的心情极其不好，很多巫师都在状告他在人间的代言人颛顼。

"天帝，颛顼的儿子为祸人间，弄得民不聊生。颛顼非但不好好管教他们，还对此视而不见，助长他们的嚣张气焰！"一个巫师向天帝抱怨道。

天帝皱了皱眉毛："竟有这样的事？！你详细说来听听！"

巫师答道："颛顼死了三个儿子，这三个儿子全都变成了厉鬼。第一个人们憎恶地称他为'疟鬼'，他常

用一种怪病找人取乐，人们把这种病称为'疟疾'或是'打摆子'。疟鬼附着于蚊虫之上，当蚊虫叮咬人之后，他便偷偷潜入人的体内，让人患病。染上这种怪病，起初全身发冷、面色苍白、浑身发抖，就好似穿着单衣立于寒风之中；发冷过后，便面色赤红、呼吸急促、全身发热、抽搐（chōu chù）呻吟，就好似裹着棉被立于火炉之侧；热度退去之后，便汗落如雨，安稳地睡上一觉之后，精神愉快，好似大病初愈一般。如此反复，运气好的，待疟鬼离身之后，自会好转；运气不好的，则会不治而亡。"

巫师继续说道："颛顼的第二个儿子死后，竟去做了魍魉。一到夜间便说些人语，吃掉那些受他迷惑之人的头脑和肝脏。他的第三个儿子最可恨，人们咒骂他为'小儿鬼'，谁要是被他盯上，就会全身生疮，痛苦不堪。最让人无法忍受的是，这个'小儿鬼'特别喜欢听孩子的哭声，他一有空就会变成一些凶狠的野兽、狰狞的恶鬼，吓唬小孩子。"

天帝心中虽然对颛顼有些不满，但还是有心维护颛顼的威严，强词夺理（qiǎng

cí duó lǐ）地说道："颛顼并不主管恶鬼之事，他对这些也是无能为力呀！"

巫师心有不服，问道："恶鬼的事情他管不了，人类的事情他是否可以管呢？"

天帝答道："他当然可以管人世间的事情！"

巫师说道："那我就再和您说一个他活着的儿子梼杌（táo wù）。颛顼给他这个宝贝儿子起名叫梼杌，但是人们却称他为'难训'！"

天帝本来在一旁静静地听着，一听"难训"这个外号，不禁问道："我听说梼杌长得像只老虎，毛长两尺，身高一丈八。长相是凶了一点儿，但帝王之子，总不至于做出一些不肖（bú xiào）之事吧？人们怎么会给他起这么一个名字？"

巫师说道："您有所不知，梼杌长相不雅，所以颛顼特别疼爱这个孩子，到最后已经发展到溺爱的程度，那真是要星星给星星，要月亮给月亮。他仗着颛顼的宠爱，飞扬跋扈（fēi yáng bá hù），常常出没于荒郊野外，遇到单独行走的人，便一口吃

左图是《神话时代》中的人物，
你记得他是谁吗？
可以把这个故事讲给别人听吗？

掉。人们把他的恶行告到颛顼那里，颛顼劝告他一定要忠厚、仁义。梼杌非但不承认错误，还用尽花言巧语欺骗他的父亲，说人们状告他的那些事情纯属子虚乌有。颛顼疼爱这个儿子，听他这么一说，也就睁一只眼闭一只眼，不了了之。梼杌轻松地逃过惩罚，更是变本加厉，搞得人人自危，不可安命。"

天帝还想为颛顼辩护，说道："这几个只是特例。颛顼那么多的儿子，多数还是好的！"

"特例？"巫师反驳说："如果说这是特例，那我再和您说一下他的另一个儿子。这个儿子连名字都没有，人们称他为'穷子'！"

"这个名字又有什么来历呀？"

"这个儿子和一般人不一样，别人都喜欢锦衣玉食，而他却只喜欢穿破烂的衣服、喝些稀饭清汤。你要是给他一件新衣服，他总会想方设法把这件衣服弄得满是油污、上下是洞、臭不可闻，有的时候他甚至会用火把衣服烧烂。谁要是和他交上朋友，那人一定会倾家荡产。即使多看他一眼，也会招灾破财。好在他死于某一年的正月初五，人们欢呼雀跃：'送穷子了！送穷子了！'现在，

每到正月初五，人们都要敲锣打鼓'破五'送穷子。"

"颛顼的大儿子老童很不错嘛！"天帝说道，"他创作的'承云之歌'很动听啊！"

"'承云之歌'再动听，也不过是颛顼为了讨好您，命老童作的曲子。

巫师的话很快传到颛顼耳朵里面，颛顼召集来大臣，面带愠色（yùn sè）对他们说道："这些巫师竟敢到天帝面前告我的状！

颛顼冥思苦想，忽然有了一个好办法，"这些巫师之所以能够通天，主要是天与地太近，他们说句话就能被天神听见。只要天与地足够远，天神听不到巫师的声音，不就耳根清净了吗？但是谁有能力完成这件事呢？"

有大臣提议："重和黎两位大神一定能够胜任此项工作！"

重和黎都是颛顼的孙子。重身材高大，双手可以托天；黎力大无穷，双手可以举起泰山。大家都对这个提议拍手叫好，又有人建议："现在巫师可以随便祭祀天帝，如果您颁布一道法令，规定只有您才有资格祭祀天帝，这个问题不就迎刃而解了吗？"

颛顼心中大喜，急忙命重和黎截断巫师通天之路。只见重站在高高的昆仑之巅，半蹲着身子，用肩膀扛住天空，然后大吼一声，慢慢地站起来，天空竟慢慢地离地远去。等到他完全站直身体，他又弯曲着双臂托住天空，一用力，天空随着他那伸直的手臂又高了许多。重托举完天空，轮到黎大显身手。只见他俯下身子，伸出厚大的双手，一下一下拼命地把大地向下压，他每压一下，大地就下沉千里，一会儿的工夫，天与地就遥不可及，人们在地上再也看不到天上的殿宇，天神也没有办法直接听到巫师的祈祷。

天与地断绝了，颛顼又颁布法令，规定人世间只有他才有资格祭天，从此巫师再也没有与神灵对话的本事。为了表彰重和黎的功绩，颛顼命托天的重管理天上神仙，命压地的黎管理地上生灵。其实，那是颛顼派这两个人监督天上的神仙和地上的人类，哪位神仙私自接受人类的祭祀或是人类私自祭祀神灵，都会受到重和黎的严厉惩罚。

颛顼之前，人们的等级区别并不太严格，普通人能够和天帝对话，就算是黄帝也要和其他人一样劳作。颛顼断绝"地天通"之后，成为唯一能

右图是《神话时代》中的人物，**你记得他是谁吗？可以把这个故事讲给别人听吗？**

够与天帝对话的人，渐渐地他就不再平等地看待其他人，有些人被他提升为社会上层的统治者，有些人被他打压成底层的奴隶，人和人之间逐渐有了等级之分和诸多的不公平。

天倾地陷：共工怒触不周山

颛顼绝地天通，惹恼了一位英雄，这位英雄就是共工。共工是炎帝的后裔，是一位水神，治理天下的洪水。和先辈蚩尤一样，他也是铜头铁额，留着一头红色的长发，脾气十分暴躁。炎帝败于黄帝之后一直居住在南方，他的后代没有离开过那里。又经历过蚩尤、刑天之败，炎帝一族虽然仍对黄帝一族不甚服气，可是也没有绝对的实力起来反抗，许多年下来，两族不断融合，一直相安无事。可是颛顼却打破这种平衡，原因就在于他断了炎帝一族的后路。原来，炎帝一族中有很多巫师，他们的首领共工就是其中一位，共工对颛顼的不满情绪日益高涨。

颛顼担心共工会起来造

反，就像他的先祖蚩尤和刑天一样。

颛顼把自己的担忧告诉了一位大臣。

那位大臣对共工嗤之以鼻（chī zhī yǐ bí）："蚩尤那么大的本事，不也是不堪一击吗？咱们还用怕这小小的共工吗？"

颛顼说道："现在天下很多人都归附于他，这样下去，总是一大祸患！"

大臣说道："您大可不用担心。现在天上地上都在您的掌管之下，您只须下发一道命令就可让共工束手就擒！"

一听有不用大动干戈的办法，颛顼惊奇地睁大了眼睛。

大臣解释说："炎帝一族主要生存手段是种地采药，他们离不开阳光。现在，太阳每天无拘无束地照耀着大地每一个角落，您只需找个理由让它只在北方而不去南方，共工就会无粮无药，到时候他就会主动缴械。"

颛顼一听，连连称赞这是个好办法，当即颁发命令，说是由他直接管辖的北方三十六州的人们道德高尚，其他地方的人们道德败坏。当然这些道德败坏的地方包括共工所在的南方。为了严惩道德败坏之人，他命令太阳、月亮、星星不再满天行走，而是只固定在北方三十六州的上方。

这道命令一下，人世间只有颛顼直接统治的北方三十六州每天阳光明媚，其他地方都变得漆黑一片。

共工部落最擅长种植，没有阳光普照，整个部落笼罩着一片死亡的气息：植物没有了阳光慢慢枯萎死亡，动物没有了食物瘦得皮包骨头，人们之间相互传染着各种疾病，老人、孩子耐不住饥饿煎熬陆续死去，走到哪里都可以听到人们悲惨的哭声……

"天帝！颛顼剥夺了我们部落的阳光，我的族人已经无法生存，您必须制止颛顼这种害人的行为！"共工被逼得走投无路，只得驾着两条青龙，飞到天庭，向天帝诉苦。

"颛顼是在维护天地之间的秩序，你们应该支持他！"天帝仍在偏袒颛顼。

共工在天帝那里碰了一鼻子灰，心中又气又恨，愤愤而去。立即调兵遣将，准备与颛顼决一死战。但是他很快意识到要打败颛顼比登天还难，他的先祖炎帝、蚩尤凭借强大的实力尚且无法与黄帝一族抵抗到底，他现在只是偏居一隅的小小部落首领，如何能打败掌握天下大权的颛顼呢？

他召集来大臣："虽然颛顼王政已经败坏，但天下的部落还都臣服于他。如果能让他众叛亲离，我们就一定会打败他！"

一个叫"浮游"的大臣说道："这不是难事！我只需到他那里走上一圈就能为您办好此事！"

这一天，颛顼正闲坐在屋中，忽然门外出现一只巨大的红熊，冲着他张牙舞爪，吓得他连忙招来武士准备一战。谁知那熊扭头就跑，等到武士追出门外，那只熊早已不知所踪。

颛顼非常纳闷，怎么会突然出现一只来无影去无踪的红熊？

一个大臣说道："如果我没有猜错，这一定是浮游！"

"浮游？"颛顼更加疑惑。

"浮游是共工的一个臣子。他有两个化身，一个能变成极小的微生物，人们的肉眼无法看到他，他可以神不知、鬼不觉地到达任何地方；另一个化身是刚才那只红熊，这红熊不会伤害人。"

"共工竟会任用这么一个没用的家伙！"颛顼哈哈大

笑。

"这红熊虽不害人，却比得上千军万马！"

"此话怎讲？"颛顼问道。

"这红熊的本事非常大。如果他出现在宫殿之上，就会王政败坏；如果他出现在大门之外，就会众叛亲离；如果他出现在屏风之上，就会大病一场。刚才他出现在大门之外，恐怕不久就会有臣子作乱！"

颛顼对此不屑一顾（bú xiè yī gù）："一只小小的狗熊能有多大本事！"

颛顼不当回事，共工听浮游的汇报却是心中大喜，毫不犹豫地举兵杀向颛顼。

左图是《神话时代》中的人物，你记得她是谁吗？可以把这个故事讲给别人听吗？

颛顼也不甘示弱，立即召集人马。可就在此时，他却发现自己已经成了孤家寡人（gū jiā guǎ rén），原本对他效忠的部落要么袖手旁观，要么站到共工一边，他终于明白浮游并非等闲之辈。

外人不来帮忙，颛顼只好依仗他那几个胡作非为的儿子。

首先出战的是疟鬼。疟鬼趁着夜色驱赶着蚊子"嗡嗡嗡"地飞向共工大军。熟睡中的人们被蚊子叮咬着，拼命抓挠着瘙痒的皮肤。第二天一大早，共工吓了一大跳，一大批英武的战士忽而发烧、忽而寒战，倒在床上痛苦地呻吟着。

浮游在一旁焦急地说道："还未交战，士兵就病倒大半，倘若颛顼此刻派兵来袭，我们该如何抵挡！"

"雕虫小技！"共工非常镇定地说道，"赶快命人取些青蒿（qīng hāo），放入清水中浸泡（jìn pào），发软后捞出捣汁，士兵服下后就会痊愈。"

按照共工的方法，士兵们马上精神抖擞。

"我们现在就杀向颛顼！"浮游建议说。

"不急！颛顼一定以为我们已经丧失战斗力，正奔向这里。赶快让士兵四下埋伏，杀他个措手不及！"

果然，疟鬼见到颛顼，兴冲冲地说："共工的部队已经被我传染疟疾，不堪一击！"

颛顼一听大喜，指挥着军队杀向共工。可是等他到了那里却发现只剩下一座空营。

"不好！"颛顼心知中计，连忙指挥军队撤退。可是，已经来不及了，共工的军队如同潮水般从四面八方冲出来，颛顼带着军队左突右冲，好不容易才捡回一条命，逃回营地。

疟鬼跪在地上，一把鼻涕一把泪地向颛顼请罪。

颛顼环顾四周，"还有谁能出战？"

过了半晌，没人应答。

颛顼看了看魍魉，魍魉心慌地答道："共工手下有两条苍龙，那是我的克星！"

颛顼又看了看小儿鬼，小儿鬼也慌忙答道："我那点本事只能吓吓小孩子！"

他的目光落到老童身上，老童直往后躲，"你不用躲！共工是不会喜欢你的音乐的！"

手下的那些将领更是没有一个人愿意出战，颛顼只得高挂免战牌。

共工将颛顼围困几天，双方僵持，战事一直没什么进展。

共工手下有一员战将名叫相柳。相柳长着十个脑

袋，特别贪吃，据说他能一口气吃掉十座大山上所有的食物，他还特别爱吃泥土，一晚上就能把地吃出一个大坑。

相柳对共工说道："我们在高处，颛顼在低处，我们北面就是大河。他们坚守不出，我们可以掘开河堤，水淹敌军。"

共工眼前一亮，可是一转念说道："我们动用人马掘堤，敌军一定会有所察觉，他们若是有所防备，我们岂非前功尽弃？"

相柳舞动着十个脑袋，得意地对共工说道："想要掘开河堤，用不着动用千军万马！"

共工会心一笑，拍着相柳的肩膀说道："这事儿全靠你了！"

到了晚上，一轮明月穿梭在薄薄的云雾之中，大河之水哗哗地流淌着，一个身影偷偷潜上河堤，弯腰、低头、张开十张大嘴，一口、一口地

右图是《夏商周故事》中的人物，你记得她们是谁吗？可以把这个故事讲给别人听吗？

吞咽着河堤上的泥土。不一会儿，河水就顺着那个缺口慢慢地流出来，缺口越来越大，汹涌的河水像脱缰的野马奔腾而出。

共工一直盯着大河的方向，焦急地等待着。一阵阵轰隆声从远处传过来，开始微弱，越来越强，直到最后似雷鸣一般，大地都随之颤动，共工满意地笑了。

天一亮，共工就迫不及待地登上高处向颛顼营寨望去，只见大水肆意漫流，那里已是一片汪洋。

颛顼抱着一根大树枝顺水漂流了很久才被救起。看着在水中拼死挣扎的军民，颛顼老泪纵横，跪在地上向天帝求救。

天帝已经听了太多关于颛顼的坏话，他闭着眼睛细细地听着颛顼诉苦，一句话都没说。

颛顼见天帝不说话，已经猜出天帝的用意，心想：天帝也不肯帮我，难道我真的到了山穷水尽的地步！？但是他还不死心，对天帝说道："共工对我赶尽杀绝，就是对您的蔑视！就是对您的大不敬！这是在挑战您的无上权威！"

天帝沉默了一会儿，睁开双眼，

慢慢说道："好吧！我就再命重和黎帮你一次！"

颛顼回到部落重整旗鼓，在重和黎的帮助下，很快又组织起一支人马。

共工取得几场胜利后，士气正旺，恨不得一口就将颛顼吞下去。颛顼知道虽有两位大神的帮助，但是硬碰硬还是打不过共工，忽然心生一计，四下散出消息："天帝对共工的行为非常不满，派重和黎两位天神下凡剿灭（jiǎo miè）共工！"

各部落见天帝果真派来重和黎两位天神，虽有心助共工一臂之力，却无胆量对抗天帝圣意，纷纷倒戈，矛头转向共工。

颛顼实力大增，正准备一鼓作气击败共工，他的堂兄弟挥拿着一件武器进献给颛顼。挥的父亲是玄嚣，颛顼的父亲是昌意，玄嚣和昌意都是黄帝的儿子。

挥对颛顼说道："杀敌一万，自损三千！有了这件武器，我们不和敌人短兵相接，一样能消灭他们！"

右图是《神话时代》中的人物，你记得她是谁吗？可以把这个故事讲给别人听吗？

颛顼拿着那件武器百思不得其

解，问道："这是什么武器！有何用处？"

挥指着那件武器说道："我把这件武器叫作弓箭。竹做弓背、藤做弓弦、短矛做箭，它能远距离射杀敌人！"说着，挥拿过那件武器，弯弓搭箭，"嗖"的一下，那支箭深深地射入远处树干之中。

颛顼立即命令工匠赶制弓箭。

共工很奇怪，颛顼集结了大队人马，已经占据上风，为什么迟迟不见行动。当他意识到这几天的平静之后就是风起云涌时，一切都晚了。当数不清的长箭从天而降，共工的那些士兵以为是天帝震怒，要惩罚他们，纷纷抱头鼠窜，死的死、逃的逃。共工抵挡不住，只得带着残兵败将落荒而逃。

颛顼哪肯轻易放过共工，领着人马追赶上来，一直追到不周山下，将共工团团围住。共工清点人马，只剩下十三人。人虽少，心却齐，这十三个手下将共工围在中央，长矛对外，誓死保卫共工。

相柳眼睛一转，心想："擒贼先擒王！只要把颛顼抓住，我们就不会

输！"冲到颛顼身前，张开大嘴就要吞下颛顼。只见颛顼镇定自若，抽出他祖父轩辕黄帝留下的那把宝剑，一道寒光过后，只听相柳一声惨叫，疼得满地打滚，落入河中，沉入水底，河面上留下一道殷红。

共工一见相柳重伤落水，失声痛哭，指着天空大声喝斥："天帝呀！颛顼失德，你充耳不闻！我替天行道，你却横加阻挠（zǔ náo）！你如此不公，何以为天！我要让你天不成天、地不成地！"说着，共工高高跃起，一头撞向不周山，将不周山撞得粉碎。前面已经提过，不周山是四根擎天柱（qíng tiān zhù）中的一根，天空失去支撑，顿时坍塌一角，整个天空斜向西北。不周山倒了，拴系着大地的绳子也断了，大地的东南塌陷了一个大坑，所有的河水都汇集到那里，成为一片海洋，史称"天倾西北，地陷东南"。

天帝本在天庭端坐，忽然整个天空一阵颤抖，他差点从椅子上滑落在地。细察一番，原来是共工撞碎不周山，他正要派人捉拿共工，才听闻共工已经触柱身亡。

共工虽死，守卫他的那些勇士们并未退缩，任凭天空中掉下的石块将他们砸得粉身碎骨。浮游与相柳最为要好，见共工已死，相柳溺河，他也无心留恋世间，便一头扎入大河之中，在他扎入大河的一瞬，一块巨大的石头砸在他的身上，他粉身碎骨而死。据说现在生存在水中的浮游生物就是浮游的身体变化而成。

颛顼与共工之战以共工之死而悲壮结束。天帝非常懊悔自己对颛顼过于偏心才酿此大祸，为了让自己永远记住这个教训，他没把天空扶正，所以我们现在才会看到日月星辰每天早晨奋力地爬上东方，晚上就会滑落到西方，原来永远白天的地方有了黑夜，原来永远黑夜的地方有了白天。他也没有把大地出现的那个大坑填平，所以我们现在才会看到长江、黄河都是由西面高耸的青藏高原流向东方浩瀚无边的大海。

天帝不再信任颛顼。没过多久颛顼便将王位传给他的侄子喾，我们称为"帝喾"。天帝也没有忘记惩罚颛顼那几个不争气的儿子，他命令"方相氏"日夜不停地驱赶，让他们亡命天涯，永无宁日。

jī qiú bú zhuì
箕裘不坠

人才辈出的帝喾家族

颛顼之后是五帝之一的喾，我们称他为"帝喾（kù）"。帝喾是颛顼的侄子，传说他一生下来就能说出自己的名字，他顺应天帝的意旨，又了解民间疾苦，所以在他的统治时期，政治清明，人民安居乐业，很少出现战争，人们形容他治理国家就像雨露滋润万物，不偏不倚、遍布天下。关于帝喾的故事不多，但是与他的妻子儿女相关的传说却非常精彩。

日升月恒：太阳和月亮的母亲是谁

帝喾有一个妻子叫羲和（xī hé）。最初世界只有一个太阳，它每天早晨从东方的"旸谷（yáng gǔ）"出发，中午经过天穹（tiān qióng），到了傍晚会在西方的"虞渊"落下。"旸谷"位于东方海边，那里的海水每时每刻都翻腾着滚烫的热浪，海面上笼罩着缓缓上升的蒸气，旸谷边上生长着一棵巨大的扶桑树。虞渊又称为"禺谷"，禺谷那里也长着一棵大桑树，少昊的父母就是在这棵桑树上相遇、相爱的，禺谷就是穷桑。白天太阳从旸谷走到禺谷，晚上又要从禺谷赶回旸谷睡觉，这一来一去，太阳一天要走几十万里。周而复始，太阳疲惫不堪，有的时候它起得很早，便能够按时照亮大地；有的时候它起得很晚，人们就不停地祈祷太阳早点出来；有的时候它累得实在起不来了，就会休息几天，人们就要忍耐漫漫的长夜。

天帝体谅太阳辛苦，便在旸谷的那棵大桑树上养了一只长着三只脚、披着炫丽羽毛的鸟儿。每天早晨这只鸟儿会背着太阳从旸谷的大桑树上出发，中午飞过天穹，到了傍晚就飞到禺谷的那棵大桑树上，太阳每天晚上就在那里美美地睡上一觉。第二天黎明前，太阳和那只鸟儿会坐着一辆天帝为它们打造的，由六条金龙拉着的舒适大车，风驰电掣般地穿过寂静的夜空返回到旸谷的那棵扶桑树上。到了那里之后，那只鸟儿又会背负着太阳用一白天的时间飞过整个天空。驾驶那辆大车的人就是帝喾的妻子羲和；那只背负太阳的鸟儿

受到阳光的炙烤，羽毛变得乌黑，人们就把它称为"乌鸦"，因为它长着三只脚，就叫它"三足乌"。天帝担心太阳会睡过头，他还在旸谷的扶桑树尖上养了一只玉鸡。玉鸡一到黎明就会张开双翅"喔喔"地冲着禺谷叫个不停。最先听到玉鸡鸣叫的是太阳和黄帝放养在度朔山大桃树上的那只金鸡，金鸡听到玉鸡的啼叫，也会跟着"喔喔"地叫个不停，它的声音十分洪亮。魑魅魍魉听到它的叫声就会纷纷从人间回到度朔山鬼门前，接受神荼、郁垒的审查。除了魑魅魍魉能够听见金鸡的叫声，各大名山上的石鸡也会听到金鸡的叫声，它们一起跟着金鸡鸣叫，它们这一叫就会惊醒人类饲养的家鸡，家鸡的叫声就会此起彼伏地响彻天地。太阳听到玉鸡鸣叫的时候，就会懒懒地爬起来，坐上那辆大车，等到天下响起一片鸡鸣之声时，它已经骑着三足乌升上天空。从此，太阳每天都能按时照耀大地。

　　羲和嫁给帝喾，很快怀上小宝宝。在刚刚怀上小宝宝的时候，她梦见太阳落入她的肚子里面。等到

小宝宝出生，帝喾和羲和惊呆了，一个太阳从羲和的肚子里钻出来，倏地一下飞上天空。后来，羲和又生了八个小宝宝，每个小宝宝都是太阳，每个太阳都飞上天空，加上原来的那一个，天空中就有了十个太阳。

十个太阳如果一起出现在天空，大地就会被烤焦。为了避免出现这种情况，天帝派给每个太阳一只三足乌，命令这十个太阳轮流值班，每天只能有一个太阳升空，其他九个太阳都要在禺谷的大桑树上休息（xiū xi）。禺谷是少昊管辖的领地，天帝就让少昊的属神蓐收每天监督这十个太阳是否按时返回禺谷，是否非常听话地在那棵大桑树上休息。

羲和非常疼爱自己的儿子们，每天太阳升空前她都会在旸谷为他们洗个澡，为他们洁净身体、降降体温，因此旸谷中的水一直都是沸腾的，所以太阳每天早晨升起的时候它的温度都要比中午时低一些。到了傍晚，太阳劳累一天，没有了活力，它的体温又会比中午时降低一些。

帝喾还有一个妻子叫常羲。常羲和羲和的故事差不多，只不过她为帝喾生下了第十一个月亮，加上原来的那一个，天空中就有了十二个月亮，而这也是一年所包含月份的数目。

履迹而孕：被遗弃的怪物后稷

常羲和羲和都是神话中的人物。《史记》中记载，帝喾娶的第一位妻子叫姜嫄（jiāng yuán），她是有邰（tái）氏的女儿。姜嫄的经历和华胥氏差不多。相传有一天姜嫄在野外游玩，看见一个巨大的脚印，她好奇地踩了一下。当她刚刚踩到那个脚印时，感到内心一阵激动，回到家中十个月之后生下一个肉球。

"这是什么怪物？"帝喾一见，心中大惊，举剑就要把这个怪物砍碎。

虽是一个怪物，但毕竟是自己的骨肉，姜嫄苦苦哀求："它好歹也是个生命，就把它扔到野外，让它自生自灭吧！"

姜嫄抱着那个怪物，顶着凛冽的寒风，泪眼汪汪地走在大路上："千万别怪父母狠心啊！你长成这样，我也没有办法！我把你扔到大路上，如果有好心人收留你，算你福大命大！"

姜嫄把那个怪物扔到大路上，躲在一旁不忍走开。许多人经过那个怪物，只瞧一眼便被吓得飞快躲开。一群牛向那怪物走了过来，姜嫄心中一惊，担心那群牛把那怪物踩烂，刚要走出去抱走怪物，只见领头的牛低头闻了闻，"哞哞（mōu）"叫了几声，小心翼翼地领着牛群绕开怪物走了。

"人们不肯收留它，那就扔到森林中，让野兽抚养它吧！"

姜嫄抱着怪物走进森林找到一个安稳之处，准备把怪物放下就走，忽然听见一阵歌声，远处一群男人正挥舞着斧子砍着大树：他们若是发现它，一定会把它当成怪物砍死！想到这里，姜嫄抱着怪物离开森林。

姜嫄抱着那个怪物左右为难，六神无主地走到一个湖边，湖面结了一层厚厚的冰。她站在湖边，犹豫良久，终于一狠心，把那个怪物轻轻地放在湖面上，哭着说道："如果你还能躲过一劫，我就把你带回家中！"

姜嫄躲在一边偷偷地等待着奇迹发生。

寂静的天空中忽然传来一声鸟的悲鸣。姜嫄抬头一看，一只大鸟伸展着双翅，在澄澈（chéng chè）的天空中盘旋着，慢慢地落在那个怪物的旁边。它伸出一只翅膀覆盖住怪物，另一只翅膀伸到怪物的下面，用身体温暖着它。

姜嫄呆呆地看着冰面上发生的一切，她感到惊奇，急忙跑向湖面上的那只大鸟。大鸟见有人冲过来，惊吓得抛下怪物，飞上天空。当姜嫄跑到那个怪物跟前，她看到了更加奇怪的事情：那个肉球裂开一个口子，一只小手伸在外面不停地扒着外面那层膜，里面还有婴儿轻轻的啼哭声。肉球上的口子越裂越大，到最后竟露出一个可爱的大胖小子。姜嫄把这个孩子抱回家中用心抚养。因为他曾被抛弃过，姜嫄给他起名字叫"弃"。

弃从小喜欢研究五谷杂粮，他种的粮食颗粒饱满，用这些粮食做出的食物香甜可口。长大后，他又改进各种农具，教人们如何种出更好的粮食。由于他在农业方面做出的成就，人们尊称他为"后稷（hòu jì）"，"稷"是百谷之长。一千多年后，后稷的子孙推翻商朝，建立起强大的周朝。周朝是我国历史上第三个王朝。弃死后，人们把他葬在都广之野、天梯建木的旁边。当然了，这些都是神话传说。

玄鸟生商：谁是殷商的祖先

帝喾的第二个妻子名叫简狄（jiǎn dí），她是有娀（sōng）氏的女儿。帝喾娶了简狄之后，一直没有小宝宝，这可急坏了他。

简狄对帝喾说道："您不用着急！我们部落里有这样一个传说，在春分时节燕子

北归时，我们一起到郊外祭祀求子，燕子就会送给我们
一个健康的小宝宝！"

　　帝喾对此将信将疑，待到第二年春分，他带着简狄
到郊外举行隆重的祭祀仪式，祈求上天赐给他们一个可
爱、健康的小宝宝。仪式结束，简狄约上两个姐妹到河
边洗浴。姐妹三人在河中有说有笑，笑声惊动天帝。天
帝知是简狄，便派燕子去看望她。燕子飞到简狄头上，
婉转地叫着。

　　简狄一见燕子飞来，心中欢喜，大声对姐妹们喊道：
"这燕子无缘无故地飞到我的头顶，一定预示着我很快
就会有个小宝宝！"说着她就伸手去捉燕子，其他两个
姐妹也高兴地帮她一起捉燕子。

　　燕子似乎有意和她们玩耍，忽而飞远、忽而飞近，
就是不让三姐妹捉住它。

　　简狄急中生智，趁着燕子歇息之际，甩出一只
玉筐，不偏不倚正好把燕子扣在下面。

　　三姐妹冲过去，按住玉筐，生怕燕子挣脱逃
走。可是那燕子一点儿逃走的意思都没有，只是在
玉筐下面悲伤地叫着。

　　简狄听着燕子的叫声，一阵心酸，说道："燕
燕啊！你不要害怕，我们不会伤害你。如果你不愿

意和我们一起玩儿，你就飞走吧！"

简狄把玉筐打开一道缝。燕子停止鸣叫。过了一会儿，它从筐下露出个小脑袋，四处张望。

简狄说道："燕燕啊！我把这道缝开大一点，如果你想回到天空中，你就自由飞翔吧！"

燕子跳了两下，从玉筐底下跳出来，回头看了看简狄，拍拍翅膀飞走了。

简狄拿起玉筐，只见玉筐下赫然躺着两枚燕子蛋。两个姐妹安慰简狄说："这一定是燕子对你的祝福！你把它们吃掉吧，很快就会有小宝宝！"

简狄听信两个姐妹的话，吃下那两枚燕子蛋。

帝喾听了简狄讲的这个事情经过，根本没把这件事情放在心上。可是令他难以置信的是，没过多久，简狄就给他生下一个儿子，帝喾给他起名叫作"契"（xiè）。

契的后人建立了我国历史上第二个王朝——商王朝，契是商的祖先。古时燕子被称为"玄鸟"，简狄吞食燕子蛋生下契，因此又有"玄鸟生商"的说法，《诗经》中写道："天命玄鸟，降而生商"，契也被他的子孙尊称为"玄王"。

灵犬盘瓠：帝喾的女婿为何犬首人身

帝喾的第四位妻子叫作常仪，她是娵訾（jū zī）氏的女儿。常仪天生丽质，长发垂足，她生了一个女儿，我们称她为"帝女"。帝女和她的母亲一样，长得非常漂亮，但是在这个故事中，她们都是配角，故事的主角是一只叫盘瓠的小狗。故事的经过是这样的：

常仪得了耳疼病，耳朵从早疼到晚，疼得她寝不安席、食不甘味。帝喾看着自己的妻子日渐消瘦，既心疼又心急，召集来天下所有名医，可是大家都束手无策，弄不清楚常仪到底得了什么病。常仪的耳朵越来越疼，她经常能够听到耳朵里面有"沙沙"的声音，就好像有什么东西在她的耳中蠕动。一个大胆的医生把一根骨针伸到常仪的耳朵里，左探探、右试试，最后从常仪的耳朵里挑出一条蚕茧般大小的金色顶虫。顶虫是一种专门生活在人们头颅中的虫子，现在已经见不到了。医生挑出那只顶虫，常仪的耳朵瞬间就不疼了，原来她的耳疼病就是这只小虫子在作怪。

常仪看着那只虫子，心中奇怪，叫人找来一只瓠瓜，掏出里面的瓤，把顶虫放在瓠瓜中养着。

怕它逃跑，又在瓠瓜

上面盖上一个木盘

子。哪知道，没一会儿那木盘就被顶开，常仪定睛一看，那只小小的顶虫已经化作一只长着五彩毛发、像龙一样的小狗。龙犬跳到地上越长越大，一寸、两寸、三寸……不一会儿就长成一只大狗，吐着舌头、摇着尾巴、跑到帝喾身边撒娇。

帝喾看着这只小狗十分惊喜，认为这一定是上天降给他的福瑞，给它起名字叫"盘瓠（pán hù）"，意思就是盘子和瓠瓜生出的小狗。盘瓠很乖，每天围着帝喾转，它似乎总能猜透帝喾的心思。帝喾非常喜欢它，走到哪儿都带在身边。

帝喾很少发动战争，但是北面的犬戎部落逐渐强盛，时常侵犯边境。帝喾几次派兵驱逐犬戎，都没有成功，派出去的将领都大败而归，能活着回来的都算命大，最后竟然没有人再敢领兵讨伐犬戎。

帝喾相信重赏之下必有勇夫，命人发出榜文："谁能打败犬戎，赏金万两！"几天过去，没人揭榜！

帝喾又命人发出榜文："谁能打败犬戎，赏金万两，加官晋爵！"几天过去，还是没人揭榜！

帝喾还不死心，又一次命人发出榜文："谁能打败犬戎，赏金万两，加官晋爵，外加把我最心爱的女儿嫁给他！"结果，还是没人揭榜！

这一次帝喾终于向现实低头。祸不单行，犬戎的事情还没搞定，每天陪伴在他身边的可爱的盘瓠也失踪了。帝喾派人翻遍每个角落都没有找到盘瓠。正焦急间，忽听有人来报，说是盘瓠跑到犬戎的营寨，被犬戎的首领收留。一听这个消息，帝喾的心情低落到极点，叹了一口气："连狗儿都背叛我了！"

盘瓠真的跑到犬戎那里了吗？没错，它真的跑过去了，见到犬戎的首领又是吐舌、又是摇尾，还不时地抬起前腿向他作揖（zuō yī）。

犬戎首领一见盘瓠来投奔自己，心中大喜："这是帝喾最心爱的宠物，连它都投奔我，帝喾真是气数已尽！我听说这狗儿是祥瑞之物，看来我们彻底击垮帝喾指日可待！"

犬戎首领得到盘瓠非常高兴，大宴群臣，喝得酩酊大醉（mǐng dǐng dà zuì），搂着盘瓠酣然入梦（hān rán rù mèng）。

到了半夜，盘瓠挣脱犬戎首领的怀抱，站起身来，张开大嘴照着他的脖子狠狠咬了一口。首领还没叫出声来，就死去了。盘瓠叼着首领的脑袋飞快地跑回到帝喾那里，放到帝喾床前。

帝喾睡眼惺忪，顿时惊得没了困意。

帝喾立即派人冲向犬戎大营，群龙无首的犬戎军队被打得落花流水，大大伤了元气，从此以后再也没有能力对抗帝喾。

消除多年的心头大患，帝喾开心得像个神仙一样，也更加喜欢立下大功的盘瓠，每天给它吃最好的食物，每天给它喝最甜的山泉，每天给它睡最豪华舒适的床，又派几个从人专门服侍它。可是盘瓠整天蜷缩在地上，愁眉不展。

帝喾问它："盘瓠，我给了你最好的生活，你还不开心吗？"

盘瓠趴在地上一脸委屈地看着帝喾，摇了摇尾巴。

"你想要金钱？"帝喾想起自己发出的榜文。

盘瓠没有反应，幽怨地看着帝喾。

"你想要官职？"

盘瓠依然没有反应。

帝喾沉思一会儿，终于开口问道："莫非你想要我的

女儿？"

盘瓠眼睛一亮，站起身来，不停地摇着尾巴，叫了几声。

帝喾是一代帝王，一言九鼎，绝不可失信于人，无可奈何地说道："好吧！我去劝劝女儿。"

帝女一听，泪流满面："我宁愿一死也决不嫁给一只狗！"

常仪也在一旁哭着反对："就算你真的把女儿嫁给盘瓠，你怎么让他们结婚呢？天下人若听说这件事岂不要笑死吗？"

帝喾本不是十分坚定要把女儿嫁给盘瓠，常仪娘儿俩一闹，帝喾又反悔了，对着盘瓠说道："盘瓠哇！我应该遵守诺言把女儿嫁给你，可是你是狗，狗怎么能和人结婚呢？"

"您原来是为这件事情为难啊！"盘瓠突然开口说话，把帝喾吓了一大跳，"您不用害怕。我是天上的娄金犬下凡，能讲人语。之所以一直没说话，是时机未到。

现在您说狗和人没有办法结婚，这没错。但是我有办法
让自己变成人形。"

"你要是能变成人形，我一定把女儿嫁给你！"

"您准备一个金钟，把我罩在下面，七天之后我就
可以变成人形。"

帝喾一听，满口答应："这事儿简单，我马上派人
办理。"

盘瓠提醒帝喾："这七天之中您不能让任何人揭开
金钟，否则我就不能完全变成人形。"

帝喾让人找个金钟把盘瓠罩在下面，回去又对常仪
和帝女讲起盘瓠的事情。常仪非常高兴，自己的女儿终
于可以嫁给一个"人"了。

帝女却是心中着急，她比别人多了一个心眼儿：
"依父亲的脾气，盘瓠一旦变成人形，我就必须嫁给它。
万一它变的男人又老又丑，我该怎么办啊？"她想掀开
金钟看看盘瓠到底什么模样，如果这个男人不合意，她
就想办法说服父亲

收回承诺。可是父

亲已经说过必须等

上七天七夜才可揭

开金钟，她想，到

左图是《神话时代》中的人物，
你记得他是谁吗？
可以把这个故事讲给别人听吗？

那个时候自己即使说服了父亲，父亲反悔都来不及了。

她强忍着心中的焦虑，一天、两天、三天……到了第七天，她终于坐不住了，偷偷地跑到金钟前掀起一个小缝向里面看，没想到盘瓠如此魁梧（kuí wú）健美。她忍不住继续向上看，当她的目光触碰到盘瓠的双眼时，盘瓠也正看着她，她惊讶地大叫一声，松开金钟落荒而逃。

让她惊吓的不是盘瓠的目光，而是盘瓠的模样：那是一张狗狗的脸！

帝女跑走的时候，盘瓠也从金钟里钻出来。帝喾见盘瓠人身狗头，十分吃惊。

盘瓠仰天长啸："唉！到了明天我就可以变成一个英俊少年！可是您的女儿太心急，私自掀开金钟，我就只能是这个模样了！这就是天命啊！"

盘瓠没再提起迎娶帝女的事情，转身准备离去，帝喾突然叫住它："这全是我女儿的过错，她要对自己的行为负责！我要履行自己的诺言，把她嫁给你！"

盘瓠和帝女结婚了，后来他们隐居在深山幽林之中，生下三男一女，他们的子孙不断繁衍……

常仪还生了一个男孩，名字叫挚（zhì）。常仪是帝喾的第四个妻子，挚却是帝喾的长子，也就是说在常仪生挚之前，还没有其他人为帝喾生过孩子。帝喾死后，挚接替了帝喾的帝位。他执政平庸，不得人心，迫不得已便把帝位让给他的弟弟尧。

尧是帝喾的第三位妻子庆都所生。庆都是陈锋氏之女，相传她的头顶始终有一团黄云，如同天使头上有个太阳圈一样。帝喾的母亲听说这件事，认为庆都不是平凡之人，就鼓动帝喾娶庆都为妻。帝喾母亲的眼光真的不错，庆都为帝喾生下尧，尧继承帝位后，功绩与帝喾相比有过之而无不及，成为一代明君，位列三皇五帝之中。

尧天舜日

yáo tiān shùn rì

选贤任能禅让天下

尧（yáo）姓伊祁，名叫放勋。帝挚在位时，把他封在唐地，所以我们又称他为唐尧。帝挚没什么本事，只因他是帝喾的大儿子，所以继承了王位。帝挚政绩平庸，荒淫无度，搞得整个国家乌烟瘴气（wū yān zhàng qì），搞得满朝文武群情激奋。而尧却与他不同，仁德如天，智慧如神，在他的那块封地上海不扬波、风平浪静，真是一片太平、别有洞天。

几个大臣私下里议论帝挚和尧。

一个大臣说道："帝挚治国无方，长此以往，普天之下再不会有什么净土！"

另一个叹了一口气，话锋一转："如果尧能登上王位，天下就会太平了！"

"是呀！"一个人接着说道，"我听说尧生活简朴，住的是茅草房，穿的是麻布衣，吃的是粗米饭，喝的是野菜汤。"

"这连下人的生活都不如哇！他这样有地位的人居然能忍受如此清苦的生活？让人景仰啊！"

"这还不算，尧还心存天下。他看到百姓遇到灾难就痛苦，看到众人生活不好就烦恼。别人吃不饱，他就会自责地说：'这是我没把国家治理好，让你挨饿！'别人穿不暖，他就会自责地说：'这是我没能让人民丰衣足食，让你受冻！'别人犯了错误，他会更加自责地说：'这是我没有教育好你，让你犯错！'在他的封地，没有人说他不好。只要和他在一起，你就会觉得他像太阳一样温暖！"

挚的统治已经让人揪心，接下来发生的事情更加让人闹心。

十日升空：娇惯任性的太阳

话说帝喾生前一直约束着他的那些太阳儿子们，它们也很听话，按照天帝的旨意每天东升西落，轮流值班。帝喾去世之后，这十个太阳一下子成为自由之身，它们厌倦了程序化而又孤独的生活，聚到一起商量，如果能一起

到天空中玩耍，那该是一种多么美好的生活啊！

它们的这个想法太可怕了。第二天清晨，睡梦中的人们突然感到这一天的清晨格外明亮，这一天的空气格外炙热，走到屋外抬头一看，吓了一大跳：竟有十个太阳在天空中嬉戏打闹，一会儿离大地很近、一会儿又离大地很远。

到了黄昏，这十个太阳终于玩累了，跑回到大桑树上睡觉去了。被炙烤了一天的人们，终于可以在徐徐的夜风中释放一下通身的燥热。

人们以为一切都已恢复正常，可是第二天睡醒的时候，他们又看到十个太阳一起出现在天空中。原来，这十个太阳发现一起玩耍要比一个人在天空中孤独地行走快乐多了，所以它们约定以后每一天都要一起出现在天空。

太阳们过上无拘无束的生活，这可害苦了地上的人们：江河干涸、土地龟裂（jūn liè）、草木焦枯、海水沸腾……渐渐地，人们没有水喝、没有饭吃，路上满是支撑不住而死去的人。

有人让挚管束一下他这几个弟弟，救人民于水火之中。有吃有喝的挚却满不在乎："连我的父亲都管不了这几个弟弟，我有什么办法？"

被晒得无路可走的不仅有人类，山里、林里的怪兽也无法忍受炎热和饥饿，纷纷跑出来残害人类，其中最凶的要属猰貐（yà yǔ）、凿齿、九婴、大风、封豨（xī）、修蛇这六害。

帝挚只顾享乐，不管人间疾苦。尧却忧心忡忡，苦劝那几个兄弟不要胡作非为。逍遥自在惯了的太阳们，哪听得进去尧的规劝，依然我行我素。

尧大怒："你们再不听劝告，我就祈求天帝惩罚你们！"

后羿射日：太阳是三足乌吗

"万能的天帝呀！请您救救我的子民吧！"忍无可忍的尧对天帝诉说着十个太阳的恶行。

天帝听到尧的祷告，叫来后羿（hòu yì）。后羿是个神射手，他左胳膊长、右胳膊短，天生就适合射箭。

天帝赐给后羿一张红色的弯弓和十支白色的长箭："你到人间去教训一下那十个太阳，让它们不要再惹是生非（rě shì shēng fēi）！"

尧听说天帝派来一位天神帮助人们解除太阳之苦，率领人们亲自迎接。大

家见到后羿就像见到救世主一般，跪在地上，对他顶礼膜拜。

后羿登上高台，挽弓搭箭，对着天上的太阳说道："我奉天帝之命规劝你们，赶快回到旸谷，千万不要再为祸人间！"

任性的小太阳们哪里听得进去后羿这样一位名不见经传的（míng bù jiàn jīng zhuàn）小小神仙的劝说，一个个理直气壮："我们在这里玩耍，碍着人类什么事儿了？"

"你们看看这个世界，河水干了、草木枯了，渴死、饿死、热死的人不计其数，你们还敢说这不是你们的错？"

"天不下雨是雨师的过错，天不刮风是风伯的问题，你应该去找他们！"太阳们根本没把后羿放在眼里。

后羿把弓箭拉满："你们再如此蛮横，信不信我把你们射下来！"

那几个太阳根本没有搭理后羿，跑得远远的，依然我行我素，后羿气得咬牙切齿。

山下围观的人们挥舞着拳头，大声喊着："把这些害人的太阳射下来！把这些

害人的太阳射下来……"

后羿本来只想吓唬一下这些不知天高地厚的太阳，可是它们根本不吃这一套，听着人们的喊话他犹豫着："那可是帝喾的孩子呀！我如果真把它们射下来，该如何向天帝交代呢！"

一个太阳看着犹豫不决的后羿，耀武扬威地嘲笑着说："有本事你就放箭啊！"

面对这个如此嚣张的太阳，后羿怒目圆睁，大声喊道："就算天帝给我最严厉的惩罚，我也不允许你们再祸害人类！"

后羿置生死于度外，轻轻一松手中的箭，一道白光像条巨龙，流星闪电般地飞向天空，逐渐消失在远远的天空中。就在它消失的一瞬间，只听天空中传来一声凄惨的叫声，一个太阳化作巨大的火球，从天空中掉下来，"轰"的一声在地上激起一阵尘埃，尘埃中飞舞着无数黑色羽毛。人们过去一看，一支箭穿透了一只三足

乌。天上只剩下九个太阳，大地一下凉爽许多。

剩下的太阳一见自己的兄弟被后羿射死，心中愤怒，恶狠狠地冲向后羿，要把后羿烧死。眼看着就要碰到后羿，只听"嗖、嗖、嗖……"，后羿接连射出八箭，天与地之间充满了黑色的羽毛，八个太阳应声而落。

剩下的一个太阳见势不妙，拔腿就跑。后羿杀得红了眼，哪里肯放过这个作恶多端的太阳，手伸向箭盒，准备把它也给射下来。可让他奇怪的是，箭盒里没了箭。他回头一看，剩下的最后一支箭已经握在尧的手中。

尧对后羿说道："世间万物还需要太阳的光和热，留下它吧！"然后又转向那个被吓得魂飞魄散的太阳，"从今以后，你要东升西落，不得为非作歹！"

因为后羿射下来九个太阳，所以天上只剩下一个太阳。以后这个太阳再也不敢胡作非为，按照尧的命令每天沿着固定的路线东升西落。

辟恶除患：后羿铲除六凶

太阳的问题解决了，尧请求后羿帮忙除去六凶。

后羿在中原地带找到猰貐。猰貐是神仙烛龙的儿子。

烛龙本事极为高强，它掌管着昼夜，它睁开眼睛就是白天，闭上眼睛就是黑夜；它掌管着四时，它吸气的时候就是冬天，呼气的时候就是夏天；它不吼叫则已，一吼叫就会雷声隆隆；它不呼吸则已，一呼吸就会狂风大作。烛龙本事如此高强，它的儿子也不弱，也成为天上的神仙。鼓𧽒生性善良老实，却有一个死对头——贰负。贰负是天上跑得最快的神仙，但它性情暴戾（bào lì），喜欢杀戮，老实忠厚的鼓𧽒总是看不上这家伙。贰负手下有个大臣叫作危，危是二十八星宿之一。危心地不好，从它的名字就可以看出来，谁要是与它在一起保证会有无穷的危险。危知道贰负痛恨鼓𧽒，便在贰负面前火上浇油，说尽他的坏话，本就喜欢杀戮（shā lù）的贰负一气之下杀死鼓𧽒。痛失爱子的烛龙把贰负告到天帝那里，天帝极为震怒，处死危，重罚贰负。天帝命人砍去贰负的右脚，把它反绑到大山之上的一棵树上，让它承受风吹日晒雨淋虫咬之苦。天帝见鼓𧽒死得冤枉，命人把它带到昆仑山上，从西王母那里求来不死灵药。鼓𧽒服下灵药，奇迹般地复活了。谁知好景不长，鼓𧽒高高兴兴地走下昆仑山准备返回天庭与家人团聚，在经过连鸿毛都浮不起来的弱水时，一失足掉入河中。幸运的是它捡回一条性命，从弱水中爬了出来，死里逃生。但是，它永远都无法回到天庭，因为它变了个模样：身体像头牛、赤裸着红色的上身、人面马脚、一张嘴只会发出婴儿的啼哭声。一见自己这番模样，猰貐跺足捶胸，埋怨生命不公，从此性情大变，专以吃人为生。后羿虽然同情猰貐的遭遇，但是只要它害人，后羿就绝对不会手下留情。猰貐撒开四蹄，张开大嘴，奔向后羿。后羿边退边抽出一支神箭，"嗖"的一下正好射中猰貐的眉心。猰貐跌倒在地，翻了几个滚，再也动弹不得。

后羿在南方畴华之野遇到凿齿。凿齿长着像凿子一样的牙齿，这牙齿又长又尖，能够轻易刺穿人的胸膛。它的手里还有一根长矛和一面盾牌，这是它对付敌人的有力武器。后羿弯弓射箭，凿齿也不甘示弱，拿着盾牌左挡右挡，把后羿射出的箭挡得七零八落，很快就冲到后羿身旁，举起长矛刺向后羿。后羿左躲右闪，凿齿始终无法碰到后羿一根汗毛。急性子的凿齿恼羞成怒，张开大嘴，露出锋利的牙齿，准备一口将后羿咬碎。后羿见状转身就跑。凿齿以为后羿胆怯（dǎn qiè），晃动着脑袋、张大嘴巴，疯狂地追赶着后羿。它哪里知道，这是后羿佯作战败，只

为让凿齿从盾牌后面现身。凿齿果然上当，后羿捕捉到一个机会，突然转身，瞬间射出一支长箭。寒光闪过，凿齿发现自己上当，再想用盾牌挡住身体已经来不及了，一支长长的箭深深地插入它的胸窝。凿齿惨叫一声，呜呼哀哉。

后羿在凶水找到九婴。凶水是北方的一条大河，波涛汹涌，九婴就住在那里。九婴长着九个脑袋，龙一样的身体，和猰貐一样，它的叫声也像婴儿的啼哭，所以被称为九婴。十个太阳一起出现在天空中时，凶水被烤得沸腾，九婴耐不住，便跑到陆地上到处吃人。它有九个脑袋，一次要吃九个人，又能喷火又能吐水，所以人们对它最为痛恨。据说九婴有九条命，想要杀死它，就必须把它的九个脑袋全部砍掉。后羿担心九婴躲在水里，他随身带了一张大网，准备把它网上来。但是当遇到九婴的时候，他发现自己带张网真是多此一举。九婴仗着自己有九条命，根本没把后羿当回事，也没躲在水里。它在自己的周围燃起一圈大火，火带着烟、烟笼着火，后羿根本看不到九婴藏在哪里。后羿也不甘示弱，抽出身上的长剑，跳入火中。九婴正蹲坐在火中央，若无其事地低头观察，忽见后羿，连忙晃动着九个脑袋不停地向后羿喷火。后羿几次差点被大火烧到，但都幸运地躲闪过去。他瞅准一个机会，拿着长剑向九婴的一个脑袋砍去。九婴躲避不及，"噗"的一声，一个脑袋滚落在地，鲜血像喷泉一般喷射出来，疼得九婴全身抽搐。受伤的九婴抵挡不住后羿的攻击，转身跳到凶水边上，想要钻入河中。后羿已经没有时间弯弓射箭，眼看着九婴就要逃之夭夭，后羿急中生智，撒开那张大网，正好套在九婴身上。九婴被大网缠作一团，拼命挣扎。后羿飞快赶上，挥舞长剑，一口气砍下九婴剩下的八个脑袋。

后羿刚到青丘之泽就遇到那只正在吃人的大风。大风是一只非常大的鸟，张开翅膀能遮住半边天，它有着和孔雀一样漂亮的羽毛。但是你千万不要被它的外表迷惑，它的性情十分凶悍，它挥一挥翅膀，天上就会刮起飓风（jù fēng），再高大的树木也能被它连根拔起。大风在天上盘旋，后羿射出一支箭。那只箭的速度快，大风的速度比那支箭更快，当箭飞到它胸前，它一挥动翅膀，那支飞驰的箭就被它轻轻松松地拨到一边，掉落在地上。后羿一连射出几支箭，都被大风打落在地。大风见后羿除了射箭再没其他本领，振动双翅，向后羿俯冲下来。大风未到，而大风挥动双翅扇起的狂风先吹到后羿，后羿站不住脚，被吹得连滚带翻。后羿还没从地上爬起，大风就飞到跟前，张开锋利的爪子不停地抓着后羿，张开坚硬的大嘴不停地啄着后羿，好在后羿身体强壮，否则早就成了大风的盘中之餐。后羿被大风啄得晕头转向，求生的欲望让他本能地抽出长剑，在空中胡乱砍着。大风一不留神，那把长剑划过它的翅膀，砍下几片羽毛。大风不敢恋战，展翅飞上天空，想要飞回老巢。后羿哪能放过如此机会，从地上爬起来，射出一支箭。故技重施，大风不耐烦地拨掉这支箭，可就在这一瞬间，又一支箭狠狠地射中它的翅膀。原来后羿接连几次未射中大风，便使出连环箭这一看家本领，一前一后同时射出两支箭。大风只是翅膀中了一箭，性命无虞，赶紧振翅高飞。它还没飞太高，只觉得身子一晃，直落下天空。原来，后羿早料到此箭不能伤害大风性命，便在第二支箭上绑上一根长长的绳子，硬生生地把大风从天上拽了下来。大风刚一落地，后羿就冲上去，举起长剑，斩杀了大风。

封豨是一只大野猪，长牙利爪，拱地吃人。虽然封豨害人不浅，但是它身上的肉却是味道鲜美。封豨早就听说猰貐四凶已死，一见后羿，吓得飞奔逃命。后羿哪能放过它，一连射出四支箭，每支箭都射在封豨粗壮的大腿上。封豨无力地倒在地上，后羿命人捆绑封豨，暂时养起来。

最后一凶是修蛇。修蛇其实是一条巨蟒，蓝色的脑袋、黑色的身体、吐着火红的芯子。它生活在洞庭湖中，遇到湖中往来的渔船，就会游过去掀翻船只，吃掉落水的人们。后羿独自架着船行驶在洞庭湖上，那条修蛇就好像知道后羿在寻找它，一直没有露头。后羿寻找几天也没见修蛇的影子。正一筹莫展（yī chóu mò zhǎn）之时，有人对后羿说道："修蛇知道您来杀它，所以不敢露头！它一连几天没吃过东西，应该很饿。除了吃人，它还特别喜欢吃大象。如果您把一头大象扔入水中，它一定禁不住诱惑，现出身来！"后羿找人捉到一头大象，扔入洞庭湖中。果然，没多久，就看见水面上涌起一丝波纹，波纹逐渐变大，最后变成一道道波浪，波浪中一条大蛇在大象身上缠了几圈，张开大嘴要把大象吞到肚中。它的嘴刚刚触碰到大象，身上就感到一阵剧痛，一支箭已经插入它的身体。抬头远望，一条小船上，后羿正举着弯弓，瞄向这里。它慌忙松开大象，沉入水中。就在这个时候，它的身上又多了两支箭。修蛇在水中痛苦地扭曲着身体，愤怒地冲向后羿，一头撞翻那条小船。后羿落入水中，修蛇立即用长长的尾巴缠住后羿。在陆地后羿百战百胜，可是在水中，就是修蛇的天下。被缠住的后羿屏（bǐng）住呼吸，生怕被修蛇越勒越紧或是吸入湖水，窒息而死。好在后羿的双手没有被修蛇缠住，还能运用自如。他抓住那支射入修蛇身上的箭，用力一划，现出一道长长的口子，修蛇顿时皮开肉绽。修蛇忍着疼痛，张口大嘴咬向后羿。后羿一慌，连忙拔下手中的那支箭，插向修蛇嘴中。锋利的箭穿透修蛇的脑袋，修蛇慢慢松开后羿，沉入水底。

后羿消灭了六凶，受到英雄般的迎接。尧想让后羿留在大地，后羿却想着自己远在天上的妻子嫦娥，拒绝了尧的邀请。他知道自己射杀九个太阳，闯下大祸，天帝一定会惩罚他，就杀死封豨，把它的肉蒸熟，献给天帝请罪。

逄蒙学艺：男儿有求安得闲

天下太平了，但是帝挚却像什么事情都没发生过一样，依然过着骄奢淫逸（jiāo shē yín yì）的生活。天下人对帝挚失望至极，纷纷投奔到尧的封地。到后来，人们干脆把帝挚赶下王位，推举尧做首领。

尧继承了王位，可是那位曾经帮助过人类的后羿回到天上却碰了一鼻子灰。天帝非但没有表彰后羿，还对他大发雷霆，总之就是告诉他，他已经没有资格再留在天上，带着他的妻子到人间生活去吧！原来，后羿射杀了九个太阳，太阳的母亲羲和就一把鼻涕一把泪地向天帝倾诉白发人送黑发人的痛苦；后羿杀了猰貐，一直不吃不喝不呼吸的烛龙就跑到天帝那里哭诉老年丧子的凄凉。天帝忍无可忍，只得把后羿贬到人间，还好他比较仁慈，怕人间的妖魔鬼怪为难后羿，就把那张神弓和那些神箭赐给他。

后羿的妻子名叫嫦娥，长得非常漂亮。虽然习惯神仙的生活，但是只要能和后羿在一起，她并不介意生活的落差。尧想让后羿辅佐他执政，被后羿婉言拒绝。后

羿每日与嫦娥过着男猎女织的田园生活，倒也
十分幸福。

很多人都慕名前来向后羿学
习射箭，其中有个叫逢蒙
（páng méng）的天资
不错。

"后羿大人，请教我射箭吧！"

后羿并没有急着教逢蒙如何拉弓、如何射箭，他握
起左手快速打向逢蒙的眼睛。逢蒙眼睛一闭，头偏向一
边。逢蒙睁开眼睛，发现后羿并没有真的打向自己，那
一拳快要碰到自己的时候，后羿又快速地收了回去。

"这样不行！"后羿摇摇头，"要想和我学射箭，你
必须做到眼睛一眨不眨地盯着一个目标。"

"学射箭，还有这么古怪的要求！"逢蒙走在回家的
路上，心中愤愤地想着。

逢蒙虽然心中不悦，但为了能够和后羿学习射箭，
还是按照后羿的要求在家中认真地练了起来：他躺在妻
子的织布机下面，每天都注视着织布机上的脚踏板来回
运动。很快，两年的光景过去了，逢蒙看什么东西都不
再眨眼，就算你拿着一根锥子刺向他的眼睛，他的眼睛
也毫无反应。

逢蒙兴高采烈地找到后羿。后羿心中高兴，但还是一本正经地对逢蒙说道："我还是不能教你！"

逢蒙这两年什么事情都没做，就练这双眼睛了，一听后羿如此说，又急又气："我已经按您说的做了，为什么还不能教我练箭？"

"要想和我学习射箭，你还要练就一项本领！"后羿不紧不慢地说道："你能把远处的小东西、细微的东西都看得清清楚楚，那我才可以教你射箭。"

逢蒙沮丧地回到家中，但他还是很听话，找了一根牛尾巴上的长毛，绑上一只小小的虱子（shī zi），悬挂在窗前。他每天目不转睛地盯着那只虱子。十天过去了，在他眼中那只虱子大了许多；一年过去了，在他眼中那只虱子似乎有盘子一般大小；三年过去了，在他眼中那只虱子竟比车轮还要大。在他的眼里，不光是虱子，任何东西都放大了好几倍。

他又兴冲冲地找到后羿。后羿没说一句话，拿来一张弓，拿出一支箭，指着前方说道："那里用牛毛挂着一只虱子，你试着把它射下

右图是《夏商周故事》中的人物，
你记得他是谁吗？
可以把这个故事讲给别人听吗？

来！”

逢蒙挽弓搭箭，那支箭稳稳地穿过虱子的中心，而那根牛毛还完好无损地挂在那里。

后羿露出笑容：“你已经学到我所有的本事了！”

逢蒙心中高兴，明白了后羿的用意，勤加练习，很快他的箭术就和后羿一样精湛。天下人都知道，这个世界上除了后羿箭法高超，逢蒙也一样毫不逊色。后羿还教过很多学生，可是这些学生中没有一个像逢蒙这样能够有毅力坚持下来，全都知难而退、半途而废。

逢蒙的箭法越来越好，名气也越来越大，他想做天下第一射手。如何才能成为天下第一呢？那就要战胜天下第一的后羿。他认为自己的箭术已经超越后羿，就缠着后羿要比试一下箭法，后羿以各种理由拒绝，这让他更加觉得后羿害怕输给自己。其实，后羿把名利看得很淡，有嫦娥和他长相厮守他就满足了。逢蒙却不这样认为，他要做天下第一，只有打败后羿人们才会承认他是真正的天下第一。

耐不住逢蒙的软磨硬泡，后羿

终于同意逄蒙的请求。恰好天上飞来一群大雁，后羿说道："你先射下三只大雁！"

自信心高度膨胀的逄蒙，迫不及待地想要证明自己，只见他拉弓搭箭，瞄了一下，依次放出三支箭，三只大雁应声而落。逄蒙捡起三只大雁，只见三支箭齐刷刷地穿透大雁的脑袋。

逄蒙得意地看着后羿，看着他如何射下大雁。原本排着整齐队伍飞翔的大雁已经乱作一团，四处飞散。只见后羿抬头望了望天空，取出三支箭，随意地把那三支箭一齐射向天空，三只大雁应弦而落。逄蒙一惊，跑过去捡起大雁，目瞪口呆，原来那三支箭全都穿透大雁的眼睛。

后羿只当这是一次普通的比试，没有放在心上。逄蒙却不这样认为，他心知自己的箭术比后羿要差上很多，唯一能够超越他的办法就是让他死！仇恨的种子悄然（qiǎo rán）种在逄蒙的心里。

渡尽劫波：后羿求不死灵药

后羿回到家中，嫦娥已经准备好一桌丰盛的晚餐。

五六年以来，后羿一直满足于这样的生活，嫦娥对这样的生活也从来没有过抱怨，两人相敬如宾，恩恩爱爱。

后羿还记得当初自己被贬人间的时候，他拉着嫦娥的双手："你现在离开我，就可以留在天上继续过神仙的生活！"

嫦娥泪眼汪汪地对后羿说道："能和你在一起，就是我这辈子最大的幸福！"

后羿替嫦娥擦拭着眼泪："人间的生活很苦，那里有天灾、那里有人祸，还有很多凶猛的野兽。到了人间，我们没有了法力，也不可能长生不老，我们随时可能会渴死、饿死、病死、被野兽吃掉，也可能会被人类害死！"

嫦娥答道："我愿意和你一起生生死死、不离不弃！"

原本可以留在天庭的嫦娥就这样和后羿来到人间。两个人到了人间，一直过着衣食无忧、逍遥自在的生活，但是总有一件事一直萦绕（yíng rào）在后羿的心头挥之不去，特别是当他看到嫦娥居然也会长出白发的时候：

"我要找到不死灵药，和嫦娥永远快乐地生活下去。"

后羿在天上的时候听说过昆仑山西王母那里有一种灵药，人吃了之后就会长生不死。但是没有一个凡人到过那里：首先你要在莽莽群山之中找到瑶台，那是西王母住的地方；要登上瑶台你要先渡过弱水，连羽毛都无法在弱水上漂浮，更何况是人了；过了弱水你还要穿过九层火焰，那火焰不是普通的火，而是天火，能熔化最坚硬的钢铁；即使你登上瑶台，西王母还要愿意把灵药送给你。

这件心事，后羿只对逢蒙说过，居心叵测（jū xīn pǒ cè）的逢蒙极力鼓动后羿去求不死灵药。逢蒙可不是真的为后羿好，他希望后羿能够死在寻找灵药的路上，这样他就可以成为"天下第一"。

即使没有逢蒙鼓动，后羿也早已下定决心去求不死灵药。第二天，他给嫦娥留下一张字条，便踏上寻药之路。

后羿一路风餐露宿，嫦娥在家中万分挂念。这一日，后羿见到一只红头、黑眼、青身、三足的大鸟在他的头顶盘旋一圈，缓缓飞走。

"这不是西王母座前的青鸟吗？"后羿在天庭时见过此鸟，也听说过"青鸟至，王母来"这句歌谣，心中一喜。

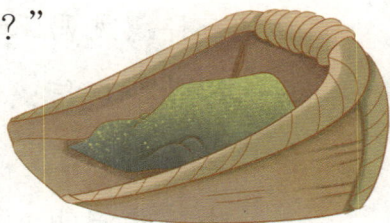

这鸟唤作青鸟，世上共有三只，每日轮流为西王母送信寻食。它们当中最大的一只青鸟名叫作"大鹭（lí）"，其次叫作"少鹭"，天上飞的这只是最小的，西王母没给它起名字，都叫它"青鸟"。它们不与西王母住在一起，而是住在三危山上。三危山在祁连山中，祁连山紧邻昆仑山。三危山由三座山峰组成，每只青鸟各居一峰。这三座山峰高不可及，直入云霄，远远望去，云遮雾罩，似在天上，所以叫作三危山。"危"就是高的意思，唐代大诗人李白曾写过："危楼高百尺，手可摘星辰。不敢高声语，恐惊天上人。"危楼就是高楼的意思，与现在的危楼意思不同。

这三只青鸟每天早晨会飞到昆仑山上的瑶台，伴在西王母身边，听候吩咐；到了晚上，则会飞回三危山中休息。晋代"不为五斗米折腰"的气节诗人陶渊明在读《山海经》时，曾写诗这样描述三只青鸟："翩翩三青鸟，毛色奇可怜。朝为王母使，暮归三危山。我欲因此鸟，具向王母言。在世无所须，惟酒与长年。"他也像后羿一样想见西王母却又见不到，只得让这三只青鸟给西王母带个口信：他在这个世上什么都不需要，除了酒和长生不老。

除了陶渊明，还有很多人也希望青鸟传音。五代十国时期的南唐中主李璟为国事忧愁，不得其解，奋笔写下"青鸟不传云外信，丁香空结雨中愁"，他怨那青鸟不把自己的忧愁传递给西王母，让西王母为自己指点迷津，而只能看着雨中丁香把自己的忧愁结成滚落的雨滴。唐代诗人李商隐也写过一位少女期盼着青鸟能为她向自己远在天边的心上人传递信息，他写道："蓬山此去无多路，青鸟殷勤为探看。"这位少女已经和自己的心上人分离，却又恋恋不舍，可是她的心上人远在蓬山，那里根本无路可去，所以她想到无所不至的青鸟，希望这只神鸟能把她忠贞的爱情带给心上人。总之，以上都是古人美好的寄予。

讲完与青鸟有关的故事，我们再继续讲后羿的故事。后羿见到青鸟，心中暗想："我循着此鸟走不就可以找到西王母了吗？"打定主意，后羿快步追上那只青鸟。

那只青鸟好像知道后羿在跟

踪它，后羿快跑它就飞得快，后羿慢走它就飞得慢，后羿累了停下歇息，它就落在枝头。跟着这只青鸟，后羿很快就来到昆仑山下弱水岸边。弱水宽阔且水流湍急，因其水柔弱得连羽毛都无法浮起，所以称为弱水。据说弱水有三千里长，所以曹雪芹在《红楼梦》中写道："任凭弱水三千，我只取一瓢饮。"以此来表达对爱情忠贞不渝。

后羿站在弱水边上犯愁了，如何才能渡过弱水呢？他试着向水中扔下一块巨大的木头，想要抱着游过去，可那木头刚入水一下子就沉得不见踪影。他试着游过去，可是任凭他如何精通水性，刚一入水就往下沉，若不是他及时抓住从岸边伸入水中的一根树枝，早就被淹死了。他试了很多办法，都以失败告终。

正无计可施，那只青鸟又飞来了。后羿眼前一亮，看到希望。那只青鸟见后羿注意到它，就沿着弱水向西南飞去。后羿立即跟了上去，翻山越岭之后，一只小船出现在弱水边上。原来，弱水虽不能载舟（zài zhōu），但是唯有这一处可以渡水而过，这是西王母特意为有缘之人留下的一条活路。若无人引领，凡人根本无法寻到此处。后羿跳上小船，奋力地划过弱水。

广寒宫

渡过弱水，横在后羿面前的就是九重火焰。站在火前，后羿感觉自己全身的毛发都要烤焦了。他左转转、右转转，就是找不到通过火焰之路。后羿感到有些虚脱：豆大的汗珠噼里啪啦地掉落在地上，瞬间化作水汽，蒸腾消逝；每呼吸一次，巨大的热浪都顺着他的鼻孔涌入体内，每一个器官都灼伤般的疼痛；他的双眼渐渐模糊、他的双腿渐渐瘫软。走投无路之际，那只救命的青鸟又出现了。只见它俯冲而下，张开爪子，一下子把后羿抓了起来，向昆仑山顶飞去。后羿只觉得耳边生风，大地在他的脚下瞬间而过。眼看着就要撞上山尖，那青鸟把利爪一松，后羿整个人重重地摔在地上。

凉风徐徐飘来，昏迷很久的后羿睁开双眼，眼前别有一番景色。他静静地躺在一个平台之上，这平台全由五色美玉雕砌而成，上面生长着花草树木，也全是美玉形成。

"莫非这就是西王母的瑶台！"后羿心中一喜。

"不错，这就是瑶台！"一个声音似乎看透他的心思一样。

后羿抬头一看，果然是西王母。如果不是之前见过西王母，后羿非得被她吓死不可，只见西王母长得和人一般，只是身后多了一条豹尾，嘴里多了几颗獠牙，说话的声音像野兽吼叫一样，蓬头垢面，简直就不像个神仙。可是，她的确真的是西王母，掌管天下仙女的西王母。

后羿见到西王母，低头就拜，还没等说话，西王母先开口了："你不用多言，我早已知道你的来意。青鸟就是我派去接你的使者。"西王母向青鸟挥了一下手，那只青鸟就飞走了，她接着对后羿说道，"我平时不轻易帮人，但是若有英雄式的人物，我还是乐意帮上一帮。当年黄帝困于蚩尤，我就派九天玄女送他一柄长剑、一卷天书。你的遭遇我早已知晓，我钦佩你为人类作出的贡献，送你两颗仙丹。"

青鸟已经衔出一个瓶子，交到西王母手中："这是用三千年一熟的蟠桃（pán táo）炼制而成，吃一颗就可长生不老，吃两颗就可飞天成仙。你拿去吧！"

后羿听说过，西王母有一片蟠桃园，园里种着三千六百棵蟠桃树。前面一千二百棵，花微果小，三千年一熟，人吃了成仙得道，体健身轻。中间一千二百棵，层花甘实，六千年一熟，人吃了霞举飞升，长生不老。后面一千二百棵，紫纹缃核，九千年一熟，人吃了与天地齐寿，日月同庚。

后羿接过那个瓶子。西王母又说道："你要记住，这灵药必须在八月十五晚上吃！我也仅有这两颗，你要好好保管！"

后羿谢过西王母，高高兴兴地回到家中。嫦娥见后羿回来，悲喜交加，搂着他泪如雨下："我只要你平安回来！"

嫦娥奔月：碧海青天夜夜心

后羿和嫦娥急切地等待着八月十五，等待着那天一起吃下灵药，长生不死。

后羿回来之后，把一路的经历讲给逢蒙。逢蒙表面上恭喜后羿，心里却打起灵药的主意，想把灵药偷来自己吃了飞升成仙。为了稳妥起见，逢蒙找到巫师占卜吉凶。巫师取出几根蓍草（shī cǎo）放入一个乌龟壳，跪在地上，摇动龟壳，嘴中念念有词，不知说些什么，然后倒出蓍草，仔细看了看，对逄蒙说道："此事若成，必须在八月十五的夜晚！早了，你所要的东西就会被人抢回；晚了，你所要的东西就会得不到！"

逄蒙一听，心中大喜。到了八月十五那天晚上，他弄了点事端把后羿拖在家外，自己偷偷跑入后羿家中。后羿家中只有嫦娥一个人，逄蒙拿着尖刀威逼嫦娥交出不死灵药。这灵药是丈夫出生入死才求来的，哪能交给逄蒙，在你争我夺之中，嫦娥被逼得无路可逃，一狠心吞下那两粒药丸。神奇的事情发生了，嫦娥感到自己的身体突然轻了许多，双脚离地，慢慢地飞出房门。她越飞越高，整个身体一点都不受自己控制。她哭泣着，她知道自己马上就要飞到天庭，而后羿将孤独地生活在人间；她哭泣着，曾经说过要长相厮守，可现在却要和后羿天各一方，再不相见……她离大地越来越远，离天越来越近，淡淡的云彩、闪闪的星星、明亮的月亮……她已经看到通往天庭的南天门。

"我不能到天庭去，我要让后羿每天晚上都能看到我！"嫦娥想着，把身体一转，直飞

左图是《夏商周故事》中的人物，你记得他是谁吗？可以把这个故事讲给别人听吗？

向月亮。月亮虽然明亮，但那里却极其寒冷，有一座宫殿，名叫广寒宫。嫦娥飞到月亮之后，就住在那里。

逢蒙偷药不成，赶紧躲藏起来。后羿兴冲冲地回到家中，准备和嫦娥一起服用灵药。踏入家门，他却傻了眼：家中凌乱不堪，找不到嫦娥，只有空空的药瓶摔碎在地上。

看到这一切，后羿的眼泪唰的一下涌出双眼："难道嫦娥负我，独自偷吃了不死灵药！"想到这里，后羿双拳紧攥（zuàn），牙齿咬得"咔咔"直响。

这时候逢蒙钻进屋来，假装不知发生了什么事情，问道："您吃了灵药之后，感觉如何呀！"

看到后羿不停地哭泣，他假装问道："家里这么乱，发生了什么事情？"

后羿答道："嫦娥、药都不见了！"

逢蒙好像想起什么事情，说道："刚才我看到有人从这个屋中飞向月亮，莫非就是嫦娥！"

后羿一听，疯了一样地跑

出屋去，抬头一看，月中果然有嫦娥的身影。嫦娥在月亮里看见后羿，不停地哭着，向后羿挥着双手，大声诉说着逢蒙的罪行。

大地离月亮太远，什么都听不着，后羿只认为嫦娥背叛他，偷吃灵药，飞到天上。他心中气愤，抽出箭来，射向月亮，他要像射下太阳一样把月亮也射下来。可是纵使他仍有天帝赐予的神箭，但是他已经没有了之前的神力，那支箭在空中飘了一会儿便落在地上。他连射三箭，箭箭如此。看着月亮中的嫦娥，他心灰意冷；嫦娥看到后羿对自己误会如此之深，肝肠寸断。

关于嫦娥奔月的故事还有另一种说法。嫦娥不想再过凡人的生活，趁着后羿不在家，偷偷吃掉两粒灵药，飞升到天上。快到天庭的时候，她突然良心发现，心想："天上的神仙一定会耻笑我抛弃丈夫！"于是，她转身飞向月亮，那里有一座广寒宫，没有任何人住在那里。她刚刚飞到月亮上，就变成一只癞蛤蟆（lài há ma）。癞蛤蟆又叫蟾蜍（chán chú），所以人们又把月宫称为"蟾宫"。嫦娥变成癞蛤蟆，

右图是《夏商周故事》中的人物，**你记得他们是谁吗？可以把这个故事讲给别人听吗？**

引得唐朝诗人李商隐大为感慨，写下著名诗句："嫦娥
应悔偷灵药，碧海青天夜夜心！"

游龙惊鸿：后羿为谁射瞎河伯一只眼睛

痛失爱妻，后羿情绪十分低落，每日以巡山打猎排
解心中的郁闷。

这一日，他来到洛水边，见一群妙龄少女在河边戏
水。大家玩得不亦乐乎，唯有一女子在远离河水处，郁
郁寡欢地坐在一块青石之上，似乎有着什么心事。

后羿一时好奇，轻轻地走到女子身后。那女子心事
重重，神游于千里之外，直到后羿开口说话才猛然发现
身后站了一个男人。

女子见后羿不像坏人，惊慌的心情很快镇定下来：
"你是什么人？"

后羿彬彬有礼地
答道："在下后羿！"

女子眼中一亮："你可
是射下九个太阳的大英雄？"

后羿谦虚地说道："就是那
个后羿！谈不上什么英雄，现
在不过是一介草民！"

"请受我一拜！"

说着女子就要下拜，后羿连忙搀住女子："这可使不得！"

女子说道："我这拜，一是替天下苍生谢您，二是为我自己谢您。如果没有您，这洛水早已干涸（gān hé），我也就无处容身！"

见到心中的英雄，女子放下所有戒心，对后羿说道："我是洛水女神，负责掌管洛水。"

洛水女神的美貌早已天下闻名，可惜后羿在天庭时一直没有机会一睹芳颜，没想到今天竟会与她邂逅（xiè hòu）在这洛水边上，禁不住多看了几眼，那女神生得的确可人。三国时期魏国曹植曾在他的《洛神赋》中如此描述过洛水女神的模样："翩若惊鸿，婉若游龙。""远而望之，皎若太阳升朝霞。迫而察之，灼若芙蕖出渌波。""体迅飞凫，飘忽若神。凌波微步，罗袜生尘。动无常则，若危若安。进止难期，若往若还。转眄流精，光润玉颜。含辞未吐，气若幽兰。华容婀娜，令我忘餐。"

洛水女神把后羿当成知音，敞开心扉地讲起自己的故事。洛水女神本是伏羲的女儿，天生丽质、活泼开朗，弹一手好琴。她喜欢坐在洛水河边，边弹琴边看彩凤飞舞。洛水与黄河相连，黄河中住着一位神仙，名叫河伯。河伯长得一表人才，但他是一个拈花惹草、用情不专的花花公子，今天喜欢这个，明天又看上那个，被他娶进门的老婆不计其数。这天，河伯听见洛水那边传来一阵悠扬婉转的琴声，琴声中充满阳光、快乐和女性的柔美。他听得如醉如痴，急不可耐地想知道何人能有如此琴艺，便游到洛水。河伯在洛水中央探出脑袋，一下子就被洛水女神的美丽容貌和阳光气质吸引住了。他按捺不住心中的爱慕，化作一条白龙，腾空而起，吹动洛河之水漫延到河岸。汹涌的河水把洛水女神卷入河底。在河伯的威胁与强迫之下，洛水女神成了河伯的妻子。因为她是伏羲的女儿，被称为"宓妃（fú fēi）"。宓妃还曾憧憬能与河伯过上幸福的生活，哪知河伯难改喜新厌旧的本性，几天之后就腻了宓妃，把她抛在一边，不闻不问，又去寻别的花、问别的柳了。和她生活在一起的这些姐妹，看似和善，实际上都是争风吃醋之辈，和她们根本无话可说。无法见到亲人，又嫁给一个自己不爱的人，宓妃的脸上没了笑容，她的心中充满落寞与悲伤，就连她的琴声也失去欢乐，只剩下寂寞与仇怨。

同是天涯沦落人，后羿非常同情宓妃的遭遇，正要和她多说上两句，宓妃的一个姐妹远远地喊道："我们该回府了！"

很久没有这么痛快地聊过天，后羿感到有些意犹未尽，宓妃也是恋恋不舍。后羿问道："以后我还会见到你吗？"

宓妃边跑向洛水，边转头答道："你想找我的时候就到这洛水边上！"

宓妃和后羿又见过几次面。两人越谈越投机，天上的、地上的、水里的、海里的，无所不谈。宓妃的心情越来越好，琴声又充满阳光与欢乐。

琴声传到河伯那里，河伯心中纳闷："很久没有听到这么动听的琴声！"

宓妃的一个姐妹趁机说道："您有所不知，宓妃现在可是春风得意呀！"

河伯一听宓妃遇见后羿，心中大怒，化作白龙，飞到洛水边

上，见宓妃果真与后羿待在一起，顿时怒火中烧。

后羿解释说："你不要误会，我和宓妃不过是知己！"

河伯哪肯相信后羿的话，狂性大发，洛河之水猛涨，冲出堤坝，淹没大地。

后羿跳上一棵大树，四下一望，无数村庄被淹没在滔滔洪水之中。后羿对着河伯大声喊道："你若再不收回洪水，我就对你不客气了！"

河伯是神，哪里会害怕一个凡人的警告，挥舞着龙爪、张着大嘴向后羿扑过来。

千钧一发（qiān jūn yī fà）之际，后羿左手持弓，右手抽出天帝赐予的神箭，朝着河伯的眼睛就是一箭。河伯躲闪不及，那支箭准准地插入河伯的眼睛，河伯惨叫一声掉入洛水之中。

没杀死后羿，却丢掉一只眼睛，河伯心中气恼，飞上天庭，把后羿告到天帝那里。

也许是对把后羿贬入人间之事有些愧疚，天帝非但没有怪罪后羿，反而把河伯训斥一番：

左图是《夏商周故事》中的人物，你记得他是谁吗？可以把这个故事讲给别人听吗？

"后羿与洛神清清白白，你却如此疑神疑鬼地错怪好人。这样也就算了，你千不该万不该水淹大地，涂炭生灵，后羿仅射瞎你的一只眼睛，已是手下留情。你速回黄河之中，不要再惹是生非！"

被天帝训斥，又打不过后羿，河伯只得忍气吞声返回黄河。

洛水边上，后羿又和宓妃相见，这是他们最后一次相见。

宓妃说道："河伯因为你我而失去一只眼睛，虽然我不爱他，但也为此事内疚（nèi jiù）不已。你有妻子，我有丈夫，为了不惹闲话，以后我们不要再见面了。还有，你错怪你的妻子，我打听到，她吃不死灵药，全是逢蒙逼迫的。"

宓妃把嫦娥奔月当日发生的事情详细讲述一遍。后羿听着一阵心酸，又心中气恼，恨不得把那逢蒙生吞活剥。宓妃回到洛水，又回到河伯身边。别看河伯如此花心，在他成仙得道之前也是一个可怜人。

望洋兴叹：贻笑大方的河伯

河泊名叫冯夷。最初黄河无人主管，河水肆意漫流。一天，冯夷乘着一艘小船在黄河上划行，原本平静的河水，在他快要登岸的时候，突然上涨，水流加速，河面上满是骇人的漩涡，一下子把他连人带船一起卷入水底。任凭冯夷水性如何纯熟，终究斗不过湍急的河水，不幸溺亡。死去的冯夷心有不甘，他的魂魄游离到天庭，向天帝哭诉黄河泛滥、夺人性命。天帝怜悯（lián mǐn）冯夷的不幸遭遇，便册封他为河伯，掌管黄河。

刚成仙的时候，河伯还能够中规中矩地履行自己的职责，他指挥着手下的那些鱼虾了解黄河水情，他对黄河了解得一清二楚，还画出一张黄河水情图。这可是前所未有的功绩，他有些沾沾自喜，把这张水情图命名为"河图"，那意思就是他的功绩与伏羲创设八卦一样举世无双。河图画出来了，接下来就该治水。那个时候，黄河水患相当猖獗，一旦河水冲破堤岸，大有气吞山河之势。从黄帝时代就一直为此头疼，治理过黄河水患的人

不计其数，但都无功而返。河伯想着自己已经是掌管黄河的神仙，又有河图，治理黄河还不是手到擒来之事。可是，当他真正开始治理黄河，才知道画图容易治河难，今天刚堵上这里，明天那里就决口了，今天刚刚疏浚（shū jùn）了河道，明天河道又被泥沙淤积。治理了很长时间，始终没有成效。雄心壮志在河伯心中一点一点消磨殆尽，最后他索性对黄河水患置之不理，整日游山玩水、拈花惹草，过得好不快活。

这一年的秋天，黄河水位大涨，很快就漫出堤岸。河伯浮出水面，看到一望无际的洪水淹没森林、冲毁村庄，就连远处的高山也只剩下一个小小的山尖，河伯得意扬扬："我是天下最大的水神！"

正巧一个神仙从黄河上方经过，听见河伯的话哈哈大笑。

河伯心中不悦，问那神仙："你笑什么？"

神仙答道："我笑你自高自大，只掌管这么一条小小的黄河，你就敢说自己是天下最大的水神？"

河伯反驳他说："你看我这黄河，蜿蜒万里，幅员万里，还有比这更大的吗？"

神仙笑道："南面的长江幅员也不只是你的一倍啊！更不用说东面的北海了！"

河伯不服气地问道："北海有多大呀？"

神仙答道："北海有多大，我也没有丈量过。我只知道成千上万条河流日夜不停地注入北海，北海从未被注满过；北海底下的尾闾（wěi lú）日夜不停地泄漏海水，北海从未因此而干涸。夏天，它不会因为注入的河水多而高涨；冬天，它也不会因为注入的河水少而低落。再看看你这黄河，现在泛滥千里，可是到了秋冬水流细得如同一条蚯蚓。北海如此之大，北海之神都不敢说自己是天下最大的水神，你一个小小的河伯却如此大言不惭，岂不可笑！"

被人小瞧，河伯心中气愤。大雨连续地下了几个昼夜，黄河水面更加宽阔，滔滔洪水发出震耳欲聋的声音，如万马奔腾一般地东流而去。

"那个小神仙竟瞧不起我这黄河！"河伯看着宏伟壮观的黄河，突然想起那个神仙的话，一赌气游向北海。

到了北海，河伯大惊失色。只见那北海水连着天、

天连着水，一望无际；蔚蓝的波浪此起彼伏，前浪未尽，后浪又来；风骤起，又掀起万丈惊涛，隆隆的巨响如万马奔腾（wàn mǎ bēn téng）。河伯望着海水不禁感叹："这里可真大呀！"

这时北海之神从远处漂来，河伯赶紧拱手行礼道："人们常说'有些人，懂得一些道理，就觉得是天下第一'，说的就是我呀！今天我看到您这北海之广，才知道我那黄河之小。若不是到过您这里，长了见识，我恐怕就要被有见识的人笑话一辈子了！"

北海之神还礼，谦虚地说："井底之蛙不知海之大，这是因为它的眼界不够宽广；夏虫不知冬之冷、冰之寒，这是因为它的生命不够长久。现在您能够来到北海，知道自己的不足，这样您的见识就会不断增长。您看，天下之水，莫大于海，但是我丝毫不敢骄傲。因为我知道，把北海放于天地之间，也不过是沧海一粟，非常渺小。"

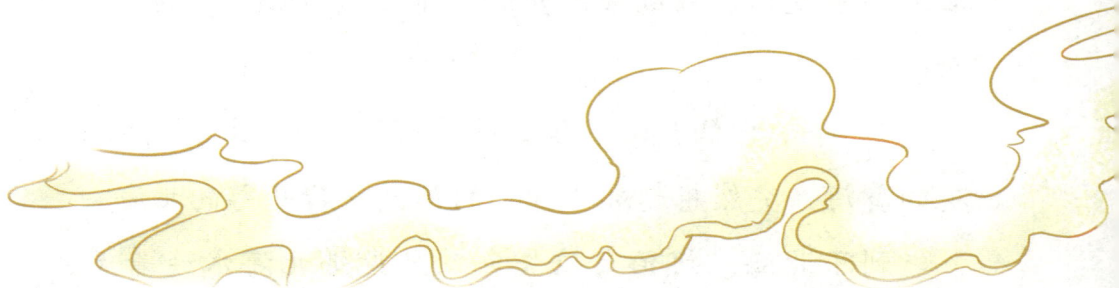

河伯感慨地说道："您已经取得这么大的成就，却还如此的虚怀若谷，既让我佩服，又让我自感惭愧！今天我知道了，不登高山，不知天之高；不临深渊，不知地之厚啊！"

河伯拜别北海之神，回到黄河，从此再也不敢目空一切。以上的故事能够流传下来，全因《庄子·秋水》一文，由此也诞生两个成语："望洋兴叹"和"贻笑大方"（yí xiào dà fāng）。

假戏真做：西门豹革除河伯娶妻陋习

河伯对爱情朝三暮四，名声很坏。到了战国时期就有人打着河伯娶妻的旗号做了很多坏事，害死不少人。

战国时期，魏国开国国君魏文侯派西门豹治理邺城。邺城边上有一条大河，名叫漳水。西门豹到了邺城，只见那里人烟稀少，田地荒芜，百业萧条，满目疮痍。

西门豹非常吃惊，找来一个老者问道："老人家，这里为什么如此荒凉啊！"

那老者毕恭毕敬地答道："您有所不知，这里原来经济繁荣人们生活富足。自从河

伯来到漳水居住，他每年都要娶一位漂亮的妻子。他这一闹，邺城百姓就越来越贫困了！"

西门豹问道："河伯是如何娶妻的？"

右图是《夏商周故事》中的人物，你记得他是谁吗？可以把这个故事讲给别人听吗？

老者答道："河伯娶妻之前，巫婆会到小户人家挨家挨户巡查，看谁家的闺女年轻漂亮，就会给这户人家扔下少得可怜的一点钱财，把女孩儿带走嫁给河伯。出嫁之前，巫婆先让女孩儿在漳河边上的'斋宫'中居住，每日沐浴斋戒，好吃好喝。十日之后，到了女孩儿出嫁的日子，她们会给女孩儿穿上绫罗绸缎做的新衣，梳洗打扮之后，就让女孩儿坐在漂亮的床席之上，将床席放置在漳水之上。床席漂行数里之后就会连人带席一起沉入水中。凡是嫁给河伯的女孩儿都没再回来过。"

"河伯怎么只娶小户人家的女子？"

老者答道："大户人家多交点钱就不用把女儿嫁给河伯，小户人家交不起钱只能任人宰割！"

"娶个妻子，就能把这里闹得如此贫穷？"

老者答道："如果单单只是娶个妻子，倒也不会让百姓如此贫困。之所以民生凋敝，是因为河伯每次娶妻的时候，还要收受数百万钱财的嫁妆。"

"想必这些嫁妆全由官府承担！"

老者不屑地说道："哪有那么好的事情啊！每到河伯娶妻的时候，三老、廷掾（yuàn）（一种官职）就会向每户人家征收赋税，说是送给河伯的嫁妆。谁都知道，这数百万的钱财用于河伯娶妻的不过二三十万，其他的都让这些当官的私分了。如此重的赋税，邺城的百姓越来越穷；不愿意嫁女的人家，全都远走他乡。城中的人越来越少，到如今，就只剩下我们这些走也走不了的人了。"

"河伯娶妻，害人不浅，你们为什么不停止这种行为呢？"

老者叹气说道："河伯脾气不好，娶不到妻子就会大发雷霆，他会用漳水淹没整个邺城。要真是那样，我们就更没有办法活下去了。"

西门豹略作沉思，说道："等下一次河伯娶妻的时候，您一定要告诉我，我要亲自送一送新娘子。"

到了河伯娶妻那天，漳水边上千余人都来观看河伯娶妻。

西门豹来到河边，城中的官员都来拜见。河边一个床席之上坐着一位披红挂绿的女孩儿，那女孩儿似乎在偷偷地哭泣。一个七十多岁的女巫围绕着女孩儿走来走去，嘴里不停地叨咕着什么。女孩的两边各站立着五个年轻的女巫，身上穿着丝绸单衣，手里拿着各种法器，嘴里也不知在念叨着什么。

西门豹说道："把那女孩儿带过来，我看看漂不漂亮！"

那个年老的女巫颤巍巍地把女孩子带到西门豹面前。西门豹一看女孩儿满脸泪水，浑身抽搐，他眉头一皱，对年老的女巫说道："这女孩儿长得如此难看，河伯一定不会满意。烦请你到河伯那里，和他说一下，我会另选一个漂亮的女孩儿，择个良辰吉日送给他。"

西门豹话音刚落，身边的几个卫士架起那个年老的女巫拖向河边。年老的女巫双腿乱蹬、死命挣扎，哭天抢地地向西门豹求饶。西门豹哪会理睬她，

右图是《夏商周故事》中的人物，你记得她是谁吗？可以把这个故事讲给别人听吗？

在一旁静静地看着年老女巫被扔入漳水之中，静静地看着她在水中胡乱挣扎直至沉入水底。

年老女巫沉入水底已经有一段时间了，西门豹对着那些年轻的女巫说道："你们的师傅去了这么久还没回来，一定是她年纪太大，对河伯讲不清楚。那就请你们去向河伯解释清楚！"

年老女巫被扔入漳水的时候，这些年轻的女巫就已经吓得瘫软在地，一听要让她们去找河伯，一个个面色苍白如纸，大哭不止。西门豹对她们没有半点心软，叫卫士把她们全都扔入漳水之中。

西门豹把女巫扔入水中，两岸的人们都看呆了，大气都不敢出，漳河边上一片吓人的寂静，只能听见风声、水声和鸟的鸣叫声。邺城的那些官员吓得低垂着头，大汗淋漓，不停地擦着汗。

西门豹弯腰站在漳水边上，向漳水里望了许久，忽然直起身来，对三老说道："巫婆这些人都是女人，什么事情都讲不明白，还是请你走上一趟，请河伯不要怪罪

于我！"

和前面的人一样，任凭三老如何反抗，仍被卫士扔入漳水之中。女巫们回不来，三老当然也不会回来。西门豹转过身来，对邺城官员说道："这个三老，一样不济事。他们都没回来，我该怎么办呢？你们有谁愿意替我到河伯那里？"

众人噤若寒蝉。见无人应答，西门豹把手指向廷掾，说道："没人愿意去，那就请你替我走一趟吧！"

被吓得失魂落魄的廷掾"扑通"一下跪在地上，磕头求饶，西门豹却不言语。廷掾不知西门豹葫芦里装的是什么药，只能更加卖力地磕头，直磕得鲜血流了一地。

西门豹看着这个卑贱的官员，心中暗笑，说道："好吧！再多等他们一会儿！"

过了不一会儿，西门豹对廷掾说道："廷掾你起来吧！真没想到河伯如此好客，竟把他们留了这么久！好了，今天就到这吧，我们回去！"

看此情景，无论是官员还是百姓都大为惊恐。邺城百姓终于明白河伯娶妻不过是女巫和官员合伙弄出来的骗

人敛财的把戏。自此之后，再没人提起河伯娶妻之事。在西门豹的治理之下，邺城百姓又过上富足的生活。

禽兽负恩：逢蒙杀后羿

河伯的故事讲完了，我们再去看看后羿。从宓妃那里知道自己误解了嫦娥，后羿感到他和嫦娥曾一起生活过的家是那么温暖。他快马扬鞭，朝着家的方向奔驰而去。

就快到家了，路旁的树林中忽然飞出一支箭。那支箭快如闪电地迎面而来，后羿不敢怠慢，迅雷不及掩耳般地挽弓搭箭，一箭射出，正好射中迎面飞来的那支箭尖。两箭相碰，"当"的一声，在四散的火花中，蹦落在地上。一箭射完，接着又是一箭，一共射了九箭，箭箭如此。后羿一摸箭盒，空空如也，他已经没有箭了。

就在这时树林里闪出一个身影，后羿定睛一看，竟是逢蒙。逢蒙骑着一匹高马，手中握着弯弓，一支锋利的箭搭在弦上，不怀好意地笑着看后羿："你已经没有箭了，可我还有一支！"

仇人相见，分外（fèn wài）眼红。面对那支即将射向自己咽喉的箭，后羿显得异常镇定，那镇定的样子唬得逢蒙握着弓箭的手都有些颤抖。

　　"嗖！"那支箭终于射了出来。只见后羿身子一偏，不可思议地让过那支箭，一抬右手，抓住那支箭的箭杆。他轻蔑地对已惊呆的逢蒙说道："想杀死我，你还要再练几年！"

　　逢蒙见势不好，滚落到马下，跪倒在地上失声痛哭，不断地磕头求饶。

　　一幕幕往事在后羿的头脑中一闪而过，跪在面前的是他教出来的最优秀的学生，想着想着，他心软了，轻轻一挥手，对逢蒙说道："你走吧！"

　　后羿回到家中，把家里打扫得干干净净，就如同嫦娥没有离开一样。每天晚上，他都会对着月亮诉说自己对嫦娥的思念之情。嫦娥在月宫中当然能够听见后羿的声音，但是后羿却无法听到她的回应。每到月圆之夜，是他们最幸福的日子，后羿在这一天，能够清楚地看到嫦娥在月宫中翩翩起舞的身姿。

　　有一天，后羿做了一个梦，在梦中一位仙人对后羿说道："每年的八月十五，你在月下摆上一张桌子，放上嫦娥平时最爱吃的东西。再用面粉做成圆月一样的饼，也放在桌上。到了月上柳梢头的时候，你在月下连叫三声嫦娥，她就会从天而降与你相聚，直到日出离开。"

这一年八月十五，后羿按照仙人的指点摆下一张桌子，放上嫦娥最爱吃的东西和那月亮一样的饼，待月亮刚刚爬上柳梢，他对着月亮大喊三声："嫦娥！"果然，嫦娥从天而降，与后羿相聚一夜。

一切似乎都朝着后羿希望的方向发展着，可是后羿的幸福生活却戛然而止（jiá rán ér zhǐ）。还是那个逢蒙，在一个夜晚，偷袭后羿，这一次他得手了，他用一根桃木棍狠狠地打在后羿的脑袋上，一代英雄就这样结束了自己的生命。

那个逢蒙呢？没有人记载他的结局，应该是被尧处死了吧。几千年后，有个叫纪昌的神箭手，他从师于另一个神箭手飞卫，他们之间的故事与后羿逢蒙的故事如出一辙，只是后来纪昌被师父飞卫感化，两人重归于好，再没把射箭的技术传授他人。

据说，后羿死后变成一只白兔，来到月宫之中，就是嫦娥怀抱的那只玉兔。后羿不想让嫦娥知道自己变成这个模样，没有告诉嫦娥实情，所以嫦娥自始至终也不知道那就是后羿。玉兔有的时候还会捣药，希望制成一

种仙药，让自己吃了能够再变成后羿，那样他就可以堂而皇之地站在嫦娥面前，可是直到现在他也没有成功。后来猪八戒酒后调戏嫦娥，玉兔为泄心中怨恨，便下界为妖，给取经队伍造成莫大的麻烦。月宫里面还有一棵桂树，一位叫吴刚的天神犯了错误，被罚到月宫中砍伐桂树，只要把桂树砍倒，吴刚就可以自由。可是吴刚每砍一下桂树，桂树上的裂口就会自动愈合，所以直到现在，吴刚仍在月宫中不停地砍着桂树。桂树虽然没被砍倒，吴刚却用这棵桂树盛开的鲜花酿出桂花美酒。

鲧治水患：不得其法流放羽山

伏羲盗取火种，天帝震怒，破天以惩戒人类，后虽经女娲用五彩石将天补好，此场灾难引发的洪水却一直没有断绝。后又经共工与颛顼一役，相柳吞食堤岸水淹颛顼大军，大江大河之水更加肆意横流。到了尧统治时期，天帝派到黄河之中的河伯不思治水，整日贪图享乐，致使水患更加严重，每天都有无数的民众到尧那里求助。

"伟大的尧哇！我的房子被大水冲倒了，我现在只能在山洞里生活，请帮助我重新建造房屋吧！"

"伟大的尧哇！我的田地被大水冲毁了，我现在只能吃些草根树皮，请帮助我重新开垦土地吧！"

"伟大的尧哇！大水把野兽驱赶到我们村庄，吃了我的亲人，请派人帮我们杀死野兽吧！"

…………

每天，民众的求助之声不绝于耳，尧十分忧心，召集群臣，求计问策："肆虐千年的洪水依旧滔滔不绝，刚刚围住山丘，转瞬又淹没丘陵，民众流离失所、苦不堪言。你们有谁能够把这洪水治服吗？"

大臣们你看看我，我看看你，没有一个人站出来。

"共工，你不是总跟我提起你的先祖治理过洪水吗？"尧口中所称的这位共工，是那位反抗颛顼的共工的后代，也叫共工。

共工向前一步答道："我的先祖自从被颛顼帝惩处之后，我们的家族就再也没有出现能够治水之人！"

尧失望地看了看四方诸侯之长四岳："你认为什么人能够治理好水患？"

左图是《夏商周故事》中的人物，你记得他是谁吗？可以把这个故事讲给别人听吗？

四岳答道："我推举一人一定能够消除水患，只怕您不能同意！"

尧眼睛一亮，问道："此人是谁？"

四岳答道："我推举的这个人就是崇伯鲧（gǔn）。"

尧心中一沉，鲧这个人个性极强，尧对他的印象并不好，他沉吟道："鲧！？这个人总是违背天命。重用他，我担心他有一天会惹怒天帝，毁灭同族，恐怕难以胜任治水重任。"

四岳答道："如今满朝文武，没谁比他更贤能，如果他都治不好水患，那就更没有人能治理水患了！用人所长，您不妨让他试试。"

尧思忖良久，四岳说的话也不无道理，便任命鲧去治理水患。

鲧的才能很大，却没有治水的经验，面对滔天洪水，束手无策。于是，他便向共工寻求治水良策。

共工摆手说："自先祖之后，我们已经再不会治水了！"

鲧笑着说道："你就别瞒我了，我知道你有治水的法子。

其实，共工不是不会治水，他深知治水之难，没有个十年八年抛家舍业的决心，根本完不成治水大业。他知难而退，在尧的面前说自己不会治水。尧知他不愿为国出力，也没有和他计较太多。

共工拗不过鲧的纠缠，只得说道："我倒还真听说过一些先祖治水的方法。"

鲧连忙问道："该怎样治水？"

共工说道："其实治水很简单，就一个字'堵'！"

鲧问道："此话怎讲？"

"水流到哪里，就在它的前面修筑一道堤坝，把它堵住，它就不会再流向其他地方！"

"这倒是一个好办法！可是，河流众多，我到哪里去找那么多人、那么多土去堵这漫天大水呢？"

"这是我们家族最大的秘密，只几个人知道。你既然问，那我就告诉你。"共工说道，"我的先祖是用天帝赐予的

'息壤'来堵洪水。息壤，只有巴掌大的一块土壤，你别看它不大，它可有千斤之重。从它的上面扒下一小块扔到地上就长成一个小山丘。它还有另一神奇之处，就是生生不息，永不耗损。只可惜，先祖与颛顼帝一战之后，天帝就把息壤收回，再不给人间使用。"

鲧一听，黯然失色："没有息壤，该如何治理水患？"

"要获得息壤说难也不难！"共工别有用心地说道，"你可以去偷！"

鲧心头一震："偷？"

共工点了点头，小声说道："先祖治水，有一只鸱（chī）鸟引路、一只神龟负土。它们可以帮你从天帝那里偷来息壤。"

鲧问道："到哪里才能找到鸱鸟和神龟呢？"

共工答道："鸱鸟一个头、三个身子，它本住在三危山上，自从帮助先祖治水，天帝就把它安置在天帝山上。神龟就是伏羲帝创八卦时给他启迪的那只大龟，你在画卦台可以找到它。"

鲧问道："它们如何能够从天帝那里偷来息壤呢？"

共工答道："鸱鸟有洞察一切的双眼，一眼就能看到息壤在哪里。当它遇见神龟，就会发疯似的寻找息壤，找到后就会把息壤扔到龟背之上。哪里有洪水，鸱鸟就会飞向哪里，神龟就会背着息壤紧随鸱鸟而去。"

共工告诉鲧这些秘密，但他只告诉鲧一半的方法，他的先祖共工用封堵筑坝和疏导入海两种方法才治水成功，而治水关键在于疏导，没有疏导入海迟早会酿成更大的灾害，他等着看鲧的笑话。他告诉鲧鸱鸟神龟能够偷得息壤，却没有告诉鲧天帝早已放出话来，谁要是敢打息壤的主意，必遭天谴。共工可不希望同朝为官的鲧治水成功，抢尽风头。

功夫不负有心人，鲧历经千辛万苦找到鸱鸟和神龟，偷到息壤。鸱鸟找到洪水，鲧就和神龟到达那里，在洪水前头扔一块息壤，一个山丘一样的堤坝就挡住洪水的去路。经过九年兢兢业业、不辞劳苦的工作，鲧扔下的息壤越来越多，地面越来越高，终于形成很大一片高原，把水挡在一边。人们生活在高原上，暂时远离水患。不过，所有的洪水在高原的一边越聚越多，就像一个大水库。

正当人们以为鲧已经找到治水的良方，可以放心安居时，不幸的事情发生了。天帝发现息壤被鲧偷走，急忙令火神祝融从鲧手中夺回息壤，又命鸱鸟返回天帝山，命神龟返回画卦台。

没有了息壤，水位不停地上涨，高原却不再增高，被高原封堵的洪水越聚越多，终于冲破高原，像恶魔一样排山倒海地涌向大地每一个角落，吞噬着它所遇到的一切事物。

鲧站在高处，看着漫无边际的大水，无力地垂头叹气，他仍有心治水，却已无力回天。

祝融问天帝："鲧盗取息壤，该如何惩罚他？"

天帝念在鲧盗取息壤是为了解除民间疾苦，没想治罪于他，说道："人间的事就由人间的帝王去决定吧！"

仁慈的尧虽愤恨鲧治水失败，却保住鲧一条性命，只将他流放到东海之滨的羽山，以示惩罚。

许由洗耳：尧帝访贤让位

鲧治水失败，给尧很大的打击。尧一天老似一天，有些心力交瘁，他开始遴选（lín xuǎn）接班人。

尧问群臣："我年纪大了，准备把帝位让与他人，你们认为谁可以继承我的帝

位？"

大臣放齐立即说道："您的儿子丹朱，生性开明，是继承帝位的不二人选！"

尧直摇头："不行！丹朱生性顽劣，又争强好胜，不适合继承帝位。"

尧非常了解自己的儿子。丹朱出生的时候全身红彤彤，尧给他起名为"朱"，朱就是红色的意思，后来尧把他封在丹水，人们就称他为"丹朱"。尧一生勤俭仁德，他的儿子丹朱却脾气暴躁、骄奢淫逸。为了收束其野性，尧让人发明围棋，供丹朱养性。可丹朱对此根本不感兴趣，没过几天就把棋子一扔，逍遥自在去了。所以，放齐提出要让丹朱继承王位，尧第一个反对。

大臣谨（huān）兜出列说道："共工威信很高，屡立大功，可以继承您的帝位！"谨兜是一位佞臣（nìng chén）。

尧一听，又是眉头一皱，鲧治水失败之事还没找共工算账，现在又要他继承帝位？他说道："共工善于言辞，但是他心术不正，貌似忠良，却口蜜腹剑，也不适合继承王位！"

大家你一言、我一语，最后也

没研究出个合适的人选，尧只得遣散众人。

正在这时，方回来见。方回本是一隐士，因能够炼得云母粉治病救人，深得尧的器重。

尧问道："天下没有贤能之人，我把帝位让给您吧！"

方回一听，哈哈大笑，说道："我就是一个炼制云母粉的村夫，怎会治理天下。天下贤能之人数不胜数，只是您没有遇到而已。"

尧问道："您可知一二？"

方回答道："我想起一人。此人名叫披衣，住在藐姑射（miǎo gū yè）山，精通治国之道，是一个可托付之人！"

尧心中大喜，沐浴斋戒三天，换上粗布衣裳，领着几个随从，一路打听，在藐姑射山下找到披衣的讲道台。临近讲道台，尧下车留下随从，独自一人行了半里路来到讲道台下。只见讲道台上端坐一老者，鹤发童颜，一看就是仙风道骨之人。老者旁边坐着一人，看那年纪已是耳顺之年（六十岁）。再往下，坐着七八个弟子模样的年轻人，专心致志地听着老者讲道。

忽然一弟子起身，那老者停顿下来，说道："啮（niè）缺，你有何话要讲？"

啮缺起身问道："如何才能了解道呢？"

老者答道："想要学道，你要坚定自己的信念，规划自己的人生道路，在信念的支撑下，不为金钱利欲所诱惑。对于外物，身体静定如同枯死的树木，心中宁静如同熄灭的火焰，你就可以开始学道！"

啮缺又问道："圣人该如何管理百姓呢？"

老者答道："这个也容易。爱护他们，他们就会拥护你；让他们获得利益，他们就会跟随你；多去赞扬他们，他们就会非常勤奋。如果你做出的事情违背他们的意愿，他们就会和你离心离德。"

啮缺又问道："有才能的人不仅能利天下，也能害天下，对吗？"

老者答道："没错……"

老者还没有说完，啮缺鼾声已起。那老者非但没有生气，反而高兴地说道："没有心机、不坚持自己的故见，这孩子真的已经悟道了！真是贤才啊！"

尧在一旁听得出神，老者一抬头看到尧，对学生们说道："有贵客来，今天就到这里！"

尧走上前去，自己像一个学生一样恭恭敬敬地向他施礼。

老者受宠若惊地说道："我怎敢接受天子之拜啊！"

问道："您说啮缺是个贤才，他能接替我的帝王之位吗？"

披衣想了一下说道："啮缺生性聪颖，但是他只注重小节，不懂大势。这样的人常常为琐事所困，为外物所扰。让他管理一城一池绰绰有余，若要让他治理天下，那天下必将大乱！"

乘兴而来，败兴而归，尧大失所望。披衣忽又开口："啮缺有个弟子名叫许由，是个高尚清节之士，颇有帝王之才，您若用他治理天下，必将国泰民安！"

一听此话，尧由悲转喜，拜别披衣、王倪驱车去寻许由。许由住在沛泽，沿着颍水边上崎岖的泥路溯（sù）流而上，走不过几里，就见一片平静的沼泽，这就是沛泽。沛泽边上有一处房屋，里面住着许由。

尧毕恭毕敬地对许由说道："太阳已经出来了，还要点燃火把，这是多此一举；刚刚下过大雨，还要去浇灌田地，这是徒劳无功。现在已经出现您这样才华横溢的人，我还占着帝位不肯离开，这是鸠占鹊巢，实在惭愧！现在我要把帝位让给您，

请您不要推辞！"

许由答道："您太谦虚了！在您的治理下，天下升平。现在要我接替您的帝位，如果要我超越您的成就，我没有那么大的能力；如果只为让我扬名天下，我也不需要那样的虚名。鹪鹩（jiāo liáo）在深林筑巢，只需要一根树枝就足够了；鼹鼠（yǎn shǔ）在河边饮水，只须填饱肚子就可以了。我已经有了那根筑巢的树枝，很满足，帝位对我没有任何用处。您现在要我继承您的帝位，我实在不能接受。"

尧无奈地离开。他前脚刚走，许由后脚就搬家。搬家的时候，正好碰到啮缺。

啮缺非常疑惑地问道："你在沛泽住得舒服快乐，怎么突然想起来搬家？"

许由答道："我是在躲避尧。"

啮缺问道："尧是有道明主，你为什么要躲避他呢？"

许由答道："他要我继承帝位，我没答应。我怕他以后还会找我，换个地方躲一躲。我就喜欢采山饮河，以求陶冶情操，非求禄位；纵情游闲，以求安然无惧，非贪天下！"

许由想躲避尧，尧却总能找到他。尧派人对他说，他如果不想继承帝位，退而求其次，做个九州长也可以。许由一听，心中恼火，跑出屋外，来到颍水，趴在水边不停地洗着耳朵。

恰好，他的一位隐士朋友巢父在颍水边上喂牛喝水，见许由举动，问道："你这是在做什么？"

许由长叹一声："尧请我继承他的帝位，我没有答应。今天他又派人来三番五次骚扰我，污了我的耳朵。我要把耳朵清洗干净，再也不想听到他的声音。"

巢父一听，牵牛就走，边走边对许由说道："你要是一直生活在高岸深谷之中，不通人烟，谁还会来打扰你？你每天四处游荡，到处宣扬你的名声，现在却到这里来洗耳朵？别故作清高！"

许由脸一红，连忙拦住巢父："别生气！你怎么不喂牛了呀！"

巢父甩开许由："这水已经被你用来清洗耳朵了，我怕它污了牛的嘴！"

说着，牵牛到上游喂水去了。许由和巢父原是挚友（zhì yǒu），据说许由羞于见到巢父，两人从此天各一方，再不往来。

克谐以孝：舜如何通过尧的考察

尧一直为寻找继承人之事犯愁，这一天他又召集群臣。

四岳对尧说道："我推荐一人。此人名叫舜，家中贫困，至今还未娶到妻子。"

尧对四岳说道："我也听说过，你了解他吗？和我详细说说。"

四岳说道："他姓姚名重华（chóng huá），他的眼睛与常人不同，每个眼睛都有两个瞳孔，煞是奇怪。舜的父亲双目失明，人们称他为瞽叟（gǔ sǒu）。瞽叟是颛顼的后裔，他这一支从未有过什么传奇人物，都只是些平民百姓。舜的母亲死得很早，他的父亲后来又成家娶妻，生下一个孩子取名叫'象'。舜从小生活很苦，他的父亲贪得无厌，他的继母心术不正，他的弟弟愚钝顽劣。这三个人都不喜欢舜，哪怕他只是犯了很小的错误，他们都要对他进行最严厉的惩罚。他们觉得舜在家中碍手碍脚，一心想杀死他，可是舜每一次都能逢凶化吉。当他一次又一次死里逃

生回到家中的时候，他不怨恨任何人，依旧如往常一样孝敬父母、友爱兄弟，从不懈怠。舜在年轻的时候就以孝道闻名天下。"

尧对四岳说道："把他请来，如果真像你说的那样优秀，我就把帝位让给他。"

在把帝位让给舜之前，尧开始考察舜的德行。

尧派舜到历山耕种，历山民众都变得十分谦让，不再为划分田界你争我夺。

尧派舜到雷泽捕鱼，雷泽民众都变得非常收敛，不再为一点小利润泽而渔。

尧派舜到黄河水边制作陶器，那里的民众都变得非常诚信，再没出现过粗制滥造的陶器。

人们敬仰舜的美德，都愿意和他住在一起，纷纷慕名而来。慢慢地，他所居住的那个地方人口越来越多，一年就形成一个小村庄，两年就形成一个小城镇，三年就形成一个大都会。

尧非常满意舜的表现，但是他的考察还没有结束。

尧把自己的两个女儿娥皇、女英嫁给舜，以此来考察舜的内在修养。两个娇生惯养、一身皇家习

气的女儿，和舜一起生活没
多久，都像变了一个人似的：
穿得了粗布、吃得惯粗
粮，像舜一样真诚地
对待家中那恶毒的父母
和兄弟，全然没了出身
高贵的架子。两个女儿回到娘家，也不像出嫁之前那样
骄横，站在尧的面前，态度恭敬、行为端庄，尧看着心
中大喜。

尧把九个最顽劣的男子派去侍奉舜。这九个人，尧
曾苦口婆心地训导许久，可他们就是不改本性。让尧没
想到的是，在舜潜移默化的影响下，这九个顽劣之人忽
然变得忠诚、谨慎、恭敬。

尧赐给舜一些细布衣裳和一张古琴，给他建造一个
粮仓，又赐给他一些牛羊。尧赐给舜这么多东西，就是
要考察他一下飞黄腾达了，是否就爱上穷奢极欲的生
活。舜的表现让尧非常满意：舜把那些细布衣裳送给对
他嫉妒万分的父母和兄弟，自己和两个妻子仍然穿着
粗布衣裳；那把古琴被舜放在屋室正中，以示对尧的尊
敬，他可从来没有耽于声色，那把古琴他连碰都没有碰
过；他每天和两个妻子辛勤耕作，到了秋天，收获的粮

食充满粮仓，那些牛羊被养得肥肥壮壮，还生下很多小牛犊（niú dú）和小羊羔。

吉人天相：舜如何三次死里逃生

舜的日子过得越来越红火，他的父母和兄弟看着十分眼红。三人商量，决定杀死舜，夺取他的家财和妻子。

他们想出的第一个计策是烧死舜。

瞽叟对舜说道："我的房子已经破烂不堪，没法住了。你和象一起帮我修理一下。"

舜刚走出家门，娥皇就拿着两个斗笠追出来。

舜奇怪地问道："不刮风、不下雨，让我背着斗笠做什么？"

娥皇说道："你可以戴上遮挡阳光！"

舜又是一笑："我一个人也用不了两个呀！？"说着，舜把其中一个递还给娥皇。

娥皇非常神秘地把那斗笠推了回来，说道："你带着，自会有用处。"

听老婆的话，是舜人生中最大的财富。他非常听话地带着两个斗笠来到父亲家中。

象一见舜这番打扮，挖苦

他，说道："干个活还怕晒！你可真是娇气！"

舜以为娥皇给自己准备的两个斗笠，其中一个是让他给象。他把其中一个递给象，说道："你戴这个吧！"

象看都没看一眼，从舜身边傲慢地走过去，心想："我可不想用一个将死之人的东西。"

舜见象并不领情，只得自己戴两个斗笠干活，心中不断埋怨娥皇多此一举。

"舜，你把这些稻草铺到房顶！"瞽叟对舜说道。

舜不敢违抗父命，踩着梯子，上了房顶。他在房顶正铺着稻草，忽然看见一股浓烟滚滚而起，吓得急忙扔下手中的稻草，向房檐快速移动过去："父亲，房子着火了！赶快……"

他看见父亲和弟弟正拿着火把，围着房子放火，大火已熊熊燃烧起来。

舜心中已经明白火因何而起，无助地喊道："你们这是要干什么？"

瞽叟和象谁也没搭理舜，只顾放火。舜急忙寻找梯子，准备下房。

梯子在舜刚爬上房顶的时候，就被象撤到一边。"没有梯子，不想被烧死，你就跳下来吧！不过房子这么高，就算你能跳下来，也得被摔死！"说着象哈哈大笑起来，那笑容被火焰映衬得格外可怕。

大火已经烧到舜的脚下，他忽然想起自己头上戴着两个斗笠，心中有了主意，只见他双手举起斗笠，使劲向前一跳。那两个斗笠就像两个降落伞一样，稳稳地托着舜，从房顶缓缓地落到地上。他双脚刚刚挨着地面，拔腿就跑，消失在象惊诧与失望的目光之中。

一计不成，又生一计。瞽叟三人决定把舜灌醉杀掉。他们先让象出面到舜那里道歉。

"都是我不对！我不该怂恿（sǒng yǒng）父母烧死你！我知道错了，我为自己愚蠢的行为，诚恳地向你道歉……"象跪在地上边说边哭，伤心得让人不忍心对他加以责备。

"快快起来吧！我原谅你！"舜扶起象，安慰他说。

"父亲、母亲也为此事内疚不已。他们不好意思见你，特意让我请你明天过去，他们要备下酒菜，亲自向你赔罪！"

象离开后，舜一脸愁容。

娥皇知道舜的心思，对他说道："父亲、母亲请吃饭，你若不去，那就是不孝；你若去了，一定

凶多吉少，不知他们又要耍什么花样！"

舜说道："我也正愁此事！"

女英宽慰舜："明天只要你不被毒害、只要不被灌醉，他们就拿你没办法！"

舜叹了一口气："你说的何尝不对！只是父母备菜，我不得不吃，如何防毒？父母敬酒，我不得不喝，如何不醉？"

女英说道："我这里有颗药丸，保你百毒不侵、千杯不醉！"女英拿出一粒药丸，"这是神农炎帝传下的一粒丹药，你把它放入盆中，加满水，美美地洗上一个热水澡，保你明天安然无恙（ān rán wú yàng）。"

第二天，舜到了瞽叟那里，恶毒的三人早早地就等着他的到来，桌上备着美味的菜肴（cài yáo）和醇香的美酒。三个人对舜特别殷勤，让舜头一次感受到一家人和和睦睦的温暖。不过，在这和谐之下却暗藏杀机：舜用来喝酒的杯子被涂上了毒药，桌子下面藏着一把锋利的尖刀。三个人的笑容中透着一点点令人惊恐的奸笑，只等着舜口吐白沫或醉得不省人事之时，给他补上一刀。

　　酒桌上，几个人推杯换盏。这个敬舜三杯，那个敬舜一壶。舜没有任何推辞，都是一饮而尽。三人非常纳闷，舜平时不喝酒，今天怎么酒量大开。酒过三巡、菜过五味，三个请客的已经有些摇摇晃晃，舜却依然端端正正地坐着。当他们吃光所有菜、喝光所有酒，舜的父母、弟弟醉得不省人事（bù xǐng rén shì），舜却神志清醒，他站起身来，像个胜利者一样，慢慢走出屋去。

　　舜又逃过一劫。第二次失手令舜的父母、弟弟十分懊恼。象眼珠一转，又有一计涌上心头："父亲，你让舜给你挖一口井，等他挖得足够深的时候，我们就把他埋在井里。"

　　瞽叟非常赞同象的这个主意，他找到舜："我院子里缺一口井，明天你和象帮我挖一口。"

　　舜又召开家庭会议："明天我要帮父亲挖井。我担心他们会在我挖井的时候把我埋在井里。"舜一眼就看穿三个恶人的歹毒用心。

　　娥皇淡淡一笑，

左图是《神话时代》中的人物，你记得他是谁吗？可以把这个故事讲给别人听吗？

说道："你不用害怕，我和女英为你缝制了一件衣服。"

女英双手捧出一件衣服，展开一看，上面绣着一条五彩长龙。

娥皇说道："地下有一条黄泉，黄泉连接着所有的井口。明天你穿上这件衣服，一旦遇到危险，它会化成一条长龙，帮你找到黄泉。你顺着黄泉游下去，就可以找到其他井口。"

第二天，舜穿着那件衣服，兴高采烈地来到父亲家。

象一见舜穿着一件绣着巨龙的新衣服，忽然想起上一次他帮父亲修房子的时候就非常奇怪地带了两个斗笠，这件新衣服一定有问题，故意说道："你今天穿的这件衣服很好看啊！真奇怪，怎么绣了这么一条巨龙啊！"

瞽叟也是机灵之人，心中已经明白十分，对舜说道："赶快脱掉，别弄脏你的衣服！"

舜不敢违背父亲的意思，只得脱掉衣服，赤膊挖井。舜在井底挖，象在井口上面牵着一根拴着篮子的井绳把挖的土拉出来。

舜的心思全不在挖井之上，心想："衣服被拿走了，他们要是把井填实，没有长龙相助，我该如何脱身？我先挖一个藏身之处，再做打算。"

舜在井壁上挖出一个大洞。那个大洞刚挖完，井绳忽然整根落到井底。舜拿起井绳一看，绳子已经被人用刀齐整整地割断。他百感交集，伤心的眼泪立即涌出眼底。接着夹杂着石块的土从天而降，舜赶紧躲入那个大洞之中。不一会儿，整个井就被填满，象又在井口狠踩几下，把井中的土踩实。

舜躲在井壁的大洞中，想起娥皇、女英和他说过，地下有一条黄泉，通过黄泉就可以找到其他的井口。他心想："既然那条长龙能够找到黄泉，我为什么就不能找到呢？"

打定主意，他开始向下挖掘。工夫不负有心人，没一会儿，他就挖出一条暗河。他跳入暗河，漂浮在河面，顺流而下。没多久，他看见前方有些亮光，心中大喜，游到那亮光之下，头顶出现一个井口。

　　瞽叟和象以为舜必死无疑，领着那个恶毒的老太婆火烧火燎地跑到舜的家中。

　　娥皇、女英根本不信舜已经死在井底，她们一直认为在那件衣服的帮助之下，舜一定能够化险为夷。可是当象把舜穿走的那件衣服扔到娥皇和女英面前时，她们一下子就绝望了，她们扑向扔在地上的衣服，抱在胸前，放声痛哭。

　　那三个恶毒的人可不管这两位女子有多伤心，他们只在乎能够从舜这里得到多少东西。他们在舜的家中疯狂地转悠着，摸摸这个、摸摸那个，每一样东西都让他们爱不释手。

　　"屋外的牛羊、粮仓里的米面全是我的！"象又走到还在哭泣着的娥皇和女英面前："舜已经不在了，你们以后就要做我的妻子！"

　　娥皇、女英又悲又怒，走入后堂不再搭理这些贪得无厌的人。

　　象走到尧送给舜的那张古琴前面，擦拭着每一根琴弦："这么名贵的古琴，舜不知道爱护，它以后就是我的了！"

　　忽然，舜站在大门口，怒视着三个恶毒的人。

象立即快步走到舜的跟前，抓住舜的双臂，厚颜无耻地哭着对舜说道："哥哥！挖井的时候，地面突然塌方，我们都以为你已经被土石埋葬。你听，我的琴声充满忧伤，那是我在思念你！"

舜知道这又是象的一番鬼话，没和他较真，只是淡淡地说道："我也很思念你呀，所以才拼死拼活从那被填实的井中爬出来！"

三番五次想置舜于死地，都没有成功，瞽叟和象认为是神仙在帮助舜，从此再不敢加害于他。舜不计前嫌，依然非常孝顺自己的父母。

天下咸服：舜为人民驱除哪四凶

帝鸿氏有个儿子，住在昆仑山的西面，长得十分特别：狗一样的身子，长长的毛，四腿像熊却没有爪子，有两只眼睛却什么都看不见，有两只耳朵却什么都听不

见，能行走却走不快，他的腹中没有心、肝、脾（pí）、肺、肾五脏，他的肠子是直的，吃下去的东西马上就能排出来。他生性残暴，专喜欢做坏事。他遇到品德高尚的人，就会扑上去连撕带咬，直到那人死亡为止；遇到阴险邪恶之人，他就俯首帖耳，任其摆布。由于他既凶残，又有怪癖，被他所害之人不计其数，却又拿他没办法。他善恶不分、是非不明，所以人们都痛恨地称他为"混沌"。这个混沌与我们在开天辟地中讲的那个混沌并不是一个人。帝鸿氏到底是谁，现在也没有一个公论，有人认为他是黄帝，有人认为他是蚩尤，还有的认为他是其他什么人。

少昊也有个不肖的儿子。他住在郱（guī）山，长得像虎，身有双翅能够飞翔，全身长着刺猬（wèi）一样的毛。他天生喜欢吃人，而且每一次都要从头吃起。他能够听懂人语：每当遇到有人打架，他总会一口吃掉没有过错的人；每当遇到正直的人，他总会一口咬掉那人的鼻子；每当遇到作恶多端的坏人，他非但不去惩罚，反而会从山中捉些野味犒赏（kào shǎng）他。人们都

右图是《神话时代》中的人物，你记得他是谁吗？可以把这个故事讲给别人听吗？

说他如此作恶，终有一天他会自食恶果，而他的爱好又如此奇特，所以人们都称他为"穷奇"。

最后一凶名叫饕餮（tāo tiè），饕餮生就一副凶神恶煞像，传说他长着羊身人面，他的脸上没有眼睛，他的眼睛长在胳肢窝（gā zhi wō）里，他的每一颗牙齿都如同老虎的一样锋利，手却与普通人的无异。饕餮十分贪吃，见什么吃什么，人啊、兽哇、树哇，哪怕是山石他也要尝试着吃下去。饕餮不仅贪吃，还特别喜欢钱财，为此不惜杀人越货。贪婪的饕餮最终被列为"四凶"之首。关于饕餮，还有其他的说法。有人说饕餮是龙的九子之一，非常贪吃，最后吃掉自己的身子，只剩下脑袋……

这四凶残害不少人，百姓怨声载道，尧在位时就想除掉四凶，可是一直没成功。舜即位之后，派出重兵，很快降伏他们，把他们流放到四方偏远之地，让他们在那里驱妖除魔，对抗更加邪恶之人，不再为害人间。

dà yǔ zhì shuǐ
大禹治水
公天下的绝唱

任重道远：大禹受命治水患

除了四凶，舜心中还有一事不曾放下。他召集群臣，说道："先帝尧一直为治水之事忧心如焚，也曾派鲧治水，水患却是越治理越大。你们可有人能把这大水治好，了却先帝遗愿！"

一个大臣说道："鲧的儿子禹一定能够根除水患。"

舜稍作迟疑："早先鲧治水未成，我在尧帝面前建议，将他斩首以平民怨。现在让我任命他的儿子再次治水，我怕禹会心存芥蒂（xīn cún jiè dì），不肯尽力！"

那大臣说道："我观察禹很久了。这个人心胸宽广、公而忘私。如果您强行命令他去治理水患，他一定会竭尽全力！"

舜思索一会儿，说道："那就让他试一试吧！"

父亲死于治水，现在舜帝又把这活儿安排给自己，大禹跪拜在地不肯领命："我实在没有才能治理水患，契和后稷的才能都在我之上，他们当中任选一人都会比我做得好！""大禹"是后人对禹的称呼，意思是伟大的禹，从这以后我们使用"大禹"这个称呼。

"之前杀你父亲，也是顺应民意，还望你不计前嫌。"舜知道大禹还在为父亲被杀之事耿耿于怀（gěng gěng yú huái），安慰他说："你不要有任何顾虑，只要做好你该做的事，不管是否能够根除水患，我都不会怪罪于你！"

大禹还想说些什么，舜阻止他说道："你不要再多说了，赶快上任治理水患去吧！"

大禹对自己的父亲因治水未成而被诛杀一直心有余悸（xīn yǒu yú jì），他转念一想，既然已经被委派治水，就要勇于承担，就应该责无旁贷地完成这项任务，更何况这还是他父亲的遗愿。

大禹不像舜那样幸运。舜虽为平民，尧却把两个优秀的女儿嫁给他，遇到问题，舜还有个可以商量的人。大禹到现在还没结婚，接受如此艰巨的任务，除了天帝，他想不到还能指望谁会给自己出出主意。

他向天帝祈祷："天帝呀！如果您怜悯我这个遗腹子，就请您给我一点提示吧！"

天帝听到大禹的祷告之声，心想：自伏羲盗取天上的火种，我降罪于人类，已经有几千年了。是时候结束人类的苦难了！这个禹就是鲧的儿子吧！鲧治水未成，死不甘心，那就让他的儿子完成治水伟业吧！

天帝问大禹："你的父亲用封堵之法，治水不成，你又有什么方法治水？"

大禹答道："这些年我一直反思父亲的治水方法，可是百思不得其解。不过，我相信自己一定能把水患治好！"

天帝微微点头。

大禹又说道："要想治水成功，还请万能的天帝助我一臂之力。"

天帝问道："你要我怎么帮你？"

大禹说道："请您赐予我息壤，这样我就可以筑起堤坝，拦洪蓄水！"

天帝说道："我可以赐你息壤，除此之外，不会再帮你任何事情。治水大业，还要靠你自己努力。"

大禹刚谢过天帝，就见一只鸱鸟

落在他的窗上，一只神龟爬进
他的房屋，那神龟的背上放着
一块小小的土壤。没错，这
鸱鸟、神龟给大禹送来
的就是息壤。

时间过得飞快，一晃大禹治水已有三年。三年中，
每每路过家门，他连望都不望上一眼，擦门而过；三年
中，鞋磨破了他就赤脚走，帽子吹走了他就顶着烈日走；
三年中，他听到的只有野外的风声、鸟兽的叫声和洪水
的滔滔之声，他忙得连个小曲都没心思哼上一哼。在这
三年中，他殚精竭虑（dān jīng jié lǜ）地奔波于大河之
间，走遍全国各地，日夜不休地治理洪水。为方便治水，
他把全国划分为九个区域：冀州、兖（yǎn）州、青州、
徐州、扬州、荆（jīng）州、豫州、梁州和雍州，合称
"九州"。

候人兮猗：九尾白狐现祥瑞

大禹一心治水，到了三十岁，还是单身一人，从未
娶妻。这样一个钻石王老王，心仪他的姑娘很多，给他
做媒、劝他结婚的人络绎不绝。他一一回绝，说道："我
若娶妻，必先有福瑞出现！"

无巧不成书，福瑞很快就出现了。这一天，他治水来到涂山。树林中蹿出一只狐狸，这只狐狸生得奇怪：全身纯白的绒毛，摇摆着九条长长的尾巴。

最为奇怪的是，这只狐狸竟能说人言、讲人语，只听它娓娓唱来："遇见九尾狐，非帝则王；娶了涂山女，非富即贵！"那只九尾狐边唱边绕着大禹转了几圈，转身消失在树林之中。

大禹心中大喜，对随从说道："这狐狸全身白色，它后面拖着九条尾巴，不正应验平定九州吗？看来，我们此次治水必能成功。"

大禹转念一想："那九尾狐唱道：'遇见九尾狐，非帝则王；娶了涂山女，非富即贵！'如今九尾狐已出，帝王之位我是不敢奢望；我现在就在涂山，莫非预示着我要娶一位涂山氏的女子！"

九尾狐一直是涂山地区的一个传说，当地部落都听说过："九尾狐一出，必有圣人。"但传说只是传说，千百年来在涂山地区还没有人看见过它，无法印证这一传说是否真实。涂山氏的首领听说大禹治水来到涂山，又听说他遇见九尾狐，心知大禹必不会久居人下，将来定有所成，便举行盛宴款待大禹。

席间，有人唱起涂山地区流传的一首歌谣："绥绥白狐，九尾厖（máng）厖。我家嘉夷，来宾为王。成家成室，我造彼昌。天人之际，于兹则行。"意思就是独自行走寻找佳偶的白狐，舞动着九条蓬松柔软的尾巴。看到它，我们的家人都感到非常的幸福和快乐。为什么呢？它告诉我们，今天来到我家中的客人将要成为一位帝王啊！客人啊，请您留下来和我们这里漂亮的女孩儿成亲成家吧！她贤惠、漂亮，一定会帮助您成家立业。无论是天上的神仙，还是地上的凡人，只要这样做，就一定会青云直上！

大禹听懂了这首歌谣的意思，脸不禁一红。

涂山氏的首领全当没有看到这一切，把自己的女儿带到大禹面前说道："听说您至今未娶，我有心将小女许配给您，不知您意下如何？"

大禹见那女子长得端庄秀丽、温文尔雅，心中喜欢。那女子也早就听说过大禹，敬佩他舍身忘我的精神，也是一见钟情。两情相悦，大禹与涂山氏的首领定下婚

期。

涂山氏是东夷最强大的部落，所以人们才会说谁要是娶了涂山氏的女子，那就一定非富即贵。

涂山氏首领的女儿叫"女娇"。大禹刚刚和她定下婚期，第二天就到南方治水去了，把女娇一人扔在家中。

女娇思念大禹，又不知道大禹什么时候从南方归来与她成婚，便叫一个侍女每天站在南山之上迎接大禹归来。可是今天等、明天等，天上的大雁都飞来了好几群，就是不见大禹归来。

女娇每日愁容满面，思念大禹情至深处，不禁泪如雨下，作歌道："候人兮猗！"虽然只有四个字，据说这是中国有史以来第一首情诗，它的意思是："等候我的心上人啊！这么久了，他什么时候归来呢？"

大禹终于从南方归来。一听女娇每天都盼望着自己，心中有感动也有酸楚，按照之前的约定在台桑与女娇成亲。

结婚了，本该高高兴兴，但是只过四天，女娇又要开始思念，大禹离她而去，匆匆治水去了。

黄梅迎雨：大禹妙计捉应龙

虽然得到息壤，又有鸱鸟和神龟的帮助，但是大禹治水进展得并不顺利。原来，大禹依靠鸱鸟和神龟的帮助，哪里有水患就堵哪里，哪里有决堤就筑堤哪里，辛辛苦苦三年多，仍然在走他父亲的老路子。

晚春初夏时节，大禹巡视水情来到长江边上。南方在这个时节不如北方那样让人神清气爽。天空整日阴沉沉的，不见太阳；淫雨（yín yǔ）霏霏，连绵不绝地下了好几天，看不出要停止的迹象；潮湿的空气中，人们的衣物、用具都出现了黑色的霉点。大禹第一次到这里，在北方从来没有遇到过这样的天气。

"这是梅雨天。一到这个时候，连绵的细雨要下上一个月，器物最易发霉。"当地人指着远处树上挂满的黄梅继续说道，"此刻正值黄梅成熟之时，所以这场雨又叫梅雨或黄梅雨。"

大禹心中奇怪，说道："我行走多时，只在这里有梅雨天，为何在北方不曾遇到？"

当地人说道："您有所不知，开天之初这里也没有梅雨天气。黄帝大战蚩尤，他

手下的应龙感染人间戾气（lì qì），无法再回天庭，便被黄帝留在人间，后来住在南方。应龙有通江导水的本事，不过更多的时候是给人们带来烦恼，他到哪里，哪里就阴雨不绝，有时甚至大雨倾盆，引发滔天洪水。应龙最喜欢黄梅，每到黄梅成熟之时，他就会来到这里，月余才肯离去。应龙一走，梅雨也就结束。"

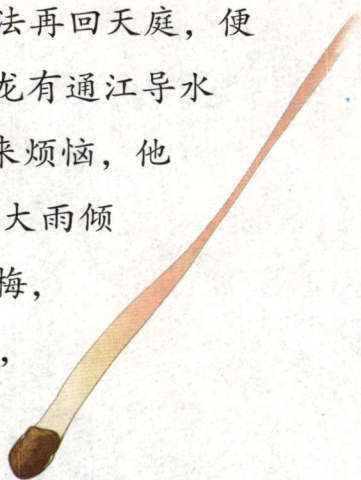

大禹一听应龙有通江导水的本事，眼前一亮，连忙问道："想必应龙此刻就在这里！你能带我找到他吗？"

"我可没那本事。应龙藏在深水之中，昼伏夜出，只出没在人迹罕至之处。凡人无法见他真容。"

大禹心中失望，但他从不会放弃任何机会。他冥思苦想，终于想出一个好办法捉拿应龙。

他命令随从摘下所有黄梅，装了满满一船，停在江心，撒下大网。

随从听说要捉拿应龙，个个心中激动，人人摩拳擦掌，准备大干一场。可是，人们的热情很快就消磨殆尽，一天、两天、三天……十多天过去了，别说应龙，他们连条大鱼都没抓到。

随从们开始私下议论。

"哪里有什么应龙？都是些骗人的说法！"

右图是《神话时代》中的人物，

你记得她是谁吗？

可以把这个故事讲给别人听吗？

"应龙是先祖黄帝的臣子，过去一千多年了，它还能活在世间？"

"大禹竟然相信这样的鬼话？白白浪费十多天！梅子都烂光了！"

"有这工夫，都治理好几条河了！"

大禹也有些气馁（qì něi），但他还是装出一副胸有成竹的样子："黄梅季节马上就要过去了。大家再坚持一下，这几天应龙一定会出现。"

其实大禹也不知道应龙是否会出现，但是他有种预感，应龙就躲在不远的地方盯着他们。

天越来越黑，云层突然厚了起来，绵绵的细雨也变得如同瓢泼一样打得人们睁不开眼睛。风起时，江面涌起巨浪，大船剧烈起伏，甲板上的黄梅纷纷滚落江中，铺满江面。

大禹站在船头，密切注视着江面，他坚信这个夜晚应龙一定会出现。

　　皇天不负有心人，只见水面打起一个漩涡（xuán wō），一条长龙从水中探出头来，拼命吞食散落在水面的黄梅。应龙真的出现了。

　　原来，应龙每年都会来这里食用黄梅，可今年他连一粒梅子都没找到。眼看着黄梅成熟的季节就要过去，他馋得心直发痒。几经寻找，终于在江心发现大禹的船上满是梅子，馋得口水直流。他是黄帝的臣子，黄帝代表着正义，他不能去抢人类的东西，但又抵不住美味的诱惑，就在那艘大船的底下游来游去，强忍着心中欲望。十多天过去，他再也按捺不住心中的欲望，就兴风作浪起来，把那梅子全部弄到水中，肆无忌惮地吃了起来。

　　船上的人一看应龙出现，躁动起来，一张大网铺天盖地地撒向应龙。应龙只顾贪吃，一不留神被那大网牢牢网住。应龙一惊，扇动双翅，在水里扑腾着，搅得水花四溅。人们生怕应龙逃走，不停地收网，准备把应龙拽上大船。网越收越紧，应龙扭动的幅度越来越小，闭着双眼，似乎放弃了抵抗。

人们在大禹的指挥下，喊着号子，"嘿哟嘿哟"地把应龙往船上拽。大网就快被拽上甲板，已经有人开始准备绳索，只等着束手就擒的应龙一上船来，把它绑上。忽然，应龙眼睛一睁，双翅一挥，直冲向天空。人们死抓着渔网的总绳不放，想把应龙拽下来。应龙是神兽，凡人哪可能抓住他呢？这些人被应龙的冲力带得七零八落，有的倒在甲板上，有的落入水中，号呼满地。

　　应龙飞上天空，抖落身上的渔网，心中明白，他找不到梅子，全是这帮人的阴谋诡计，想把他抓住。他在天空中盘旋几圈，恶狠狠地瞪着下面的人们，他不想伤害这些人，于是慢慢地钻入云层之中。

　　眼看着就要抓住应龙，却在最后一刻功亏一篑（gōng kuī yī kuì），人们的失望之情可想而知，都抬头望着天空，无可奈何。

　　就在人们无比绝望之时，云层中忽然有一物坠落下来，重重地摔在水中。没错，那是应龙。

　　人们还没弄清楚发生什么事情，

一条黄色的虬龙像闪电一样从空中直插入水中，追着应龙而去。

人们吃惊地跑到船头，水中乱作一团，两条龙，一青一黄缠在一起。渐渐地，应龙筋疲力尽，黄龙占了上风。黄龙伸开四爪紧紧抓住应龙的脊背（jǐ bèi），冲出水面，把他扔到船上。应龙趴在船上，动也不动。惊呆的人们回过神来，一拥而上，把应龙绑个结结实实。

黄龙没有离去，盘旋着落到甲板之上，化作一人。人们定睛一看，竟是大禹。大禹本是鲧腹中虬龙所化，见应龙想要逃跑，情急之下现了原身，冲入空中，抓住应龙。

应龙知道斗不过大禹，躺在船上大口地喘着粗气。

大禹走上前去，亲自为应龙解开绑绳。

应龙不解地问道："你不杀我？"

大禹答道："我为什么要杀你？"

应龙问道："你为什么要抓我？"

大禹答道："听说你能通江导水，我特意请你帮我治理水患！"

应龙冷笑一声："没有青玉金简，你就是抓住十条应龙也无济于事。"

大禹连忙问道："什么是青玉金简？"

应龙闭口不答。

金简传字：玄夷苍水带给大禹的秘密

大禹看出应龙的心思，说道："只要你帮我治水成功，我可以答应你任何条件。"

应龙又是一声冷笑，怪怪地说道："你能帮我重回天庭！？"

大禹答道："只要你能帮我治水成功，我就向天帝求情，助你重返天庭！"

应龙不信大禹能说动天帝。

"你看那是什么？"大禹指着天空中飞着的鸱鸟和水中背负着息壤的神龟，"天帝都可以把息壤借给我，助你重返天庭又有何难？"

应龙相信了大禹之话，说道："青玉金简是共工所留。它用黄金作简，用青玉作字，用银线把金简连在一起，记录着当年共工治水秘诀。"

大禹兴致盎然（xìng zhì àng rán）："怎样才能得到青玉金简呢？"

"青玉金简藏在九嶷（yí）山东南天柱峰顶。它下面用宝玉托着，上面覆盖着一块大

青石。只要找到那块青石就可以找到青玉金简。"

大禹按照应龙所说来到九嶷山，跋山涉水（bá shān shè shuǐ）十几天终于到了天柱峰顶，在那里找到一块厚重的大青石。一连十多天没有好好休息，大禹和随从又累又乏。一看到那块大青石，已快虚脱的随从欢呼雀跃，蜂拥而上，想要把它搬开。

大禹立即制止住众人："青玉金简是共工遗物，我们必须表示出对先人和山神的恭敬之心，才能拿到金简。"

大禹在青石旁边杀了一匹白马，郑重庄严地祭祀山神、悼念共工。祭祀完毕，大禹双手搬开青石。当那块青石被搬开时，大禹满怀热情的心就像被人泼了一盆冰水一样：青石下面有一深坑，遗憾的是，那里什么都没有。

大禹忽然觉得上天和他开了一个巨大的玩笑，他失望至极，所有的疲惫一下子把他击垮，瘫倒在地。

天色已晚，大禹带领着随从住在山上。睡梦中，一个红衣男子走过来，对他说道："我是玄夷苍水派下凡

界的使者，奉命教你获取青玉金简之法，在此等候你多时了。"玄夷是东夷部落的一个分支，苍水是住在那里的一位神仙。

大禹不解地问道："既然上天有心让我得到青玉金简，为什么还要让我费尽波折？"

使者答道："成大事者必定要经过许多磨难，哪有随便成功的？你现在还不到看那本神书的时候。"

"我何时才能得到此书？"

使者答道："此书为共工所著。当年共工怨恨天帝偏心，怒撞不周山。他不愿帮助颛顼治理水患，也不想让自己治水之法失传，便在这青玉金简上写下治水之法，藏于青石之下。你若想观看此书，必须到不周山下，沐浴斋戒三个月以谢共工。只要你虔诚之心到位，再回来搬开青石，就可以得到此书。"

大禹醒来，按照使者所言，到了不周山下，虔诚地祭拜共工。回到天柱峰，再搬开那块青石，果然看见一卷青玉金简放置于一块美玉之上。

河伯献图：大禹一过家门而不入

大禹打开金简，上面写着几行大字："息壤封堵，应龙疏导；河伯献图，神珍探底；巨斧开山，宝剑降妖。"

大禹心想："我已经求来息壤，降伏应龙。我父亲只用息壤封堵水患，却无应龙疏导，这一定是他治水无功的关键所在。按书上所说，我若想治水成功，还要找到河伯、神珍、巨斧、宝剑。河伯生活在黄河之中，这个不难找到，可是神珍、巨斧、宝剑又是什么呢？"

"河伯献图？到底是什么图？"大禹一边思考、一边马不停蹄地赶往黄河，寻找河伯。

路过涂山，忽听山上一女子呼喊他的名字。大禹认得她是妻子女娇的侍女，女娇派她在涂山之上日夜守望大禹归来。

侍女见到大禹，焦急地说道："小姐得了大病，一直未好，请您回家探望一下吧。"

大禹心想："我若回到家中，必定要陪她一段时间，不知何时才能离开，会耽误治水进程。"把心一横，对那侍女说道：

"你回去好好照顾小姐，等我治水成功，马上回家照看她！"

大禹一过家门而不入，只留下独自流泪的侍女。

到了黄河边上，只见那里河水翻滚着泥沙奔腾而去，哪里有什么河伯呀！大禹在河边摆上祭台，期盼着河伯能被他的诚心感动。不过，几天下来，除了滚滚而去的河水，大禹什么都没等来。

祸不单行，忽然有人来报，应龙不见了。

大禹心中一惊，想到这一路上应龙心事重重，一言不发，莫非他早有了逃跑之意？

应龙真的逃跑了吗？没错！他知道治水困难重重，并非一朝一夕可以完成，自由散漫惯了，根本不想受大禹的约束，所以趁着大禹祭拜河伯之际，一下子钻入黄河之中。

混浊的河水，一般人根本找不到出路，应龙似乎对黄河水底地形了如指掌，顺着水流三步两步就寻到河伯的府邸（fǔ dǐ）。守门的虾兵蟹将一见应龙，个个点头

哈腰，打开府门，把应龙让入府中。

河伯一听应龙到来，赶紧出门迎接："应龙老弟，好久不见啊！什么风把你吹到我这穷乡僻壤（qióng xiāng pì rǎng）来了啊！"

应龙笑着答道："路过，路过！特意来看看河伯大哥又给我添了几房嫂子？"

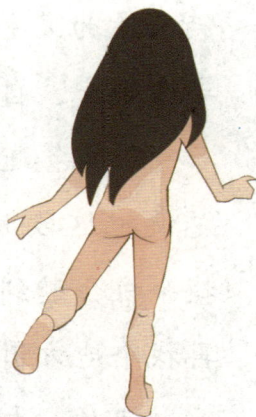

河伯并不介意，笑着答道："见笑，见笑！最近我可没那心思！"

应龙盯着河伯那只被射瞎的眼睛："大哥，你这眼睛……"

"嘿！一言难尽！"河伯便把后羿如何射瞎他一只眼睛之事详细说了一遍，"瞎了一只眼，我还哪有心情再娶妻纳妾啊！应龙老弟久久不登我的大门，今天突然来到，恐怕不会是路过这么简单吧！"

应龙喝了一杯酒："路过，路过！大哥不要多想！"

河伯说道："当年你帮我画黄河水图，吃不得辛苦，半路而走，杳无音信（yǎo wú yīn xìn）。我最近听说你被大禹用计活捉，答应帮他治理水患，怎么会有闲心到我这里喝酒！"原来，河伯初到黄河之时，遇到应龙，俩人结为兄弟，共画黄河水图，应龙懒散吃不了辛苦，半途而废，自那以后再没有见过河伯。

应龙答道："什么事情都瞒不过大哥的耳目哇！"应龙便把这段时间的经历详细说给河伯，"我吃不了苦，找个机会逃到你这里。我在这儿躲上几天，等大禹离开，再找个地方逍遥自在去。"

河伯一把夺过应龙手中的酒杯："兄弟，我这里的酒你恐怕是无福享用了！你还是赶快返回到大禹那里吧，否则你我必将大祸临头！"

应龙不解地问道："大哥，此话怎讲！"

河伯愁眉不展地说道："青玉金简上写得很清楚，'应龙疏导'，你能逃得过上天的安排吗？看来我辛辛苦苦画了几十年的黄河水图也要双手奉上。"河伯说着从一个精致的盒子里拿出一卷图来，"你把这个带给大禹吧！"

应龙接过来一看，正是黄河水图："这可是你多年辛苦的成果啊！怎能拱手让人？"

河伯无奈地说道："大禹现在就在岸上祭拜我，他这样做是对我的尊敬。我不愿意多事，才不肯见他。既然金简上已经写着'河伯献图'，你认为这图我还能留得住吗？"

应龙轻蔑地说道："我们躲在水底不出去，他能把我们怎样？"

河伯摇摇头："大禹能化作黄龙捉住你，他难道就不能再化作黄龙，冲入我的府邸吗？更何况天意难违。你拿着黄河水图出去，献给大禹，他一定会记你大功一件。"

应龙说道："这可是你多年的心血啊。我可不会贪图这份功劳。"

河伯说道："我在这水底自在惯了，用不着那些虚名！倒是你，有了这功劳，大禹一定会向天帝求情，让你重回天庭！"

应龙听从河伯之言，冲出水面，来到大禹面前，献上河图。

大禹见应龙回来，还带着河图，心中大喜。自此大禹每日研究河图，按照河图所示，投下息壤筑堤，又让应龙向下游导引河水。

禹王锁怪：大禹二过家门而不入

这一天，大禹治水又路过涂山。山顶上替女娇守望大禹的侍女一溜烟地从山上跑下来，边跑边喊："小姐刚刚

生下一个大胖小子，您赶快回家去看一看吧！"

大禹一听自己有了儿子，心中狂喜，可又一转念："如果我回到家中，一定会留恋娇妻，一定会挂念幼子，再也无法安心治水！"他把心一横，对着兴冲冲而来的侍女说道："你回去告诉小姐，我马上就可以治好水患，让她在家好好抚养孩子，我过些时日一定回家探望她们母子！"

说完，大禹头也不回地继续赶路治水。到了桐柏山那里，晴朗的天空突然变得狂风怒号、大雨倾盆、飞沙走石，铺天盖地，耀眼的闪电刺破天空，震天的雷声不绝于耳，山上的树被风吹得左摇右摆，似乎要被连根拔起。

治水多年，大禹从未见过这样的天气。他领着众人暂避，等着风雨停歇。一连等了几天，狂风暴雨根本没有要停下来的征兆。

大禹内心焦急："如此耽搁下去，何时才能治水成功？"他站起身来，披上蓑衣，戴上斗笠，带着几个随从踩着泥泞的道路登上一座小山。

大禹站在山顶四下张望：看看天空，天空中阴云密布，大雨如注；看看大地，河水

暴涨撕扯着堤岸，大地满是积水，道路被淹没。

忽然，湍急的水面涌起如山如岭的波涛，雪白的浪花中钻出一个令人心惊胆战的妖怪。它形似猿猴，扁扁的鼻子、高高的额头，头上披散着白色的毛发，身上却长满青毛，雪白的牙齿闪烁着寒光，金色的爪子透射着锋芒。它几步就蹿上山头，硕大的身躯足有五丈长，黑压压地直奔大禹而来。

随从一见妖怪冲上山顶，立即挡在大禹身前，举起各种武器，杀向妖怪。那妖怪似有金刚不坏之身，所有武器碰到它的身体，顿时折作两截；它又似有无穷之力，挥起胳膊，三下两下就把那些随从打得筋骨寸断。

大禹眼见着随从一个个被打死在地，心中大呼不妙，转身就向山下逃去。哪知那怪物动作实在太快，只眨眼工夫就挡在大禹面前，伸出爪子扑向大禹。

大禹心知斗不过怪物，无心恋战，情急之下，化作一条黄龙，冲向天空。那怪物虽然动作极快，却不会飞翔，在地上三蹦两跳没有抓住大禹。

大禹盘旋在空中，定了定神，想把怪物看个清楚。哪知就在这时，怪物突然把脖子一伸，那脖子竟飞快地长了起来，那个张着大嘴、露着獠牙的脑袋在脖子的推送下，像离弦之箭一样直奔大禹而来。

大禹大惊失色，拼命向更高处飞去。那怪物的脖子伸长了百尺有余，见追不上大禹，便收回脖子，吃光地上的死人，跳回河水之中。

大禹回到营地，稍稍平复一下惊慌的心情，立即召集当地部落首领。当地的鸿蒙氏、章商氏、兜卢氏、犁娄氏首领全都聚到大禹身旁。大禹诉说山顶的遭遇，首领们吓得面如土色，默不作声。

大禹心下奇怪，问道："你们可知这怪物是何来历？"

几个人支支吾吾半天，都是顾左右而言他。

大禹面带怒色，几个首领见搪塞（táng sè）不过，便对大禹说道："您见到的这个怪物名叫无支祁（wú zhī qí），它铜头铁臂，刀枪不入。仗着自己本事超凡，霸占这条河水，在水底营造了一座富丽堂皇的洞府，可能有上千年了！虽说它不常吃人，却会呼风唤雨，常弄些水灾取乐，两岸民众深受其害。想必这妖怪知道您为治水而来，才会出来攻击您吧！"

"这场大雨也是它在搞鬼！你们为什么不早来禀报？"

那些首领答道："这妖怪神通广大，无人能敌。我们怕告诉您，您会领兵与它争斗，万一斗不过它，就会祸及百姓！我们心想，只要过些时日您离开这里，这场风雨自然会停，也就没有向您禀报此事！"

大禹心中大怒："如此重要之事都不向我禀报，你们是有意欺瞒！说什么祸及百姓？我看是怕那怪物伤害你们的性命！我命你们立即起兵捉拿妖怪，不得有误！"

那些首领都领教过妖怪的厉害，一个个吓得跪在地上，恳求大禹不要再招惹那妖怪。

大禹气得满脸通红，见这些首领不敢出战，索性把他们全都囚禁起来，免得他们乱了军心。

大禹领着人马在河边驻守几天，那怪物像是害怕了一样，不肯露头。大禹命令士兵从山上运来无数巨大的石头扔入水中。那些石头纷纷砸向无支祁的洞府。

无支祁自上次赶跑大禹，吃了他的随从之后，回到洞府之中呼呼大睡，一直没有醒来。大禹命士兵们向水中扔下石头，没一会儿就把无支祁砸醒。无支祁见自己的洞府被砸得千疮百孔，大怒，冲出水面。

大家见无支祁冲出来，向天空中抛出一张巨大的网。大禹知道兵器对无支祁毫无用处，便连夜赶制了这张大网，想要以柔克刚。无支祁被网住，左突右冲，就是无法脱身。

大禹立即化作黄龙，腾空而起，俯冲而下，伸出双爪，想要把无支祁连人带网一同抓起。哪知气急败坏的无支祁张开大嘴，拼命撕咬着大网，几下就咬出一个大口子，又伸出双臂，露出利爪，扒住网口，使出浑身之力把大网撕得粉碎。冲出大网的无支祁，如鱼得水一般，把利爪在空中一挥，重重打在大禹身上。大禹身上一阵疼痛，丢落许多龙鳞，飞上天空，侥幸（jiǎo xìng）捡回一条性命。

大禹从空中俯瞰地面，地上的士兵可遭殃了，被无支祁连打带咬、血肉横飞。大禹在天上嗷嗷直叫，却也对无支祁毫无办法，只能眼睁睁地看着士兵一个个死去，他似乎还看到那些首领对他的嘲笑。

就在生死关头，只见一道闪电般的光芒划破阴暗的天空，刺向无支祁。无支祁杀得兴起，一不留神被那光芒刺中肩膀，一股鲜血喷涌而出。

无支祁向上望去，只见云端之上一英俊少年手持宝剑站立在一位女子身旁，那道闪光就是少年刺出宝剑的光芒。

不可一世的无支祁一见那少年和女子，脸色大变，像是躲避瘟神一样一头跳入水中，再不出来。

大禹落到地上，那少年和女子也已飘落到他的身旁。

大禹向两人答谢道："多谢二位帮忙！敢问二位是何方神圣！"

那女子答道："我是瑶姬，这是我的童子庚辰！"

大禹一听，连忙问道："您可是神农炎帝之女，巫山女神瑶姬？"

那童子答道："正是！我家主人路过此地，见你治水遇难，特来助你除妖！"

瑶姬让庚辰把宝剑递给大禹："这把避水剑是无支祁的克星。念在无支祁已经在人间修炼几千年，还请您到时留它一条性命。"

大禹答道："留它性命不难，倘若它再祸害百姓，那我该怎么办？"

瑶姬拿出一条长长的锁链："这是索蛟链。你只须把无支祁锁在君山之下，它就不会再为害人间！

右图是《神话时代》中的人物，
你记得她是谁吗？
可以把这个故事讲给别人听吗？

你要保管好这把宝剑，日后一定会有用处！"

瑶姬留下庚辰帮助大禹治水，自己飞回巫山神女峰。后来大禹治水成功去拜谢瑶姬，他刚到巫山的时候，只见瑶姬矗立山尖，顾盼之际就化作一块巨石；没一会儿，又腾空而起，散作轻云；云停之时，又聚在一起降起薄雨。她一会儿化作游龙，一会儿变为翔鹤，姿态万千，行踪不定。又有人说，瑶姬不是炎帝的女儿，她是王母娘娘的第二十三个女儿，做了巫山神女。

殚精竭虑：定海神铁降妖魔

无支祁受伤，知道大禹有神人相助，躲在水中再不出来。

庚辰问大禹："您是否能够到达天庭？"

大禹答道："我若化作黄龙就可以飞到天庭。"

庚辰说道："我听说太上老君炼出一根神针铁，可大可小、可长可短、可粗可细，可向上破天、可向下探海。如果您能向太上老君借来这件法宝，定能捣毁无支祁的洞府，逼它浮出水面。"

大禹心头一震："按照青玉金简所言，我现在已经有了息壤、应龙、河图，神女送给我的宝剑，六样治水法宝我已经得到四样，莫非要我到太上老君那里去借这第五件法宝？"

大禹化作黄龙，飞上三十三天兜率宫（dōu shuài gōng）。这三十三天乃是离恨天，是天之最高处。元朝郑光祖在《倩女离魂》中写道："三十三天觑（qù）了，离恨天最高；四百四病害了，相思病怎熬？"兜率宫就是太上老君的住处。

大禹刚在兜率宫前站定，就见宫门大开，走出一个童子，见到大禹说道："家师说门外有贵客到，想必就是你了！"

大禹随着童子走入宫内，见一道人坐在正中，腰间勒着一根金灿灿的绳子，手里拿着一把芭蕉扇轻轻地扇着。在他身后，左右各立着一个小童子，一个头上披金，一个发间戴银。在他旁边的桌上放着个盛水的玉净瓶，墙上挂着个装丹药的紫金红

葫芦，葫芦旁边是一把炼魔除妖的七星宝剑。

大禹上前施礼："参见太上道祖！"

"我已经知道你的来意！"太上老君拿出一根小铁棒放在桌上，慢条斯理地说道："定海神针铁，又名如意金箍棒（jīn gū bàng），是在我的炼丹炉中锻造而成，重一万三千五百斤。我有心借你，你又如何拿得起？扛得动？"

大禹走上前去，只见那铁棒霞光艳艳、瑞气腾腾，却只有绣花针般大小，心想："我还拿不起这么一根细铁？"

他伸出手，用两个指头轻轻一捏那根铁棒，那铁棒似有千钧之力，在桌上纹丝不动。

大禹面带惭色退后而立。

太上老君微笑着说道："你要是遇到力大无穷之人，可随时将此棒借走！"

大禹离开兜率宫，情绪低落，独自飞落到泰山之上，看看风景、散散心。他刚到玉皇顶，正要欣赏一下泰山脚下不远处新筑起的一道黄河堤坝，就觉得脚下一震，山上的碎石"噼里啪啦"地掉落山涧。大禹脚下不

稳，摔倒在地，还未爬起，泰山竟慢慢抬起，缓缓地移向大海。

大禹心中一惊，连忙飞到山脚，一探究竟：只见泰山之下有一个乌龟一样的东西正背着泰山前行。黄河岸边，大禹辛辛苦苦筑起的堤坝，在泰山的碰撞、摩擦之下，轰然倒塌。那怪物对此视而不见，依旧背着泰山向东海而去。

大禹朝着怪物大喝一声，那怪物吓了一跳，回头看见大禹，稍作迟疑，又昂首向前。

大禹飞到前面，挡住怪物的去路："你是什么妖怪？赶快把泰山放回原处！"

怪物也不答话，扭头换个方向前行，大禹又挡在怪物面前。无论那怪物如何变换前进方向，大禹始终拦着不放。怪物大怒，放下泰山，一跃而起，重重地压向大禹。

大禹身形矫健，躲过怪物的身体。怪物没有压到大禹，又一跃而起……

大禹见怪物只会这一招，又想起曾经见过四脚朝天、动弹不得的乌龟，顺势抬起一脚，把怪物踢了个仰面朝天。怪物倒在地上拼命挣扎，却怎么也无法正过身来。

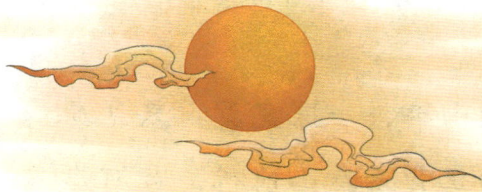

大禹手拿一根粗大的木棒，不紧不慢地走到怪物面前，略带威胁地问道："你是什么来历？"

那怪物也是个识时务的俊杰，知道不是大禹的对手，便一五一十地说起自己的来历。

原来，这怪物是龙的九个儿子之一，排行第六，名叫霸下，他的龙王老爸喜欢叫他赑屃（bì xì）。别看他长得像只乌龟，可他的确是个龙种。霸下生就神力，平时喜欢背些非常重的东西。海里的东西被他背了个遍，再没什么重的东西可让他背了，他就想到陆地上的三山五岳，于是偷偷跑出东海，来到黄河岸边，把泰山背了起来。没想到刚走几步，就被大禹制服。

大禹忽然想起人们常说："龙生九子不成龙，各有所好！"一时好奇，便问霸下他另几个兄弟的情况。

霸下的大哥名叫囚牛，喜欢蹲在琴头静静地欣赏音乐。后来，人们就把他刻在胡琴上。

霸下的二哥名叫睚眦（yá zì），"睚眦"就是瞪眼的意思，从名字可以看出他的脾气不太好，生性好勇斗狠，在一些兵器上你常常可以看到他的形象。有一个成语叫睚眦必报，意思是说一个人心胸狭窄得连别人瞪你一眼这样的小仇恨都要报复。

霸下的三哥名叫嘲风，长得像只野兽。他喜欢冒险，又喜欢四处张望。人们听说他能消除灾祸，就把他立在房屋的垂脊之上。如果你观察一些古典建筑，在它们的垂脊之上会有一排单列的垂脊兽。立在最前面的是一位骑着凤凰的仙人（传说齐国国君战败遇河阻拦走投无路之际，一只凤凰飞到他的面前，载他渡河而去。寓意"逢凶化吉"），后面依次是龙、凤、狮子、天马、海马、狻猊、押鱼（海中的一种怪兽，传说能灭火防灾）、獬豸、斗牛（龙的一种，遇到阴雨天就能兴起云雾，是防火镇灾的吉祥之物）和行什（背生双翼的猴子，手拿金刚杵，因排行第十，所以叫"行什"。只存在于北京太和殿，以显示太和殿规格之高。又称"压尾兽"）。垂脊兽越多，说明房屋的规格越高。

霸下的四哥名叫蒲牢，他贵为龙的儿子，却非常害怕鲸鱼。一见到鲸鱼他就大呼小叫，声音巨大，传播辽远。有心人为了让撞钟声更加洪亮，就在钟上铸上蒲牢，把撞钟的木槌（mù chuí）雕刻成鲸鱼的样子。鲸鱼木槌每撞一下钟，钟上的蒲牢就大喊一

声，这样钟声就可以传得很远。

霸下的五哥名叫狻猊（suān ní），他长得像只狮子，喜静不喜动，总是一动不动地坐在香炉旁边，吸食袅袅升起的炉烟。在香炉之上，常常可以看到他的影子。

霸下的七弟名叫狴犴（bì àn），他长得像只老虎，全身上下透露着正义感，喜欢替人打官司，他的形象经常出现在监狱大门、衙门公堂等地方。

霸下的八弟名叫负屃（fù xì），长得像龙，文采飞扬，在石碑之上的文龙就是负屃。治水成功之后，大禹担心霸下会兴风作浪，就把他压在重重的石碑之下。所以霸下常常与他的弟弟负屃出现在一起。

霸下最小的弟弟名叫螭（chī）吻，又叫鸱尾，他生性好吃。古典建筑上，常有一条龙一样的野兽张着大嘴在吞食屋脊，这个吞脊兽就是螭吻。

霸下讲完几个兄弟的情况，恳求大禹放他一条生路。大禹见霸下有悔改之意，刚要放了霸下，忽然想到：定海神针铁不过一万三千五百斤，同泰山比起来，真是不值一提。霸下不正是我要寻找的力大无穷

之人吗？

想到这里，大禹对霸下说道："只要你能帮我从太上道祖那里取来定海神针铁，助我治水成功，我就给你自由！"

霸下只顾着活命，痛快地答应了大禹。

太上老君见大禹找来霸下背负定海神针铁，欣然把它借给大禹。临别时太上老君嘱咐大禹，治水功成之后，就把这根铁棒立于东海之中，自会有人来取。后来，定海神针铁落入孙悟空手中，成了降妖除魔的金箍棒。

回到地上，大禹让霸下举着定海神针铁站在河边，口中念着："大、大、大……"只见那根神铁不断变长，直插入水底。霸下不停地搅动河水，无支祁的洞府被打得粉碎。无支祁无处藏身，只得硬着头皮冲出水面。他身后站着霸下，举着定海神针铁。据说那神铁"挽着些儿就死，磕着些儿就亡，挨挨儿皮破，擦擦儿筋伤"！

无支祁想要逃跑，可是他跑不了了，他的面前站着大禹，只见大禹右手紧握那柄避水剑，左手拿着索蛟链。进退无路，无支祁只得束手就擒。

大禹答应瑶姬不伤无支祁的性命，就用索蛟链把

无支祁锁在君山之下的水中。很久之后，有人在君山之下钓鱼，不知钓到了什么，鱼钩在水中拉不上来。有水性好的人潜入水中五十余丈，忽见一根粗大的铁链缠绕在水中的巨石之上，铁链另一头直插向水底。那人沿着铁链继续向下潜去，下潜很长时间，却不见铁链的尽头。那人心下奇怪，赶快游上岸去，把这事报告给官府。官府派人把那铁链拽出水面，可是铁链又长又重，根本拽不上来。官府又找来五十头牛，才稍稍拽动那根铁链。就在铁链缓缓露出之时，平静的水面涌起波涛。两岸看热闹的人见水面无风起浪，心中害怕。当铁链完全露出水面，一只猿猴一样的怪物跳了出来。它双目紧闭，巨大的水流从它的鼻子、耳朵中如泉水一般涌出。这怪物像是刚刚睡醒一样，伸个懒腰，打个哈欠，睁开双眼，目光犀利如闪电。它环顾众人，仇恨般的怒吼响彻天地，吓得众人抱头鼠窜。那怪物也没有追赶惊慌失措的人们，掠走岸上的五十头牛，消失在水中。这个怪兽就是被大禹锁在君山之下的无支祁。

女娇化石：大禹三过家门而不入

打败无支祁，大禹回转黄河，路过涂山。山冈之上，女娇领着一个刚刚会走路的小男孩向下张望，见到大禹，抱起孩子，飞一般地冲下山来。

"这是我们的孩子！"女娇来到大禹面前说道，"快叫爸爸！"

那孩子见到大禹非常害怕，吓得哇哇大哭。孩子不认识父亲，大禹心中一阵酸楚，想要抱起孩子亲近亲近，那孩子直向后躲。

"给孩子起个名字吧！"女娇边哄孩子边对大禹说道。

一直忙着治水，大禹竟忘了自己还有这个儿子，一时也想不出什么合适的名字。

女娇拉着大禹："你在外多年，这次路过家门，总该回家去看看吧！"

大禹沉默良久："你再等我些时日，我一定回来照看你们母子！"

大禹三过家门而不入，女娇这一次再也不相信他的话："要么跟我回家小住几天，要么就带我们母子一起跟你治水！"

大禹又沉默一会儿："你们跟我走吧！"

黄河之水流

到华山，被华山阻挡，向北绕道而行，常常发生淤堵。大禹决定在华山中间开辟一条水道，将河道拉直，使河水顺畅地喷泻而下。

华山山高势险，大禹带领民众夜以继日地开山凿石，常常忘了吃饭。女娇心疼丈夫，每次做好饭菜，便拉着儿子给大禹送去。可是大禹哪有时间理会他们，女娇带着儿子有时一等就是一天。

大禹心中过意不去，就对女娇说道："明日我在山上挂一面铜锣，你听到锣声就来给我送饭，免得你总是带着儿子傻等。"

从这以后，女娇一听到锣声就给大禹送饭，再也不用在工地旁边苦苦等待。

时间一天天过去，单靠着人扛马拉，开山的工程进展十分缓慢。大禹急在心里，计上心头，化作一头大黑熊，挥起爪子，使尽全身力气扒土挖石，很快就挖出一条长沟。看着大禹如此卖力，所有人都受到鼓舞，工程进展一下子快了许多。

大禹拼命挖着石头，碎石雨点般地落向大禹身后，许多石头打在那面锣上。锣声不断响起，

大禹专注于开山，并未注意到锣声。他没注意到，女娇却已听到。之前大禹肚中饥饿想要吃饭，都只是敲上两三下，今日锣声却不断响起，女娇想：大禹这些日子劳累，一定是饥饿难忍，才会如此催促自己送饭。她做好饭，领着孩子匆匆跑向工地。

女娇跑到山上，不见丈夫，顺着别人指点的方向寻了过去。那里哪有自己的丈夫，只有一头黑熊低头拱着什么。她心中恍然大悟，丈夫如此急切地敲响那面铜锣，一定是遇到这头熊发出的求救信号，可惜自己错过营救丈夫的时机。

女娇以为大禹被熊吃掉，吓得大叫一声扔掉手中的篮子，边哭边抱起孩子转身就跑。

大禹听到女娇的声音，奇怪地转过身去，只见饭菜撒了一地，女娇抱着孩子正向山下跑去。

大禹不知道发生了什么事情，放下手中的活，追赶过去，边追边喊："别跑！是我！"

大禹没有意识到自己已经化作一头黑熊，他喊出的每一句话都是骇人的熊叫之声。女娇一听，只当是这头熊要追上来吃自己，吓得更不敢回头，跑得更快。她

跑得快，大禹追得急，很快就要追上女娇，大禹喊着：
"发生什么事情？你跑什么呀！？"大禹边喊边伸出手来
想要抓住女娇。

女娇听见熊的叫声就在自己身后，又感到那只熊把
爪子伸向自己，吓得魂不附体，一着急竟化作一个石
人。

大禹见状，号啕痛哭："你这是为什么呀？"他忽然
看到自己那双熊掌，立刻意识到女娇不知熊就是自己，
所以才会吓得落荒而逃，他赶紧变化成原形，跺足捶
胸，"这都是我的错啊！你快回到我的身边吧！"

可是左呼右喊，女娇再也变不回原来的模样。大禹
悲伤地喊道："天哪！我尽心尽力治理水患，从不敢懈
怠，你却让我承受失妻丧子之痛，这是为什么呀！"

那石人似乎听见大禹的哭诉，裂开一道细缝，一
个小孩子哭着从石缝中钻出，正是大禹的孩子。

大禹抱着孩子和女娇石人哭
瘫在地。那

个孩子一直没有名字，大禹为纪念女娇，便给这个孩子起名叫"启"，"启"的意思就是这孩子

是从女娇开启的石缝中活下来的。

天帝听到大禹的哭诉，知道大禹为了开辟新的水路而痛失自己的爱妻，同情大禹的遭遇，便叫来守卫南天门的巨灵神："大禹治水，华山挡路。他想在华山中间开辟一条水路，化熊开山，谁知因此失去妻子。实在可怜可叹啊！我命你即刻下凡，帮助大禹开辟水路，平复他丧妻之痛！"

巨灵神力大无穷，手握一把巨斧，而这也应了青玉金简所言的"巨斧开山"。巨灵神来到人间，向大禹说明来意。大禹不胜感激，虔诚地祭拜天帝。

巨灵神让众人躲远，他独自站在华山之巅，身体借着风势一晃就长了数十丈。他右手慢慢抽出身后背着的巨斧，双手紧握斧柄，高高举过头顶，凝神聚气之后，使足全力劈下来。只听山崩地裂一声巨响，华山在大地的颤抖中被劈开一个巨大的豁口。巨灵神收起巨斧，双脚踩在豁口两边，用力向两边一蹬，华山就被齐整整

右图是《传说时代》中的人物，你记得他是谁吗？可以把这个故事讲给别人听吗？

地分成两座大山，黄河之水沿着两山之间的沟壑（gōu hè）奔流而下。原来的华山被称为太华山，另外一座比较矮一些的被称为少华山，两座华山合称为"二华"。华山出了很多道教名人，例如历经唐、五代、北宋三朝的百岁老人陈抟（tuán）老祖，金庸笔下全真七子中的郝大通等都曾在华山生活过。在少华山生活的历史人物也很多，最出名的是两个绿林好汉，一个是隋末聚义瓦岗山的王伯当，另一个是小说中被逼上梁山的九纹龙史进，他们都曾在少华山上占山为王。

巨灵神开山之后，他的手印至今还留在华山之上清晰可见。除此之外，在华山附近的首阳山上还留下了他的脚印。东汉著名文学家、科学家张衡，除了发明浑天仪和地动仪之外，还写过著名的《西京赋》记录此段神话：巨灵赑屃，高掌远跖，以流河曲，厥迹犹存。意思是：巨灵神像赑屃一样天生神力，他用手掌劈开高山，用脚蹬出河谷，从此之后黄河之水便沿着河谷奔流不息，现在我们还能找到巨灵神开山的遗迹。

鲤跃龙门：龙门三月鳞甲变

巨灵神返回天庭时，把巨斧借给大禹。至此大禹已经找齐青玉金简上记载的六件治水法宝。

有了这六件法宝，大禹治水得心应手。只见大禹拿着河图勘察江河走势，霸下扛着神针探测江河深浅，应龙按着大禹的指令用他那长长的尾巴划地为渠引导河流，鸱鸟引路、神龟紧随扔下息壤堆土筑坝，遇到过不去的山就用开山巨斧劈出一条水路，碰到躲不过的妖就用避水神剑刺出一条血路。

这一年，桃花三月初，大禹领着治水民众过了壶口，看见黄河之水被一座高山拦住，水在山前聚集成一大片湖泽。有人告诉大禹，这座山叫"龙门山"。正说话间，天上忽然飘下雨滴，一小团乌云夹带着一个黑点从山的那边飞了过来，黑点的后面燃烧着一团熊熊火焰，"啪"的一下落入湖泽之中。湖泽的水面上溅起几个浪花，继而一条巨龙从水中腾空而去。

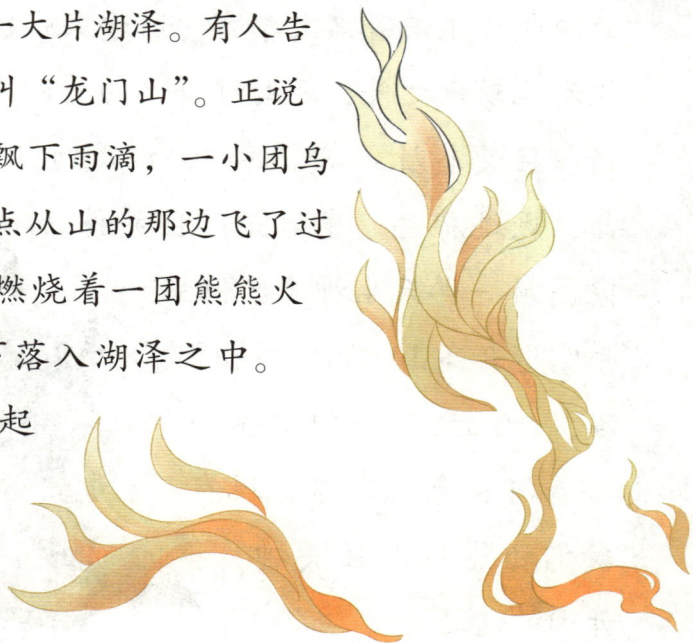

当那龙消失之时，云也散了，雨也停了。

大禹心中惊奇，爬上山头：黄河在山前聚积的水顺着山中的裂隙流淌到山那边，汇流成一条大河，缓缓地流向远方。河面上泛着耀眼的红光，细一看，原来是无数的红尾鲤鱼洄游至此，无路可进，密密麻麻地挤在河水之中。

一条红尾鲤鱼大声叫道："刚才那条鲤鱼跃过高山，你们看到了吗？我们也跳过去吧！"

另一条鲤鱼使劲摇晃着身体表示反对："你没见到它尾巴上面的那团火焰吗？说不定它已经被烧成鱼干，我可不想白白送命。"

又一条鲤鱼附和说："我们都不知道山的那边有什么。也许那里连一滴水都没有，我们离开水可怎么活下去呀！"

红尾鲤鱼说道："山上不断地流下水来，汇聚成如此大的一条河流，山的那面一定有一个大湖！咱们只要跳过这座龙门山就可以在湖水之中自由游玩！"

一条鲤鱼摇摆着双鳍："就算那里有一大片湖水，可是龙门山如此之高，我们要是没跳过去，掉下来那还不得摔死呀！"

红尾鲤鱼见没有一条鱼愿意和它一起跃过龙门山，便倒退几米，然后飞一般地游向山底，在快要撞上山脚的那一刻，它纵身一跃，像离弦之箭一样冲出水面，在一团云雨之中冲向天空。它的速度太快，身体与空气的摩擦让它整个身体变得异常燥热。它忍着疼痛，扭动着身体，控制着方向，努力不让自己失去平衡。快要到达山顶的一刻，它感到一阵的灼痛，又闻到一股烧焦的气味，眼角余光中它看到一团火焰，它的尾巴燃起熊熊大火。它咬紧牙关，用尽最后一点气力，在天空中划出一道美丽的抛物线之后，越过山头，掉落在湖水之中。瞬间，一条龙钻出水面，飞上天空。

山那边的鲤鱼们见红尾鲤鱼真的跳过龙门山，顿时一阵骚乱。

"那条鱼真傻呀！白白送了性命！"鲤鱼们见这条红尾鲤鱼的尾巴着了火，以为它必死无疑，都为它的鲁莽行为哀叹不已。

正叹息间，一条巨龙飞到水面。鲤鱼们吓得乱作一团，四下逃窜。

"别怕！"那条巨龙召唤着鲤鱼

们，"我就是那条红尾鲤鱼。我跳过龙门山，那儿真的有一大片湖水。我跳过龙门山就变成真正的龙，你们不要害怕，勇敢地跳过去吧！你们也会变成巨龙的！"

其他鲤鱼一听，镇定下来，一个个铆足了劲向上一跃，有的跳过去成了龙。但是大多数都没有那么好的运气，在空中折腾几下，便掉落回了水中，额头上全都摔出个大黑疤。唐代诗人李白在赠给他的好友崔侍郎的诗中写道："黄河三尺鲤，本在孟津居。点额不成龙，归来伴凡鱼。"意思是："黄河鲤鱼想要跃过高高的龙门化为巨龙，却摔落水中，额头上留下个黑疤，没有变成龙，它们只能与平平凡凡的鱼儿为伴。"李白借此来表达自己怀才不遇、与常人为伍的落寞。后人用"鲤鱼跳龙门"形容经过不懈努力而终出人头地的人。

大禹从头瞧到尾，数不清的鲤鱼之中，前前后后只有七十二条跳过龙门山变成龙。

大禹看着脚下的湖水，心想："龙门山阻挡水流，聚集成湖，如果不把水引导到山的那一头，水就会越聚越多，迟早有一天会淹没山这面的土地！必须开出一条水路，把河水导入大海。"

他打定主意，拿出开山巨斧，没几天就在
崇山峻岭间凿出一条峡谷，在峡谷的
尽头黄河之水喷涌而出，直下千
里。两岸断山绝壁相对而
立，峡谷的尽头就像是一
道大门，人们说那里险要，只
有龙这样的神灵才能通过，所以就
把那里称为"龙门"。龙门山被劈开了，鲤鱼没有山的
阻隔，可以痛快地遨游，但它们再也没有跃过龙门山化
为龙的机会了。

地平天成：大禹诛杀相柳治水功成

寒来暑往，十三年白驹过隙、恍如一梦。虽有过三
过家门而不入的决绝，虽有过爱妻化石的痛楚，虽然两
鬓早生不少华发，但一看到奔流的河水在坚固的堤岸束
缚下奔流入海，两岸的人们安居乐业再不为洪水所困，
大禹心中还是如同轻舟已过万重山般轻松愉快。

治水功成，大禹即将回都城向舜复命，他乘坐着木
舟，顺流而下，这是他最后一次巡视水情。

行至中流，忽然有人来报，黄河堤岸不知什么原因
在一夜之间出现一道几千米的口子。

大禹一听，马不停蹄地赶到决堤之处：滔滔洪水排山倒海般地从决口奔流而出，所到之处只剩一片黄浊之水，再不见其他生灵。

大禹急命鸱鸟升空、神龟入水，驮着息壤堵住决口。

大禹心中疑惑，治水多年，见过决堤无数，像此次来得如此毫无预兆、规模如此之大还是第一次见到。

大禹担心会再次决堤，命人四处查找原因，所有派出的人竟未找到任何蛛丝马迹。

到了半夜，一名士兵跌跌撞撞地跑了过来："大人，黄河水中出现一个蛇怪，九个脑袋，正在吞食黄河大堤，已经有几千米了！"

大禹忙问蛇怪来历，左右无人能答。应龙忽然想起一人，说道："当年共工与颛顼帝争夺帝位，他手下有一能臣名叫相柳。相柳十头蛇身，后被轩辕剑斩下一头，跌入水中，自此再无音讯。后人以为他死了，莫非这个怪物就是未死的相柳？"

大禹领着人马来到黄河岸边，只见水中一个怪物晃着九个脑袋、张着九张

大嘴肆无忌惮地吞食着黄河堤岸。

"相柳！？"应龙飞上天空，对着怪物大喊一声。

那怪物一愣："你是何人？怎会认得我？"

应龙答道："果然是你！要问我是谁，你可要听好了，我就是黄帝的臣子、大禹的部下应龙！特奉命来擒拿你！"

相柳一听，无惊反笑："原来你就是那条被轩辕先祖遗弃的虫子呀！"

应龙久经世面，倒不生气："大禹治水，功成在即，你为什么要旁生枝节，破坏这千秋伟业？"

相柳带着怒气说道："颛顼无道，天帝偏袒，致使我的主人共工功败垂成，他的后人又被舜帝认作四凶，流放于幽州蛮荒之地，大禹却要利用我家主人的遗书为舜建立不世之功，这对我的主人多么不公，我岂能让你们治水成功？"

应龙叹息道："大禹能够得到青玉金简，这本就是共工之意，你又何必逆势而为？"

相柳义无反顾地答道："为了我的主人，就算逆天而为又有何妨？"

话不投机，应龙张牙舞爪地扑向相柳。相柳也不甘示弱，舞动着九个硕大的脑袋咬向

左图是《传说时代》中的人物，你记得她是谁吗？可以把这个故事讲给别人听吗？

应龙。应龙刚刚靠近相柳，就闻到一股令人作呕的污秽气味，熏得它头晕目眩，动作迟缓许多，被相柳逮个正着，狠狠咬了一口。原来，相柳多年隐藏于河水之中，染尽河中不净之物，浑身上下都是污浊之气，刚才那股子气味就是从他口中发出的。

应龙忍着疼痛，凭借着仅有的一点意识拼命逃走，跑回岸边。

大禹在岸上看得分明，见相柳如此嚣张，大旗一挥，几条大船便从四面朝着相柳围了上来。

船上士兵挥舞着各种兵器：乱箭齐发射向相柳、长矛齐掷飞向相柳，刀枪剑戟一齐扎向相柳。相柳就像穿了一层铜盔铁甲一样，毫发无损。

相柳不慌不忙，身子一挺，在水面上立起数十丈，直直落下，"轰"的一下砸到一艘大船，那船顷刻之间变得粉碎，士兵死伤无数，在水中哭爹喊娘地挣扎着。其他船只在巨大的波浪冲击下，剧烈地摇晃，如果不是

船工技术高超，那些船怕是早已倾覆于水中。

正当人们惊恐不安之时，只见相柳伸直了如铁柱子一样的长尾，在水面上飞快地画了一圈，那些还在摇摇晃晃的船只全被打翻在水里。

相柳迅速潜入水中，在水中只摇摆几下尾巴就到了落水人群之中，张开九张血淋淋的大嘴像大口喝汤一样把落水的人们生吞到肚子里面。

吃完水中的人，相柳一跃冲到岸上，直奔大禹而来。他边奔跑边呕吐，天地间立即散发出令人难以忍受的臭气：天上的飞鸟扑棱棱地坠落在地上摔得血肉模糊，林子里的野兽嗷嗷嚎叫着倒在地上动弹不得，大禹身边的人只觉得头痛难忍、不停呕吐。

眼看相柳就要冲到大禹身旁，忽见寒光一闪，相柳惨叫一声，倒地打起滚来。

众人从惊慌中回过神来，只见庚辰镇定自若地站在一旁，手持宝剑，鲜血顺着宝剑向下流淌，相柳的蛇身已被砍作两节。

"你这不是轩辕剑！"相柳强忍着疼痛说道。

"难道只有轩辕剑才能杀你吗？"庚辰在砍向相柳之时，心中也不知道手中的宝剑能否制服他，只是舍命用身体护住大禹，本能地用手中之剑砍向相柳。

大禹看着痛苦的相柳，说道："当年你与共工反抗颛顼，都是君子之为，我念你忠义，饶你一命，切不可再做伤天害理之事。"

相柳轻蔑一笑："主人罹难（lí nàn），我早该追随而去，苟且偷生这么多年，既羞又愧。此次坏你治水大业，我本就抱着必死之心，我命由我不由天！"话音刚落，相柳便扑向庚辰手中的宝剑。

相柳死后，大禹再没遇到什么阻碍，治水终于成功。大禹没有忘记太上老君的嘱咐，把定海神针藏于东海之中，从此这根神铁便失去光芒，直到孙悟空到东海龙宫借用兵器，它才重新霞光万丈，成了孙悟空降妖除魔的兵器。大禹手中的其他宝物，从此下落不明，不知被藏于何处。辅助大禹治水成功的应龙，重回天庭，结束四海为家的游荡生活。

诺亚方舟：西方人的大洪水时代

不仅中国有关于大洪水的故事，世界上很多国家的传说中都记载了大洪水的故事，其中最有名的就是《圣经》中记载的诺亚方舟。

前文已经介绍过，亚当和夏娃被上帝赶出伊甸园，他们在伊甸园之外繁衍后代。那时候，人们都很长寿，比如亚当活到九百三十岁才去世，他的子孙后代也都是八九百岁才去世。地上的人越来越多，天上的神仙动了凡心，看哪家姑娘长得漂亮，就降临到凡间，娶她为妻。上帝感到不妥，对他的神仙臣子说道："人类是肉做的，我们高贵的灵魂怎么能与肉体永远生活在一起呢？现在我就让人类的寿命以一百二十岁为限！"从那以后，人类很少有活过一百二十岁的。

地上的人越来越多，人们身上的劣根性也表现得越来越明显。比如，亚当种田的儿子该隐和养羊的儿子亚伯同时向上帝献上祭品，上帝对弟弟亚伯的祭品赞不绝口，对哥哥该隐的祭品视而不见。该隐对此非常不满，迁怒于他的弟弟，心怀叵测地把亚伯约

到田里，残忍地杀死毫无戒备的亚伯。诸如此类之事，不胜枚举。

"早知道人类会变成这样，我就不该把他们造出来！"上帝见人们整日钩心斗角，人类的世界中充满了暴力与邪恶，心生烦恼，他把心一横："我要把我创造的一切从地球上抹掉！"

他忽然想起一个人，亚当的后代诺亚："诺亚为人正直，是这个世界上唯一的完人，我不应该把这么好的人一起毁灭。"

上帝找到诺亚，对他说道："这个世界充满了邪恶与暴力，我要毁灭它。你赶快用歌斐木造一艘高三层的方舟，让你的家人躲到方舟中。世上的动物，你每种选两只，一公一母，让它们在世上继续繁衍。你要备好充足的食物，作为人畜鸟兽的粮食。做好这一切之后，我会告诉你登上方舟，那时你就带着你的家人和各种动物，躲在方舟里避难。"

诺亚按照上帝的旨意办妥所有事。上帝很满意，对诺亚说道："七天之后我要天降大雨，大雨会下整整四十个昼夜，大水会淹过最高的山尖，所有生物都会灭亡，但是只要你们躲在方舟之中，就会逃过劫难。"

七天之后，滂沱（pāng tuó）大雨从天而降，汹涌的泉水由地而生，顷刻（qǐng kè）之间大地上所有的泥土都被大水淹没。

诺亚躲在方舟里数着日子，一天、两天……终于熬到第四十天。雨停了，太阳破云而出，洪水慢慢退却，一座座山峰相继而出。又过了一百九十天，诺亚放出一只乌鸦，乌鸦飞来飞去，看不到一块干地，飞回方舟。过了几天，诺亚放出一只鸽子，鸽子在天空中飞了好几圈，只看到一片汪洋，飞回方舟。又过了七天，诺亚又放出那只鸽子，过了很久，鸽子才飞回方舟，嘴里衔着一根橄榄枝。诺亚心中大喜，知道洪水即将退尽。再过七天，诺亚重新放出那只鸽子，这一次鸽子再也没有飞回来。诺亚打开方舟的窗户，看到大片干爽的土地。

上帝对诺亚说道："你们现在可以离开方舟，把所有的动物都放出来吧！你们要重新在大地上繁衍生存！"

重新开始生活的诺亚非常感激上帝，他准备最好的祭品献给上帝。上帝闻着祭品的清香，非常高兴，心想："以后我再也不会诅咒人类，即使他们从小就邪恶无比，我也不会像这次一样让生灵灭绝！"

这就是圣经中大洪水的故事，因为鸽子在洪水之后，为人类衔来橄榄枝，找到陆地，经过后世不断演绎，鸽子和橄榄枝成为和平的象征。1945年联合国成立的时候，它的徽章就是两根橄榄枝托起的地球。后来，为纪念世界和平大会召开，西班牙画家毕加索特意画了一只展翅的鸽子，诺贝尔文学奖获得者智利著名诗人聂鲁达把这只鸽子称为"和平鸽"。

葫芦兄妹：中国人的诺亚方舟

传说在远古时代，有一个幸福的人家，父亲带着儿子、女儿，一家三口过着悠闲惬意（qiè yì）的生活。白天他们种田、打猎，晚上则围坐在桌前谈天说地。

这一年夏天，大雨一连下了好几天，轰隆隆的雷声不绝于耳，人们躲在家中不敢出门。

父亲站在窗前，若有所思地喃喃自语："莫非雷公又要出来祸害人？"

两个儿女从未听说过雷公，问道："父亲，雷公是谁啊？他为什么要出来做坏事？"

父亲看着自己的儿女："雷公是天上的神仙，但他不是个好神仙。他发怒的时候，就会从天上射下一道道霹雳，烧毁山林、焚毁房屋，有的

时候还会把人劈死！多年前，他下界欺负百姓，为了不让他为非作歹，我与他恶战一场，虽然占尽上风，但还是让他跑了。瞧这天气，八成是雷公寻仇来了！"

父亲拿起一把长叉，从屋里拖出一个巨大的铁笼，打开房门，走到屋檐下，在关门之前，对屋内的兄妹俩说道："无论外面发生什么事情，你们都不要出来！"

父亲紧紧握着长叉，英雄般地站在屋檐下抬头注视着天空。

天空中乌云翻滚，炸雷接二连三地响起，声音越来越大。不一会儿，乌云向两边分开，一个尖嘴猴腮、眼露凶光的神仙双手紧握一把板斧，踩着一朵乌云缓缓降落下来，站在父亲面前："老朋友，我们又见面了！"

父亲答道："你还是本性难改、作恶多端，我要为民除害，这一次我不会再让你逃掉！"

雷公挥着大斧冲了过来，父亲舞动钢叉沉着应战，两人打得难解难分。兄妹俩躲在屋内，透过门缝焦急地看着屋外，额头、手心不断地渗出汗珠，生怕雷公伤着自己的父亲。不过，他们显然过虑了，父亲越战越勇，雷公渐渐乱了招式，有些抵挡不住父亲的进攻。

雷公且战且退，想找个机会逃走。父亲早已看破雷公的伎俩（jì liǎng），趁着雷公心虚，把那长叉狠狠地叉向雷公的腰间。雷公躲闪不及，被长叉刺破衣服。父亲用力向上一挑，雷公被高高抛起，正好落入屋檐下的铁笼之中。父亲跑到笼前，迅速锁上笼门。

父亲站在笼前哈哈大笑："看你还能不能作威作福！"

雷公被关进笼内，垂头丧气地缩在一角，默不作声。

雨停了，天晴了，父亲心情格外舒畅，对两个孩子说道："你们好好看着雷公，我出去买些酒菜，咱们庆祝一下！等我回来，再惩罚这害人的雷公。你们千万记住，无论什么时候都不要让他碰到水！"

兄妹俩看着雷公。狡猾的雷公显出一副可怜的样子："可怜可怜我，给我一口水喝！我都要渴死了！"

哥哥说道："父亲说过，不能让他碰到水！"

右图是《传说时代》中的人物，**你记得她是谁吗？可以把这个故事讲给别人听吗？**

雷公苦苦哀求："给我一口水吧！我都被你们的父亲关到铁笼子里，一口水能让我跑到哪里去呢？"

妹妹心肠好："他怪可怜的，哥哥就给他一口水喝吧！"

哥哥想了想，也觉得雷公被关在铁笼中，不会再兴风作浪，便给了雷公一碗水喝。

哪知道，雷公刚喝了一口水，就大笑起来："小孩子，你们上当了！我现在就要从笼子里出来了！你们心肠好，赶快躲起来，免得伤着你们！"

兄妹俩一听，大惊失色，连忙躲起来。他们刚刚躲好，就听一声巨响，笼子变得粉碎。原来，雷公一碰到水，就会口吐霹雳，硬生生地炸开那个铁笼子。

雷公从嘴里拔下一颗牙齿，对兄妹俩说道："你们把这颗牙齿种在地里，如果遇到洪水，躲在它结出的果实中，一定会躲过灾难！"雷公话音刚落，就头也不回地飞上天空。

父亲买好酒菜，兴高采烈地回到家中，一见破碎的

铁笼和惊恐的儿女，一下子就知道发生了什么，无奈地
叹了口气。

父亲并没有责怪儿女，昼夜不停地造出一艘巨大的
铁船。

兄妹俩也按照雷公说的，把那颗牙种在地里。神奇
的事情发生了，地上立即长出一根长藤，藤上结出一个
巨大的葫芦。

父亲见到葫芦很奇怪，兄妹俩告诉父亲雷公说过的
话。父亲摘下那个葫芦，在葫芦上打开一个口儿，葫芦
里面没有葫芦籽，密密麻麻地长满牙齿。父亲把牙齿掏
干净，里面刚好能够容下兄妹俩。

父亲对兄妹俩说道："要是遇到灾难，你们一定要
躲到葫芦里！"

会发生什么灾难呢？当然还是下大雨。雨一连下了
几个月，洪水咆哮着涌向大地，大地慢慢地沉
没在洪水中，四处一片
汪洋。

父亲把兄妹
俩推进葫芦中：
"雷公报仇
来了！无论

发生什么事情，你们一定不要出来！"

"那你怎么办？"

"我有那条大船呢！"父亲边说边跳上大船。其实，他也不知道这艘大船到底能不能抵御住如此大的洪水，不过他知道既然雷公让兄妹俩躲在葫芦中，葫芦里一定就是安全的，所以他才独自一人坐在船上。

水越涨越高，所有的生灵都被洪水吞没，只剩下父亲和他的两个孩子。很快，大水就涨到天上。父亲手握长叉，迎着风雨站在船头，凛然不动。船漂到南天门，守门的天神一见有人闯到天庭，急忙关闭南天门。

"放我进去！我要与雷公决斗！"父亲用力敲打着南天门。

天帝听到父亲的呼喊声，责备雷公不该招惹人类，他叫来水神："你赶快把水退去！"

水神领命，大地上的水立即消失得无影无踪。父亲和他的那艘大船从空中狠狠掉到地上，摔了个粉碎。兄妹俩的那个大葫芦呢？当然也掉到地上，不过那葫芦非常柔软有弹性，蹦蹦跳跳了几下，停在地上不动了。

兄妹俩从葫芦里爬出来，世间只剩下他们俩。他们哭泣着埋葬了英勇的父亲。

生活还得继续，兄妹俩凭借着从父亲那里学到的生存本领，顽强地生存下来。没几年，就长大成人。

哥哥对妹妹说道："这个世界上就剩下咱们两个人，你做我的妻子吧！"

妹妹一百个反对："我们是兄妹，怎么能结为夫妻呢？"

哥哥不断地哀求着，妹妹就是不答应，但是她也耐不过哥哥的恳求，说道："你要是能够追上我，我就嫁给你！"

说着，妹妹绕着一棵大树在前面跑起来。哥哥心中欢喜，立刻追上去。

妹妹跑哇跑，哥哥追啊追！一圈、两圈、三四圈，哥哥追得越快，妹妹跑得越急，哥哥累得气喘吁吁（qì chuǎn xū xū）始终没办法追上妹妹。哥哥急中生智，忽然停下脚步，转过身来。急着向前跑的妹妹，冷不防地

正好撞入哥哥的怀中。就这样，他们结成夫妻。

　　一年之后，一个大肉球出生了。他们非常奇怪，便分为若干份，包在叶子里，带在身上，顺着天梯爬到天上玩。一阵大风吹过来，吹落叶子，那些小肉球纷纷扬扬地洒向大地。一落到地面上，就变成一个个生龙活虎的人。从此，地上又有了人类，兄妹俩就成了人类的祖先。

重瞳孤坟：痛哭远望湘妃泪

　　舜年老的时候，到南方巡察，不幸在苍梧的郊野去世，葬于长江边上的九嶷山。关于舜之死，还有另外一个凄美的传说。

　　据说，九嶷山上盘踞着九条恶龙，为害百姓，无人能敌。舜听说之后，寝食难安，不顾年迈体衰，决定亲自去除掉恶龙。

　　她的两位妻子娥皇和女英听说舜要亲征，劝说舜留在家中，颐养天年。舜挂念着百姓安危，便在一个夜晚，偷偷带着随从、军队不辞而别。

娥皇和女英发现舜偷偷去了九嶷山，心中十分担忧，整日心绪不宁，每天等着盼着舜胜利归来。可是一天天过去，始终没有前线的战报，两人像着了魔一样，胡思乱想着。

"这么久没有消息，他会不会被恶龙伤害了？"

"这么久没有消息，他是不是不适应南方的气候，病倒了？"

"这么久没有消息，他是不是遇险了？"

…………

两个人揣测着所有可能的情形，但就是等不到有关舜的消息。那个年代，交通十分不便，各种信息传递非常缓慢，娥皇和女英在家待不下去，动身前往九嶷山寻找舜。

走到路上，她们感受到此行的艰辛，翻过一座座长满荆棘的高山、蹚过一条条翻滚怒涛的河流、走过烈日炎炎的夏天、穿过冬天霜雪堆积的寒地……走了许久，她们看到一队人马，那是舜带去的部队。

当她们满怀期盼地走到部队的跟前时却傻

了眼，她们看到的不是舜的身影，而是一个个面带泪容的战士。

原来，舜到九嶷山之后，亲自指挥军队与恶龙相斗，九九八十一天之后，终于斩杀九条恶龙，但是心力交瘁（xīn lì jiāo cuì）的舜却斗不过宿命的安排，累死在九嶷山下。

九嶷山下，娥皇和女英见到舜的坟墓。那座坟墓翠竹环抱，高大壮美，是九嶷山的百姓为感激舜为人民做出的牺牲特意修建的一座坟墓。九嶷山上的仙鹤也为之感动，不辞辛苦地从南海之滨衔来无数珍珠堆集在舜的坟墓之上。

娥皇和女英在舜的墓前哭了整整九天，最后投湘江而死，随舜而去。天帝怜悯她们对舜忠贞的爱情，让她们做了湘水女神，人称"湘君""湘夫人"或"湘妃"；她们的泪水把九嶷山上的竹子染得斑斑点点，当地人把这种竹子称为"湘妃竹"，又称"斑竹"。唐代诗人刘禹锡在《潇湘神·斑竹枝》中写道：

"斑竹枝，斑竹枝，泪痕点点寄相思。"毛泽东主席在视察故乡湖南时，写下《七律·答友人》，也引用湘妃竹的典故："九嶷山上白云飞，帝子乘风下翠微。斑竹一枝千滴泪，红霞万朵百重衣。"

舜在去世之前，也如同尧一样，将帝位禅让给大禹。舜死之后，大禹为舜服丧三年，三年之后把帝位让给舜的儿子商均。商均本名义均，因为被封在商，所以称为"商均"。商均只知唱歌跳舞，没有治国理政之才。大禹治水成功，早已名满天下，威望日益增长，诸侯都离开商均，朝拜大禹，大禹重新登上帝位。舜禅让大禹，是我国历史上最后一次真正意义上的禅让，虽然以后历朝历代仍有过不少禅让的故事，那些不过是帝王们惺惺作态而已，称不上真正的禅让。尧禅让舜，其子丹朱被诸侯抛弃；舜禅让禹，其子商均也被诸侯抛弃，历史往往存在着一

左图是《传说时代》中的人物，你记得他是谁吗？可以把这个故事讲给别人听吗？

些相似之处。丹朱、商均失去帝位，并不代表他们一贫如洗，他们都有各自的封地，供奉着自己的祖先，穿戴着祖先的服饰，使用着祖先的礼乐。他们每次去朝见天子，天子对他们毕恭毕敬，表示自己不敢专有天下。这些失去帝位的贵胄（guì zhòu），生活仍然十分优渥（yōu wò）。

家国天下：从"天下为公"到"天下为家"

大禹继承帝位，也如同尧、舜，推荐皋陶作为自己的接班人，等到自己百年之后，把帝位让给皋陶。可惜

皋陶并没有等到那一天，很早就去世了。皋陶去世之后，大禹又对皋陶的儿子伯益委以重任，把他立为自己的接班人。

大禹死后，伯益继承帝位，可是他实在不幸，遇到一个强劲的对手——大禹的儿子启，就是从石头缝中走出的那个孩子。启与丹朱、商均不同，在大禹死去时，诸侯争先恐后地朝拜启，把伯益冷落在一边。伯益很识趣，知道自己斗不过启，便把帝位让给他。启登上帝位之后，一改过去禅让的传统，直接把"公天下"变成"家天下"，从此帝位就在启的子孙后代中代代相传。

舜和大禹的故事至此结束，三皇五帝的故事也告一段落，接下来就进入我国历史上第一个朝代——夏。

<ruby>孝<rt>xiào</rt></ruby> <ruby>感<rt>gǎn</rt></ruby> <ruby>天<rt>tiān</rt></ruby> <ruby>地<rt>dì</rt></ruby>

由虞舜领衔的二十四孝

　　"百善孝为先"，孝道是中华文化的重要组成部分，尊老、爱老、敬老，善事父母是中华民族之魂。元朝时郭居敬编撰《二十四孝》，向人们展示什么是"孝"，虽然世人对此褒贬不一，但这二十四孝也的确值得我们借鉴、学习。《二十四孝》第一个故事讲述舜孝敬父母，这个故事的名字叫作"孝感动天"。前面已经讲过，舜的父母和弟弟一心想置他于死地，但是舜对此毫不记恨，即使成为帝王，仍然事父母恭敬有礼，对兄弟慈爱有加，天帝都被他的孝道感动，帝尧不但把两个女儿嫁给他，还把帝位禅让给他。其他二十三孝大意如下。

亲尝汤药

造就"文景之治"的汉文帝，仁孝名闻天下，他侍奉母亲薄太后从未懈怠。据说他的母亲大病三年，三年中，他照顾母亲，经常整夜不眠（目不交睫），睡觉的时候也不敢脱下衣服（衣不解带），凡是母亲要喝的汤药，他都要亲口尝过冷暖甜苦之后才敢让母亲服用。

啮指痛心

孔子的徒弟曾参（曾子）著《大学》（与《论语》《孟子》《中庸》合称"四书"），编《孝经》。曾子最著名的言论是"吾日三省吾身"，是孔门四配之一（另外三位是颜渊、子思、孟子）。据说，曾子无论走到哪里都牵挂着父母。有一次他到山上砍柴，家中来了几位访客。他的母亲一时不知所措，情急之下咬了一下自己的手指。没想到，曾子像与母亲有心灵感应一样，心头忽然一痛，心绪不宁，总感觉家中会发生什么事情。他无心砍柴，急忙背起已经砍完的柴火返回家中。刚入家门，就跪在母亲面前，焦急地询问家中出了什么事情。他的母亲说道："刚才来了几位客人，我不知该如何接待，就咬了一下手指，没想到你立刻就回来了！"

百里负米

这是孔子另一个学生的故事，这个学生名叫仲由，字子路，孔门七十二贤之一（孔子有弟子三千，其中精通六艺者七十二人，称为"七十二贤"）。仲由年轻时，家中贫寒，缺衣少食，他常常自己采食野菜，把省下来的米从百里之外背回家中侍奉父母。后来，他到楚国做了大官，不幸的是父母已辞世。每当他坐在豪华的屋内，吃着最美味的饭食，总会想起父母，无限感慨："纵使我现在仍想吃野菜，把省下的美味从百里之外背回家中侍奉双亲，但是他们现在再也享受不到了！"孔子称赞仲由："由也事亲，可谓生事尽力，死事尽思者也。"意思就是说，仲由侍奉父母，可以说是在他们活着的时候尽心尽力，在他们去世之后仍然是无尽地思念。

芦衣顺母

孔子有一个弟子名叫闵损，字子骞。他对父母十分孝顺，孔子称赞他说："孝哉，闵子骞！"闵损早年丧母，父亲又娶了一位妻子。闵损的继母又生了两个儿子，对闵损非常不好。冬天到了，继母的两个儿子穿着棉絮填满的冬衣，又舒服又暖和；而继母只给闵损一件充满芦苇花的冬衣，冻得闵损瑟瑟发抖。闵损默默地忍受着

这一切，并没有告诉自己的父亲。一天，父亲让他帮忙赶车，闵损因为天寒地冻，没抓住缰绳，把车弄翻在地。父亲大发雷霆，拿着马鞭使劲抽打闵损，闵损疼得呜呜直哭。不一会儿，闵损的冬衣就被打破，芦花散落一地，父亲方知继母虐待闵损。父亲气得返回家中，扬言要休了妻子。闵损不计前嫌，跪在地上替继母求情说："留下继母，只有我一个人受冻；您若是休了继母，受冻的就是三个孩子！"（母在一子寒，母去三子单）父亲一听，感动万分，原谅了妻子。继母非常惭愧也非常感谢闵损，从此把闵损视作自己的亲生孩子一样。

鹿乳奉亲

春秋时期郯（tán）子是郯国国君。那时诸国林立，很多国家不过就是控制着一个小小的城市，没什么名气。郯国虽然也是小国，名声却很响，因为出了郯子这样一位以"孝"闻名的国君。他的父母年老的时候，眼睛得了疾病，每日想喝些鹿奶。那个时候，可不像现在这样人们可以饲养鹿，随时挤些鹿奶，还可以买些鹿奶喝。虽然郯子贵为国君，但是让父母每天都能够喝到鹿奶也是一件不可能的事情。郯子想出一个好办法，他披上一张鹿皮，学着鹿行动的样子，伪装成一只鹿，潜入鹿群之中获取鹿奶。他的伪装惟妙惟肖（wéi miào wéi xiào），以至于那些鹿没有发现它们的伙伴中有一个偷奶的人。就这样，郯子的父母每天都能够喝到新鲜的鹿奶。有一天，几个猎人发现这群鹿，他们弯弓搭箭，准备射杀一只小鹿。郯子一见，急忙掀下鹿皮，站起身来。那些猎人吓了一跳。郯子走上前去向几个猎人说明自己取鹿奶侍奉双亲的事情，猎人们非常感动，把自己家中的鹿奶全部拿出赠予郯子。相传孔子曾向他学习官制，郯子学识不如孔子，孔子却要向他学习，唐宋八大家之一的唐代大文豪韩愈由此在其著名散文《师说》中说："是故弟子不必不如师，师不必贤于弟子。闻道有先后，术业有专攻，如是而已。"

唐宋八大家是以散文著称的八位唐朝和宋朝文豪，分别是唐朝的韩愈、柳宗元和宋朝的欧阳修、苏洵、苏轼、苏辙、王安石、曾巩。苏洵是苏轼和苏辙的父亲，三人合称"三苏"。

戏彩娱亲

老莱子，春秋时期楚国人，是一位道家人

士，为避乱世，隐居山林，以耕种为生。他侍奉父母极为尽心，家中最好的食物都给自己的父母食用。即使自己已七十岁，他在父母面前当作是个孩子。他怕年迈的父母寂寞，千方百计地逗父母开心。他常常穿着五彩斑斓的衣服，头上梳着小辫儿，像个小孩子似的在父母面前玩耍。父母看到他，就像回到年轻时候一样，其乐融融，忘记了岁月匆匆。有一次，老莱子端水给父母，一不小心跌倒在地。他的年龄也不小了，生怕父母担忧他摔断腿脚，便躺在地上，像小孩子似的在父母面前撒娇呜呜大哭，逗得父母哈哈大笑。

刻木侍亲

东汉有个叫丁兰的人，幼年父母双亡，等他长大有所成就，对未能侍奉父母耿耿于怀。于是，他找人用木头刻成父母的雕像供奉在家中。每天像照顾父母一样侍奉它们：遇到事情，必定先与木像商议；吃饭之前，必定先敬供木像之后才肯动筷；出门之前，总要与木像道别，一回到家中，第一件事就是去拜见木像……但是他的妻子却对这两尊木像大为不敬，一天趁着丁兰出门之际，拿着一根长针，狠狠地扎木像的手指，没想到那两尊木像的手指竟然流出鲜血，吓得她仓皇而逃。丁兰回来后，照例拜见木像，发现木像不但手指流着鲜血，两眼之中还滴落泪水。他叫来妻子，妻子不敢隐瞒讲述实情。丁兰大怒，就休了他的妻子。这个故事有点神话色彩，休妻也未必可取，不过丁兰孝敬父母之心还是值得肯定的。

行佣供母

东汉人江革，从小失去父亲，与母亲相依为命。他小的时候正值西汉末年，东汉刚刚建立，战乱频仍，盗贼蜂起，百姓四处逃难。逃难中，一般人背着个包袱都嫌累，江革却时时刻刻背着母亲，每每遇到盗贼想要取他性命或是拉他入伙，他都痛哭流涕，苦苦哀求盗贼，说母亲年迈，自己死了或是入伙，没有人伺候母亲，她一定会客死他乡。盗匪无不为之感动，他也因为自己的"孝"而躲过无数劫难。后来，他带着母亲在一个叫作下邳的地方安顿下来。人们常常看到他光着脚做工挣钱，原来江革把微薄的收入全部用来给母亲买衣买食，自己却忍受着各种痛苦。人们知道实情，无不敬佩他对母亲的孝顺。后来，他因为"孝"而被推荐到朝廷做官。

怀橘遗亲

三国时期的大文学家陆绩六岁的时候，和自己的父亲陆康去拜见当时割据一方的军阀袁术。袁术拿出橘子招待他们父子，陆绩悄悄地拿了两个橘子，藏在怀里。临别时，其中一个橘子从陆绩怀中滑落地上。袁术一见，哈哈大笑，笑话陆绩说道："陆郎如此爱吃橘子吗？临走还要偷藏两个在怀里！"陆绩跪在地上解释说："我的母亲特别喜欢吃橘子。我在您这里吃到了，可是我的母亲还没有吃到，我心中十分不安。所以拿了两个橘子，准备回到家中送给母亲吃！"袁术一听，不禁对这个小孩子格外钦佩。

扇枕温衾

东汉人黄香，九岁的时候母亲去世，他对父亲极为孝顺。酷暑炎热，他就用扇子把枕头和凉席扇得极为凉爽，让父亲躺在上面睡觉；隆冬严寒，他就先钻进被窝，把被子捂热，然后才让父亲睡觉。长大之后他不仅文采飞扬，还体恤（tǐ xù）百姓。特别是他做太守时，发生巨大的水灾，他尽其所有赈灾（zhèn zāi）济民。又因为他以"孝道"闻名，世人称赞他："天下无双，江夏黄香。"《三字经》中也提到过他的故事："香九龄，能温席。孝于亲，所当执。"

拾葚异器

西汉末年，天下大乱，农民起义军赤眉军横行天下，蔡顺就生活在这样一个乱世。他从小丧父，母亲将他抚养长大，他对母亲极为孝顺。由于战乱，蔡顺家境贫寒，缺衣少食，只得每天上山采摘桑葚充饥。他每次上山都会带上两个竹篓，一个里面装着又大又紫的桑葚，一个里面装着又小又红的桑葚。这一天，他采桑葚回来，遇到赤眉军。赤眉军非常疑惑地问他为什么要将桑葚分装到两个竹篓中。蔡顺指着紫色的桑葚说道："这些是熟透的桑葚，个又大又甜，是给我母亲吃的。"他指着红色的桑葚说道："这些桑葚没有熟透，吃起来有些酸，这是留给我自己吃的！"赤眉军听后无不感动，便送给他二斗白米和一只牛蹄，让他带回家中侍奉母亲。

涌泉跃鲤

姜诗，生活在西汉末年和东汉初年间。与其他孝子不同，姜诗娶了一位非常孝顺的媳妇。他的妻子姓庞，历史上女性地位不高，所以史书上称她为庞氏，连名字都没留下来。姜诗的母亲喜欢喝长江水，喜欢吃鱼。长江距离姜诗家有六七里远，庞氏每天不辞辛劳地提桶走到长江边上取水给婆婆（丈夫的母亲）喝，每天夫妻俩都会在长江中捕捞几条鱼，做给母亲吃，日复一日，从无怨言。庞氏的婆婆还有个怪癖，不愿意一个人独自吃鱼，庞氏经常招呼左邻右舍到家中陪婆婆一起吃鱼。有一天，狂风大作，庞氏取水回来比往常晚了许多，姜诗觉得妻子怠慢母亲，就把她赶出家门。庞氏面对丈夫的误解，并没有过多解释，离家之后在邻居家中借宿，她每日为人纺纱织布，把赚到的钱攒下来，隔三岔五地让邻居送到家中孝敬婆婆。她的婆婆非常奇怪，一问才知道儿媳妇已经被儿子赶出家门。婆婆立即叫来姜诗，痛批一顿，然后让他接回庞氏。说也奇怪，庞氏

刚刚回到家中，院中的那口深井就涌出许多长江水，每天还有两条鲜美的活鱼跃井而出。人们都说，这是庞氏对婆婆的孝顺感动上天，从此庞氏再也不用远涉长江提水捕鱼。院中的那眼深井被称为"孝泉"。姜诗和庞氏孝顺美名传遍天下，就连赤眉军也对姜诗敬佩有加。一天，赤眉军路过孝泉，听说这里是姜诗的故乡，首领立即传令三军衔枚而行，千万不要惊扰天下的孝子。后来，赤眉军又送姜诗米肉，以示敬意。

闻雷泣墓

三国魏晋时期的王裒（wǎn），其父为司马昭所杀。司马昭是西晋开国皇帝司马炎的父亲，他在三国曹魏政权末期独揽大权，意欲篡位，史书称"司马昭之心，路人皆知"。后来用这个成语形容一个人的野心或不良企图，人所共知。

王裒为避祸乱，带着母亲隐居山野，靠教书为生。西晋的国都在他家的西面，所以他一生不面向西坐，以示永不臣服于西晋。他的母亲非常害怕

左图是《传说时代》中的人物，你记得她是谁吗？可以把这个故事讲给别人听吗？

雷声，一打雷就惊慌不已。他的母亲去世后，葬于山林之中，每逢打雷下雨的天气，王裒就会跑到母亲的墓前，哭着跪拜安抚母亲说："孩儿在此，母亲不要害怕。"王裒教书时，每当读到《诗经》中的蓼莪（lù é）篇，常常感同身受，因思念父母而潸然泪下。《蓼莪》原文如下：

蓼蓼者莪，匪莪伊蒿。哀哀父母，生我劬（qú）劳。

蓼蓼者莪，匪莪伊蔚。哀哀父母，生我劳瘁。

瓶之罄（qìng）矣，维罍（léi）之耻。鲜民之生，不如死之久矣。无父何怙（hù）？无母何恃？出则衔恤，入则靡至。

父兮生我，母兮鞠我。拊我畜我，长我育我，顾我复我，出入腹我。欲报之德。昊天罔极！

南山烈烈，飘风发发。民莫不穀，我独何害！

南山律律，飘风弗弗。民莫不穀，我独不卒！

在这首诗中，莪又称为"抱娘蒿"，香美可食，用于比喻成才且孝顺之人，而蒿和蔚都是不可食用的两种野草，用于比喻不成才且不孝顺之人。这首诗充分表达了"子欲养而亲不在"的无奈，其大意是：

我以为那是高大的莪，没想到那只是不成才的蒿和蔚，可怜父母，生我养我如此劳苦。

打水的瓶子空了，装水的坛子就会感到羞耻，我自己一个人活在这个世界上，还不如早点死去。

没有父亲，我依靠什么？没有母亲，我依靠什么？我出门在外心中充满忧伤，我回到家中又茫然无所寄托。

父亲生我，母亲养我，你们疼爱我、养育我、挂念我、不忍离开我，就是出入家门也恨不得时时刻刻把我抱在怀中，我想报答你们的恩情，可是这不公平的上天啊，却将你们的生命带走！

高峻的南山，凄风冷雨让人惊恐，别人都没有遇到不幸，为什么唯独我要遭此劫难？

高峻的南山，凄风冷雨让人战栗，别人都没有遇到不幸，为什么唯独我没有机会赡养（shàn yǎng）你们？

乳姑不怠

这里的"姑"不是姑姑的意思，而是指婆婆。唐朝崔山南的曾祖母（奶奶的婆婆）长孙夫人年事已高，牙齿脱落，无法吃食物。崔山南的祖母（奶奶）唐夫人十分孝顺，每天为他的曾祖母长孙夫人梳洗，然后用自己的乳汁喂养她的婆婆长孙夫人。多年过去，崔山南的曾祖母长孙夫人身体非常健康，这全都是他祖母唐夫人的功劳。他的曾祖母长孙夫人病重即将离开人世的时候，把全家人都召集到一起，对大家说道："我没有办法报答儿媳妇的孝顺之情，我只希望你们这些晚辈们孝顺她如同她孝顺我一样！"崔山南一直谨记曾祖母长孙夫人的临终遗言，始终非常孝顺他的祖母唐夫人。

卧冰求鲤

这是最经典的一个孝道故事。西晋王祥，幼年丧母，继母总在父亲面前诋毁他。时间久了，父亲不再喜欢他，总让他干一些粗重的活。在这样的家庭中，王祥对每个人都非常恭敬，做每件事情都非常谨慎。后来，他的父亲和继母都病倒了，他尽心尽力地照顾病中的父母，如汉文帝一样，经常衣不解带，每有汤药必定先尝冷热甜苦之后才敢端给父母服用。他的继母并不领情，处处为难他。一天，继母说她想吃活鲤鱼。那时已是寒冬时节，河里结了厚厚的冰，集市上根本就没有活鲤鱼。王祥一心想要继母吃到新鲜的鲤鱼，就跑到河中间，站在冰上，拿着石头用力砸，可是怎么也砸不破冰面，到最后他干脆脱掉上衣，趴在冰上，想把冰面融化。也许是他的孝心感动上天，冰面上立即破开一个大洞，从里面蹦出两条鲜活的大鲤鱼，王祥高高兴兴地拿着鲤鱼回家做给父母吃。过了一段时间，继母想吃黄雀，王祥不知该如何捕捉黄雀，谁知竟有十多只黄雀飞到他的屋中，他捉住那些黄雀烤给继母吃。继母还不满足，又想吃李子，并告诉他一定要把院中那棵树上的李子看好，绝对不能让一个李子掉到地上。王祥就天天盯着那棵李子树，每到下大雨的时候，王祥就会抱着那棵李子树大声哭泣，生怕有果子掉下来。他的孝心又一次感动上天，等到李子成熟，竟然没有一个掉落到地上。终于，继母被王祥感化，从此待他如亲生儿子一样。继母去

世时，王祥悲恸欲绝（bēi tòng yù jué），无法站立，只有扶着拐杖才能为继母送行，其孝心可见一斑！王祥有个弟弟叫王览，是他继母的儿子，兄弟俩关系非常好，也成就了历史上一段兄友弟恭的佳话。王览的后人中出了个大人物，书圣王羲之，他的《兰亭序》被誉为"天下第一行书"。王羲之的儿子王献之在书法上也有很高的造诣（zào yì），父子二人合称"二王"。

恣蚊饱血

西晋道士吴猛，母亲死得早，从小与父亲相依为命。他八岁的时候就非常孝敬父亲。那时候，他家非常贫困，买不起蚊帐，每到夏天蚊虫叮咬得父亲无法入睡。为了能够让父亲睡个安稳觉，一到晚上，他就脱光衣服，坐在父亲床前，任凭蚊虫叮咬而不驱赶。到了宋朝，他被宋徽宗封为道教真人。

扼虎救父

晋朝人杨香，在他十四岁的时候，和父亲到田地里收割庄稼，忽然蹿出一只猛虎，把父亲扑倒在地，叼起要走。杨香虽然人小力单，手无寸铁，见父亲落难，不顾安危，冲上前去，用力扼住老虎的脖子。老虎拼命抵抗，杨香死死不放，最后老虎精疲力竭，丢下杨香的父亲，仓皇而逃，杨香父子得以平安。

哭竹生笋

三国时期的孟宗，年幼丧父，由母亲一手抚养长大。母亲年老的时候，得了一场大病，每天想喝竹笋汤。时值严冬，根本无处寻找竹笋，孟宗无法，跑到竹林中失声痛哭。他的孝心感动天地，只听一声裂响，地面上竟然冒出几根竹笋。孟宗破涕为笑，回到家中给母亲煮了一锅竹笋汤。母亲喝后，大病痊愈。

弃官寻母

北宋朱寿昌的母亲是朱寿昌父亲的一个小妾，受到嫡母（妾室的儿女

左图是《夏商周故事》中的人物，你记得她是谁吗？可以把这个故事讲给别人听吗？

称父亲的正妻）排挤，不得不改嫁他人。朱寿昌与母亲一别就是五十年，音信全无。后来，朱寿昌承袭父亲的官位，在朝中做了官，他四处打听母亲的下落，没有任何消息，为此他寝食难安，想起母亲就痛哭不止。他祈求神灵让他找到母亲，灼背烧顶以示对佛祖的虔诚，甚至还刺破手指，用鲜血书写佛经。后来，有人告诉他，他的母亲在陕西一带。一得到这个消息，朱寿昌立即辞去官职，千里迢迢奔赴陕西寻找母亲。临别时，他对家人说道："如果找不到我的母亲，我就不再回来！"

几经辗转，他终于找到自己的母亲。与母亲分别时，朱寿昌正值幼年，重逢时他的母亲已经七十多岁，朱寿昌也已是年过半百的老人。当朝皇帝宋神宗得知朱寿昌弃官是为了寻找生母，大为感动，立即给他官复原职，当时的大文豪得知朱寿昌的事迹，纷纷写诗作文称赞他的孝道，这些人里就包括苏东坡、王安石。朱寿昌孝子之名也因此闻名遐迩（wén míng xiá ěr）。

涤亲溺器

北宋黄庭坚是江西诗派开山鼻祖，与杜甫、陈诗道、陈与义合称"一祖三宗"。他是苏东坡的弟子，与张耒（lěi）、晁补之、秦观合称"苏门四学士"；他与苏

东坡齐名，被世人称为"苏黄"。他
书法精湛，与苏东坡、米芾（fú）、
蔡襄合称"宋四家"。虽然黄庭
坚有如此之多的头衔，后来又在
朝中做了大官，但是他对母亲极
为孝顺，每天晚上都要亲自给母
亲清洗马桶，无时无刻不在尽作儿子的孝心。

卖身葬父

《天仙配》讲的是董永与七仙女的故事，《二十四
孝》中也提到董永卖身葬父。当然，《二十四孝》中的
故事远不如《天仙配》精彩。我们先看一下《二十四孝》
中是如何记录这段故事的。

董永家境贫寒，无钱为父亲送葬，就把自己卖给一
个员外，用卖身的钱埋葬父亲。处理完父亲的丧事，董
永前往员外家做工，偿还债务，途中在一棵槐树下遇到
一位女子，要嫁给董永为妻。董永欣然应允，与女子一
同前往员外家。到了员外家中，员外告诉董永，要想赎
身，必须织出三百匹绢布。董永心中一算，不知何年何
月才能织出如此之多的绢布，自己重获自由之身遥遥无
期，心中不免忧虑。他的妻子却不以为然，告诉他不用

担忧，不出一个月一定能够织出三百匹绢布。董永将信将疑，一个月过后，他的妻子果然织出三百匹绢布，帮助董永赎身成功。夫妻二人携手回家，又路过他们相遇时的那棵槐树，妻子泪眼汪汪地对董永说道："我本是天上的仙女。你卖身葬父，天帝被你的孝道感动，特命我下凡帮你赎身。现在我的任务完成了，我们夫妻的缘分也就走到尽头，我该回天庭复命。"妻子刚刚说完，就飞向天空，辞别而去。董永与仙女相会的地方叫作"槐荫"，后人为显扬董永之孝，便把槐荫改名叫"孝感"，在今天的湖北省。

经过不断地充实，董永卖身葬父的故事逐步演化为著名的黄梅戏《天仙配》。

讲给孩子的
上古中国史

夏商周故事

李海军◎著

中国出版集团

现代出版社

图书在版编目（CIP）数据

讲给孩子的上古中国史：全3册 / 李海军著 . —— 北京：现代出版社，2020.8
ISBN 978-7-5143-8437-6

Ⅰ.①讲… Ⅱ.①李… Ⅲ.①中国历史－上古史－儿童读物 Ⅳ.①K210.9

中国版本图书馆 CIP 数据核字 (2020) 第 087520 号

讲给孩子的上古中国史·夏商周故事

作　　者：李海军
责任编辑：袁子茵
出版发行：现代出版社
通信地址：北京市安定门外安华里 504 号
邮政编码：100011
电　　话：010—64262325　010—64245264（传真）
网　　址：www.1980xd.com
电子邮箱：xiandai@vip.sina.com
印　　刷：北京瑞禾彩色印刷有限公司
开　　本：710mm×1000mm　1/16
印　　张：46.75
版　　次：2020 年 8 月第 1 版　2020 年 8 月第 1 次印刷
书　　号：ISBN 978-7-5143-8437-6
定　　价：168.00 元（全 3 册）

目 录

第一部分　夏朝的故事

甲骨刻辞：被吃掉的珍贵文物　　　　　　　　　/ 003

天下为家：从"公天下"到"家天下"　　　　　/ 008

　启伐有扈：巩固王朝的生死之战　　　　　　　/ 008

　涂山大会：大禹为何要杀防风氏　　　　　　　/ 012

　岳镇海渎：大禹安葬在五镇中的哪座山中　　　/ 015

　洞天福地：哪个山洞是十大洞天之首　　　　　/ 016

太康失国：谁夺取了夏王朝的政权　　　　　　　/ 024

穷寒代夏：夏王朝政权如何反复易手　　　　　　/ 028

　五子之歌：后羿征伐仲康　　　　　　　　　　/ 028

　寒浞学艺：心狠手辣的中山狼　　　　　　　　/ 029

　寒浞夺位：后羿大意失荆州　　　　　　　　　/ 034

1

目 录

夏道复兴：夏王朝由"治"及"盛"　　　　　　　　　/ 041

　　少康中兴：是谁光复了夏王朝　　　　　　　　　/ 041

　　杜康酿酒：少康是传说中的杜康吗　　　　　　　/ 044

帝国余晖：夏王朝由"治"到"乱"　　　　　　　　　/ 052

　　孔甲训龙：不务正业的帝王　　　　　　　　　　/ 052

　　破斧之歌：权力与命运之争　　　　　　　　　　/ 060

汤武革命：商汤伐夏桀　　　　　　　　　　　　　　/ 064

　　一笑倾城：夏王朝的丧钟　　　　　　　　　　　/ 064

　　死谏开先：忠臣赴死第一人　　　　　　　　　　/ 068

　　夏台之困：夏桀囚禁商汤　　　　　　　　　　　/ 073

　　伊尹负鼎：伊尹如何获取商汤的赏识　　　　　　/ 075

　　欲取故子：商汤灭葛氏　　　　　　　　　　　　/ 080

　　网开三面：商汤如何收买人心　　　　　　　　　/ 083

顺天应人：商汤灭夏　　　　　　　　　　　　/ 084

第二部分　商朝的故事

兄终弟及：商朝前期的情况　　　　　　　　　/ 089

悔过桐宫：伊尹流放太甲　　　　　　　　　　/ 092

太戊勤政：商王朝短暂中兴　　　　　　　　　/ 095

九世之乱：历时最久的王室内讧　　　　　　　/ 097

盘庚迁都：商王朝为何屡次迁都　　　　　　　/ 099

傅说拜相：谁创造商王朝的鼎盛时期　　　　　/ 106

国之大事：为何说祖甲改革祭祀是件大事　　　/ 116

武乙射天：帝王的无奈之举　　　　　　　　　/ 119

太伯让国：周朝前期的故事　　　　　　　　　/ 122

武王伐纣：商王朝灭亡经过　　　　　　　　　/ 127

目 录

积毁销骨：纣王做的那些坏事　　　　　　/ 127

字里春秋：古代帝王的称号　　　　　　　/ 133

一声叹息：周文王脱身羑里　　　　　　　/ 143

愿者上钩：姜子牙渭水遇文王　　　　　　/ 146

盟津观兵：历史上第一次大阅兵　　　　　/ 159

自毁长城：商纣王亲小人远贤臣　　　　　/ 163

血流漂杵：牧野之战周代商　　　　　　　/ 165

不食周粟：伯夷叔齐不辱其身　　　　　　/ 170

第三部分　　西周的故事

封建亲戚：周朝初期如何分封诸侯　　　　/ 175

家国同构：西周时期的宗法制度　　　　　/ 192

金滕策书：周公以命易命救武王　　　　　/ 195

成康之治：史载最早的太平盛世　　　　/ 198

　　周公吐哺：周公摄政平三监　　　　/ 198

　　众口铄金：周公还政周成王　　　　/ 202

　　繁文缛节：姜子牙的预言　　　　/ 204

盛世之衰：跳不出的历史周期率　　　　/ 207

　　黄竹倚窗：穆天子瑶池会西王母　　　　/ 207

　　识微知害：密康公母亲的预言　　　　/ 218

厉王止谤：国人暴动与周召共和　　　　/ 221

夕阳黄昏：昙花一现之后的落寞　　　　/ 226

　　宣王中兴：帝国最后的挣扎　　　　/ 226

　　千金一笑：周幽王烽火戏诸侯　　　　/ 226

　　平王东迁：西周王朝的终结　　　　/ 232

第一部分

夏朝的故事

甲骨刻辞
jiǎ gǔ kè cí

被吃掉的珍贵文物

　　甲骨文是在我国目前发现并被确认的最早的成系统的文字形成，这些文字刻在龟甲（龟壳）和兽骨上。不过你不要想得太多，古人刻下这些文字可不是为了传道受业解惑，而是主要用来占卜。甲骨文不是商朝人日常使用的文字，据说商朝人日常使用毛笔在竹简上写字，只是竹简不易保存，没有流传下来。

　　虽然甲骨文是商朝的文字，但是直到清朝末期人们才发现甲骨文，这里面还有一段离奇的故事。

　　清朝末期有个非常有学问的人叫王懿（yì）荣。王懿荣酷爱收藏，远近闻名，很多人都会拿一些古董让他帮忙鉴别真伪。有一次他得了疟疾。当时，人们还没有治疗这种病的好办法，王懿荣看过不少医生，但是他的病情始终不见好转。最后，有一位老中医给他开了一个药方，这药方还真管用，王懿荣的病渐渐好起来。

王懿荣心中惊奇："这老中医究竟用什么药治好我的病呢？"他拿着药方仔细揣摩，想从那几行简单的文字中看出点门道，结果让他大失所望，都是普通的不能再普通的中药。忽然两个字吸引住他的目光："龙骨！"这可是他从来没有听过的药剂。

"龙骨？"他心中不断地重复着这两个字。正在这时，下人端着熬好的药走进来，王懿荣指着药方问道，"你可知龙骨是什么吗？"

下人只管熬药，哪里明白什么龙骨哇，含含糊糊的也说不清楚。可王懿荣并不死心，连忙叫下人把药渣拿来，他想从药渣中挑出一两块龙骨。下人拿来药渣，王懿荣彻底死心了，被捣得细碎的药渣中哪里还分得出什么龙骨哇！王懿荣吩咐下人，下一次抓药，一定要把龙骨留下来。

没几天，王懿荣终于等到他想要的龙骨。听似很神秘的龙骨却非常普通，不过就是一些碎碎的龟甲和骨片。王懿荣看了又看，也没看出什么名堂，了然无趣地把那些碎甲骨扔给下人。很快，他就把龙骨这事儿抛在脑后。

无巧不成书。有一天，一个古董商拿着几件古董让王懿荣帮忙鉴别真伪。几件古董鉴定完毕，古董商吞吞吐吐地似乎还有话要讲，却又不好意思开口。

王懿荣问道："你还有什么事情要我帮忙吗？"

古董商犹犹豫豫地掏出一个包裹："不怕您笑话，我这里还有一些龟甲和骨头，请先生帮忙看一下是什么东西。"古董商一边打开包裹一边说道，"听人说这是'龙骨'，我看不过就是一些乌龟壳、破骨头。可是，我又一想，既然叫'龙骨'，那就应该是一些古老的东西，所以请先生看一看这些东西是否值钱。如果真的就是些破壳烂骨，扔了也不可惜。"

"龙骨？"王懿荣心头一动，"又是龙骨！"

虽说已经见过龙骨，王懿荣还是兴致盎然地想看一看这位古董商带来的龙骨是什么样子。当那个包裹完全打开，王懿荣心中就像被浇了一盆冷水，包裹里的龟甲兽骨和他先前见到的没什么两样，只不过这一次他见到的要大一些、完整一些，不再是小小的碎块。

王懿荣随手拿起一块龟甲，仔细端详一番，没发现什么异常；他又拿起一块兽骨，只是一根普通的腿骨。他慢慢转动那根骨头，从骨头的颜色判断，这块骨头的年头已经很久了，忽然他停下来，骨头上的

几个简单刻画吸引住他的目光，那些刻画他从来没有见过，但又似曾相识，他思忖道："骨头上怎么会有这些奇怪的刻画呢？这些刻画是什么意思？"

他又拿起一根骨头，那根骨头上有了更多的刻画，他顿时兴奋起来，把所有的龟甲和兽骨看了一遍，他惊呆了：几乎所有的龟甲和骨头上都有刻画！

王懿荣感觉这事儿十分蹊跷，就买下这些龟甲和兽骨，又让下人到各个药店买下所有龙骨。

一天、两天、三天……王懿荣把自己关在屋中整天研究那些龟甲和骨头，龟甲和骨头上的刻痕就像一幅幅简笔画，刻痕连在一起似乎又在讲述着一个故事，一个奇怪的念头在他的头脑中越来越清晰："这些刻痕就是一种文字，一种人们从来没有见过的文字！"

经过不断研究，最终这些刻痕被认定为商朝时期的

文字，这种文字一直使用到周朝初期。由于它们是刻在龟甲和兽骨上的文字，所以被称为"甲骨文"。

后来人们找到"甲骨文"的产地——殷墟。"殷"是商朝最后一个都城，商王朝经常迁都，有过很多都城，自从迁都到"殷"这个地方之后，就再没挪过地方，所以人们把商王朝称为"殷"或"殷商"；"墟"就是废墟的意思。商灭亡之后，它的都城荒废成为一片废墟，所以被称为"殷墟"。殷墟在现在的河南省安阳市小屯村，自王懿荣发现甲骨文之后，人们怀着各种不同的目的络绎不绝地来到殷墟，又发现大量的"甲骨文"。近些年来，人们把西安、洛阳、北京、南京、开封、杭州、郑州与安阳并称为"八大古都"，除了商王朝之外，还先后有六个比较短命的朝廷在此建都，因此安阳又称"七朝古都"。除了举世闻名的殷墟，这里还发现三国时期魏武王曹操的陵墓。

tiān xià wèi jiā
天 下 为 家
从 "公天下" 到 "家天下"

启伐有扈：巩固王朝的生死之战

夏朝是我国历史上第一个朝代，它的第一位统治者是谁呢？史书中有把大禹作为夏朝的第一位统治者，称大禹为夏禹。现在的主流观点把大禹的儿子启作为夏朝的第一位统治者。前面我们已经讲过，尧、舜通过"禅让"这种方式将王位传递下去。大禹晚年也不例外，按照禅让的传统将皋陶指定为自己的接班人，可惜皋陶没那福气，死在大禹的前面。大禹又选择皋陶的儿子伯益作为自己的接班人。伯益身强力壮，大禹去世的时候他还健在，既然如此，为什么最终大禹的

右图是《神话时代》中的人物，你记得他是谁吗？可以把这个故事讲给别人听吗？

儿子启继承王位并建立夏朝呢？

史书上记载，伯益辅佐大禹的时间很短，并没有拿出像样的成绩，等到他继承王位的时候，天下的诸侯没有拥戴他的，说道："禹帝的儿子启才是我们的君主！"诸侯纷纷离伯益而去，投奔到启的帐下，启也就顺理成章地成为天下的统治者。但是有的史书上说，大禹根本不想把王位禅让给伯益，而是想让自己的儿子启继承王位，但是迫于传统的压力又不得不把禅让这场大戏演下去。为了让自己的儿子能够顺利地抢班夺权，他暗中培植启的势力。伯益继承王位之后，深深感受到启对他的威胁，时时刻刻防范着启，甚至一度将启囚禁，但是他终究无法和早已羽翼丰满的启相抗衡，最终被启赶下王位。所以，有人说大禹名义上将王位让给伯益，实际上是让自己的儿子启"自取之"。我们现在无法真实地还原那个时代发生的故事，不论过程如何，结果都是一样，启最终登上王位，成为夏朝的第一个帝王。

启废止禅让制，把"公天下"变成"家天下"，靠的是自己的实力，但是也不

是所有人都屈从于他的淫威。一个被称为有扈（hù）氏的部族对启的这种做法极为愤慨，第一个站出来反对启。有扈氏敢当这个出头之鸟，反对实力强大的启，也是有一定原因的，那就是"实力"。相传在大禹时代，有扈氏就是一个非常强大的部族，大禹费尽千辛万苦才征服它。虽然被禹打败，但这个部族在大禹执政的年代始终保持着强大的实力。对于这样一个不服从管理的部族，启采取的解决办法就一个字：打！很快，双方军队在甘这个地方短兵相接。

战争一开始，启就发现高估了自己的影响力：一些原本臣服于夏的诸侯竟然加入了有扈氏的队伍，共同讨伐夏，还有一些诸侯坐山观虎斗，等着坐收渔人之利。最终启没有取得这次战争的胜利，大败而归。

启被有扈氏打败之后，启手下的将领不服气，纷纷请命再次出兵与有扈氏决一死战。启却保持着清醒的头脑，他知道自己废除禅让制让一些诸侯心中不快，与他离心离德，他就进行一次深刻的自我批评，对将士说道："我们土地辽阔、兵多将广，却被有扈氏打败，这全是

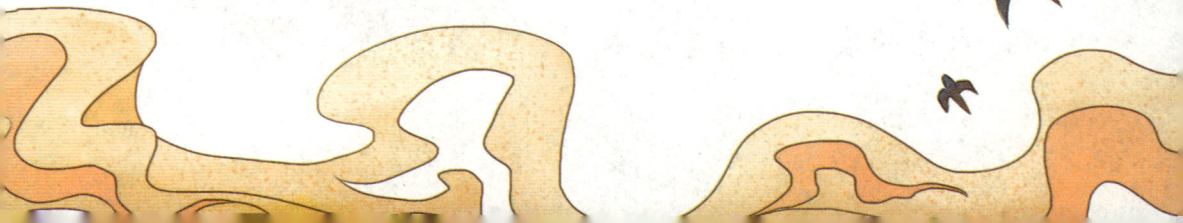

因为我的德行浅薄，无法获得强大的支持呀！"

战败之后，启开始收买人心。他每日寝不安席、食不甘味，甚至连欣赏音乐的心思都没有。他命令自己的子女不得锦衣玉食，还带头礼待亲属、尊敬长辈，到处招募贤能才俊，拉拢诸侯，一时间天下归心。

经过一年的精心准备，启认为时机成熟，大举进兵讨伐有扈氏。为鼓舞士气，临战之前，启向全军郑重地作出一项承诺，史书上称为《甘誓》，大意如下："统率六军的人们，有扈氏逆天而行，上天派我带领你们惩罚他们。如果左面的战士不去攻击左面的敌人，右面的战士不去攻击右面的敌人，驾车的人驾驭（jià yù）不好战马，这都是不执行上天的命令。你们执行上天的命令，胜利之后我会在祖宗面前奖赏你们；你们若是不执行上天的命令，我不但要在神灵面前杀死你们，还要株连你们的家人，把他们变成奴隶！"

这一次，有扈氏不再是启的对手，灭亡于启的铁蹄之下。其他对启不满的诸侯，看到有扈氏的下场，纷纷归顺，臣服于启，再不敢有反叛之心。历史上把这场战争称为"甘之战"。

平定天下之后，启建造一座钧台，举行隆重的开国典礼，大宴天下诸侯，以向天下表明这王位自此以后就是他们家族的私有财产，不再以"禅让"的方式转让给外人。所以，王位编制之外的人想要坐上这个位置，就只有一条路：抢夺！中华五千年皇朝史中，历朝历代都是如此。钧台也叫"夏台"，"钧台之享"成为中国历史上第一次国宴。

涂山大会：大禹为何要杀防风氏

启并不是靠强权统治天下的始作俑者，三皇五帝我们就不说了，单说他的父亲大禹就曾对不听话的诸侯痛下杀手。大禹从舜那里继承王位之后，在与妻子相遇的地方——涂山召集天下诸侯。天下诸侯前来朝拜，达到万国之多，当然这些诸侯不可能空手而来，带来很多金

银珠宝进献给大禹。一些人认为涂山大会是夏朝建立的标志。后来，大禹又在会稽（kuài jī）山召集诸侯，有个叫防风氏的部落首领来晚了，大禹一怒之下将他斩杀于会稽山上。据说，防风氏身高三丈三，高大威猛，他的一块骨头就能装满一辆车。春秋战国时期，吴国攻打越国，在越国的都城会稽发现一个巨大的骨架，人们不知道这是什么人，吴王就派使者请教学识渊博的孔子。

使者问道："先生可知这是什么人的骨架吗？"

孔子虽然见多识广，但是也没有见过如此巨大的骨架，他略作思考说道："我听说当年大禹把群神召集到会稽山议事，一个叫防风氏的迟到了，大禹就按规定把他杀死，还陈尸示众。据说这防风氏长得非常高大，他的一块骨头就能装满一辆车。"

使者觉得孔子的话有些玄乎，不太可信，又问道："大禹召集的那些神仙都有谁呢？"

这个问题也难不倒孔子，孔子答道："奉命守卫山川的人都是神，这些神都隶属王者。"

那使者还是不依不饶："那您说防

风氏守的是什么山什么川呢？"

孔子又开始他的理论："防风氏守的是封山和禺山。在夏商时代他们被称为汪罔，在周朝初年的时候被称为长翟，我们现在称他们为大人。"

使者似乎相信了孔子的话，问道："防风氏到底有多高呢？"

孔子说道："世界上身材最矮的是僬侥氏，他们的身高只有三尺……在此基础上再高十倍也就是身高的极限了，由此推算，防风氏应该身高三丈。"

使者不由得伸出大拇指，敬佩地说道："您可真是个大圣人啊！"

这段故事记载于《史记》之中，作者司马迁一向以治史严谨著称，能够记下孔子这段看似荒诞的经历，他应该是有所根据的，但是这个世界上哪有那么高大的人啊！所以，我们姑且认为吴国人发现的那块大骨头只是一块恐龙或其他大型动物的骨头，只不过当时人们还不知道史前动物的情况，孔子才会如此引经据典地解释一番！

右图是《传说时代》中的人物，你记得她是谁吗？可以把这个故事讲给别人听吗？

岳镇海渎：大禹安葬在五镇中的哪座山中

大禹在会稽山大会诸侯之后，死在那里，被安葬在会稽山上，现在会稽山上还有大禹的陵墓。会稽山在现在浙江省绍兴市，它原来叫作茅山，据《史记》的解释，因为当年"禹会诸侯江南，计功而崩，因葬焉，命曰会稽。会稽者，会计（kuài jì）也"，也就是说当年大禹在这里会合诸侯，计算各自的功劳，所以人们把这里改名为"会稽"，会稽就是"会计"的意思。

前面已经讲过中国有五岳，除此之外，中国还有五座镇山，寓意安定四方。会稽山就是其中的南镇，除了大禹之外，以卧薪尝胆著称、春秋霸主之一的越王勾践也在这里起家，就连秦始皇也对这座产生"一王一霸"的名山宠爱有加，亲临此处祭祀大禹。另外四座镇山分别是：

东镇沂（yí）山，在现在的山东省潍坊市，素有小泰山之称，为五镇之首。

西镇吴山，在现在的陕西省宝鸡市，这里流传着吴太伯揖让（yī ràng）王位的故事，在之后的西周历史中我们会讲到这段故事。

北镇医巫闾山（yī wū

lú shān），在现在的辽宁省锦州市下辖的北镇市，此山的名字由来已久，已无从考证源自何处，从"医"和"巫"两个字可以推测它的名字应该与中国古代的医术和巫术有关。医巫闾山上有一块石头，刻着山名，据说是乾隆皇帝的御笔；传说张三丰到武当山之前在这里修道三年。"北镇"是唯一一个以五镇命名的城市。

中镇霍山，在现在山西省临汾（fén）地区，是太行山的最南端。

古代皇家讲究祭祀岳镇海渎，以山川代表整个天下。"岳"指五岳，"镇"指五镇，"海"指东海、西海、南海、北海等四海，"渎"指江渎（长江）、淮渎（淮河）、济渎（济水）、河渎（黄河）等四条江河。以上只是一种说法，历朝历代对岳镇海渎的规定不尽相同。

洞天福地：哪个山洞是十大洞天之首

会稽山是道教"三十六小洞天"中的第十一洞天。道教认为大地上有许多仙山，其中就包括十大洞天、三十六小洞天、七十二福地。我们常说的"洞天福地"

由此而来。十大洞天之首是位于河南省济源市王屋山上的王屋洞。王屋山名字由何而来呢？一种说法是在这座山中有一个山洞，深不可测，洞中像一座王宫，被称为"王者之屋"。与王屋山相关的传说很多，相传黄帝大战蚩尤的时候，就是在这里设坛请来九天玄女助阵。当然，与王屋山相关的故事中最有名的要算愚公移山（yú gōng yí shān）。

传说很久以前，有一位年过九旬的老爷爷，人们称他为"愚公"。"愚公"就是很愚蠢的人。"愚公"当然不是这位老爷爷的真实姓名，只是因为他做了一件人们认为很愚蠢的事情，才叫他"愚公"。这件愚蠢的事情是什么呢？移山！

故事的经过是这样的，这位老爷爷家的门前有两座大山：一座是王屋山，一座是太行山。这两座山又高又大，高耸入云，一眼望不到边，就像两堵墙，挡住了村里人与外界的通道。每次老爷爷出门走亲戚，要么翻越这两座高山，要么绕很远的路。那时候可不像现在又是火车、又是汽车，富人出门只有牛车、马车，穷人出门就只能靠两只脚走路，出一

次远门走上大半年都算是正常的。

老爷爷心想：我年轻的时候就因为这两座大山的阻挡无法走出去看看外面的世界，我不能再让我的子孙像我这样在这小小的山沟里过一辈子！

于是他有了一个大胆的想法。老爷爷把全家人召集在一起，对他们说道："这两座大山挡住我们的出路。我要带领你们把两座大山铲平，修一条路，直接到达汉水南岸，这样你们以后出行就不用绕道了！你们看怎么样？"

起初，大家都被老爷爷的想法惊呆了，不过很快就被老爷爷说服，只有他的妻子坚持认为这是不可能完成的事情，说道："你这不是异想天开吗？凭你这把老骨头，都不能把咱们门前那个小土坡铲平，更别说太行和王屋这两座大山了！再说了，就算你能把这两座大山铲平，铲下来的土和石头又倒在哪里呢？"

老爷爷微微一笑："这个我早就想好了，渤海那么大，我们可以把铲下来的土和石头倒在那里面啊！"

老太太拗不过老爷子，家里人全都热情高涨地支持这一伟大事业，老太太也就不再反对。

　　第二天一大早，大家就开始撸胳膊、挽袖子，大干起来。只见他们有的凿石头、有的挖泥土、有的捧着满满一簸箕（bò ji）泥土和石头运到渤海……老爷爷的行为感动了村里人，就连邻居家刚到换牙年龄的小孩子也蹦蹦跳跳地加入移山的队伍之中。

　　不过，这项工程可比想象中的艰难许多，整整过去一年，那两座大山也没见矮多少。

　　村里有一个很聪明的人，大家称他为"智叟（sǒu）"，意思是"很聪明的老爷爷"。智叟见老爷爷一家人想把两座大山铲平，讥讽说："你真是个笨老头儿啊！你都到了风烛残年的岁数，连山上的一棵杂草都拔不动，还想把这两座大山铲平，真是个可笑的'愚公'啊！"

　　老爷爷不以为然，反驳说："你真是太顽固，顽固得不可理喻！虽然大家都叫你'智叟'，可是你连那七八岁的娃娃都不如！我来给你讲讲这个道理，虽然我活不了太长时间，可是我有儿子，我的儿子会生孙子，孙子又会有儿子，子子孙孙、无穷无尽！可

是你看这两座大山呢，它不会再继续增高，挖一点少一点。我有这些后代，只要持之以恒、坚持不懈，总有一天会把这两座大山铲平！"

智叟无话可说，撇着嘴走了。从这以后，大家都亲切地称呼这位老爷爷为"愚公"！

每座大山都有一位守护它的山神。太行山和王屋山的两位山神开始也和智叟一样，没把愚公移山当回事，可是一听到他们的对话，大惊失色，心想："如果真如愚公所言，这两座大山早晚有一天会被铲为平地！"他们怕愚公继续挖下去，急忙飞到天上报告给天帝。

天帝一听也觉得事态严重，又被愚公这种锲而不舍（qiè ér bù shě）的精神所感动，于是就命令大力神夸娥氏的两个儿子，背起两座大山，一座放在朔东，一座放在雍南。从此愚公家门前再也没有高山阻隔。

前面我们提到过的与孔子相关的故事"两小儿辩日"，它选自《列子·汤问》篇，巧合的是愚公移山的故事也记录在《列子·汤问》篇。《列子》是春秋战国时期道家的一本经典之作，为了说明一些道理，里面记录了很多生动的寓言故事。还记得庄子吗？庄子被唐明皇诏封为南华真人，《列子》

这本书的作者列御寇也被封了一个看似非常神秘的名号——冲虚真人，所以《列子》这本书也被称为《冲虚经》。

《愚公移山》中有很多脍炙人口（kuài zhì rén kǒu）的语句，例如：

他提出平山的建议时说道：“吾与汝毕力平险，指通豫南，达于汉阴，可乎？”

他的妻子提出反对意见时说道：“以君之力，曾不能损魁父之丘，如太行、王屋何？”

感叹平山不易时写道：“寒暑易节，始一返焉。”

智叟讥笑愚公时说道：“甚矣，汝之不惠。以残年余力，曾不能毁山之一毛，其如土石何？”

愚公反驳智叟时说道：“汝心之固，固不可彻，曾不若孀妻弱子（shuāng qī ruò zǐ）。虽我之死，有子存焉；子又生孙，孙又生子；子又有子，子又有孙；子子孙孙无穷匮也，而山不加增，何苦而不平？”

对于这些优美而又有哲理的文章，我们应该努力再努力地发扬愚公移山的精神将它们背诵下来。

tài kāng shī guó

太康失国

谁夺取了夏王朝的政权

　　虽然说夏启建立我国第一个世袭王朝，但是他所建立的夏朝还是一种方国联盟的形式：夏后氏控制着一块比较大的核心区域，依靠强大的军事实力控制着周围的方国，就像一个盟主。其他方国都是夏后氏的附庸，实力强大的方国惦记着盟主的位置，时刻准备上位；实力弱小的方国只能完全听命于盟主，无论这个盟主是谁。在之后的商、西周均是如此。

　　夏启初建世袭王朝，政局并不稳定，有扈氏的反叛就是一个很有代表性的例子。除此之外，在与夏启争夺盟主过程中落败的东夷集团也一直保持着强大的实力，他们一直等待着东山再起的机会。这个机会很快就来到了。

　　夏启刚刚夺取王位，还是有所作为的，一旦江山稳固之后，他就不思进取，整日沉湎于酒色之中。传说天帝曾经三次宴请夏启，每次他都乘着巨龙飞到天上。天上有许多人间所没有的动听音乐，夏启把其中的两首——《九歌》《九辩》记在心中，带回人间。就这样，那个有着雄心壮志、开启一个全新时代的夏启逐渐意志消沉，日益铺张奢靡。

实行禅让制的时代，大家可以向盟主推荐继承人；初创世袭制，没有现成的经验可借鉴，因此，如何选择继承人难倒了夏启。他有五个儿子，这五个儿子为盟主之位争得你死我活，做得最过分的就是他的小儿子武观。夏启不喜欢武观，不想把王位传给他。然而武观毫无自知之明，一心想要获得王位，夏启无奈之下只得把武观安置到一个很远的地方，眼不见为净！可是武观实在不是省油的灯，心中不服，起兵反叛。俗话说，胳膊拧不过大腿，武观反叛的结局很简单，被夏启无情地镇压下去。最后，夏启选择大儿子太康作为自己的继承人。

夏启晚年，德政不修，人心涣散，各方国都盼望着太康即位之后能够给政局带来新气象。所谓有其父必有其子，太康的所作所为让

大家更为失望。他继位之后，非但没有扭转局势，而且比他的父亲更加荒唐，整日饮酒作乐、骑马打猎，哪有什么心思打理朝政。

这一天，他心血来潮，带领几个亲信渡过洛水打猎。这一去时间还不算短，三个多月没有回来。等他满载而归（mǎn zài ér guī），准备渡过洛水返回京城时，却傻了眼：河对岸旌旗飘舞，一大队人马守住渡口，阻挡住他们的归路。

太康勃然大怒，问道："你们是什么人？不认得我吗？我是太康，你们的国君！"

守卫哈哈大笑，领头的轻蔑地说道："国君！？那都是很久以前的事情了！我们现在的国君是后羿！"

后羿？太康知道这个人，他是东夷有穷国的国君。

太康还没来得及思索更多的事情，那个头领又说话了："念在你是我们以前的国君，我放你们一条生路，赶快离开这里，否则就让你们死无葬身之地！"话音刚落，那头领已经指挥着士兵弯弓搭箭，直指太康。

好汉不吃眼前亏，太康见这些人不像在和自己开玩笑，立即带着亲信随从落荒而逃，最后逃到阳夏。一打听才知道，原来在他出游打猎的时候，有穷部落的首领后羿敏锐地抓住这个时机，起兵攻打夏后氏的国都。太康不在国内，群龙无首的夏后氏很快就被后羿打败，后羿占领了夏后氏的国都，人们把这段历史称为"太康失国"。在这之后，中国历史进入"穷寒代夏"时期。"穷"是有穷氏后羿，"寒"是我们之后会看到的寒浞（zhuó）。前面我们讲过后羿射日的故事，那个后羿和现在这个后羿并不是同一个人。

夏启与伯益的争夺战，以夏后氏完胜东夷部落而告终；太康失国，可以看作东夷部落一次漂亮的反击。

穷寒代夏
qióng hán dài xià

夏王朝政权如何反复易手

五子之歌：后羿征伐仲康

夏朝是一个方国联盟的国家，"太康失国"只是失去盟主的位置，夏后氏并没有灭国，而是作为一个普通的方国继续存在着。此时，后羿俨然成为联盟的首领。

虽然夏后氏没有灭国，后羿却不想让太康成为这个小小方国的国君，他选择太康的弟弟仲康。仲康继承王位，并不甘心自己的祖父大禹、父亲夏启创下的基业毁于他们这一代人手中。不仅仲康有这样的想法，夏后氏的很多人都有这样的想法，他们做了一首《五子之歌》，谴责太康的不当行为，其中最值得我们记住的一句："民惟邦本，本固邦宁。"意思是说人民是立国之本，只有人民安居乐业，国家才会长治久安。

《五子之歌》最后一句"虽悔可追？"也道出美好

的事物一旦失去，再后悔也是没有用的。仲康用自己的实际行动证明了这一点：被立为国君之后，仲康可没闲着，他暗中培养自己的势力，一心想要恢复祖业。没过多久，他组建了一支效忠自己的军队。仲康暗中修兵，引起后羿的注意。后羿敏锐地察觉到仲康的不臣之心，先发制人，立即派遣一支大军猛扑过来。仲康那支看似强大的军队，除了忠心之外，其他的什么都没有，面对后羿的虎狼之师，一击即溃。眼看着后羿大军就要攻入都城，仲康束手无策，只得弃城而逃，最后落脚在一个名叫帝丘的地方。

寒浞学艺：心狠手辣的中山狼

俗话说："幸福都在别人眼中。"仲康认为自己的人生除了失败就是失败，可是他不知道，他眼中那些幸福的人，很多比他还不幸，比如说后羿。后羿已经夺取夏后氏的领土，成为各个方国实际上的盟主，他还会有什么不幸吗？当然有了，如果仲康能够预见到几年以后的事情，他就不会为自己一时的失败抑郁而终。后羿的不幸除了源于自己，还和一个人有关，这个人名

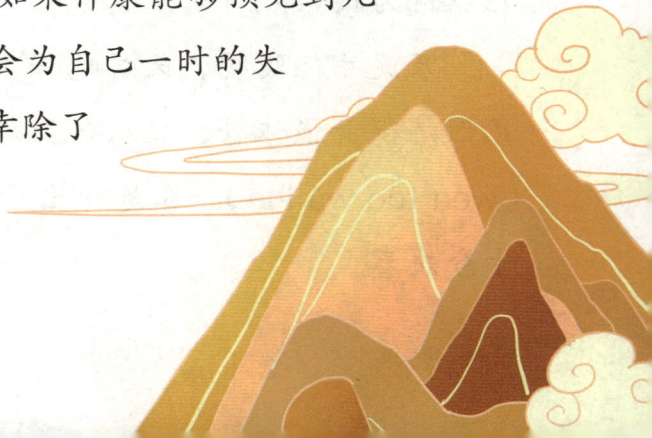

叫寒浞。

寒浞从小品行不端，偷鸡摸狗、欺软怕硬……坏事做绝。他所在的部落无法容忍这样一个无赖，就把他赶出部落。那个年代，一个人是无法在野外独自生存下去的，寒浞心想自己要活下去，就必须找到一个靠山。就在这个时候，后羿夺取了夏后氏的江山，寒浞心头一悦，打定主意要去投奔实力强大的后羿。

也该寒浞时来运转，就在投奔后羿的路上，他遇到一位世外高人，这人能文能武，本领非凡。

寒浞遇见此人，如获至宝，心想："我也没什么突出的本事，就这么去投奔后羿，顶多混口饭吃。如果这人教我些本领，我一定能大有所成。"

想到这里，寒浞决定先不去投奔后羿，而是留下来和这个人学些本事。那人本来只想过些清净的日子，不想节外生枝收徒弟，可是没禁住寒浞死缠烂磨，最后答应收他为徒。

寒浞年轻聪明，又肯吃苦，不到一年的时间就把自己锻炼得身强体壮，又从师傅那里学到无数的文韬武略（wén tāo wǔ lüè），真是青出于蓝而胜于蓝，他的师傅十分欢喜。

这一天，师傅对寒浞说道："你已经完全学会我的本事，我没什么可教你的了，现在你可以投奔后羿，实现你的雄心壮志！"

寒浞跪在地上，眼泪噼里啪啦地掉个不停，左一句感谢、右一句不舍，说得师傅也是泪眼汪汪。

师傅扶起寒浞："你当初拜我为师，不就是想要实现你的理想和抱负吗？如今你学艺已成，凭这些本领，再加上你的情商，投奔后羿之后，封王拜相，不成问题！"

寒浞再三拜谢，说道："师傅，我再为您做最后一次晚餐吧！"

饭桌之上，寒浞一口未动，只顾着给师傅倒酒夹菜，煞是殷勤。突然，他问了一个问题："师傅，您看当今世界我的本事能排第几？"

师傅看着自己的得意门生，不无骄傲地说道："数一数二，不会有多少人强于你！"

寒浞一听，差点没按捺住心中的狂喜，他又问道："师傅如果再收徒弟，能否再教出一个和我一样的徒弟？"

师傅自信地说道："别说和你一样，就算是比你厉害的我也能教出

几个！"

寒浞心头一颤，收紧脸上的笑容，说道："那您以后就不要再收徒弟。"

师傅见寒浞如此表情，又如此说话，一脸不高兴地扔下酒筷，说道："我收不收徒弟，不用你来操心！你只管做好自己的事情！"

寒浞一脸严肃地说道："这当然事关我的前程。您教一年，我就有如此成就，倘若其他人和您学上两三年，那本事还了得？如果他也投奔后羿，还有我的出头之日吗？"

师傅大怒，说道："平日看你忠厚老实，却不承想你心胸竟如此狭窄！早知如此，我无论如何也不会收你为徒！从此我们恩断义绝！这顿饭就是我们最后的晚餐！"

寒浞脸上露出一丝奸笑："师傅您说错了，这顿饭的确是您的最后晚餐，却不是我的最后晚餐！"

右图是《传说时代》中的人物，
你记得她是谁吗？
可以把这个故事讲给别人听吗？

师傅预感一丝不祥的气氛，他不知道眼前这个朝夕相处了一年的好徒弟心里在想些什么，

脸上的恐惧一闪而过，故作镇定地说道："你这话是什么意思？"

寒浞继续露出一脸的微笑，说道："师傅，这桌上的菜我可是一口没吃，这桌上的酒我也是一口没喝呀！你知道这是为什么吗？"

师傅忽然感到肚中一阵翻江倒海，强忍着剧痛问道："为什么？"

寒浞非常轻松地说道："我在菜里、酒里加入一些专门给你准备的东西，所以我不能吃，也不能喝呀！这回你该相信，这是你的最后晚餐，但绝对不是我的最后晚餐！"

师傅已经有气无力，鲜血从嘴角冒出来："你为什么要如此对我？"

寒浞冷冰冰地说道："只有这样，你才不会再去教徒弟，这个世界上就不会有比我还厉害的人！"

善有善报，恶有恶报，这是教导我们要多做好事，千万不要去做坏事。寒浞毒死师傅，投奔到后羿

帐下，可是他的运气一样很好。只能说，不是不报，时候未到！

寒浞夺位：后羿大意失荆州

寒浞被后羿接纳，也不是一帆风顺。后羿手下的几个大臣早就听说过寒浞的恶名，极力反对。

寒浞一脸忏悔（chàn huǐ）的样子，对后羿说道："以前我年轻不懂事，经过这一年多的反省，我已下定决心痛改前非！我一直仰慕您的威名，如果不能为您效力，我就枉在世上走一回！"

一番话，说得后羿心花怒放，力排众议收留寒浞。

寒浞之所以能够成功，就在于他能够隐忍，无论以前那些坏毛病如何引诱他去犯错，在没有达到目的之前，他都能把那些欲望压制在心中，能够按照别人的标准行动。很快，人们眼中的问题少年变成三好学生。

可是，后羿却没有寒浞这样的情商，自从打败夏后氏，后羿也开始享受人生：日日饮酒、天天游猎。那些和他出生入死的大臣整天在他耳边劝谏，他听得心都烦了。

自从寒浞来了以后，他似乎找到一个知音：

大臣们说不该饮酒，寒浞就说饮酒可以舒筋活血！

大臣们说不该游猎，寒浞就说游猎可以陶冶情操！

大臣们说不该不理朝政，寒浞就说这些都是臣子们懒政、不作为！

总之，寒浞的每句话都让后羿非常舒心。

当然，你不要以为寒浞只会说一些谄媚（chǎn mèi）的话，只会耍耍嘴皮子，其实他的本事很大，帮着后羿东征西讨，杀敌无数，而且寒浞还有两个勇猛无比的儿子，也是人挡杀人、佛挡杀佛的主儿。在这样强大武力的震慑（zhèn shè）之下，所有的方国全都臣服于后羿。寒浞的事例告诉我们，一个人的成功绝对不是看起来那么简单。

每一个昏庸之君，背后似乎都有一个可以视为祸水的女人。讲这句话，绝对不是对能顶半边天的女性朋友有任何不敬，历史的剧本中非要安排这样一个桥段，我也只能附会一下。

后羿有一个妃子，不是嫦娥，她的名字叫"纯狐"，通过这个名字我们可以相信她是一个漂亮的女人，后羿非常喜欢她。但是纯狐却对后羿毫无感情，为什么呢？原来，纯狐是后羿从其他部落抢过来的，这样的婚姻能是幸福的吗？纯狐心中充满仇恨。就在这时候，

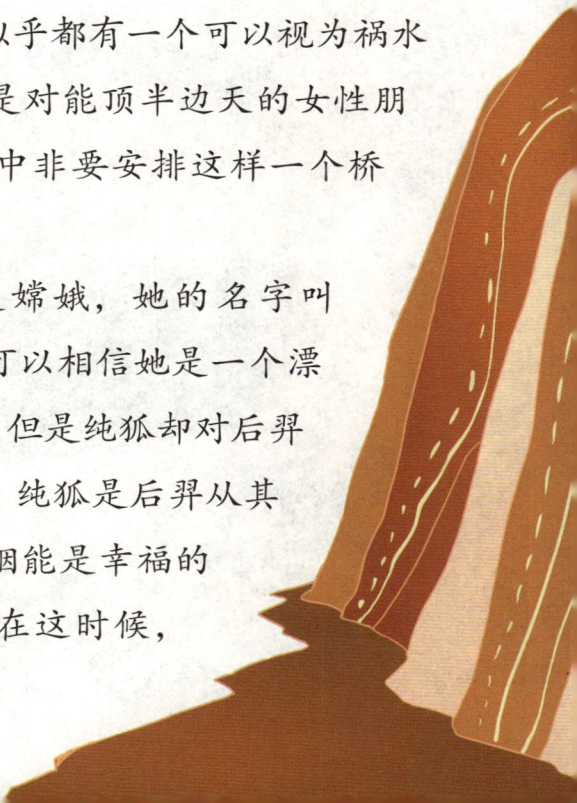

年轻、威猛、睿智（ruì zhì）的寒浞走进纯狐的生活，纯狐疯狂地爱上寒浞，寒浞也许给纯狐一个未来。

再说后羿，自从有了寒浞帮他处理政务，他感到无比轻松快活。他很喜欢这个年轻人，能文能武，谦卑有礼，各项政务处理得恰到好处。之前人们说过的有关这个年轻人的种种不好，在他看来都是一种偏见，他不仅重用寒浞，还把他收为义子。

当人的欲望战胜理智时，他就会在不知不觉中沉沦，夏启如此、太康如此，后羿也没能摆脱这一窠臼（kē jiù）。他渐渐失去往日雄风，压抑在心底最污的人性暴露无遗：沉湎女色、贪恋美酒、耽溺（dān nì）游猎……

一些忠心耿耿的大臣开始劝谏后羿要以朝政为重，但是在寒浞的离间之下，再加上纯狐枕边风的蛊惑（gǔ huò），后羿一个接一个地处死这些敢于直谏之人。每个王朝都不缺少忠肝义胆之士，但是一旦这些人因为劝谏而死，这个王朝也就病入膏肓（bìng rù gāo huāng）、无可救药了。

寒浞早就摸准后羿的喜好：后羿喜欢美女，寒浞就从全国各地挑选美女陪伴后羿；后羿喜欢美酒，寒浞就召集全国最好的酿酒师为后羿酿造美酒；后羿喜欢骑射，寒浞就为后羿准备最好的骏马……

日复一日、年复一年，寒浞完全控制朝政，朝中的大臣都换成了他的亲信，后羿对此却浑然不觉。时机渐渐成熟，寒浞凶狠无情的本性慢慢显露出来，隐忍这么多年，他要给后羿致命一击，就像当初他对待自己的师傅一样。

这一天，后羿像往常一样，喝得微醉走入自己的寝宫。刚刚推开门，眼前的景象让他大吃一惊，只见寒浞坐在他的床边，他的爱妃纯狐正躺在床上。

后羿拔出剑来，怒声喝道："你怎么会在这里？"

寒浞站起身来，手里也多了一柄剑，非常轻松地答道："这您还看不出来吗？"

后羿眼睛一红，大喊一声，扑向寒浞。后羿年事已高，又喝了不少酒，哪里是正值壮年的寒浞的对手，三下两下，就已抵挡不住寒浞的攻击。后羿也是久经沙场之人，见势不妙，瞅准一个机会，夺路而逃，边跑边喊道："来人！快来人！"

寒浞见后羿逃跑，也不急着追赶，见后羿喊人，也不急着逃跑，只在原地站着，胸有成竹地看着落荒而逃的后羿。

后羿刚跑到门口，三五个卫士拿着明晃晃的兵器冲了进来。后羿看到救兵赶到，停住脚步，回转身来，指着寒浞，对卫士说道："赶快给我杀死这个乱臣贼子！"

寒浞仍然没有动，一脸冷笑地看着后羿。寒浞不动，那些卫士也没有动。

后羿急声喊道："你们没有听到我的命令吗？杀死寒浞者，加官晋爵，重重有赏！"

寒浞仍然没有动，忽然他收起笑容，把手一挥。后羿似乎察觉到什么，眼中露出无限的恐惧，他刚要转过身去，已经来不

左图是《传说时代》中的人物，**你记得她是谁吗？可以把这个故事讲给别人听吗？**

及了，他的后背感到一丝凉意，接着是一阵疼痛，一个卫士手持长刀重重地砍在他的身上，一下、两下……所有的卫士一拥而上，疯狂地朝后羿挥舞着利刃。可怜一代枭雄（xiāo xióng），竟惨死在几个无名小卒手中。

后羿死后，寒浞顺理成章地成为下一任君主，没人反对：能够反对他的大臣，早就被他假借后羿之手除掉了；有实力反对他的方国，早在几年前就被他打服了。他继承了后羿拥有的一切，包括他那位年轻漂亮的爱妃——纯狐。

斩草要除根，这就是寒浞比一般人精明也狠毒的地方。后羿的族人死的死、逃的逃，消失在历史的云烟中。

夏 道 复 兴
xià　dào　fù　xīng

夏王朝由"治"及"盛"

少康中兴：是谁光复了夏王朝

寒浞如此歹毒，天理不容，但是他的好日子还没有到头。寒浞成为各方国的实际盟主，他心头始终有一块心病，那就是夏后氏。无论他的实力多么强大，名义上的盟主还是夏后氏。后羿迫于各方国的压力，一直没有剿灭夏后氏。为了能够成为天下第一，寒浞杀死自己的师傅；为了能够成为盟主，寒浞杀死自己的义父。现在他怎么能够容忍弱小的夏后氏骑在自己的头顶呢？一切准备妥当，他发起对夏后氏的最后一战。

这个时候夏后氏的国君仲康已经去世，继承王位的是他的儿子相。相的军队没能阻挡住寒浞的军队，节节败退，眼见敌人就要攻入都城，自认为不能辱没祖宗英名的相拔出宝剑，结束了自己的生命。

寒浞军队攻入都城，开启屠城模式，见人就杀，夏后氏的都城内充满了死亡的气息。

或许是夏后氏经历了数十年的磨难，天帝非常眷顾（juàn gù）这个部族；或许是天帝已经决定要惩罚寒浞这个不忠不义之人，在乱军之中，一个身怀六甲的女人东躲西藏，成功地逃出城去。这个女人名叫后缗（mín），是相的妻子。几经周折，后缗逃回自己的娘家，在那里顺利生下一个男孩，她给这个孩子起名少康。

历史就是这样，谁也不知道自己将来会变成谁的谁，只有命运知道，这个名叫少康的男孩就是他在人间投下的一条长鞭，将来一定会把寒浞鞭打得体无完肤。

灭了夏后氏，寒浞正式成为各方国的首领。不过，他没有重蹈夏启、后羿的覆辙，除了铲除一些政治对手外，他没有任何不良记录，甚至可以用兢兢业业来评价他。

没有不透风的墙，这一年寒浞听到一个消息，相有一个妃子名叫后缗，在战争中幸存下来，逃回娘家，产

下一个男孩名叫少康，如今少康已经长大成人，在自己姥爷的部落有仍氏那里做官。

对付政敌，寒浞的原则就是四个字：斩草除根！很快，一支精锐之师直指有仍氏。历史发展到这里，还没到少康建功立业的时候，命运还要再给他一些磨炼。有仍氏在寒浞军队近乎疯狂的进攻下溃不成军，少康命大，逃了出来。

往哪里逃呢？少康想起有虞氏的部落。有虞氏是一个非常强大的部落，那里的族人都是虞舜的后裔，与夏后氏关系融洽。

人不可能一辈子交好运，也不可能一辈子都是坏事相伴，当你认为你已经到达人生最低谷，那或许就是命运反转的开始。少康就是这样一个例子。失魂落魄的少康一路狂奔，来到了有虞氏的领地。有虞氏的君主一见少康，非常喜欢，不仅收留他，封他一个官职，还用一块肥沃的土地和五百名士兵作为陪嫁，把自己的女儿许配给他。

从此，少康励精图治，势力越来越大。运气的天平逐渐向夏王朝倾斜，一些夏王朝的遗老遗少纷纷投奔到少康门下。这里要提一个人，这个人名叫女艾，她是中国史书上记载的第一位女间谍。少康派她潜伏到寒浞军中，收集到许多非常有价值的情报。一切准备妥当，少康开始自己的复国之路。这条路虽然曲折（qū zhé），但事实证明它是走得通的。经历千辛万苦，少康终于消灭寒浞，恢复了夏王朝的统治。在少康的治理之下，夏王朝国力蒸蒸日上，万国朝拜，再现大禹时期的大国雄风。历史上把少康的这段统治称为"少康中兴"，这是中国历史上第一个以"中兴"命名的历史时期。"中兴"就是指国家由衰退到复兴。

杜康酿酒：少康是传说中的杜康吗

有一种说法，少康也叫杜康，是造酒的祖宗。当然了，这只是一种传说，除了少康之外，还有人说杜康是黄帝时期的人物，也有人认为杜康是东周或汉朝时期的人物。不管杜康生活于何朝何代，杜康酿酒的故事却是大同小异。我们这里姑且认为少康就是杜康。

少康逃到有虞氏的领地，寒浞忌惮（jì dàn）有虞氏的强大，一直没敢轻举妄动。

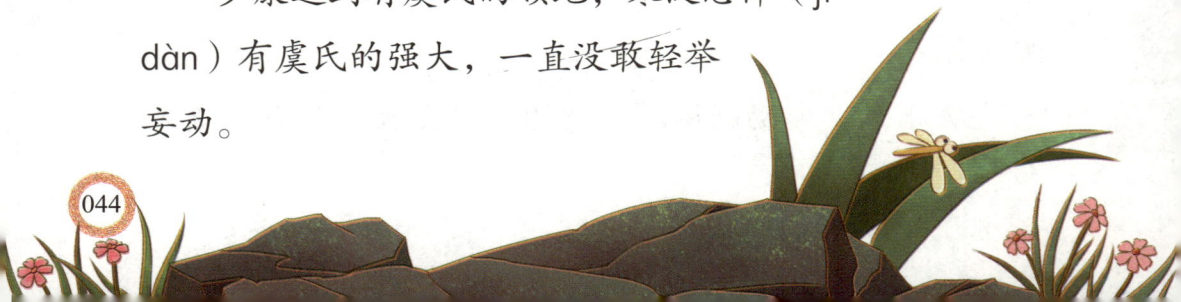

虽然有了强大的后盾，少康却时刻不敢忘记亡国之痛，每天过着粗茶淡饭的日子，日夜勤学苦练，希望有一天能够完成复国大业。

少康的妻子非常贤惠，每天按时给他送菜送饭。少康习文练武的地方有棵粗大的桑树，不知已经生长多少年，树干都被蛀空，形成一个大大的树洞。饿了的时候，少康就坐在这棵大树下面休息吃饭。有的时候，少康顾不上吃饭，饭菜放坏了，他就把饭菜倒进树洞中。

这一天早上，少康来到大桑树下，眼前的一幕让他大吃一惊，桑树下横七竖八地躺着几只小动物，他走近一看，那些小动物紧闭着双眼，喘着粗气，睡得很香，任凭少康如何摆弄，就是不醒。这是怎么回事呢？一阵阵醇香（chún xiāng）伴着小动物们的呼吸飘入少康的鼻子里面，少康心中惊奇："这是什么气味，为什么这么香啊？"

少康四下寻找，他看见树洞的一道裂缝中慢慢地渗

出一种白色的液体，他走到跟前，那液体有着醉人的醇香。

少康好奇地用手指蘸（zhàn）了一点白色的液体，放在嘴中，那液体有些绵柔、略带一丝甘甜，流入肚中，口有余香……这是什么东西呢？少康向树洞中一看，里面竟充满了这种液体，原来他以前扔到这个树洞中的饭菜，不知什么原因产生这种白色的液体。他把这些液体舀出来，大口喝起来，你猜怎么着？少康竟然变得双眼迷离、步履蹒跚（pán shān），一个趔趄（liè qie）倒在地上，也像那些小动物一样，昏睡过去。

睡梦中，他飘飘然地步入仙界。他想回家，可是左转右转，摸不着方向；他想喊自己的妻子，却喊不出一个字。

就在这时，一个鹤发童颜的老人轻轻落在他的面前："刚才那些东西很好喝吧！"

少康不知这位老人是谁，猜想他一定是位神仙，神仙一定能给他指条明路，于是点了点头。

老人说："那东西虽然好喝，但还缺三样东西，有了这三样东西，它就会更加神奇。"

少康想问一下那三样东西是
什么，可是他的嘴里只发出
"呜呜呜"的声音。

"你想问我那三样东西是
什么吧？"少康不住地点头，老
人接着说道，"你需要在山中找
到三个人的三滴血，在九天之后的
酉时滴到树洞的液体里。"

少康还要问些什么，老人一甩拂
尘（fú chén），在他脸上掠过："你可
以回家了！"

拂尘掠面，少康眼睛一闭，再睁开时，已经躺在自
家的床上。原来，他的妻子给他送饭，发现他昏睡在树
下，怎么也叫不醒，便找人把他抬回家中，正万分担
忧、束手无策，少康忽然醒来。他的妻子正要问他缘故，
少康二话不说，跳下床去，拔腿就往外跑。

他这么一跑，可把屋里的人都吓坏了，以为他中了
邪魔。

他的妻子大声喊道："你要到哪儿去？"

少康连头都没回："等我回来再和你解释！"

若说在山上找些虎豹豺狼，那还容易，可是要找三个人，真是比登天还难，谁会闲得没事跑到深山老林之中呢？

为了那神奇的液体，少康在山上找哇找，每日以野果山泉充饥解渴。

找了三天，少康看到一个小房子，房子里面传出读书之声。少康心中一喜，有读书声就一定有人。

少康走到房前，轻敲房门。开门的是一个彬彬有礼的年轻人，少康说明来意，又给年轻人尝了一口那白色的液体。刚一入口，年轻人就觉得沁人心脾，连声称好。

"这东西好是好，不过少了一点文人的风雅！"年轻人不无遗憾地说道，"我就送你一滴血，让天下人都能文质彬彬！"说着，年轻人拿出一根针，轻轻刺破自己的中指，挤了一滴血在那白色的液体中。

告别年轻人，少康又在山中找起来。又找了三天，他看见远处的大树下有个舞动的人影。走到跟前，原来是一个大汉正在那里舞枪弄棒。

少康上前深深一礼，说明来意。

大汉捧过白色

右图是《神话时代》中的人物，**你记得他是谁吗？可以把这个故事讲给别人听吗？**

的液体，嘬（zuō）了一口，大喊一声："真是好东西！可惜多了一点文绉绉（wén zhōu zhōu），少了一点阳刚气！好！我就送你一滴血，让天下人都能够英勇威猛！"说着，大汉用剑在自己的手指上用力一划，鲜红的血液从伤口中流了出来，滴了一大滴鲜血在那白色的液体之中。

已经有了两滴血，还差一滴。少康又在山上转了两天多，眼看着就要到第九天的酉时了，还没有找到第三个人。天无绝人之路，就像冥冥中注定一般，正当少康一筹莫展之时，山脚下传来一阵嘈杂之声。少康顺着声音看去，只见几个人绑着一个男人往山上走，少康心中纳闷，急忙迎了上去，边走边想，这些人里也许就有他所要找的第三个人。

在半山腰，少康拦住那些人。一打听才知道，那个被绑的汉子有些智障，一旦发病，总是一副疯癫状，见人就打，张口就骂，再严重时还会口吐秽物（huì wù），直至昏死不省人事。这个汉子没少惹事，人们吃尽苦头，又拿他没办法，所以把他绑了，打算扔在

山中，任其自生自灭。

听说少康想要一滴血，大家都以为少康也是个疯子，任凭少康如何请求，纷纷摇头。突然一个人说道："你想要一滴血，不知这疯汉的血是否可以？"

少康这才细看那疯汉，只见那疯汉似乎在哪里摔了一跤，腿上、手上、脸上全是伤痕。

少康正犹豫，一个人说道："现在马上就到酉时了，你若不用这疯汉的血，我们就把他扔到山上去了。"

眼看着时间一点一点流逝，少康无奈，只得抓过那疯汉的手，费了九牛二虎之力才挤出一滴血到那液体中。就在那一瞬间，白色液体中的三滴血融合在一起，颜色慢慢变淡，最终消失。

少康不忍心那疯汉死在山中，向众人求情，最后众人放了那疯汉。

少康把那白色液体拿回家中，又按照之前的方式制作出许多这样的液体。自从有了这三滴血，人们再喝那些液体，除了甘醇，还有不同的状态：初喝时，大家都是彬彬有礼，像吟诗作对的文人；多喝些，则面红耳赤，声如洪钟，甚或赤膊划拳，像舞枪弄棒的武夫；再多些，或酩酊大醉、抱头酣睡，或打打骂骂、跌跌撞撞，像个疯汉。人们说，正因为少康用了文人、武夫、疯汉的三滴血，人们才会出现这三种不同的状态。

有人问少康，这么好的东西总得有个名字吧！少康说，他用了九天才找齐三个人的三滴血，就叫它"九"吧！又有人问了，这个"九"字该怎么写呢？少康说，他用了三个人的三滴血，又是在第九天的酉时找齐的，这个字就写成"水酉"酒吧！自此以后，酒就流传下来。少康，有人说他是杜康，人们又常用"杜康"指代酒。

帝国余晖
dì　guó　yú　huī

夏王朝由"治"到"乱"

孔甲训龙：不务正业的帝王

王位传到孔甲，孔甲不务正业，夏后氏渐显颓势（tuí shì），一些诸侯开始背叛夏后氏自立门户。孔甲的事迹不多，下面我们讲一个与他有关的神话传说。

传说孔甲非常喜欢龙，天帝就送给他一雌一雄两条龙作为宠物。得到这两条龙，孔甲欣喜若狂，不过烦恼的事情紧接着就来了。养个猫哇、狗哇的，很容易，可是这两条龙整天不吃不喝，还不服管教，乱发脾气，这可愁坏了孔甲，谁会养龙、训龙呢？

有人告诉孔甲，在舜帝时期，有一个部落名叫豢（huàn）龙氏，部落的首领精通养龙，后来他把自己养的龙献给舜帝，舜帝非常高兴，就赐他姓董，人们称他为"董父"。据说，养龙的技艺在董父的子孙后代中流传下来，如果能够找到他们，就一定会知道该如何养龙、训龙。

孔甲一听，心病祛了一半，立即派人寻找董父的后人。

派出去的人很快归来，带回来一个坏消息和一个好消息。

孔甲忧心忡忡地问道："坏消息是什么？"

"蓁龙氏隐居深山，没人知道他们的下落。"

"唉！"孔甲叹了一口气，自言自语地说："我早知道会是这样的结果！"

"您不用失望，我还带回来一个好消息！"

"哦？快快说来！"孔甲的眼睛立即变得炯炯有神。

"我们找到蓁龙氏的徒弟，他叫刘累，是尧帝的后世子孙。"

"快把他带来见我！"孔甲迫不及待地说道。

不一会儿，一个年轻人站在孔甲面前。孔甲见到刘累，心中疑惑，不确定他是否真会养龙，就让他讲一下养龙的技术。

只见刘累面不改色，张开大嘴，娓娓道来："龙乃圣洁之物，非甘泉不饮，非灵水不憩……"

刘累一番夸夸其谈，孔甲听得口舌生津，立即下令封了刘累一个养龙的官。其实呀，刘累是个没落的贵族，从小养尊处优，等到家道中落，连个挣钱吃饭的本事都没有。恰好遇到豢龙氏，豢龙氏念在他是尧帝的后裔，收他为徒，教他养龙的本事。

刘累最初以为养龙是件幸福事，可是真的学起来却发现那是一件苦差事：每天起五更、爬半夜，整天在荒郊野外与龙为伍，不说烈日暴晒，单是那蚊虫叮咬就让他叫苦连天。像他这样的贵族子弟哪吃得了这些苦，最后只跟着豢龙氏学会一点皮毛功夫，还没得到真传，就偷偷溜走，放弃学业。正巧，孔甲寻找豢龙氏而不得，他就大言不惭地自告奋勇为孔甲养龙。孔甲哪懂得养龙啊，被刘累一忽悠，真的相信遇到了一位会养龙的奇人。

吃不了苦，又不爱学习的刘累，一养起龙来，就知道干事业不是凭一张嘴说说就可以成功的，要想生存下去，还得脚踏实地地学会一些看家本领。虽然他明白了这一点，可是已经晚了，那两条龙本就已经骨瘦如柴，让他一驯养，更加瘦骨嶙峋（shòu gǔ lín xún）、奄奄一息（yǎn yǎn yī xī）。没过几天那条雌龙就一命呜呼。

一般人遇到这样的事情，早该急得火上房，可是这位公子哥真可谓是无知者无畏，镇定自若，竟然叫人从水中捞起那条死龙，去鳞剔骨，做了一道美味的炒龙肉献给孔甲。

孔甲尝了一口，味道鲜美、爽口，问道："这是什么肉哇？"

刘累答道："前几日我在野外猎到一只奇兽，肉味鲜美，不敢独享，特意献给大王。"

孔甲心中高兴，这刘累不仅会养龙，还能猎到这么好吃的美味，真是能人啊！

虽然刘累靠着小伎俩博得孔甲的欢心，但是孔甲最关心的还是那两条龙在刘累的调教之下，现在怎样了。令他失望的是，每一次他都只看到一条毫无生气的病龙，每次问起那条雌龙，刘累都说："这里的水不好，我把它放到甘泉灵水中，过几天就会飞回来！"

终于，孔甲再也忍不住心中的怒火："你总和我说你很快就会把两条龙调理好，可是现在我只看到一条快要病死的长虫！明天早上我必须看到那条雌龙飞回来，看到这条雄龙飞上天！"

纸终究包不住火，刘累知道自己再也躲不过去，连夜带着家人逃走了。刘累是刘姓始祖，自刘累开始，刘姓子孙便在中国大地繁衍不息。目前，刘姓是我国第四大姓，民间素有"张王李赵遍地刘"之说，意思是张、王、李、赵、刘这五个姓氏的人口非常多。

刘累跑了，还得找人为自己养龙。这一次上天没有再和孔甲开玩笑，孔甲真找到一个养龙高手。这个人名叫师门，有一套养龙的技术。师门的师父名叫啸父，也是一位奇人，传说他在闹市中伪装成一个补鞋人，一直补了好几十年鞋，很多街坊邻居都年老力衰而死，他却仍如青春少年一般，最神奇的是竟然没有一个人发现他一直没变老。在师门的精心照料下，那条挣扎在死亡线上的雄龙焕发出生命的气息，不仅吃得白白胖胖，而且又是腾云、又是驾雾。师门让它上天，它就直冲云霄；师门命它入水，它就翻江倒海。

孔甲看得满心欢喜，可是帝王特有的自信与自负很快显露（xiǎn lù）无疑，他开始对师门养龙的方法指手画脚，今天说师门这里做的不对，明天说师门那里做的有误。孔甲这种不懂装懂、胡乱指挥的行为让师门大为不满，耿直的师门丝毫不给这位顶头上司任何面子，常常把孔甲反驳得哑口无言。

本来养龙就是为了乐呵一下，被师门当众指责可笑、荒谬（huāng miù），孔甲非常不高兴，在养龙的过程中没有得到一点乐趣。孔甲耗干了对师门最后一点耐心，人性中残暴的一面显现出来，盛怒之下，他命人砍下师门的脑袋。

临死前，师门毫无惧色，哈哈大笑地对孔甲说道："你今天杀了我，将来你也不会安享在这宫殿之中！"

当卫士把师门的头颅拿到孔甲面前时，孔甲想起师门临死前的诅咒，吓得浑身冒汗，对卫士大声喊道："赶快把他的尸体埋到野外！"孔甲认为，只有这样，师门的诅咒才能远离自己。

奇怪的事情发生了，卫

士刚刚把师门埋葬在一座荒山之上，晴朗的天空立即乌云密布、狂风大作，倾盆大雨"哗哗哗"地下了三天三夜。三天之后，风停雨住，孔甲悬着的一颗心终于安静下来。就在这时，一个卫士跑了进来，急促地说道："埋葬师门的那座山上燃起熊熊大火，整座山都要被烧光了！"

孔甲吓得心惊肉跳，急忙问大臣该如何是好。一个大臣说，解铃还须系铃人，既然师门阴魂不散，那就只有孔甲亲自到那山上祭祀祈福，才能消除这场灾难。

为了能够活命，孔甲只得驱车到那山下举行了盛大的祭祀仪式。仪式刚结束，天上就下起大雨，山火在大雨中逐渐熄灭。等到孔甲驱车返回时，天空已经放晴。

群臣高兴不已，都认为师门已经原谅孔甲。可是到了王宫门前，大臣打开孔甲的车门时，所有人都惊呆了，孔甲不知什么时候已经死在车内，他最终没有逃脱师门的诅咒。

破斧之歌：权力与命运之争

根据秦人吕不韦主持编写的《吕氏春秋》记载，在中国大地上，当时的音乐一共有东、西、南、北四种不同的风格，孔甲是东方音乐风格的创始人。

有一次，孔甲出去打猎。天气大变，大风刮得天昏地暗。孔甲和大队人马走散，只带着几个随从在昏暗中寻找回家的路。

找着找着，他们来到一户人家。看看天空，也不知道大风什么时候会停，就留在那户人家歇脚。

那户人家刚刚生下一个大胖小子，于是有人乐呵呵地对主人说道："这孩子一出生就遇到帝王，将来必定会大富大贵！"

可是也有人不同意这样的观点，说道："帝王之气，岂是一般人能够享受的？我料定这孩子长大之后必定命运坎坷（kǎn kě）！"

双方为此争吵起来。还是孔甲有办法，说道："把这个孩子带回宫中，我收他做义子，他以后还会遭殃吗！？"

没有人敢反驳孔甲的观点，也没有理由反驳孔甲的

观点，孔甲要用自己的地位和权力告诉人们，只要他想做，就没有办不成的事情。

可是，孔甲高估了地位和权势的力量。孩子慢慢长大，大到足可以出来做官，孔甲开始琢磨要给这个孩子什么官职，以向天下人彰显他的万能。

人算不如天算，就当孔甲制订好一个详细的计划时，又一次大风摧毁了他的地位和权势。那一天，孩子正在宫殿的练功房中玩耍，忽然大风吹断房梁，重重地砸在武器架上，一把巨斧弹起来，飞向空中，直落向那个孩子。孩子惊慌失措地躲闪着，可还是很不幸地被那把斧子砍掉一只脚。

孔甲看着死里逃生的孩子，紧皱着眉头，心里想道："这让我给你一个什么官职呢？唉！好好的一个人遭此劫难，这就是命啊！"

最后，孔甲只让那孩子做了一个守门人。他还为此事写了一首《破斧之歌》，人们说这就是东方风格音乐的起源。

南方风格音乐起源于大禹的妻子涂山氏，前面我们已经讲过，大禹三过家门而不入，涂山氏思念丈夫，作了

首歌，歌词为："候人兮猗！"这就成了南方风格音乐的起源。

北方风格音乐也源于我们前面讲过的一个故事——玄鸟生商。当时有娀氏之女简狄看到天上飞过的燕子，情不自禁地唱道："燕燕往飞！"这就成了北方风格音乐的起源。

西方风格音乐肇始（zhào shǐ）于一个叫殷整甲的人，他奉命迁徙到西面，因为思念家乡，常常唱歌，这些歌成就了西方风格音乐。到了春秋战国时期，秦穆公路过那里，听到这样风格的歌曲，非常喜欢，就把它定为秦国的曲风。

tāng wǔ gé mìng
汤武革命
商汤伐夏桀

一笑倾城：夏王朝的丧钟

孔甲死后，经过几代传承，王位的继承人变成一个名叫履癸的人。"履癸（guǐ）"这个名字你可能不太熟悉，但是提起"桀（jié）"这个名字，你一定耳熟能详。没错，履癸就是桀，"桀"是履癸死后人们送给他的谥（shì）号，是凶狠残暴的意思。履癸是夏朝最后一代帝王，常常与下一个王朝——商王朝的最后一个帝王纣王合称为"桀纣"，用来形容昏君、暴君，可见这个人的口碑实在不好，一定做过许多坏事。不过也有人说，桀是一位很有作为的帝王，只是推翻他的那些人给他抹黑，把能够想到的所有罪名都加在他的身上，这样他们推翻桀的统治，灭亡夏朝就是一件人人称赞的正义事业。又过了四五百年，商朝的最后一个帝王纣也遭受到同样的待遇。

既然人们推翻了桀的统治，那就说明了桀一定做过许多不得人心的事情，这不容置疑。他做过的坏事究竟有哪些呢？

桀做的第一件坏事就是修建肉林，他命人把很多肉悬挂起来，远远望去像是一片树林。桀带着一群人行走于肉林之中，饿的时候随手就可以摘下一块肉，胡吃海喝。

做完这件事，桀又命人挖了一个大池子，里面灌满酒，称为酒池。酒池有多大呢？据说桀经常带着嫔妃（pín fēi）随从在那里面划船嬉戏；桀还经常邀请王公大臣聚在酒池边上喝酒，排场很大，最多的一次竟有三千人同时饮酒，一个个喝得东倒西歪，不慎醉倒在酒池中淹死的人不计其数。从这些传说中可见酒池之大。细细思量，又觉得这些记录有点夸张。我们都知道，酒是粮食做的，在桀那个时代，农业并不发达，粮食还没有充足到可以随便拿来造酒的地步，即使是现在，想要造出一

个可以泛舟的酒池也是不可能的事情。所以，桀即使造过酒池，也不会那么大。后来人们用"酒池肉林"来形容穷奢极欲的生活。

建造酒池肉林，桀还觉得生活不够舒服，又大兴土木，耗费大量人力、物力、财力建造一座富丽堂皇的瑶台供自己享乐。

自桀以后，奢靡享乐就成为昏君、暴君特有的生活方式，当然除此之外，祸水红颜也是昏君、暴君必不可少的配置。人们总要把君王的过失或多或少地引向女人，桀的身边就有这样一个女人。传说，有一年桀率兵攻打一个名叫有施氏的部落。眼看着整个部落就要被桀灭掉，有施氏部落的首领心生一计，不仅俯首称臣，还在部落中挑选许多美女送给桀，希望桀能够喜欢这些美女，放自己的部落一条生路。

英雄难过美人关，一个名叫妹喜（mò xǐ）的美女深深吸引住桀的目光。桀停止进攻，带着战利品班师回朝。有施氏逃过一劫，夏后氏的厄运却越来越近。桀非

右图是《神话时代》中的人物，
你记得她是谁吗？
可以把这个故事讲给别人听吗？

常宠爱妹喜，可是妹喜整天郁郁寡欢，任凭桀使出浑身解数，妹喜就是不笑。

这一天，桀又逗妹喜开心，希望她能笑一笑。他想出几个新奇的办法，满以为妹喜会漏出一丝难得的笑容，可残酷的现实又一次让他觉得自己就像一只斗败的公鸡：妹喜只是静静地坐着，面无表情。

面对自己心爱的女人，桀打不得，又骂不得，心中懊恼，挥手打着身边的侍女，随手摔着房内的物品，嘴里骂着："我能征服整个天下，却征服不了你？我要这些东西还有什么用？"

摆放的食物被扔得四处散落，桌椅被掀得东倒西歪……他随手拽下挂着的丝绸帷帐（wéi zhàng），撕作两段："这么漂亮的丝绸，我也不要了！"

没想到就在这时，已被吓得蜷作一团的妹喜突然说道："这声音真好听！"

桀一愣，慢慢地撕着自己手中的丝绸，轻声问道："你是说这个声音！"

067

妹喜脸上露出笑容："嗯！我就喜欢听这种声音！"

桀哈哈大笑，奋力撕着他能触及的每一片丝绸，看着妹喜收不住的笑容，说道："原来你喜欢这个声音啊！我就把全天下的丝绸撕给你听！"

从此以后，桀让天下诸侯源源不断地进贡丝绸，每天宫殿之中都会响起撕扯丝绸的声音和妹喜的笑声。

死谏开先：忠臣赴死第一人

有暴君为虐就一定会有忠臣赴死，正如民族英雄文天祥在《正气歌》中所写"时穷节乃见（xiàn），一一垂丹青"，在国家危难之时，才能显现出一个人为民族大义而名垂丹青史册的气节，这就是长存于天地之间的浩然正气，也是中华民族的精神所在。

桀身边的这位忠臣名叫关龙逢。桀的倒行逆施，让忠心耿耿的关龙逢忧心忡忡。为了夏后氏的江山，他终于下定决心做

一次死谏。中国素有"文死谏，武死战"之说，意思是文官要不惜生命指正君王的错误，武将要不惜生命保家卫国。关龙逢就是中国历史上"文死谏"之第一人，堪称后世楷模。

这一天，关龙逢闯入宫中，对桀说道："古代人君，无不爱民如子，勤俭节用，这样才能国泰民安！如今大王用财无度，杀人无数，如不变革，必遭天谴！"

桀正与妹喜饮酒作乐，对关龙逢硬闯入宫已是非常不高兴，没想到关龙逢一上来就说上天要惩罚他，心中大怒，本想治罪于他，转念一想，关龙逢乃是天下名臣，又有功于王朝，便压住怒火，说道："念你一片赤诚之心，快快退下，莫再多言！"

关龙逢早就抱着必死决心，哪肯草率了事，站在朝堂之上，死盯着桀和妹喜不肯离去。

桀有些不耐烦："你怎么还不离开？"

关龙逄毫无惧色地答道："您还有些话没说清楚！我不能走！"

桀满脸怒色："我还有什么话没有说清楚？"

关龙逄面不改色地答道："您很清楚我想问的是什么？"

桀本来只想快点打发走关龙逄，没想到关龙逄如此咄咄逼人（duō duō bī rén），怒声说道："好！我现在这样治理国家，你高兴吗？"

关龙逄答道："高兴！"

桀不满地说道："大家都说你是圣贤之人，你刚才说我这样治理国家非常错误，现在怎么又高兴呢？"

关龙逄叹了一口气说道："天下人都认为现在很苦，您却认为很快乐。我身为您的臣子，您认为快乐的，我不敢认为不快乐！您认为对的，我不敢说不对！"

"那好！"桀说道，"你现在就说说我哪里做的不对！你若说得对，我就改正；你若说得不对，我就把你处死！"

关龙逄早将生死置之度外，大声说道："您现在戴着王冠，可是我却看到您戴的不是王冠，而是一块巨石；您现在穿着鞋子，可是我却看到您穿的不是鞋子，而是一块将融的春冰！我没见过一个人顶着巨石而不被压死在千钧之下，我也没见过一个人踩着春冰而不溺死于泥淖（ní nào）之中！"

本来桀还耐着性子听关龙逄揭自己的短，可是关龙逄字字如刀，直插入他的心中，他拍案而起："大胆！竟敢说我要和我的国家一起灭亡！我告诉你，你今天只猜到我会灭亡，却没猜到你会先我而死！我今天就要你看到自己的灭亡！"

说着，桀叫两边的武士，押着关龙逄，推出殿外，斩首示众！关龙逄已尽臣子本分，大义凛然，慷慨赴死。

作为中国历史上因为进谏而死的第一人，后人在一个叫作长垣（yuán）的地方为他修建一座坟墓，以示敬仰和怀念。后来人们在此建立一个祠堂，纪念关龙逄及之后被商纣王剖心的忠臣比干，这座祠堂称为"双忠祠"。到了明朝，号称弘治十才子之一的文学家李梦阳为这座祠堂撰写碑文，那文章文采飞扬，那书法笔走龙蛇，让人赞叹不已，遂将

双忠及碑文共称为"长垣三绝"。民国时期，诗人初元方亦写下《关龙逄墓》这首诗："死谏开先第一人，千秋从此解批鳞。空言盛世能旌善，抔土何曾表直臣。"

夏台之困：夏桀囚禁商汤

关龙逄一死，桀更加肆无忌惮。在夏后氏的东面，一个方国逐渐强大起来，这就是"商"。商的祖先名叫契（xiè），你一定记得我们之前讲过"玄鸟生商"的故事吧！没错，契就是那个名叫简狄的女子在吞下燕子蛋之后生下的孩子。契曾经帮助大禹治水，因功被封到"商"，所以契所在的部落就被称为"商"。因传说是玄鸟所生，契又被称为"玄王"。

过了几代，商部落首领的位置传给王亥。王亥在商部落的历史上占有重要地位，据说他改良畜牧业，使商部落迅速壮大起来。这还不是他最主要的成就，据说商业也是他发明的。有了多余的牲畜，王亥就把这些牲畜赶到其他部落进行交易。我们现在常说的"商人""商品"就是起源于此，王亥因此被称为"华商始祖"。有一年，王亥到一个叫作有易氏的部落做贸易，在贸易的过程中与有易氏首领发生摩擦，没能活着走出有易氏部落。从此，商部落与有易氏部落之间结下不共戴天之仇。

　　你可能有疑问了，在之前我们已经讲过神农炎帝开创日中而市，怎么又把商业的起源归功于王亥？上古时期的历史资料很少，很多都是神话或传说，出现这样矛盾的说法很正常，我们可以推测商业起源很早，由于原始社会物质并不丰富，可用于交换的物品很少，商业在社会经济生活中一直没有占据重要地位，到了王亥时期，商部落拥有足够多的剩余物品，商业就在这个部落蓬勃发展起来。

　　王亥的儿子上甲微做了部落首领，这个时候，商部落已经积蓄足够强大的力量，上甲微假借河伯冯夷的名义起兵灭掉有易氏，为自己的父亲报仇雪恨。

　　上甲微之后又经过几代，首领的位置传给天乙，也就是商汤，他所处的年代正是桀为天下共主的时期。到这个时候，商族已经拥有强大的武力，势力范围也从东面向西面扩展，与夏后氏相持而立。天下的小国，不是归属于夏后氏，就是依附于商族。契至商汤一共经历十四代，这段历史被称为先商时期，先商时期的首领被称为先公或先王。

　　桀感受到来自商部落的威胁，立即以天下共主的身份召见（zhào jiàn）商汤。商部落虽然渐渐强大，但这个时候还没有足够的力量与夏后氏做最后一搏。虽知此去凶多吉少，商汤还是不得不来到夏都。也许是对商部落的实力有所忌惮，桀只是把商汤关押在夏台。商汤的经历和商末周初的周文王很相似，周文王被商朝最后一个帝王纣关押在羑里（yǒu lǐ）。夏台和羑里都是监狱，到了周朝时候，监狱被称为囹圄（líng yǔ）。

为救出商汤，商部落的人开始行动，他们派人送给桀许多金银财宝，又向桀大表忠心。这一招还真灵，很快桀就释放了商汤。

伊尹负鼎：伊尹如何获取商汤的赏识

商汤身边有个大臣名叫伊尹（yī yǐn），后来商汤能够击败桀，伊尹功不可没。

传说伊尹出生在伊河边上。他还在襁褓（qiǎng bǎo）中的时候，他的妈妈做了一个奇怪的梦，梦中一位神仙对她说道：“明天一大早，你就抱着孩子一直向东走，直到看不到村庄，不过路上千万别回头！”

伊尹的妈妈刚要开口，就从梦中醒来。她想着这个奇怪的梦，心中忐忑不安（tǎn tè bù ān），不知如何是好。后来，她还是按照梦中神仙的指

示，天空刚刚泛白，就抱着自己的孩子，头也不回地向东方走去。

走着走着，她忘记神仙跟她说过千万不能回头看的话，忍不住留恋地转身看了一眼自己的村庄，眼前的一切把她吓坏了：伊河水汹涌着冲出堤岸，整个村庄已经淹没在河水之中。

就在她既伤心又庆幸的时候，忽然感到双脚、双腿一阵阵地灼痛，低头一看，自己的脚已经变成粗粗的树根深深扎入土壤之中，自己的双腿已经变成弯曲的树干，而且这一切还没有结束，她的躯干、她的双手、她的头发……她身上所有的一切都变了，最后她变成一棵大桑树。

她抱着的孩子呢？这个问题问得很好。伊尹妈妈环抱着的两个胳膊变成一个大树洞，伊尹就躺在那里面。

这时，一个老婆婆恰好从此经过，眼前发生的事情把她吓坏了，转身要跑，忽然听到大桑树中传来一阵孩子的啼哭声，她好奇地走过去，看到伊尹正躺在那里。老婆婆心肠好，就把这个孩子带回自己的部落。这个部落叫有莘氏（yǒu shēn shì），部落的首领觉得这件事情很神奇，就收留了伊尹。

伊尹小时候，这段经历很神奇，当不得真，但他才华横溢却是千真万确，除此之外，他还精通厨艺。他一心想要干出一番大事业，可是有莘氏这个部落实在太小，首领也没看出伊尹有多大本事，只让伊尹做了一个厨师，这可不是伊尹的理想啊！

机会总是留给有准备的人，伊尹时来运转的日子到了。这一天，有莘氏部落来了一位贵客，这位贵客就是商汤，他要迎娶部落首领的女儿。商汤和有莘氏女儿结婚是一种政治联姻，所谓政治联姻就是男女双方为了共同的政治利益而结婚，这种婚姻，男女双方谈不上什么感情基础，例如四大美人之一的王昭君出塞与匈奴和亲、唐朝文成公主入藩与松赞干布成亲、清朝香妃与乾隆帝喜结连理等。

伊尹早就听说过商汤的大名，也听说商部落比较强大，他似乎看到了光明前途，可是如何才能够让商汤接纳自己这个无名小卒呢？伊尹左思右想，终于想出一个好办法，他向有莘氏的首领请求："您的女儿就要出嫁远方，商那里的饭菜一定不合她的胃口。我情愿作为陪嫁，伴随在她的身边，带给她最美味的家乡菜。"

有莘氏首领十分疼爱自己的女儿，听伊尹要陪嫁过去照顾她，满心欢喜，于是就让他跟随女儿来到商。

到了商，本以为海阔天空，可以大展宏图，然而残酷的事实把伊尹打击得万念俱灰，他根本没有机会见到商汤，更别提和商汤讲些治国的道理。

聪明人自有聪明人的方法，伊尹绞尽脑汁，想出一个好主意。这一次，他那无与伦比的厨艺给他带来机会，他准备了一桌可口的饭菜，托付有莘氏的女儿进献给商汤。商汤从没吃过如此美味的东西，立即召见伊尹。伊尹借此机会，除了大讲厨艺之外，又与商汤探讨了一些治国之策。可是商汤最感兴趣的还是伊尹究竟能够做出多少好吃的东西，根本没有搭理他那些治国理论。

这一次，伊尹彻底失望。"学成文武艺，卖

与帝王家"，难道自己的远大抱负和理想就要埋没在锅碗瓢盆之中吗？伊尹心有不甘，他把目标放到一个更大区域：夏后氏！他决定到那里碰碰运气，于是不辞而别，偷偷跑出商部落。

　　人总有这个毛病，当你失去的时候，才会觉得曾经拥有过的东西是那样美好。商汤也是这样，他不明白自己对伊尹那么好，这个人为什么还会背叛自己。想来想去，他恍然大悟，自己无意之中竟然错失一位栋梁之材，他跺足捶胸，懊恼不已。可是一切已经晚了！

　　伊尹到了夏后氏那里，非常顺利，桀很快任用伊尹。起初伊尹对现状很满意，可是时间一长，他发现桀的那些行为与自己的理念格格不入。终于有一天，伊尹沉不住气，鼓起勇气向桀说出一大堆治国之道。

　　伊尹很幸运，碰巧那一天桀的心情非常好，没有治伊尹的罪，对他说道："我统治天下，就好像太阳统治天空，太阳会灭亡吗？"

　　伊尹答道："太阳当然不会灭亡！"

　　桀哈哈大笑："太阳不会灭亡，我怎么会灭亡呢？"

伊尹没有和桀过多理论，全身而退，但是想要离去的想法已经深深扎根在他的心里。

俗话说："好马不吃回头草。"那说的是别人，伊尹是个善于审时度势（shěn shí duó shì）的人，他把天下诸侯翻了个底朝天，最后还是把目光聚焦在商汤身上。没过几天，他带着对桀的无限失望，又投奔商汤而来。商汤不计前嫌，欣然接受伊尹，拜他为右相，一人之下、万人之上！

欲取故予：商汤灭葛氏

商汤准备攻打夏后氏。伊尹对商汤说道："在攻打夏后氏之前，我们还需要做些准备工作。"

商汤问道："我们还要做哪些事情呢？"

伊尹答道："我们先要看一下夏后氏的人民是否还拥戴桀，如果人民拥戴他，那就说明桀的根基牢固，我们现在就不能攻打他。"

右图是《传说时代》中的人物，你记得她是谁吗？可以把这个故事讲给别人听吗？

"我们该如何知道夏后氏的人民是否拥戴桀呢？"

伊尹说只需如此如此……

没过多久，夏后氏的国内到处流传着桀的那句名言："我统治天下，就好像太阳统治天空；太阳不灭亡，我就不会灭亡！"

结果呢？早已对桀恨之入骨的夏后氏人民无不愤恨地诅咒他："时日曷（hé）丧，予（yú）及汝皆亡！"意思就是，太阳啊，你什么时候才能灭亡？暴虐的君王啊，我们要和你同归于尽！

商汤听说夏后氏的人民都在诅咒桀，非常高兴地对伊尹说道："现在桀已经众叛亲离，我们可以攻打夏后氏了吧！"

伊尹不假思索地说道："现在桀只是亲离，是否众叛我们还要再观察一下！如果四方诸侯仍然拥戴他，我们还是不能攻打他！"

商汤问道："我们该如何知道诸侯是否还拥戴他呢？"

伊尹说道："葛氏部落是夏后氏的同盟，与我们接壤，力量弱小，我们可以试着去攻打他。"

商汤疑惑地问道："我们攻打葛氏部落，如果桀率领诸侯治罪于我，该怎么办？"

商汤的意思是要攻打葛氏部落可以，但是一定要师出有名，让桀没有理由伐商。这一点伊尹早就帮商汤想好了："葛氏部落首领懒惰贪心，我们只要诱之以小利，不怕他不犯错误。我们只需如此，就可以名正言顺地攻打他了！"

没过多久，葛氏突然收到商汤的质询："你为什么不按照夏王的要求祭祀祖先？"那个年代，祭祀祖先是一件非常神圣的事情，任何人都不得违背，可这葛氏却偏偏不按规矩祭祀祖先。

葛氏怕商汤揭他的短，连忙找寻借口："不是我不想祭祀祖先，我们部落太穷，没有祭品！"

商汤很大方，立刻给葛氏部落又送猪又送羊。有了这么多的祭品，你总该好好祭祀祖先了吧！可是这葛氏部落的首领充分暴露了贪吃的本性，非但没去祭祀祖先，还宰杀那些猪羊，把自己吃胖了好几斤。这下子惹恼了商汤，二话不说，立即发兵消灭葛氏。

桀听说葛氏被灭，当然一百个不满意，起兵杀向商部落，各路诸侯纷纷响应。商汤见势不好，立即向桀承认错误，说自己只是为了清君侧，为桀除去这些不懂规矩的小人。桀听商汤讲完葛氏的所作所为，认为商汤说的很有道理，非但没治罪，还旌扬商汤的功绩。

网开三面：商汤如何收买人心

商汤对伊尹佩服得五体投地（wǔ tǐ tóu dì），不过一丝忧虑涌上他的心头："诸侯仍然拥护夏后氏，看这情形，恐怕在我有生之年是无法灭掉他们了！"

伊尹笑笑："灭掉夏后氏的大业，我们已经走完一半的路了！"

商汤见伊尹如此胸有成竹，惊奇地问道："你莫非还有良策？"

伊尹说道："葛氏是夏后氏铁杆盟友，被我们消灭，桀不治罪于您，诸侯必将与他离心离德。现在你需要做的事情非常简单——收买人心。那些肯与您修好的，我们就去拉拢；那些与您为敌的，我们就找个理由逐个消灭。"

商汤立刻来了精神："那该如何收买人心呢？"

伊尹笑笑："我们只需要演一出戏！"

没过几天，商汤率众出行，看见一人在张网捕鸟捉兽，嘴里念念有词，向上天祈祷着："从天上飞来的鸟儿啊，飞到我的网中吧！从地上跑来的野兽哇，跑到我的网中吧！"

商汤停下脚步，皱起眉头："鸟兽都有生命，你为什么要将他们一网打尽呢？这样做太残忍！我现在命令你，网开三面！鸟儿们想向左飞，就向左飞；兽儿们想奔右跑，就奔右跑；只有那些不听话的鸟兽才会入你网中！"这就是"网开三面"的故事，后人把它演变为"网开一面"，形容宽宏大度，给人一条生路。细琢磨商汤这句话，绵里藏针，那意思是听话的人我就网开三面，不听话的人我就一网打尽。

消息就像长了翅膀一样传开了，很快天下的诸侯都知道了这个故事，无不称赞商汤："商汤真是个谦谦君子呀！对鸟兽都如此仁慈，更不用说对待我们这些普通人！"

于是，许多诸侯或明或暗地与商汤结盟。

顺天应人：商汤灭夏

诸侯归附，商汤非常高兴，问伊尹："现在我们可以攻打夏后氏了吧！"

伊尹说道："不急！我们还要在桀与诸侯之间再点一把火！"

夏后氏有两个铁杆同盟，一个叫韦，一个叫昆吾。伊尹让商汤找个借口攻打韦，桀只顾着享

乐，根本没有理会韦的求援；接着伊尹又让商汤去攻打昆吾，与韦的命运一样，桀照样对此不理不睬。这一下可伤害了夏后氏盟友们的心，纷纷离去。

灭掉韦和昆吾，伊尹跑到商汤面前："现在桀已经众叛亲离，诸侯无不拥戴我们，您可以攻打夏后氏了！"

商汤等这一天已经很久了，立即起兵攻打桀。之前我们介绍过夏启攻打有扈氏，洋洋洒洒地作了一篇《甘誓》，鼓舞士气。商汤也照葫芦画瓢，作了一篇《汤誓》，这篇战斗檄文（xí wén）大意是：我常听你们说夏王罪大恶极，所以我要带领你们去攻打夏国。不是我好大喜功，而是我敬畏上天，上天要夏国灭亡，我就不敢逆天而行。你们可能会问我，夏王到底有什么罪行，值得我们如此兴师动众？你们可能还会说，就算夏王有罪，又关我们什么事呢？你们到了夏国就会知道夏王是如何横征暴敛（héng zhēng bào liǎn），那里的人民生活在怎样的水深火热之中！那里的人民都在诅咒夏王，他们说："太阳啊，你何时灭亡！我们宁愿与你同归于尽！"所以，我们有责任去拯救那里的人民，让他们过上和我们一样的幸福、富裕生活！你们如果愿意和我一起听从上天的安排，讨伐夏王，我会重重地赏赐你们！你们如果不愿意和我一起讨伐夏王，我就会惩罚你们和你们的家人！我绝不食言！

　　部队出发了。结果显而易见，有备而来的商汤在鸣条与夏国的军队相遇。夏军大败，桀被商汤俘虏，流放到南巢。桀的命运很惨，据说饿死在南巢。《周易》评价商汤灭夏是"顺乎天而应乎人，革之事大矣哉"。

第二部分

商朝的故事

xiōng zhōng dì jí
兄终弟及
商朝前期的情况

　　商汤建立我国历史上第二个王朝——商。后人也把商称为"殷"，例如太史公司马迁《史记》中的第三篇就是《殷本纪》。这是怎么回事呢？原来，商朝有个帝王名叫盘庚，他把国都迁到殷，也就是后来发现甲骨文的殷墟所在地，从此以后商王朝的国都再也没有变更过，所以人们就把商称为"殷"，或者干脆把两个字连在一起称为"殷商"。虽然我们给这个王朝起了这么多的名字，但是甲骨文中却没有发现"殷"这个字，历史学家推测，当时生活在商王朝的人们只称呼自己的国家为"商"，只有商王朝之后的人们才称他们为"殷"。

　　商汤灭夏和后来的周武王灭商，打破了帝王永定的规律，《易经》中说道："汤武革命，顺乎天而应乎人"，因此商汤灭桀被人们称为"汤武革命"，"革命"一词也因此产生。为什么称为"汤武革命"呢？《史记》中给了我们一个答案："汤曰：'吾甚武'，号曰武王。"意思是：汤对天下人说："我很勇武！"于是被称为"武王"。所以就有"汤武"这个说法。汤革夏命，史书上记载桀的暴行罄竹难书（qìng zhú nán shū），有人认为有些言过其实，但桀是个暴君还是不容置疑的。有一个问题：桀的暴行到底影响到哪一区域？是全天下各诸侯国，还是夏国内？《汤誓》中说道夏民对桀如何如何不满，商汤还向自己的国民解释为什么要劳师动众地攻打与自己毫无干系的夏国，这从一个侧面说明桀暴行的影响力可能并没有超出夏后氏族群的范围。

据《史记》记载，商汤去世之后，由于太子太丁过早去世，于是立太丁的弟弟外丙为帝，外丙帝在位三年而亡，立外丙的弟弟仲壬为帝，四年之后仲壬帝去世，伊尹立太丁的儿子太甲为帝，太甲是商汤的嫡长孙。这段话向我们透露一个重要信息，商朝虽然已经"家天下"，但是王位的传递还存在着"兄终弟及"的情况，按照年龄长幼的顺序依次继承，即兄死之后弟弟继承，弟死之后可以将王位继续传给自己的弟弟，当兄弟这一辈已经无人可传，王位就会传给兄之子或自己的儿子。"父死子继"在商朝后期逐步取代"兄终弟及"。

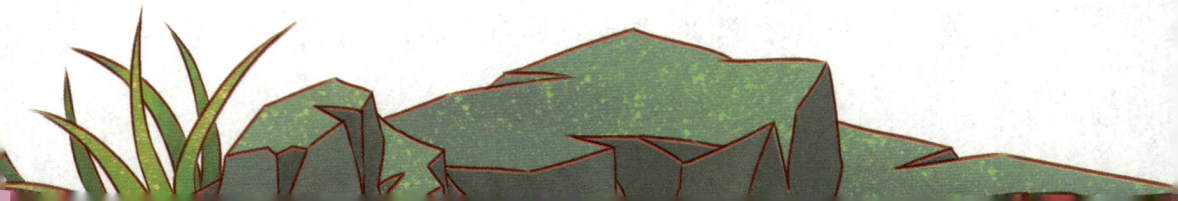

　　商朝前期没有超出氏族社会末期的范畴，一个人的劳动很可能只够养活自己，所以商王朝的帝王虽贵为一族之长，但仍如同尧、舜、禹一样与民众共同从事生产劳动。随着社会的不断发展，人们的剩余财富越来越多，且越来越向社会顶层聚集，人与人之间的社会地位差异越来越大，氏族社会最终在商朝土崩瓦解，商王朝的帝王们也慢慢脱离生产劳动，不知稼穑（jià sè）之艰难。

huǐ guò tóng gōng
悔过桐宫
伊尹流放太甲

太甲是商王朝第四任帝王，伊尹为把太甲培养成合格的统治者，写了几篇文章，教导太甲如何治国，如何继承先祖法度。可是太甲实在不争气：伊尹希望他做到的，他都没做好；伊尹不愿意让他做的事情，他倒是做得不亦乐乎，就连商汤制定的法度他也是想不遵守就不遵守。太甲的逻辑很简单，他是帝国的最高统治者，他想干什么就干什么，这就是任性！任性是要付出代价的，太甲忽略一个本质问题：位置高低无关紧要，最重要的是权力掌握在谁的手里。伊尹是四朝元老，手握重权，又是王朝稳定的维护者，他岂能看着太甲随意毁坏老一辈千辛万苦打下的江山？任性的太甲遇到更为任性的伊尹，他的结局令整个王朝震惊：太甲被伊尹流放到桐宫。据说桐宫是埋葬商汤的陵园，后世人借用"桐宫"指代帝王被贬或被幽禁的地方。

时间看似很长，生命其实很短，寒来暑往，太甲在桐宫一住就是三年。在这三年里，太甲悔过自新，每天在祖父的陵墓前不断反省，把祖父流传下来的典章读了又读，把伊尹写给他的那些教导文章背了又背……伊尹虽然流放太甲，他自己并没有坐上王位，只是摄政，王朝名义上的最高统治者依然是太甲。"摄政"就是代替君王管理国家。在这三年里，伊尹没少光顾桐宫，一是对太甲进行再教育，二是考察太甲的言行。太甲的转变，伊尹看在眼里，三年之后，伊尹认为太甲已经洗心革面，具备重新执政的能力和素质，就恭恭敬敬地迎接太甲回宫，把王权交还给他。这一次太甲没有辜负伊尹的期望，在他的治理下，商王朝国泰民安、河清海晏。"流放桐宫"这一事件并没有影响到太甲和伊尹之间的君臣关系，太甲对伊尹礼待有加，伊尹对太甲尽心尽力，太甲和伊尹之间的故事成为后世君臣的学习榜样。

关于这段故事，历史上也有不同的说法。其中一种说法是这样的，在太甲当政时期，伊尹野心过度膨胀，利用手中的权势，篡夺王位，把太甲软禁在桐宫。在桐宫中，太甲并没有听天由命，他用三年的时间，暗中联络一批文官武将，集结一批忠于自己的部队，最终打败伊尹，重新夺回王位。

到底哪个故事是真实的呢？甲骨文给我们提供了一点线索。在甲骨文的记录中，商王朝历代国君对伊尹的祭祀非常隆重。试想如果伊尹是个篡位（cuàn wèi）夺权的逆臣，太甲的后人怎么可能如此尊敬他呢？由此我们可以确定伊尹是商王朝的忠臣。从伊尹流放太甲这个故事中，我们也可以得出一个结论，商朝前期仍然保留着氏族社会的一些传统观念，君王做得不好臣可以废掉君王，君王改过自新仍可继续为王。研究历史，应该立足在当时的历史环境，绝不能以现在的情形套用于古代。

伊尹很长寿。太甲死去之后，他的儿子沃丁继位，伊尹在沃丁当政时期逝世。据说伊尹辅佐商王朝五代国君，共五十年，活到一百岁。

关于伊尹和太甲之间的故事，还要提上一句，伊尹归政于太甲之后，写了三篇《太甲训》彰扬太甲的功绩。《尚书·太甲》中记载："天作孽，犹可违；自作孽，不可逭（bù kě huàn）"。这句话的意思是：上天降下来的灾难是可以逃避的，但是自己招来的祸患是躲不过去的，比喻一个人自作自受。这是太甲自我反省时说的一句名言。孟子把这句话演化成我们现在常说的："天作孽，犹可违；自作孽，不可活。"

tài wù qín zhèng
太 戊 勤 政
商王朝短暂中兴

　　自太甲之后，商王朝时兴时衰。商王朝兴盛时，诸侯纷纷依附于商，朝拜之旅不绝于途；商王朝衰败时，诸侯纷纷背离于商，冷清的宫殿门可罗雀。我们在《史记》中经常可以看到"诸侯不至""诸侯归之"等字样，来说明商王朝的盛衰。话说到了太戊这一朝，商王朝已经显出衰落的迹象，有些诸侯开始叛离。

　　这一天，太戊正在朝堂上与大臣共议国事，忽然大殿之内长出一棵桑树和一片谷子。一夜之间桑树长到碗口粗细，成熟的谷穗长得弯了腰。

　　太戊从没见过这样的怪事，吓得连忙向左右大臣寻求对策。

　　一个名叫伊陟（zhì）的人站了出来，对太戊说道："我听说鬼神是无法战胜有德行的人。现在出现这样的怪事，一定是君王的行为、政令有所缺陷。只要您勤政为国，就一定能够躲过祸患。"伊陟是一位比较能干的大臣，太戊任命他为相。伊陟一直在寻求机会改变商王朝衰败之势，重走复兴之路，正好趁此进谏，希望太戊能够励精图治。

太戊也不是糊涂的君主，他当然听明白了伊陟的话。但是商王朝的帝王们有一个共同的特点，就是特别相信鬼神，做任何事情都要占卜，向上天寻求启示。甲骨文就记录着商王朝帝王占卜的过程和结果。在占卜结果没有印证自己的想法之前，太戊是不会轻举妄动的。

很快占卜的结果出来了：桑树、谷子、野草生长于朝堂之上，国家将会灭亡！

伊陟的话与上天的旨意不谋而合，太戊还有其他选择吗？从此以后，太戊一心治国，商王朝又强大起来，原来那些对商王朝离心离德的诸侯又重新听命于商王。太戊因此被商王朝的后代帝王敬奉为"中宗"。这个故事颇具神话色彩，不过太戊复兴商王朝还是可信的。

jiǔ shì zhī luàn
九世之乱
历时最久的王室内讧

　　前面我们已经讲过，商王朝前期在王位继承上实行"兄终弟及"的继承制度。我们再来复习一下这个制度的规定：长兄死后，王位传给自己的弟弟，弟弟死后再将王位传给下一个弟弟，依次类推，直到弟弟已经没有弟弟的时候，王位可以有两种传法，要么传给长兄的儿子，要么传给自己的儿子。雍己的王位是从自己的哥哥小甲手里继承下来的，又传给自己的弟弟太戊。仲丁是太戊的儿子，继承了太戊的王位。根据这一规则，除了长兄和最后继承王位的弟弟的儿子，其他兄弟的儿子很难有机会继承王位，除非这些人采取一些非常规的手段。自商王仲丁后，一场旷日持久的王位争夺大战拉开帷幕。

　　历史没有按照常理出牌，商朝的王位继承制为"父子相传"和"兄终弟及"相结合的继承制度，这两种制度的混用，造成王位继承处于混乱状态。这场王权之争一共经历仲丁、外壬、河亶甲、祖乙、祖辛、沃甲、祖丁、南庚、阳甲九位帝王，在这九位帝王中至少有三位是靠非常规手段登上王位，历史学家把这段历史称为"九世之乱"。

帝王都在忙着争权夺位，还哪有心思好好治理国家，虽然这期间也有过短暂的复兴，不过就是昙花一现。太戊一手创造的大好局面戛然而止（jiá rán ér zhǐ），善于见风使舵（jiàn fēng shǐ duò）的诸侯在商王朝内乱中又走上背叛之路。

pán gēng qiān dōu
盘庚迁都
商王朝为何屡次迁都

　　商王朝屡次迁都，在商汤之前共迁都八次，在商汤之后又迁都五次，汉代张衡在其《西京赋》中说道："殷人屡迁，前八后五。"关于迁都之事，很多都是历史上的传说，到现在还没有找到证据，不过商王朝经常迁都这件事是可以相信的。我们不去考证商王朝到底迁都几次，我们现在只思考这样一个问题：商王朝为什么屡次迁都呢？

　　有的人说，商族是个游牧民族，游牧民族逐水草而居，也就居无定所，需要经常迁徙。但是有的人提出不同意见，商族是每隔若干年，甚至几十年才迁都一次，而游牧民族一般每年都要迁徙，这个原因站不住脚。

　　又有人说了，商王朝每发展一段时间，奢靡之风盛行，为了抵制这种不良风气，聪明的帝王就想到迁都这一聪明的办法，以求迁都改制。但是，有人又反驳了，

右图是《神话时代》中的人物，
你记得他是谁吗？
可以把这个故事讲给别人听吗？

迁都真的能够改变人的本性，让人们重新过上节俭的生活吗？

又有人说了，商王朝因为逃避水患才迁都。结果，有人开始哈哈大笑：据考证，商王朝的国都基本都在水边，这不是明知河有水偏向河边走吗？难道商族人的脑袋里都进水了？

又有人说了，商王朝王位争夺非常激烈，刚刚掌权的帝王为了巩固自己的权位，就想出迁都这样一个好办法，以远离旧土那个是非之地。但是，又有人反驳了，哪个朝代不存在王位争夺呢？就是一代明君李世民也是经历残酷的玄武门之变才登上皇位的。可是，我们在商以后，很少看到哪个皇帝以迁都这样的办法来巩固自己的皇权。所以，这个观点也站不住脚。

总之，不管什么原因，似乎都不能够让人信服。于是，又有人提出一种让人比较信服的观点：商朝时期以农业为主，但是当时的农业比较原始，人们还没有掌握精耕细作的技术，土地每过若干年就变得非常贫瘠，粮食减产。当时，人们还不知道粮食减产是因为土地肥力下降，他们把这一切归因于上天，他们认为每隔一段时

间，上天就要降罪于商王朝，让
商王朝在原来的土地上再也种不
出粮食。不过呢，聪明的人们很
快发现，上天虽然关上一扇窗户，
却为他们打开一道门，只要换个地
方，人们就能够种出足够多的粮食。
于是，商王朝迁都就成为一件
经常发生的事情。不过这种
情况最终还是有所改变，这
一改变发生在盘庚时期。

经历"九世之乱"，盘庚继承王位。盘庚在遇到粮
食减产这一难题时，也动起迁都的念头。消息一传出去，
一些家境富裕的臣僚心生反对意见，他们又不敢当面违
背盘庚的旨意，这该怎么办呢？这难不倒聪明的政客，
他们开始在整个国家中散布谣言，把迁都一事说得如同
洪水猛兽一般。

这个时候，你可能会有疑问了，既然迁都是对大家
非常有利的一件事情，为什么还有这么多人反对呢？而
且在盘庚之前的几次迁都，都没有记录过反对的声音，
迁都进行得相当顺利，这又是为什么呢？前面已经说过
了，由于当时的农业技术比较原始，还没有人掌握精耕

细作的技术，每隔一段时间大家都会面临粮食减产这一相同的问题。随着农业技术不断进步，到了盘庚时期，已经有一小部分人掌握了较高的农业生产技术，即使不迁都，他们仍能在原有的土地上生产出足够多的粮食，而一旦迁都，一切又要从零开始，这些人当然不愿意离开现有的土地。可是他们没有看到，还有更多的人没有掌握这些先进的生产技术，他们仍然面临着粮食减产的困境。盘庚迁都，就是为了解决大多数人面临的问题。

盘庚深切地感受到前所未有的阻力。这个时候，社会形势也发生了很大的变化，氏族公社的印迹更加淡薄，帝王的权威已经容不下任何反对的声音。

盘庚招来贵族百官，半劝说、半威胁地对这些人进行一番思想改造，大意是："迁都是一件利国利民的好事。可是你们这些人私心太重，到处散布谣言，歪曲我的好意，为迁都设置重重障碍。你们不能够一心为我，那我只能抛弃你们。这不是我的过错，完全是你们咎由自取（jiù yóu zì qǔ）。你们有什么怨言可以直接对我说，为什么要去蛊惑人心？现在国内的反对之声众多，这全是你们的错！你们不要忘记我还掌握着生杀大权！"最后，盘庚安慰这些人，他说："迁都之后，如果国家太平，这全是你们的功

劳；如果国家衰败，这都是我的过错。"

盘庚对贵族百官还有些耐心，以劝诫（quàn jiè）为主，但对于那些不听话的臣民，盘庚就没有太多温柔，他赤裸裸地威胁道："我现在已经下定决心迁都。你们若加以反对，就要承担可怕的后果。我会动用刑罚杀死你们，你们的子孙也会受到牵连，你们的后代都不会出现在新的国都之中。你们一定要考虑清楚！现在就跟随我到新的国都建立新的家园吧！"

贵族百官和臣民听了盘庚的话究竟作何感想，我们不得而知，想必一个个都是灰头土脸。不管怎样，盘庚顺利完成迁都。但这还不是故事的结局，在迁都之后盘庚对臣僚又做了一番激情洋溢的演讲，这一次他把"上天"搬了出来："我之所以要迁都，这全都是上天的意思，上天要我复兴祖宗的伟业，我怎么敢违背呢？你们若要问我是怎么知道上天的旨意，那我就告诉你们，是上天的使者转告我的。你们来到新首都，一定要勤政爱民，不要贪心敛财。你们所做的事情我都一清二楚，做的好的我会奖赏你们，做的不好的我一定会惩罚你们。"

这是商王朝历史上最后一次迁都，自此以后的二百七十年里，商王朝的国都再没换过地方。盘庚建立的新国都称为"殷"，也就是发现甲骨文的殷墟所在地，商王朝因此也被称为"殷"。

　　盘庚之后为什么不再迁都了呢？据说自此之后精耕细作的农业生产方式得到大范围的推广，人们再也不用担心土地肥力减弱。有一种说法，盘庚迁都之后，中国才由氏族社会彻底转为奴隶制社会。

傅 说 拜 相
fù yuè bài xiàng

谁创造商王朝的鼎盛时期

盘庚之后，商王朝又陷入衰落的宿命。我们再复习一下：王朝衰落最直接的表现是什么？就是诸侯不再来朝贡。时势造英雄，在这看似无法扭转的衰落过程中，一位雄才大略的帝王横空出世，他就是创造商王朝极盛时期的帝王——武丁。

和每位望子成龙的父母一样，武丁的父亲虽然没有能力使商王朝重新步入兴盛的轨道，他对自己的儿子却抱有极大的期望，希望他能够带领王朝走向辉煌。武丁的父亲没有娇生惯养他，把他送到民间，与普通民众生活在一起。这一经历让武丁了解到民间疾苦。然而武丁继位之后却做出一件令人费解的事情，史书记载武丁三年没说一句话。三年不说一句话，这不得把人憋死呀！对这样夸张的描述我们可以理解为，武丁对国家大事三年没发表过一次意见。这样一位怠政的帝王怎么能称为雄才大略呢？

　　原来，表面上武丁不问政事，其实他的内心中一直在思考着如何复兴商王朝的大事，只是苦于找不到得力的助手。所以，一连三年，武丁都把国家大事交付给冢宰（zhǒng zǎi）处理，自己躲在幕后偷偷观察大臣的一言一行：哪些人忠贞不贰，哪些人结党营私，哪些人精明能干，哪些人碌碌无为……

　　有些大臣见武丁对国家大事不闻不问，心中非常焦急，纷纷劝谏武丁应该做一个勤政的国君。

　　武丁见时机成熟，就把大臣召集到一起，说道："我昨天晚上梦见一个圣人。圣人对我说：'我姓傅名说，因罪被罚充作奴隶。您如果任用我，以我的才华，一定会帮助您复兴国家！'可惜呀，这样的圣人不在你们中间！"

　　说完，武丁环顾左右大臣，不停地叹息。满朝文武你看看我、我看看你，颇感汗颜，也有不服气的，对武丁说道："这只不过是个梦，岂能当真！"

　　武丁早就想到会有反对的声音，他不动声色地说道："既然如此，我们就占卜一下，看看天神是什么意思！"

　　前面提到过，商王朝的人十分迷信，一遇到厘不清的事情就喜欢占卜，以求从天

神那里获得启示。武丁叫来巫师占卜，结果出来了，武丁对大家说道："傅，宰相也；说，欢乐也。天神的意思很明白，一定会有个圣人做我的宰相，帮助我实现复兴伟业！"

梦加上天神的旨意，大臣对此深信不疑。武丁似乎早有准备，叫来画师，描述一番梦中人的形象，那画师就画出一幅圣人图像。

有了画像，找一个人就不是困难的事情，很快有人在一个叫作"傅险"的地方找到圣人。这位圣人不仅长得和武丁梦见的一样，而且他所从事的职业也与武丁梦中所见完全吻合：此时，这位落魄潦倒的圣人正在傅险这个地方筑墙服劳役。

圣人被带到武丁面前，见到武丁，满脸惊奇："您难道就是我在梦中见到的大王？"

武丁"不知"圣人此话何意，问道："你在梦里见到过我？"

圣人答道："是呀！前些日子，我做了一个奇怪的梦，梦中遇见您。我对您说，如果您能任用我，我一定能够帮助您复兴国家！"

武丁微笑着点点头。那圣人又说道："我还记得，当时您左手拉着我的衣襟，右手在向我行礼！"

"是呀！是呀！"武丁迫不及待地说道，"您果真是我梦中遇见的圣人啊！"

君臣二人你一言我一语，听得两边大臣目瞪口呆。大家更加坚信傅说就是天神派来的圣人。

武丁与傅说交谈了一些治国之道后，心悦诚服，遂拜傅说为宰相。

关于这段故事，有人推测武丁小时候在民间体验生活时就已经认识傅说，非常认可他的才能。可是，要任用一个奴隶做宰相，阻力非常大，聪明的武丁就想出一个"梦中相见"的把戏，顺理成章地把傅说推上宰相的位置。

又有人说，傅说最初的名字只有一个字"说"。由于他在傅险这个地方服劳役，就被赐姓"傅"，后人称他为"傅说"。

不管故事内容怎样，有了傅说的辅佐，武丁治理国家如鱼得水，商王朝又强大起来。当然，商王朝的强大并不是傅说一个人的功劳，武丁手下聚集一大批能人，这些人中不仅有文人，还有武将。"文"的一面我们讲完了，我们再看一下武丁朝"武"的一面。

武丁朝的文治武功达到商王朝的极盛。武丁之前的两位帝王正处于商王朝衰落过程中，周边强大的异族哪里肯放过这个软柿子，不断骚扰着商王朝的边境，强大一些的甚至能够游走于商王朝的都城之下。武丁继承王位之后，也面临着同样的问题，与以往不同，现在周边的异族遇到一个强大而坚定的对手，武丁毫不客气地从北打到南、从西打到东，凭借强大的实力大杀四方、灭国无数，在武丁之前失去的土地又回到商王朝的名下。这样说有何证据呢？当然是甲骨文。在甲骨文中，商王朝把周围那些不听话的方国称为"方"，什么土方、鬼方、羌方、龙方……指的就是这些方国。在武丁朝之前的甲骨文占卜辞中总会看到商王请求天神给予启示："今天我去攻打这个方，可以吗？""今天这个方来打我，我该怎么办？"……武丁朝之后，

很多方国的名字就消失在甲骨文中，所以我们可以推断出现这种情况只有一种原因，那就是这些"方"们被灭国了，彻底融入商王朝中。所以，战争虽然是残酷的，可是从历史的角度来看，武丁发动的这些战争无意之中促进了民族的融合，也算是有所贡献吧！不过呢，武丁征讨各个方国，也并不全是"战无不胜，攻无不克"，比如说羌方、巴方、髳（máo）方就没有被武丁消灭，后来这几个方国跟着周武王一起灭掉商王朝。

上古时期的战争十分残酷，那个时期基本上是全民皆兵，保国等同于保家。我们现在也常常会把"保家"与"卫国"并称，这就是中国人骨子里的"家国同构"思想，后面我们还会提到。

每次外敌入侵，商王可以动用的军队主要有三类：第一类是王室的军队，这部分军队由商王直接控制，是作战的主力；第二类是诸侯的军队，与之后的西周一样，围绕在商王朝周围的各路诸侯都有自己的军队，除了保护自己，他们另一个重要的任务就是服从商王的调遣；第三类是族军，你可以把他理解为贵族的军队，这

部分军队看起来规模不大，但我们经常会在甲骨文中看到他们的身影，可见这也是一支不可小觑（xiǎo qù）的军事力量。虽然有这么多的军队，在武丁之前，商王朝甚至包括之前的三皇五帝、夏王朝时期，整个国家都没有固定的军队，都是在战前临时召集将领和士兵，这就使得商王朝军队的战斗力大打折扣。在武丁朝之前，这样的军制还能勉强适应战争的需要，但是到了武丁朝这样的战争频仍时期，这种军制显然无法满足战争的要求。武丁开始改革军制，由临时征召制改为固定军籍制，谁是兵、谁是民都以军籍为准。军籍固定下来，入籍的士兵平时为民、战时为兵，但并不是常备军。这项改革让武丁拥有一支具备强大战斗力的军队。

据说武丁有六十多位妻子，这样的"八卦"在当时应当是一件很平常的事情，哪个帝王还没有个三宫六院啊。在这些妻子中有一位名叫妇好，她能征善战，为武丁开疆拓土立下汗马功劳。妇好是有文字可考的第一位女性军事家，甲骨文中多次出现妇好的名字，

右图是《神话时代》中的人物，

你记得他是谁吗？

可以把这个故事讲给别人听吗？

1976年在河南安阳殷墟发现妇好墓。

到这里，武丁朝的故事就要结束了。武丁在当了五十九年商王之后，永远离开了他深爱的这片故土。随着武丁的离去，商王朝最后的辉煌也逐渐衰落，再不会重现。在我们结束与武丁相关的故事之前，再补充一点，除了延揽人才和军事扩张之外，武丁还做了另外一件容易让人忽视的事情，就是他神化了王权。

对王权的神化集中体现在占卜这件事情上。前面已经多次提到商王朝的人们非常迷信，喜欢用占卜的方式来获得天神的指示。"占"是观察；"卜"是用火烧龟壳、兽骨；"占卜"就是观察用火烧龟壳、兽骨产生的纹路，以确定所问之事的吉凶。在占卜的时候都会有占卜辞，甲骨文就是刻在龟甲、兽骨上的占卜辞。一般来说，占卜辞分为四个部分：第一个部分是叙辞，记录占卜的时间和占卜的人；第二部分是问辞，顾名思义就是记录要询问的事情；第三部分是占辞，也就是占卜的结果，这个时候天神会明确地告诉人们所问之事是吉是凶；第四部分是验辞，就是向天神报告行动的结果。武丁是如何神化自己的王权？他剥夺了巫师主导占卜的权利，他先是亲自主持占卜，然后亲自判断占卜的吉凶。看似很简单的事情，实际上却透露着一种思想，那就是只有商王才有资格与天神交流，只有商王才能明白天神的指示，商王就是天神在人间的化身，商王就是天神在人间的代表，商王就是一切。既然如此，迷信的民众还有其他选择吗？当然没有，只有听命于商王，忠诚于商王，否则就是违背天神的旨意，又有谁敢违背天神的旨意呢。

国之大事
guó zhī dà shì

为何说祖甲改革祭祀是件大事

　　很多人都有这样的刻板印象：一说到某某朝开始衰落，这段时间内整个王朝都没有亮点。历史往往不是这样，自武丁之后，商王朝开始衰落，我们仍能从历史的蛛丝马迹中寻找到一点值得书写的事件。

　　武丁之后祖庚继位。前面说过在太戊朝，宫殿内长出桑树和谷子，于是伊陟劝说太戊要实行德政，结果桑树和谷子很快就消失了，商王朝也逐渐强大起来。到了祖庚这一朝也发生了类似的奇事。这一年，祖庚祭祀先祖，一只野鸡飞到祭祀专用的鼎上，不停地鸣叫。祖庚认为这是不祥之兆，心生恐惧。一个名叫祖己的贤臣劝谏祖庚，说根本不用担忧这些事情，只要实行仁政，上天一定会保佑商王朝。祖庚听从祖己的建议，结果商王朝非但没有遭到什么祸患，还迅速地强大起来。

　　祖庚之后祖甲继位。《史记》上记载祖甲淫乱，商王朝又一次衰落。祖甲是祖庚的弟弟，同为武丁的儿子，他们还有一个哥哥名叫孝己。孝己以"孝"出名，据说他每晚都要起来五次探望武丁，生怕父亲睡得不安稳、不舒服。武丁非常喜爱孝己，把他选定为王位继承人，封为太子，商王朝的人称太子为"小王"。可惜，武丁太长寿，孝己没能等到继位的那一天就去世了。武丁又开始为王位继承人而犯愁。按照"父死子继、兄终弟及"的规矩，王位的继承人应当是祖庚，可是武丁偏偏喜欢祖甲。他就一直琢磨着到底是按照规矩立不太受待见的祖庚，还是破坏规矩选定祖甲呢。正当他犹豫之时，祖甲帮他做出选择。祖甲听说父亲有意选定自己作为接班人，认为废长立幼是一件非常不义的事情，他做出一个惊人的决定：跑到民间，过起平民生活。祖甲为父亲解决了难题，继承王位的哥哥祖庚也没亏待他，后来，又把王位传给祖甲。祖甲在民间生活过，了解民间疾苦，所以把国家治理得很好。这些都是《尚书》中的记载，与《史记》出入很大。讲到祖甲，上面提到的王位继承故事并不是重点，祖甲取得最

大的成就是改革祭祀制度。

为什么说这是他取得的最大成就呢？《左传》讲："国之大事，在祀与戎。"这里的"祀"和"戎"分别指以祭祖为主的祀礼和以祭灶为主的军礼。在中国人的意识中，祖先崇拜的成分要远远高于神灵崇拜，因此祭祖敬宗就成为中国人传统意识形态中一个重要组成部分。上古时期的人们非常注重礼仪，因此才会把这两项与祭祀相关的活动称为"国之大事"。现在人们则把"戎"引申为战争，把这句话理解为国家的大事就在于祭祀和战争。从这一点上来看，祖甲改革祭祀制度是一件非常重大的事情。祖甲这位改革家是如何做的呢？首先，祖甲删减被祭祀人员的名单，在这之前，商王朝要祭祀的先公、先王、先妣（bǐ，王的妻子）、旧臣以及自然神的名单长得不见首尾，祖甲大大削减了这份名单上的人物；其次，大大简化祭祀典礼的种类，最初商王朝使用的祭祀典礼至少有十六种，祖甲除了创新一种新典礼之外，将主要使用的祭祀典礼降低到五种；最后，创立"周祭"制度，也就是依次利用五种方法，周而复始地祭祀名单上的先公、先妣。

wǔ yǐ shè tiān
武乙射天
帝王的无奈之举

许多年之后，商王朝出了一个奇葩（qí pā）的帝王——武乙，他最有名的功绩就是"射天"。有一天，武乙心血来潮，让人制作一个玩偶，把这个玩偶称为天神，他和天神玩起赌博游戏，还让手下的大臣做裁判。一个没有生命的玩偶怎么可能会胜过颇具智商的人呢？结果毫无悬念，武乙战胜天神，他不仅赢得筹码，还对天神大肆侮辱一番。这还不算是过分的，武乙又萌生一个更加大胆的想法，他要射天！天那么高，他该怎样射到天呢？人的智慧总是超乎你的想象，武乙让人缝制一个皮袋子，里面灌满鲜血，皮袋子被鲜血撑得圆圆的，他把这个圆圆的袋子命名为"天"。"天"被挂在一根大木桩上，武乙弯弓搭箭，"嗖"的一下，不偏不倚正中袋子的中心，袋子一破，鲜血四处飞溅，"天"被射破，武乙内心十分惬意。

武乙这么折腾，注定他的下场不会很好，据说"天"在输了两阵之后开始强有力的反击：武乙生命最后一刻是在黄河、渭水之间的原野度过的，他带领随从到那里打猎，突然天上雷声隆隆，武乙吓得从马上摔下来，等大臣冲上前去扶起他时，才发现他们的帝王已经被雷震死。武乙的经历告诉我们一件事情，一时的得失不代表成败，笑到最后的才是胜者。他的故事还告诉我们一个道理，千万不要逆天行事，一定要顺势而为。

武乙被雷震死，听上去有些玄乎其玄，后世人纷纷解读这段神奇的历史。有些人说，商人迷信神权，一些装神弄鬼的巫师总是利用天神的名义钳制（qián zhì）帝王的权力，武乙继位之后开始挑战神权，剥夺巫师与天神"交流"的特权，将所有权力集于一身，最终王权战胜神权。那些失去神权庇佑（bì yòu）的巫师把武乙恨得咬牙切齿。武乙死后，这些人拍手称快，谣言也随之而来："不尊重天神，就会受到天神的惩罚！"有些人对这位不畏惧天神的英雄有着另外一种解读。武乙时期，商王朝西面的一个方国慢慢强大起来，这个方

国就是后来取代商王朝的周。在武乙当政时期，周人不断攻打、兼并顺服于商王朝的方国，开始尝试挑战商王朝的统治权威。此时周人虽有克商的想法，但却没有克商的实力；商王朝虽有铲除周人的念头，却也没有彻底消灭周人的能力。武乙为此相当苦恼，可是，此时的商王朝正在走下坡路，周人则是蒸蒸日上，武乙想尽一切办法也无法根除这个心头大患，于是他想出"射天"这个游戏。上古时代，每个民族都有自己的保护神，商人的保护神不是"天"，而是"帝"，或称为"上帝"（与我们现在讲的西方人的上帝不是同一个神），周人的保护神是"天"，所以武乙要射天，要侮辱天，要摧毁周人的保护神。这种方法当然不可能让一个国家灭亡，武乙最终还得诉诸武力，开始征讨周人，不幸的是武乙在一次西征周人的战争中死去。商人不愿承认自己的君王死于小小的方国之手，就编造一个被雷震死的故事。当然，以上这些也只是猜测而已，有的时候我们连三五百年前的事情都说不清楚，想要弄清楚三千多年前的事情就更加困难了。

tài bó ràng guó
太伯让国
周朝前期的故事

商王朝的故事讲到这里，我们就不得不插播一段周人的故事。

给自己找个名人当祖宗，然后再讲出一些自己小时候经历过的查无考证的神奇故事，以说明"受命于天"，是每个帝王最愿意做的事情。周人也不例外，他们认为自己的始祖是后稷。在之前三皇五帝的故事中提到过，帝喾的妻子姜嫄生下一个儿子，名叫弃，也就是后稷，这就是周人的祖先；帝喾的另一个妻子简狄也生下一个儿子，名叫契，契是商人的祖先。从这一层关系来看，商人与周人本就是同祖同宗的一家人，只是年代久远，大家似乎忘记这一层血缘关系。不过也

右图是《传说时代》中的人物，
你记得她们是谁吗？
可以把这个故事讲给别人听吗？

有人质疑这些记载的真实性，认为这是周人为了强调出身显耀，给自己找了帝喾这样一位先祖，周与商原本是风马牛不相及的两个族群。

周人发展到公刘这一代开始走上强盛之路。等到古公亶（dǎn）父做了首领（此时正是商王朝武乙统治时期），周人更加强大，遂萌生取代商王朝的念头，而这也成为在这之后几代周人的奋斗目标。商王武乙也不是傻子，感受到来自西面周人的强大压力，几经攻伐，却不见成效。《诗经》中最长的一首诗《鲁颂·閟宫（bì gōng）》记录了从古公亶父开始，周人有了灭商的计划，诗中写道："后稷之孙，实维大王。居岐之阳，实始剪商。"这里的"大王"应读作"太王"，指的就是古公亶父，意思是后稷的子孙、太王古公亶父定都歧山南面的时候，周人开始筹划取代殷商。

古公亶父有三个儿子，从大到小依次是太伯、虞仲、季历。季历有个儿子名叫姬昌，姬昌就是后来的周文王。古公亶父非常喜欢姬昌，常夸赞他：

"我们的后世子孙一定能够出现成就大事的人，部族的未来全都寄托在这个孩子身上！"

说者有心，听者更有意。按照王位继承顺序，古公亶父死后应当把王位传给长子太伯。太伯看出父亲的心思，知道父亲想让姬昌继承王位，带领周人把未竟的事业发扬光大。若让姬昌继承王位，首先王位要传承给姬昌的父亲季历，可是按照长幼顺序，太伯排在季历前面，只要太伯活着，季历只能是个替补。季历无法继承王位，王位也就无法传给他的儿子姬昌。

太伯为周人大局着想，做出一个出人意料的决定："他要把王位让给季历！"他准备离开周国。可是问题又来了，即使太伯不愿意继承王位，按照顺序王位应该传给虞仲，还是轮不到季历。好在虞仲不是傻子，也知道父亲想把王位传给季历，再由季历传给姬昌，虞仲也有着如同他哥哥太伯一样的高风亮节。太伯、虞仲这哥儿俩一商量，携手离开家乡，跑到荆蛮之地，他们剪短头发、在身上刺上花纹，过起断发文身的生活，以示自己不再贪恋王位。大儿子、二儿子都离开周国，王位自然传到季历手中。荆蛮，是周人对南方人的称呼。太伯的事迹感动了荆蛮的人们，许多人都聚在太伯周围，太伯在那里建立一个国家，就是后来春秋战国时期大名鼎鼎的吴国，太伯也被称为吴太伯。太伯没有儿子，他死后王位传给自己的弟弟虞仲。孔夫子在《论语》中对"太伯礼让天下"的行为大加褒扬，他说道："泰伯，其可谓至德也已矣。三以天下让，民无得而称焉。""泰伯"也就是"太伯"。意思是说这个世界上没有比太伯更高尚的人了，他多次把天下让给自己的弟弟，以至于人们都找不到合适的词语称赞他！

百足之虫，死而不僵。商王朝在不断地走下坡路，但还没有沦落到人见人欺的地步。季历继承王位，他敏锐地认识到自己的力量还不足以取代商王朝，就对商王朝采取两手政策。一是主动觐见商王武乙，博得武乙的欢心，使得武乙对周人放松了警惕；二是继续进攻、侵吞周围弱小的方国，蚕食商王朝的势力范围。这种远交近攻的把戏岂能骗过武乙，武乙亲率大军攻击周人。就是在这次战争中，武乙不幸被"愤怒的上天用愤怒的雷暴震死"。

　　武乙死后，文丁继位。经历一场场胜利，季历的自信心爆棚，更加不把商王朝放在眼里，带领周人继续攻伐商王朝的方国。强势的季历遇到更加强势的文丁。起先商王朝还没有从武乙的失败中恢复元气，文丁刚继位以安抚为主，在商王朝内部给季历找到一个比较好的官职。这种示好却被季历看作一种示弱。季历当上了官，却并没有停止扩张的步伐，很快就触及商王朝统治的核心区域。这一次，已经恢复实力的文丁可没有那么好的脾气，奋起反击，杀死季历。

　　商周两族的仇恨越积越深。周人恨商人恨到骨髓（gǔ suǐ）里，无奈实力不济，只能被商人压在身上；商人嫌周人碍眼，可是周人的实力也不弱，想一口把它吞下，商人也没那么大的胃口。双方就这样僵持着，这一时期，周人的新领袖周文王登场，而商王朝最有名的亡国之君——纣王也登场了。

<ruby>武<rt>wǔ</rt></ruby> <ruby>王<rt>wáng</rt></ruby> <ruby>伐<rt>fá</rt></ruby> <ruby>纣<rt>zhòu</rt></ruby>

商王朝灭亡经过

积毁销骨：纣王做的那些坏事

夏朝的末代国君是桀，前面我们已经讲过桀的故事。如果你读完纣王的故事，就会有惊人的发现，这哥儿俩竟似一个模子（mú zi）里刻出来的一样。桀做过的坏事，纣照做不误；桀没来得及做的坏事，纣则加以创新、突破。

桀造了酒池肉林，纣也如法炮制，悬肉为林、以酒为池，男女嬉戏其间，作长夜之饮。

桀宠爱妺喜，撕布以求一笑；纣王则宠爱妲己（dá jǐ），对她言听计从。神话中，妲己本是一个美女，被一只狐狸精吃掉。狐狸精变成妲己的模样，成为纣王的王妃，整天给纣王出一些祸国殃民的主意。

桀筑瑶台，纣就造了一个鹿台。神话中，鹿台是纣王为讨好妲己而修建的。除了享乐之外，还经常会有一些"神仙"光顾这里，与纣王、妲己畅饮。其实呀，这些神仙都是妲己的狐狸精朋友变的，都是来欺骗纣王的。

桀杀死忠臣关龙逄，纣有过之而无不及。纣王逼走哥哥微子，剖开叔叔比干的心，囚禁另一个叔叔箕子，这三个人被孔子称为"殷末三仁"。比干看不惯纣王的行径，他说道："做臣子的就要以死相谏！"他不停地劝说纣王。开始纣王还有些耐心，可是被比干三番五次批评之后，终于愤怒了，纣王说道："我听说圣人都有七窍玲珑之心，不知道你的是不是！"比干毫无惧色："那就把我的心剖出来看看吧！"纣王真的就把比干的心给挖了出来。

桀说我是太阳，太阳怎么会灭亡呢？纣说我生下来就是做国君的命，这是上天注定的，谁能把我怎么样！纣王身边有个名叫祖伊的重臣见周国逐渐强大，非常担心有一天殷商被周国灭掉，急忙规劝纣王："这些日子我用各种方法占卜吉凶，

没有对我国有利的结果，恐怕上天要终止我们的国运！这不是祖先不保佑后人，而是大王您施政有误，自绝于天啊！您面对这样的困境不肯改正自己的过失，上天都不喜欢我们，要抛弃我们！

如今人民没有不希望我们国家尽早灭亡的，他们私下里都在祈祷着：'上天啊！您快快大显神威吧，消灭我们的国君！我们都等着那一天呢！'还请大王赶快降福于人民，以免毁掉殷商几百年的基业！"纣王哪有心思听这些东西，蔑视着祖伊，大声呵斥："我生下来就能做国王，这难道不是天命吗？其他人能把我怎样？"《史记》中原话是："我生不有命在天乎！"祖伊见纣王无可救药，长叹一声："殷商气数已尽，不久，我们都将成为周人的阶下囚！"

纣王创造一种名叫炮烙（páo luò）的刑罚：在炭火之上放一根长长的铜柱，罪犯在铜柱上光脚行走，铜柱被炭火烧得滚烫，罪犯难以忍受，就掉入炭火之中被活活烧死。许多诸侯都死于这种酷刑之下。纣王有三个位高权重的大臣：九侯、鄂侯和之前我们提到过的西伯侯姬昌。九侯有个女儿长得非常漂亮，纣王对她心仪已久，可是九侯的女儿不喜欢与纣王一起过那种淫乱的生活，搞得纣王非常不开心。你让我一人不高兴，就我让你全家不高兴，纣王一怒之下杀死九侯的女儿，还把九侯剁成肉酱。鄂侯听说此事，非常气愤，与纣王争辩，纣王理亏，心想："说不过你，我还杀不了你吗？"厄运降临到鄂侯头上，纣王把他做成肉干。西伯侯姬昌见两位朋友命赴黄泉，心中痛惜，却也不敢与纣王理论，只是轻轻地叹了一口气。谁知隔墙有耳，不知哪个好事者把这"一声叹息"传到纣王那里，纣王一听，火冒三丈："莫非你也对我不满吗？"二话不说，就把西伯侯关到羑（yǒu）里。

我国近代大历史学家顾颉刚先生曾写过一篇文章，名叫《纣恶七十事的发生次第》。在这篇文章中，他从浩如烟海的古籍中归纳出纣王的七十大恶行，不过在这恶行之外他有了新的发现：纣王最初的罪名并没有这么多，不过就是酗酒、不用旧臣而用小人、宠信妲己、不好好祭祀先祖、相信自己的王位是上天赐予的……看看这些恶行，都是些普通人一不小心就会犯的错误，哪有什么暴君的影子！可是到了春秋战国时期，纣王的罪行陡然增加二十条；西汉人觉得这些还不足以说明纣王的

残暴，又给他平添二十一条罪行；晋朝人也不甘落后，不知从哪里找到纣王的十三条罪行，而且说得有声有色；到了这个时候，大概人们能够想得出的罪行都罗列得差不多了，在这之后纣王的罪行基本上固定下来。后人对纣王的罪行言之凿凿（yán zhī záo záo），而后人的后人更是把纣王越写越坏，真不知道这些后人是从哪个坟、哪个墓里面发现这么多考古证据。

虽然后人极尽所能地抹黑纣王，《史记》却没有完全把纣王一棍子打死，纣王也有优秀的一面。比如说纣王天资聪颖，伶牙俐齿，力举千钧，还能徒手打斗猛兽，真是文武全才！不过事情总有相反的一面，纣王没有发挥这些优点，反而把负面无限扩大，司马迁是这样评价纣王的这些优点的："知足以拒谏，言足以饰非；矜人臣以能，高天下以声，以为皆出己之下。"这句话的意思是说：纣王非常聪明，所以他拒绝任何人进谏；纣王能言善辩，所以他能为自己所有的过错找到借口；他常在大臣面前卖弄自己的才能，他常在天下人面前炫耀自己的声望，总之在他眼中没有任何人比他优秀。用一句话来总结纣王，他太自负！

字里春秋：古代帝王的称号

在商朝的时候我们应当称商纣王为帝辛，"纣"是周朝人给他的谥（shì）号。古时候，帝王、贵族、大臣等人物死后，活着的人会用一些好听或是难听或是既不好听也不难听的词语给他们起一个名字，用来评价这个人的一生，这个名字被称为"谥号"。

"谥号"最早出现在周朝。中国古人讲究避讳（huì），在说话写文章的时候遇到君主、尊亲的名字都不会直接说出或写出，而是要找其他的字或名称代替，古人这么做是为了维护等级制度。对活着的人要避讳，对死去的人同样如此，于是就产生了"谥号"。最初的时候，谥号只有一个字，比如说周文王、周武王中的"文"和"武"，后来发展到两个字。

等到秦始皇横空出世，对这种礼法制度颇为反感，他认为这样做完全是鼓励"子议其父，臣议其君"，就是说当儿子的怎么可以随便议论自己的父亲，当臣子的怎么可以随便评价自己的国君呢？秦始皇的这种想法很正常，如果后人送他个"文""武"这样的谥号还好，如果送他个"厉""炀（yáng）"这样的谥号那还得了！于是他废除谥号这一礼法。

生前权势冲天，死后的事他就无法控制了。没几年，汉高祖灭亡秦朝，建立自己的王国。汉高祖也很有个性，只要秦国反对的，我就一定要坚持，他的一道命令恢复了谥号制度。汉朝以"孝"治天下，所以除了刘邦谥号为"高皇帝"、东汉第一个皇帝刘秀谥号为"光武皇帝"外，其他每个皇帝的谥号都带有一个"孝"字，比如说孝文皇帝、孝景皇帝、孝武皇帝……当然了，我们经常会简称这些名讳，孝文皇帝被习惯性地称为"汉文帝"，汉景帝、汉武帝等也是如此。

这个时候，人们选定的这些谥号比较简短，能够较为客观地评价一个人的生平，可是从唐朝开始，谥号就不再局限于一两字，比如说唐玄宗的谥号是"至道大圣大明孝皇帝"，他的谥号总共有七个字（不算"皇帝"二字）。七字谥号是唐玄宗制定的一项制度，他一口气把他之前几位唐朝皇帝的谥号全都加到七个字，比如唐太宗李世民的谥号本来是"文皇帝"，他就加谥唐太宗为"文武大圣大广孝皇帝"。谥号字数最多的是清太祖努尔哈赤，他的谥号是"承天广运圣德神功肇纪立极仁孝睿武端毅钦安弘文定业高皇帝"，总共二十五个字。其他的如康熙、乾隆、咸丰的谥号都达到了二十三个字。皇帝的老婆中谥号字数最多的是慈禧，也是二十三个字。

字数虽然增加了，却成了华丽词语的简单堆砌，成为后世子孙、文臣贤士溜须拍马之举，别说弄明白这些字的含义，就是死记硬背都很难。聪明的中国人想到一个好办法来称呼这些皇帝，比如唐玄宗的谥号"至道大圣大明孝皇帝"是七个字，人们懒的一口气说出来，就只取一个"明"字来突出唐玄宗的丰功伟业，这也就是人们为什么又把唐玄宗称为"唐明皇"。再到后来人们干脆就不用谥号来称呼这些帝王，而是用国号加庙号、年号加帝号这样的方法称呼皇帝，比如宋太祖、康熙帝等。

除了皇帝、皇后、妃子有谥号，有功或有地位的大臣也可以获得朝廷授予的谥号。比如说岳飞的谥号是"武穆"，曾国藩的谥号是"文正"。岳飞被称为"岳武穆"，曾国藩被称为"曾文正"，就是源自他们的谥号。金庸先生《射雕英雄传》中被各路高手争相抢夺的兵法奇书——《武穆遗书》中的"武穆"就是指

岳飞。

　　"文正"是文臣谥号中的最高等级。这一说法始于北宋司马光，据说当时皇帝要给一位大臣拟定谥号为"文正"，司马光上书说："文正是谥之极美，无以复加。"意思就是"文正"是对文臣最高的褒奖。之后的皇帝们把司马光的这句话记在心头，从此把"文正"当成稀缺称号，再不肯轻易予人。自宋朝起，被谥以"文正"的也就二十多人。因为稀缺，文臣都以能够得到"文正"的谥号为最高追求目标。明朝大学士李东阳在病榻之上奄奄一息，另一个掌握实权的大学士杨一清来探望他，知道他一直在为死后的谥号担忧，便对李东阳说他死之后的谥号是"文正"。李东阳一听，立刻精神抖擞，竟然坐起身来，冲着杨一清磕头致谢。由此可见"文正"这一谥号在文人心中的分量。《明会典》中记载，以"文"为第一字的谥号中，排在文正之后的是文贞，再次是文成、文忠……曾

国藩谥号是"文正"，与他同朝
为官、同样立下不世之功的张
之洞心中不服，认为自己
比曾国藩的功劳大，曾国
藩已经得到最高称号，那还有什么称号
能够给予（jǐ yǔ）他张之洞呢？可是张之
洞万万没想到，他死后仅得到"文襄"的谥号，与曾
国藩相去甚远。

不是所有人都能够从朝廷获得谥号，那些没有资格
但又想有个谥号的人该怎么办呢？对于这些人，亲戚朋
友就在他死后给他一个谥号，这样的谥号未经朝廷认
定，称为"私谥"，私谥只在自己的朋友圈内流传。

谥号已经将各种美好的词语送给各位皇帝，可是
皇帝还不满足。毕竟谥号是死后才有的称号，他们想
在生前过把瘾也拥有这样高的赞誉，聪明的大臣就投
其所好，发明一个叫作"尊号"的名称，对皇帝歌功
颂德。其实，"皇帝"这一称号已经高贵至极，这一名
称始自秦始皇，他认为自己"德兼三皇，功包五帝"，
就将三皇五帝合二为一，称为皇帝。但是在这之后的
皇帝认为这两个字还不足以满足他们的小虚荣，于是
就在这两个字的前面画蛇添足地添加一些字，以示自

己与众不同。最先在"皇帝"前面添字的是汉哀帝，他加了五个字，自称"陈圣刘太平皇帝"。汉哀帝还是比较谦虚的，自己给自己封了一个称号。等到了唐高宗、武则天时期，为皇帝上尊号就成为群臣取悦皇帝的一种手段，这一制度自此延续下来。尊号和谥号相似，都是用一大堆华丽的词语来取悦皇帝，只不过前者是送给活着的皇帝，拍马屁的意味更浓；后者是送给死去的皇帝，盖棺定论的意义更大。例如唐玄宗的尊号是"开元天地天宝圣文神武孝德应道皇帝"。到了明朝的时候，明太祖朱元璋认为无论尊号是褒是贬，臣子都不该评议皇帝，就废止这一制度；到了清朝，康熙皇帝一针见血地评论尊号制度："加上尊号乃相沿陋习，不过将字面上下转换，以欺不学之君耳！"意思是说，给皇帝上尊号，不过就是一些文字游戏，只有那些不学无术的君王才相信这个。自此之后，尊号正式退出历史舞台。

右图是《传说时代》中的人物，你记得他们是谁吗？可以把这个故事讲给别人听吗？

对帝王的称呼，在唐以前多用皇帝的谥号，在唐以后多用皇帝的庙号，到了明清时期则用

其年号，反而不用皇帝的尊号。

什么是庙号呢？皇帝死后，继任者会在太庙中为其立室奉祀，并起一个专门的名字，这个名字就是"庙号"。庙号非祖即宗，一般来说开国的皇帝都用"祖"，要么是高祖、要么是太祖，如唐高祖、宋太祖、元太祖，等等；还有一些有特殊功绩的皇帝也可以称为"祖"，如元世祖忽必烈、明成祖朱棣、清世祖顺治帝、清圣祖康熙帝；其余的皇帝全都称为"宗"；而那些亡国之君一般没有庙号。这里要提一下明成祖，朱棣篡夺建文帝朱允炆的帝位当上皇帝，他死后最初的庙号是"太宗"，他的后世子孙嘉靖皇帝为表明自己这一脉是正统，将朱棣的庙号改为"成祖"。明朝最后一个皇帝崇祯国破自杀之后，在南京苟延残喘的明朝小朝廷先后为其上庙号"思宗""毅宗""威宗"；清朝对他也不错，给他上庙号为"怀宗"，后来认为亡国之君不能有庙号，又取消了崇祯

帝这一庙号，我们现在习惯称他为"思宗"。在唐之前，不是所有的皇帝都有庙号，想要进太庙供后人祭祀，必须有突出的功绩，例如西汉、东汉合计二十五个皇帝，有庙号的仅十二人，还不到总数的一半。到了隋唐时期，在位的皇帝开始担心自己死后无法进入太庙，他们打破常规，规定所有的皇帝都要有庙号，死后都要入太庙享受后人祭祀，形成"祖有功、宗有德"的庙号制度。从唐代起，皇帝基本上都有庙号，所以我们一般不再用谥号称呼皇帝，改用庙号，如唐太宗、宋太祖。

前面我们提到太庙，什么是太庙呢？太庙就是帝王祭祀祖先的宗庙，夏朝人称为"世室"，商朝人称为"重屋（chóng wū）"，周朝人称为"明堂"。在这个"庙"里，最初只供奉着皇帝的先祖，后来经过批准皇后或功臣也可以被供奉在太庙之中。中国人素有祖先崇拜情结，依据"敬天法祖"的传统礼制建造太庙。明清两朝的太庙位于天安门广场东北侧，与故宫隔墙而居。太庙中有前、中、后三座大殿，前殿是我国现存最大的金丝楠木建筑。金丝楠木因珍贵而被视为国木，历史上只有皇宫或少数皇家寺庙才可以使用金丝楠木，若是有人擅自使用，则被视为僭越（jiàn yuè）而受到处罚。

说完庙号，再来看一看年号。年号是皇帝纪年的名号。我们现在使用公历纪年，例如，2017年。在古代，可不是这样表示年月，而是使用前面已经讲过的天干地支纪年法。到了汉武帝时期，这位皇帝别出心裁地创造了年号。汉武帝使用的第一个年号是"元狩"，从此古人有了一种新的表示年份的方法，创立元狩年号的第一年称为元狩元年，第二年称为元狩二年，依次类推。元狩这个年号使用六年，汉武帝对这个年号失去了新鲜感，在元狩六年他就更改年号为"元鼎"，我们把更改年号称为"改元"。为什么称为"改元"呢？前面已经讲过，每个年号的第一年称为元年，改了年号，也就是改了元年。"元"有开始、第一、起始的意思，"元年"就是第一年，其他的如元旦、元首、状元等名称中的"元"也都是这个意思。汉武帝改元之后，纪年又要重新开始，元鼎元年、元鼎二年、元鼎三年……汉武帝在确定第一个年号"元狩"的时候，已经做了十八年皇帝，在这之前的年份该怎么办呢？汉

武帝就把这十八年分成三个阶段，每个阶段六年，从前至后依次赋予一个年号：建元、元光、元朔。虽然创立年号制度是在"元狩元年"，但一般认为我国历史上第一个年号是"建元"。有些皇帝非常喜欢更改年号，认为更改年号能够给自己带来十足的好运，最乐此不疲的皇帝是我国历史上唯一的女皇帝武则天，她在位期间一共使用过十三个年号，若加上其以太后身份垂帘听政期间用过的四个年号，她一共用了十七个年号，纵观所有皇帝，无出其右者；她的老公唐高宗在改元这方面丝毫也不逊色，他一共用过十四个年号；排在第三的是年号的创造者汉武帝，他一共使用过十一个年号。汉武帝在位五十四年，唐高宗在位三十四年，而武则天只独自主政二十一年，由此可见武则天是多么喜欢更改年号。到了明朝，明太祖朱元璋认为之前的这些皇帝更改年号过于随意，就明令后世子孙一生只能用一个年号。朱元璋给子孙后代作了表率，他只用过"洪武"这一个年号，清朝的统治者继承了明朝这一规定，所以自朱元璋起，明清两个朝代每位皇帝都只有一个年号。这里我们又要提起

一个特例，明英宗朱祁镇最初的年号是"正统"，他在位期间不务正业，在土木堡之变中被北方的强敌瓦剌（wǎ là）俘虏，他的弟弟朱祁钰在危难之中继位，改元"景泰"。后来瓦剌把毫无利用价值的英宗放回明廷，英宗在八年之后逆袭成功，复位重登大宝，改元"天顺"。由于这段插曲，明英宗成为明清两个朝代唯一拥有两个年号的皇帝。由于明清两个朝代每位皇帝只使用一个年号，所以我们常用年号称呼这些皇帝，如永乐帝就是明成祖朱棣，康熙帝就是清圣祖爱新觉罗·玄烨。年号一般都是两个字，也有一些是三个字或四个字，年号最长是六个字，出现在西夏的两位皇帝的年号中，分别是景宗的"天授礼法延祚"和惠宗的"天赐礼盛国庆"。

一声叹息：周文王脱身羑里

前面已经讲过，纣王将周文王关押在羑里，一关就是七年。很奇怪啊，按照史书上对纣王暴行的记载，纣王应该毫不手软地把周文王碎尸万段才对，可纣王此刻

却像得了"选择性遗忘症"似的，把周文王抛在脑外。为什么会这样呢？司马迁在《史记》中记载，周文王被纣王关押之后，周文王的大臣们非常着急，生怕纣王一不高兴就把周文王的脑袋砍下来。有人出主意，既然纣王声色犬马样样精通，那就投其所好，说不定他一高兴就会释放周文王。这些大臣东寻西找，凑齐美女、骏马、珍宝，进献给纣王。纣王眉开眼笑，对每样东西都是爱不释手，说道："这些东西，有一样送给我，就可以释放西伯侯，更何况你们还送了这么多啊！"纣王当即下令释放周文王，又赐给他弓箭斧钺（fǔ yuè），让周王文在西面帮助他攻伐那些不听话的方国。不仅如此，纣王竟对周文王说道："把你关押这么久可不是我的意思呀，都是崇侯虎说你有反叛之心。"崇侯虎，那可是纣王的铁杆忠臣，他预感到周文王对商王朝的威胁，就提醒纣王，于是纣王因为周文王的那一声叹息就把他关押七年。七年之后，周文王终于从纣王嘴里确认到底是谁陷害自己。看到这里，我真的不知道出卖崇侯虎这场戏是纣王无心之举，还是司马迁有意抹黑！

有些人认为纣王不会因为仅仅得到这些珍宝就轻易放掉周文王，于是小说家为此想象出许多戏剧而又残忍

的情节，比

如著名的神怪小说《封

神演义》中就说，周文王的大儿子伯邑考为救父亲，带着奇珍异宝觐见纣王，结果得罪苏妲己，被纣王下令处死。苏妲己心中愤愤不平，又给纣王出了一个坏主意，对纣王说："人们都说西伯侯是圣人，圣人不吃自己儿女的骨肉。我们用伯邑考的肉做成馅儿饼送给他吃。如果他吃了，就说明他只不过是徒有虚名，放了也不会有什么威胁；如果他不吃，那就一定要把他杀了，免除后患。"纣王听后心中大喜，下令把死去的伯邑考剁成肉酱，做成肉饼，送给周文王吃。周文王能掐会算，早就知道这饼中的馅儿是自己儿子的血肉，为了活命，只得忍着心中的伤痛吃光肉饼，吃完了还不住地称赞肉饼好吃。周文王顺利通过纣王的考验，回到西歧。当然这只是戏说，历史学家用另外一种眼光看待这个事情：一是此时商王朝在东南方正与自己的宿敌东夷作战，纣王不想激化与西方周国之间的矛盾，避免腹背受敌；二是商王朝的实力已经衰退得无法再有效管理整个疆域，所以纣王需要在西部找一个代理人，帮助他惩治西方那些不听话的方国和抵御西部外族入侵，强大的周族成了纣王迫不得已的选择；三是周族继续壮大，已经成为一支能够与商王朝相匹敌的军事力量，纣王投鼠忌器（tóu shǔ jì qì），所以文丁能够杀季历，纣王却不敢杀姬昌。

愿者上钩：姜子牙渭水遇文王

汤革夏命有伊尹辅佐，周革商命也有很多能臣，最有名的莫过于姜子牙。没错，这个姜子牙就是明代许仲琳撰写的神怪小说《封神演义》中手执打神鞭、执掌封神榜、助周灭殷、册封三百六十五位正神的姜太公。据史书记载，姜太公姓姜名尚，因他的祖先被封在吕这个地方，他又被称为吕尚，子牙是他的字。看到这里你可能有些糊涂，姜子牙怎么一会儿姓姜，一会儿又姓吕呢？我们现在说到姓氏是指一个人的姓，但是在秦汉以前姓是姓，氏是氏。姓是一个家族的本源，表明这个家族从哪里来，在母系氏族社会的时候就有姓，据传中国第一个姓为"风"姓，也就是伏羲的姓。后来，家族越来越大，人口越来越多，一些人就搬到别处生活，这样的人越来越多，既要表明自己来自哪里，又要区分彼此身份不同，在保留原有姓的基础上，他们创造了氏。

"姓"表示大家的祖先都出自同一个地方，"氏"是姓的分支，说明虽然我们有同一个祖先，但我们却分属于不同的分支。比如姜子牙姓姜，说明他是姜姓这个大家族中的一员，在姜姓这个大家族中，居住在一个叫作申的地方，这些人的氏就是申，居住在一个叫作吕的地方，这些人的氏就是吕，申和吕都是姜姓的分支。姜子牙恰巧居住于吕地，所以他的姓是姜，氏是吕，这样按照姓来看，他叫姜尚，按照氏来看，他就叫吕尚。秦汉之前，人们可以有姓有名，但并不是所有人都有氏，只有那些出身高贵的人才有氏，例如尧姓伊祁，他先后被封在陶、唐这两个地方，所以就是陶唐氏。秦汉以后，人们不再区分姓和氏，姓氏专指人的姓。你翻开百家姓，那里面有很多姓就是以前的氏。除了姓名之外，古代人们还会给自己起个字、号，例如伟大的诗人李白就是姓李名白，字太白，号青莲居士。

姜子牙曾经在纣王手下为官，本想有所作为，但是纣王的残暴让他对殷商失望至极，又听说文王统治下的周国政治清明，就弃商入周，隐居在渭水边上，整日垂钓，等待时机。这一日周文王准备外出打猎，出发前先占卜，占卜的

结果让他既疑惑又惊喜：这次打猎得到的不是龙也不是虎，更不是什么野兽，而是能够辅佐他成就帝业的栋梁之材。果然，在渭水边上周文王遇到姜子牙，两人相谈甚欢，周文王激动地说："我的先祖太公曾经说过，会有一位圣人来到周国，此人会让周国兴旺起来，您就是先祖太公盼望的人啊！"史书上原话是"吾太公望子久矣！"由这句话，姜子牙又得了一个名号：太公望。所以，你再看到姜子牙、姜尚、吕尚、太公望、姜太公，他们都是同一个人。

史书上的记载永远没有传说中的精彩。传说姜子牙家境贫寒，为了养家糊口，他试着做过一些小买卖，可他根本没有做生意的头脑，三下两下就把家当赔了个底朝天，他老婆马氏对他百般挖苦。一个偶然的机会，姜子牙在殷商得到一个官职，他老婆脸上乐开了花，以为苦尽甘来，马上就会过上好日子。可谁知，姜子牙见不得纣王残暴，也没和老婆商量，就辞职不干了。

马氏大怒："放着好好的官职不要，你想干什么？"

姜子牙答道："纣王残暴，我不想助纣为虐！"

马氏说道："你不做官拿什么养活这个家？"

姜子牙说道："这个小官怎能施展我胸中才学，怎么能实现我平生志向！"

马氏嘿嘿一笑："你现在和我讲才学，和我谈理想，我跟你一起生活这么多年，你做成过什么事情？卖米米发霉、养猪猪全死，好不容易做官了，你却又嫌这嫌那，你这一辈子就是个穷酸命！"

姜子牙叹了一口气，无奈地说道："西伯侯素有大志，周国在他的治理之下欣欣向荣，周边国家多有归附，假以时日一定能够称王成霸。你和我同去周国，凭我的本事，过不了多久就能让你荣华富贵。"

马氏轻蔑地一笑："痴人说梦！现成的官你不做，却要舍近求远到周国求富贵，我可不想再和你过这样没谱的生活！你我夫妻缘分已尽，从此之后，你走你的阳关道，我过我的独木桥，咱俩井水不犯河水，再无半点关系！"

一听马氏要和自己离婚，姜子牙使出浑身解数劝说她回心转意，和自己一起去周国。马氏早对姜子牙失去信心，哪里肯再和他一起生活。

姜子牙见马氏去意难留，愤愤地说道："这一别，你我就是路人，以后你可不要后悔！"

马氏目光坚定地说道："我绝不后悔！"

姜子牙拜别马氏，来到周国。姜子牙与西伯侯并无交情，贸然前去毛遂自荐，未必能够得到足够的重视，所以他并没有急着去见西伯侯，而是隐居山林中、垂钓渭水边，等待时机。

这一天，一个渔夫凑到姜子牙身边："老爷子，我观察您钓鱼已经好几天了，有句话不知当讲不当讲！"

姜子牙盯着水面，微微一笑，点了点头："有话尽管（jǐn guǎn）说！"

渔夫说道："想要钓上鱼来，必须要有六样工具：鱼竿、鱼线、鱼漂、鱼坠、鱼钩、鱼饵。这六样工具缺一不可。"

姜子牙在一旁默不作声，渔夫继续说道："您看您钓鱼，鱼钩是直的，钩上没有鱼饵，鱼线太短，离着水面还有三尺三的距离，这样怎么能钓到鱼呢？"

姜子牙笑了一笑，问道："我应该怎么做才能钓上鱼来？"

渔夫说道："古语说得好'且将香饵钓金鳌（áo）'，您只须把这直钩在火上烧红打弯，挂上鱼坠和香饵，鱼线延长六尺六，绑上鱼漂，把鱼钩沉入

水中。等你看到鱼漂晃动，只要向上一拎，保你能钓上大鱼来！"

姜子牙笑道："多谢你的帮助。不过你说的只是常人垂钓之法，我这方法可与常人不同，我是'宁在直中取，不向曲中求；不为锦鳞设，只钓王与侯'。"

姜子牙的这番话说得有些晦涩（huì sè），翻译过来很简单，就是说："我这个人不走寻常路，别人把钩弄弯了钓鱼，我偏要用直钩，我钓的不是鱼，而是王侯将相。"

渔夫哪明白这些话，一脸不悦："你说的什么直呀、曲呀、王啊、侯哇的，我也不明白，我只知道按你这个法子钓鱼，这辈子也别想钓上一条鱼来！莫非你在等着鱼儿自己从水里蹦出来咬你的鱼钩？"说完渔夫一脸嘲讽地哈哈大笑起来。

面对渔夫的嘲讽，姜子牙仍不动声色，说道："这回你可说对了，我这钓鱼的法子就叫愿者上钩！"

渔夫见姜子牙如此不可理喻，悻悻地走了，身后传来姜子牙的声音："只钓当朝君与相，何尝意在水中鱼。"

右图是《神话时代》中的人物，
你记得他是谁吗？
可以把这个故事讲给别人听吗？

渔夫摇着头，嘴里吐出两个字："疯子！"

渔夫走出很远，迎面过来一队人马，为首的是位老者，拦下渔夫问道："请问您是本地人吗？"

渔夫答道："是呀，我祖祖辈辈都在这里生活。"

老者又问道："你可知这里有什么能人异士？"

渔夫答道："我们这里要么是种地的、要么是打渔的，我就算这里比较有能耐的了，哪有什么能人异士！"

老者脸上掠过一丝失望。

渔夫若有所思，开口说道："能人是没有，不过这里倒有个疯子。"

渔夫把姜子牙钓鱼的事情讲述一遍，老者眼睛一亮："你说的这个疯子现在何处？"

渔夫说道："沿着这条路走到河边你就能看到他！"

这位老者不是别人，正是赫赫有名（hè hè yǒu míng）的西伯侯姬昌。再后面的事情，史书上已记载，前面也讲过，西伯侯见到姜子牙，高兴地说道："您就是先祖太公盼望的人啊！"

　　传说到这里并没有结束，西伯侯聘请姜太公入朝为相，谁知姜太公坐在那里一动不动。

　　西伯侯疑惑地问道："先生莫非不愿与我共创一番事业？"

　　姜子牙说道："要让我为周国效力，您还需要办一件事！"

　　西伯侯斩钉截铁（zhǎn dīng jié tiě）地说道："只要先生肯出仕，不要说一件事，就是一百件事姬昌也愿意去做。"

　　姜子牙毕恭毕敬地说道："只需一件事就够了，这件事也不难，您亲自拉车送我入朝！"

　　西伯侯的随从一听姜子牙提出如此过分的要求，勃然大怒，纷纷劝说西伯侯绝不可如此。西伯侯却不当回事儿，对姜子牙深深一揖："请先生上车。"

　　西伯侯那也是金玉之躯，哪干过这样的体力活，没多久他就腰酸腿疼，双手起泡，大汗淋漓。

　　西伯侯停下来擦了擦汗，姜子牙问道："大王是否还有余力继续拉车前行！"

　　西伯侯说道："没问题，只要先生肯助我安邦定国，这点事儿难不倒我。"

西伯侯咬紧牙关，继续前行。又走出很远，终于疲惫不堪，停下来，扶着车子大口地喘气。

姜子牙又问道："大王还能继续拉车前行吗？"

西伯侯摆摆手，上气不接下气地说道："让先生笑话了！您容我多歇一会儿！"

姜子牙跳下车来，向西伯侯深躬一躬："大王恕罪！刚才要您拉车是在定周国的气数。您拉车共走八百步，可保周国八百年不倒。您中间停歇一次，在这八百年中，周国会有一大劫难。"

西伯侯听姜子牙这么一说，懊悔得没边儿，对姜子牙说道："早知如此，我就拉着先生一直走下去！"

姜子牙微微一笑说道："八百年！前两千年，后两千年已经没有谁能建立如此丰功伟业！"

周朝是我国古代存续时间最长的朝代，前后立国约800年，它分为西周和东周两部分。

除了西伯侯，还有一人也是特别懊悔，这个人就是姜子牙的前妻马氏。

姜子牙在周国拜相的事情传得很快，马氏听到这个消息，悔得肠子都青了。她来到周国，找到姜子牙，一把鼻涕一把泪地和姜子牙忆过去、话未来，总之中心思想就是希望两人能够和好如初。

姜子牙对马氏失望透顶，早就心灰意懒。马氏见姜子牙不肯答应，就施展出死缠烂打的本事。

姜子牙起身，端出一盆水泼在地上，对马氏说道："想让咱俩复合也不难，你把地上的水一滴不差地收到盆中我就和你复合！"

"若言离更合，覆水定难收"，马氏当然无法做到这一点，想和姜子牙复合，简直是痴人说梦。这就是"覆水难收"这个典故的由来。

关于覆水难收的典故还有另外一个版本，讲的是汉朝朱买臣的故事，内容与上面的故事大同小异，这里不再赘述（zhuì shù）。说到朱买臣，就得提一下《三字经》。《三字经》中有一句："如负薪，如挂角。身虽劳，犹苦卓。"这句讲的就是西汉朱买臣、隋唐时期李密的故事。朱

买臣做官之前家境贫寒，靠砍柴、卖柴为生，他始终刻苦学习，总是一边担柴一边读书，后来终于功成名就。李密也是如此，他在放牛的时候，总是在牛角上挂着几本书，一有时间就认真研读，后来与翟让一起领导隋朝末年瓦岗山农民起义，成就一番事业。

有了姜子牙的辅佐，西伯侯如虎添翼，在灭商的道路上，他采取两项措施：一是内修德政，拉拢一些原本依附于殷商的方国。效果很明显，许多国家的人遇到难以处理的纠纷都会到周国让西伯侯做主，而不像以前那样去殷商找纣王评判。史书上记载，虞国人和芮（ruì）国人闹矛盾，僵持不下，两国人就一起到周国找西伯侯评理。他们刚踏入周国的国土，就发现那里的人们相处得非常融洽：田地界线有了分歧，都是你让我一寸、我让你一尺，没谁会为那点小利而斤斤计较；晚辈对长辈恭敬有礼，长辈对晚辈关爱有加……还没见到西伯侯，两国人就坐到一起不住地感叹："早就听说西伯侯英明神武，今日才见到他的国民，就让我们深刻感受到我们所争执的，正是周国人所不齿的。因为这些事儿去找

西伯侯，就算他为我们作出决断，我们也是自取其辱、贻人笑柄。"两国人一商量，自己就解决了纠纷。其他方国听说这件事，无不感叹："西伯侯是天命所归啊！"从这以后，许多方国都尊称西伯侯为王。二是对外攻伐，消灭一些殷商铁杆附属国。值得一提的是，当年在纣王面前说西伯侯坏话的崇侯虎也在这一系列的战争中被消灭。到这个时候，西伯侯已是天下三分有其二，势力壮大到足可以和殷商分庭抗礼（fēn tíng kàng lǐ）。

盟津观兵：历史上第一次大阅兵

周国灭商正按计划有条不紊（yǒu tiáo bù wěn）地进行着，不幸的是西伯侯姬昌去世了。他的儿子周武王姬发继承王位，在姜子牙等一班贤臣辅佐下继续着西伯侯的未竟之业。

武王初继位，励精图治、隐忍不发，三军上下讨伐殷商的呼声却异常高涨。

将士都说："看，我们的枪磨得如此尖锐，我们的刀磨得如此锋利，我们的身体练就得如此强壮，就等着冲入殷国城中，杀他个片甲不留！"

周武王和姜子牙并没有被将士的热情冲昏头脑，知己知彼才能百战百胜，在与殷商决战之前他们要了解清楚彼此的实力，历史上一场有名的军事演练悄然（qiǎo rán）拉开序幕。

　　这一天，周武王集结三军，用一辆大车载着文王的牌位，对将士说道：“我太子姬发本是无知小人，承蒙先祖庇荫（bì yìn），坐享渔利。今天我奉先王之命讨伐东方无道之国，你们冲锋在前的，我会重重嘉奖；若谁敢怯战居后，我也会严惩不贷（yán chéng bù dài）！”

　　一听要讨伐东方无道之国，全军上下无不激情澎湃、山呼万岁。大队人马浩浩荡荡地开奔东方，很快就到达黄河渡口。

　　部队总指挥姜子牙一面督导将士准备船只，一面对将领发号施令：“组织好你们的士兵，准备好你们的船只，一声令下，你们就要千帆竞发、百舸争流（bǎi gě zhēng liú）。违令者，斩！”

　　准备妥当，大军簇拥着周武王的船只开始渡河。刚到河中央，一条白色的大鱼从浑黄的黄河水中一跃而起，“啪”的一下落入周武王的船中，武王把它抓起祭祀上天。大军上岸刚刚安下营寨，一大团烈火从天而降，砸到周武王的屋顶，翻滚几下，变成一只赤红的乌鸦，鸣叫着飞上天空。

　　大家惊魂未定之时，远处尘土飞扬，似有大队人马疾驰而来。莫非是商王知道周人渡河，派兵前来阻击？想到这里，周武王倒吸一口冷气，看那阵势，所来人马不知是自己的几倍。周武王立刻下令全军严阵以待，将士各个剑拔弩张（jiàn bá nǔ zhāng），表情凝重，开启备战模式。

　　尘土散尽，果然露出黑压压一片人马，各个披坚执锐。周武王见到这些武装反倒镇定自若，这可不是他有足够的信心能把这群人打个丢盔弃甲，这些人啊，竟然全是弃商从周的诸侯！

　　你知道这是怎么回事？原来，天下诸侯听说周武王起兵奔东而来，以为周国要和商决一死战。那些被商折磨已久，早就与商不共戴天的诸侯不期而来，在这个黄河渡口等着与周武王会合共同伐商。一清点，竟然来了八百诸侯。

　　这些诸侯群情激愤，相互打气高呼："商王可伐！商王可伐！"

　　周武王的臣子也进言说："白鱼入舟，金乌鸣顶，都是祥瑞之兆！我们一鼓作

气，伐商可成！"

周武王与群臣商议半晌，对各路诸侯说道："你们不知天命啊，现在还没到伐商的时候！"说罢，周武王下令撤兵，回去继续休养生息。

这就是历史上著名的"盟津观兵"。津，就是渡口；盟津，有的说是现在的孟津，也有人说因为武王在那个渡口会盟诸侯，所以后人把那里称为盟津。

八百诸侯前来会盟，周武王没有趁热打铁一举灭商，他在犹豫什么？要么是周国还不足够强，要么是殷商还不足够烂，要么是那八百诸侯还不足以对抗仍依附于殷商的那些诸侯。总之，周武王此时此刻对殷商之战一定没有必胜的把握，不能必胜，那就意味着有可能会被殷商灭族。周武王该怎么办呢？很简单，就两个字：等待！等待着自己厉兵秣马（lì bīng mò mǎ）变得更强，等待着殷商祸起萧墙（huò qǐ xiāo qiáng）变得更烂。

这一等就是两年，在这两年中，殷商国内发生了巨变。

自毁长城：商纣王亲小人远贤臣

殷商大厦将倾，纣王浑然不觉，但总会有一些先知先觉者。这两年里，周武王无时无刻不在关注着殷商的动向。

间谍：大王，商国乱了！

周武王：乱到什么程度？

间谍：奸佞小人把持朝政！

原来，纣王任用一批胡作非为之人，对他们言听计从。被点名的有两个：一个名叫费中，据说此人阿谀奉承（ē yú fèng chéng）、嗜财如命，商人连看都不愿意多看他一眼；一个名叫恶来，他的本事就是喜欢说别人的坏话，在纣王面前打小报告，搞得朝中大臣没一个愿意与他为伍。任用这样一批奸佞小人，纣王最终会落得个众叛亲离的下场。

周武王却说：还可以再乱！再探！

过了几个月。

间谍：大王，商国更加乱了！

周武王：乱到什么程度？

间谍：贤能之人纷纷离开商国！

原来，纣王的哥哥微子劝说纣王亲贤臣、远小人，纣王不听，微子觉

得纣王已经无可救药，必然会国破家亡，他想一死了之，又不能下定决心，就找人商量自己该如何做。大家劝他说，如果他的死能让纣王觉醒，能让商国复兴，那就死得其所，如果他的死不能换来国泰民安，那他就死得毫无价值。与其这样，还不如留下性命，寻找机会复兴殷商。微子认为这些人说得有道理，就逃离商国。

周武王却说：火候还是不够！再探！

又过了几个月。

间谍：大王，商国彻底乱了！百姓都不敢大声说话！

原来，看到比干已死、微子出逃，纣王的叔叔箕（jī）子自感厄运当头。有人劝他像微子那样远离这个是非之地，他却说道："大王不采纳你的劝谏，你就要逃离这个国家，不忠不义。如果我这样做，那就是在向天下人宣扬大王的过错，以此获取天下人对我的赞美。我是不会那样做的！"箕子既不想像微子那样叛国以求自保，也不想像比干那样赴死以卵击石，他想出一个两全其美的办法：装疯卖傻。纣王真以为箕子疯了，就把他囚禁起来。后来，周武王灭掉商国，释放

箕子，并向他求教治国之法。箕子始终怀有一颗商人之心，不愿意在周为臣，便带着一大批遗老故旧远遁朝鲜，在那里建立一个国家，史称"箕子朝鲜"。这个国家存续一千多年，直到西汉时期才被一个叫作卫满的人灭掉。

这一次周武王笑着点了点头：时机成熟了！

血流漂杵：牧野之战周代商

周武王下定决心要和殷商决一死战，可是出师之前占卜结果却给他泼了一盆冷水："不宜出兵！"就在此时，外面忽然昏天黑地、风雨大作。群臣大惊失色，周武王也有些退缩："这是上天不让我们灭商，一切从长计议（cóng cháng jì yì）！"

一个人站了出来，大声喝止："不可！纣王丧失民心，此刻商国军队都被派去东南征战夷人，国内兵力空虚，正是我们灭商良机。机不可失，失不再来！愿大王速速起兵灭商！"

这个人就是姜子牙。

经过姜子牙百般劝说，周武王终于重燃斗志，进军殷商。渡过盟津，各路诸侯早已等在那里，摩拳擦掌地加入武王伐纣的队伍。

商国的主力部队被东南战事拖累，无法及时返回国都勤王。没有正规部队抵挡周国军队，纣王急得像热锅上的蚂蚁，最后只得把奴隶、俘虏集结在一起派往前线与周国决战。这一招还真管用，一下子集结了七十多万人，浩浩荡荡奔赴前线，在牧野与周国部队相遇。我国最早的词典辞书之祖《尔雅》记载："邑外谓之郊，郊外谓之牧，牧外谓之野，野外谓之林，林外谓之坰（jiōng）。"古时候的城市分为内城和外城，内城城墙为"城"，外城城墙为"郭"，城郭泛指城市。城市的外面又分不同区域，城的外面是郊（田地），郊的外面是牧（牧区），牧的外面是野（田野），野的外面是林（林区），再外面就是荒凉的远郊。牧野就是殷商国都朝歌的牧和野这两个区域，后来牧野成为一个专有地名。

面对乌泱泱（yāng）的一大群人，看着自己少得可怜的那几万兵，周武王急得

直跺脚，埋怨姜子牙："上天都警示我们这次不宜出兵，你就是不听，还说什么商国的部队都去攻打夷人，怎么还会有这么多士兵？他们不用动刀动枪，就是走过来都能把我们踏平！"

姜子牙十分纳闷，自己的情报不会错啊，这些士兵难道是从天而降？他急忙派人前去打探，商国怎么会瞬间多出这么多的士兵！

探子很快回报：商国的主力部队的确都到东南攻打夷人，眼前的这支部队是商王集结奴隶、俘虏临时拼凑的部队。

姜子牙听报，心里顿时有谱，对武王说道："这些人不过是些乌合之众，只要我们奋勇上前，他们就会一击而溃！"

周武王这时也没有什么好办法，事已至此，撤退是绝无可能，只得死马当活马医，硬着头皮迎战商军。

周武王站在队伍的前面，左手执黄色的大斧，右手握白色的旌旗，旗上飘着旄牛（máo niú）尾，振臂高呼："各位将士辛苦了！前面就是我们的敌人！我要你们高举金戈、紧握盾牌、竖起长矛，共同发誓。商王祸国殃民，上天要我姬发惩治商王，你们一定要和我戮力同心（lù lì tóng xīn），如虎如熊、如狼如龙，一举攻灭商国！"

虽是大敌当前，周武王全军上下众志成城。商国那面号称七十万大军，不过正如姜子牙预料的那样，商军人心涣散、毫无斗志，临时派到前线的奴隶、俘虏也不想为商王卖命，都希望周武王赶快灭亡商国，救他们于水火之中。所以两军还没交锋，商国部队就前徒倒戈，冲在最前面的俘虏、奴隶一转身，掉转矛头，和周国军队一起与商国部队混战起来。过程很残酷，据说很多人战死沙场、血流漂杵（xuè liú piāo chǔ），意思是战死的人很多，血流成河，连丢在地上的兵器都漂浮起来。不过孟子认为周武王是仁义之师，不会杀死这么多人，但我更愿意相信，不能因为"仁义"二字，战争就变得仁慈，任何战争都是通过大量的流血完成的，这就是战争的残酷。

右图是《传说时代》中的人物，**你记得他是谁吗？可以把这个故事讲给别人听吗？**

经过一天的战斗，周武王终于战胜商国军队。纣王一见大势已去，急

忙领着残兵败将逃回朝歌。他做了一件壮烈的事情，没有苟且地活着，他也知道周武王不会让他这个亡国之君活下去，他要体面地离开。他走上这个帝国的权力中心——鹿台，穿上象征王权的衣服，佩戴最华丽的珠宝，在自己的身上点燃一把火，焚尽自己最后的尊严。

战斗结束，武王驱车在前，各路诸侯紧随其后，将士整齐列队、昂首阔步地走进朝歌城。

周武王找到商王的尸体，虽然那尸体已被灼烧得面目全非，但是几代人的切齿之恨仍让他对这具尸体恨得牙关紧咬。他的眼中似乎喷射着怒火，站在战车上弯弓搭箭，对着那具烧焦的尸体连射三箭，箭箭穿心；接着下车，抽出宝剑，对着尸体连刺三剑，剑剑封喉；最后接过一把黄色的大斧，双手紧握斧柄高高举起，再用力落下，"咔"的一下砍下商王的头颅，悬挂在白色的旌旗之上。

随着那斧声消逝，中国历史上第二个王朝商王朝结束了，第三个王朝周王朝就此开启大幕。

不食周粟：伯夷叔齐不辱其身

当人们额手称庆（é shǒu chēng qìng）之时，有两个人却在悲伤绝望中死去。这两个人一个是哥哥，名叫伯夷，一个是弟弟，名叫叔齐，他们都是孤竹国君的儿子，孤竹国是殷商统治的方国。孤竹国君去世的时候让弟弟叔齐继承王位。

叔齐谦让地对哥哥伯夷说道："你是兄长，这王位应该是你的，请登上王位！"

伯夷直摇脑袋："你应该继承王位，这是父亲的决定，我们怎么能违背父亲的意愿，做出不孝之事？"

伯夷不肯登上王位，又怕叔齐为难，离开孤竹国。叔齐也是真心让出王位，见大哥不肯继位，就追随伯夷，也离开孤竹国。这下孤竹国群龙无首，大臣们只好拥立孤竹国君的二儿子为国君。

纣王把商国弄得乌烟瘴气（wū yān zhàng qì），伯夷、叔齐不想为虎作伥（wèi hǔ zuò chāng），听说西伯侯行仁义之道，就投奔周国。他们到达周国的时候，西伯侯已经去世，周武王正发兵前往盟津。

伯夷、叔齐骨子里是殷商子民，见周武王要以下犯上，大失所望，拦住周国军队，对周武王说道："你的

父亲尸骨未寒，你不想着让他入土为安，却要发动战争，攻伐君主，这是一个孝子所为吗？这是一个忠臣应该做的事情吗？以为周国是仁义之师，我们才来投奔你。但你的所作所为让我们看不到半点仁义，我们只看到一群乱臣贼子！"

伯夷、叔齐的一番话惹得周国将士大怒，跃跃欲试要砍死他俩。姜子牙拦住众人："他们是节义之士，我们不能杀死他们。"姜子牙命人把他们搀走，让出路来。

等到武王伐纣成功，夺取天下，所有人都在称道武王仁义，伯夷、叔齐却不这样想，他们认为武王做了一件非常可耻的事情，不想与周武王这样的乱臣贼子沆瀣一气（hàng xiè yī qì），就跑到首阳山隐居起来，整日以山上的野菜充饥，坚决不吃周国的粮食。

有人听说伯夷、叔齐的事情，揶揄（yé yú）他们："首阳山是周国的领土，山上的野菜就不是周国的食物吗？有本事连野菜也别吃呀！"

这话传到伯夷、叔齐耳中，两人觉得很有道理，从此连山上的野菜也不吃了，最终饿死在首阳山上。

孔子对伯夷、叔齐评价为"不降其志，不辱其身"，八个字，足矣！文天祥曾写下"饿死真吾志，梦中行采薇"的诗句，用伯夷、叔齐的故事表明自己以死报国的决心。"采薇"就是采食野菜，引喻伯夷、叔齐之事。后来人们用"不食周粟（sù）"这个成语比喻意志坚定，绝不因为生计问题投敌卖国。

第三部分

西周的故事

fēng jiàn qīn qi
封建亲戚

周朝初期如何分封诸侯

夏、商时期，最高统治者名义上统治着整个国家，实际上在他们控制区之外的方国和他们只是松散的依附关系。中央强大的时候，这些方国很听话，一旦中央实力有所削弱，这些方国就会想法设方游离于中央统治之外，甚至是背叛。

周武王灭商之后，疆域扩大，那时交通不便，又没有强大的通信设施，国都周围还好，倘若边疆地区有事，不知猴年马月才能传到周王那里，为保证中央对全国的统治力，周朝实行分封制。

分封就是把全国土地划分为大小不等的区域，然后把这些区域分给周王的亲戚、功臣、古代帝王的后裔等，让这些人替周王管理封国，保卫边疆，史书上称为"封建亲戚，以藩（fān）屏周"。

夏、商两代统治者称为"帝"，周王则称为"天子"，他们控制着一块土地，称为"王畿（wáng jī）"，这块土地比其他的封地大，实力强，这是天子控制整个国家的资本。其他受封于周天子的人按照"公侯伯子男"五个爵位等级获得大小不一的土地，这些受封的人称为"诸侯"，在自己的领地内自成一国。虽然称为"国"，这些领土要比王畿面积小很多，有的诸侯封国甚至只有一座城市。诸侯在自己的领地内有权将土地再次分封，获得分封的人称为"卿大夫"（qīng dà fū），卿大夫获得的土地称为"采邑"。卿大夫也有权力在自己的领地内进行分封，受封人称为"士"，士获得的土地称为"禄田"。士是贵族的最低级别，他没有权力进行分封。这就是周朝等级森严的"天子——诸侯——卿大夫——士"的分封制度。

诸侯在自己的领地内有高度的自治权和一定的军事力量，他们各司其职，帮助周天子镇守边疆、开疆拓土。诸侯是周天子册封的，必须绝对服从周天子的领导，周天子让你往东你就得往东，让你往西你就得往西，周天子想要攻伐，你必须出钱出人，而且还要向周天子朝贡、述职。史书

记载："诸侯朝天子曰述职。一不朝，则贬其爵；再不朝，则削其地；三不朝，则六师移之。"意思是诸侯向天子述职，一次不来的降低爵位，两次不来的削减封国土地，三次不来的天子就会率六师讨伐他们。"六师"是周天子统率的军队。

西周后期王室衰微，周天子对诸侯的控制力越来越弱，分封制开始瓦解。东周时期，周天子基本失去对诸侯的控制力，诸侯之间开始相互征伐、兼并，更有甚者直接侵蚀周天子的利益，周天子慢慢衰变成一个象征性的符号。随着一些诸侯国实力逐渐增强，先后出现了春秋五霸、战国七雄。春秋五霸的第一位霸主，也就是那位"挟天子以令诸侯"的齐桓公在葵丘会盟天下诸侯，得到周天子首肯，成为天下盟主，这标志着分封制度彻底崩溃。秦统一天下之后，实行郡县制，废除了分封制。历史上，周朝分为西周和东周两个部分，周平王之前，周的都城在镐京（hào jīng）（今天的西安市西南），从周平王开始，周定都洛邑（今天的洛阳），镐京相对于洛邑来说在西面，所以周平王之前的周朝称为"西周"，之后的周朝称为"东周"。当然西周、东周只是后世的称法，当时只有一个周国。

西周分封主要有两次：一次是武王伐纣刚刚立国之时，另一次是周公平定三监之乱、二次克殷之后。据说西周初年分封七十多国，值得一提的有以下几家：

（1）封大禹的后代（也就是夏朝的后裔）于杞（qǐ）国。战国时期有个叫列御寇的人写了一本书，名叫《列子》，列御寇被称为列子，庄子说这个人能够"御风而行"。在这本书中记载了"杞人忧天"这则寓言故事。在杞国有个人整天疑神疑鬼，总是担忧一些不着边际的事情，我们把这个人称为"杞人"。这一天他在院子里乘凉，看着蓝蓝的天上飘着朵朵白云，看着金色的太阳慢慢地划过天空，看着院里院外满眼的绿色，忽然一个可怕的念头出现在他的脑海里："如果天塌下来该怎么办？如果地陷进去该怎么办？"他越想越紧张，不一会儿汗水就浸透他的衣衫。杞人是个爱钻牛角尖的人，一连几天都没想通天塌了、地陷了，世界末日到来了，他该如何是好。这几天，他寝食难安，一闭上眼睛就是天崩地裂的场景，日渐消瘦。他的一个朋友知道这件事情，开导他："天是空的，怎么会塌呢？地是土和岩石构成

的，怎么会陷下去呢？"杞

人问道："纵使天是空的，那天上还有日月星辰，万一它们掉下来砸着我怎么办呢？"朋友说道："日月星辰挂在天上，哪那么容易掉下来？即使掉下来，又怎么会那么凑巧砸着你呢？"杞人一琢磨，朋友说得有道理，再也不担心天会塌、地会陷了。世上本无事，庸人自扰之，后来人们用"杞人忧天"这个成语来告诫大家不要为没有根据的事情而忧愁。与之相近的词语还有"伯虑愁眠"，说是在伯虑国，人们担心自己一旦睡着了就不会再醒来，很多人为此忧愁得无法入睡。

（2）封纣王的儿子武庚在原来的殷商之地。"古之革命者，断其权而不绝其祀，移其民而不改其都"，意思是古代的人革命成功之后，对前朝并不赶尽杀绝。周武王对武庚这些殷商遗民并不放心，怕他们起而造反，就派三个人监视武庚，他们分别是封于管地的管叔鲜、封于蔡地的蔡叔度和封于霍地的霍叔处。这三个人是周武王的弟弟，都姓"姬"，本名叫姬鲜、姬度、姬处，因为封地所以后人称他们为管叔、蔡叔和霍叔。这三个诸侯的主要任务就是监视武庚、安抚殷商人

民，被称为"三监"，管叔是"三监"之首。周武王这样的安排看似无懈可击（wú xiè kě jī），没想到他死后，三监联合武庚起兵造反，后被周公镇压，这些事情后面还会说到，这里就不详细讲了。

三监为什么都称为"叔"呢？古人在给兄弟姐妹排序时不像我们现代人这样直呼老大、老二、老三……而是用"伯仲叔季"来排序。"伯"是老大，"仲"是老二，"叔"是老三、老四、老五……最小的称为"季"。《史记》中记载："武王同母兄弟十人。母曰太姒（sì），文王正妃也。其长子曰伯邑考，次曰武王发，次曰管叔鲜，次曰周公旦，次曰蔡叔度，次曰曹叔振铎（zhèn duó），次曰成叔武，次曰霍叔处，次曰康叔封，次曰厓（yá）季载。厓季载最少。"武王的同母兄弟都是姬姓，这里习惯用"封地—排行—名字"这样的规则称呼他们。老大因为去世较早没有封地，所以称为"伯邑考"；老二是周武王，所以称为武王发；从老三开始都称为"叔"，最小的称为"季"。这里有一个人是例外，就是老四周公，周公全名"姬旦"，被封在鲁国，由于周公在历史上影响太大，所以常用"周公"

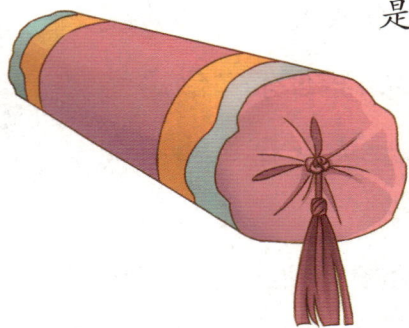

直接称呼他，而没有称他为"鲁叔旦"。前面提到的不食周粟的伯夷、叔齐也是这样的名字。

上文提到周武王死后，三监和武庚联合造反，在平定叛乱之后，周公把原来武庚的封地一分为二，其中的宋地分封给微子，以延续殷商香火。在春秋时期，宋国出了一位宋襄公，是春秋五霸之一。

《论语》中有这样一章，子曰："夏礼吾能言之，杞不足征也；殷礼吾能言之，宋不足征也。文献不足故也，足则吾能征之矣。"意思是说孔子能说清楚夏朝和商朝的礼仪，但是由于资料文献不足，夏商的后代杞国人和宋国人没有熟悉那些礼仪的，也就没人能够证明他所说的一切都是正确的。

（3）封姜子牙于齐国。据说姜子牙受封之后回国就任。从西北王畿到东部海滨齐国几千里远，姜子牙这一路走走停停，怡然自得。姜子牙不急，可急坏了他的一个手下，向姜子牙进谏说："齐地远在边疆，又没有多少守兵，周围的夷人对那里虎视眈眈（hǔ shì dān dān），像您这样走法，等

我们到达齐地，恐怕那里已被夷人收入囊中！还请您即刻启程，进驻齐地。"姜子牙已经脱衣准备就寝，一听这话如梦方醒，立刻穿上衣服，下令三军火速前行，赶往齐地。刚到齐地，就见一队人马杀过来。原来齐地旁边有个夷人建立的国家，见周武王刚刚打败纣王，还无暇东顾，就想浑水摸鱼趁乱夺取齐地。哪知人算不如天算，刚踏入齐国领地就碰上姜子牙的部队，结果显而易见，姜子牙大获全胜，完全控制齐国。姜子牙统治下的齐国内修文德，人民多有归附，外治武备，灭掉周围那些不服周国统治的小国，逐渐发展成为一个泱泱大国。

（4）封周公于鲁国。周公旦受封后没有到鲁国就任，而是留在王畿辅佐周武王。他的采邑在周，爵位是"公"，因此被尊称为"周公"或"周公旦"。历朝历代，周公都被视为圣人。周公的主要功绩包括：一是二次克殷。武王伐纣只是占领了殷商控制的核心区域，在

这区域之外还有很多没有臣服于周的国家，又恰逢三监之乱，周公在平叛之时，一股脑儿地消灭东方五十多国，拓展巩固了东方领土。二是完善了以分封和嫡长子继承为核心的宗法制度。三是完善礼乐制度。制礼作乐，创立周礼，影响百代。圣人孔子生活在一个礼崩乐坏的年代，他毕生的追求就是"克己复礼"，意思是要不断地约束、提升自己，使自己的行为达到"礼"的要求，这个"礼"就是周公创立的周礼。

历代圣贤都对周公推崇备至。孔圣人从不吝啬自己的语言来赞美周公，他甚至说："久矣！吾不复梦见周公！"意思是，我怎么这么久没梦见过周公了！看吧，仅仅是因为很长时间没有梦见周公，孔子就觉得自己的生活充满遗憾。汉代贾谊这样评价周公："文王有大德而功未就，武王有大功而治未成，周公集大德大功大治于一身。孔子之前，黄帝之后，于中国有大关系者，周公一人而已。"意思是文王有大德，却没能完成伐纣灭商大业；武王完成灭商大业，但还没来得及治理好国家就驾鹤西去；周公德行堪称万世师

左图是《传说时代》中的人物，你记得她是谁吗？可以把这个故事讲给别人听吗？

183

表，辅佐武王灭商，在武王去世之后又把周国治理得很好，因此从黄帝到孔子这几千年里，对中国影响最大的就是周公。

与周公相关的故事很多。相传武王伐纣之后向姜子牙询问该如何处置殷商的遗老遗少。

姜子牙答道："我听说如果爱一个人，你看到这个人房顶上的乌鸦都会觉得它是那样美丽。而你要是憎恨一个人，你甚至会厌恶他家中的墙壁。商王与我们有不共戴天（bù gòng dài tiān）之仇，我们应该把殷商遗民全部杀掉，一个不留。"

姜子牙这段话包含一个成语："爱屋及乌。"乌鸦一向被我们当成不吉利的动物，有些人遇到乌鸦，就会觉得自己要倒霉，所以大家非常讨厌乌鸦。这则成语的意思是如果你喜欢一个人，就连看到他屋顶的乌鸦你都会觉得很好。姜子牙这番话听着很有道理，可是周武王并不认同，摇了摇头。

姜子牙出去之后，周武王又叫来召（shào）公奭（shì），问了同样的问题。

召公答道："杀掉有罪的，释放无罪的。"

周武王觉得召公的回答也不完

美，又找来周公。

周公答道："殷人是杀不净的，如果按照太公和召公说的那样去做，只会增加我们和殷人之间的仇恨。国家初定，我们现在需要的是稳定的社会，不如让殷人仍回到他们生活的土地，任用他们中间仁德、有影响力的人，这样就可以化解我们与殷商的仇恨，让他们臣服于我们。殷商有罪，罪在商王一人，切不可祸及无辜。"

周武王一听，非常满意，赞扬周公："真知灼见啊！这足可以让我们平定天下！你真是一个仁德之人！"

周武王采纳周公的建议，释放殷商贵族，嘉许殷商忠义之臣，在一定程度上得到殷商人民的支持。所以说，殷商全族得以延续，周公功劳不小。

周武王死后，武王儿子成王继位。成王年龄太小，周公摄政（shè zhèng），代替成王处理政务，为周国江山稳定操劳一生，可谓是"鞠躬尽瘁（jū gōng jìn cuì），死而后已。"他在信中告诫自己的儿子要勤政爱民、礼贤下士，他说："一沐三捉发，一饭三吐哺（tǔ bǔ），起以待士，犹恐失天下之贤人。"意思是"我每洗一次澡，期间平均会有三批宾客来访，每次我都会握起头发起身接见他们；我每吃一次饭，期间平均也有三批客人来访，每次我都会吐掉嘴里正在咀嚼（jǔ jué）的食物，起身接见他们。即使这样，我仍担心会错过有才能的人！"数百年后，大政治家曹操在《短歌行》中感慨道："周公吐哺，天下归心！"意思是自己也像周公那样一饭三吐哺，希望天下的人才都能为自己的国家尽职效力。

周公还与"梦"有所关联，人们做梦或睡觉常会说："我梦见周公！"后世解梦之人常假借周公之名，还弄出一个《周公解梦》。当然了，所谓的解梦多是迷信之说，不可当真。

（5）封召公奭于燕。召公最初被封在召地，后改封在燕。召公名气没有周公大，但在武王伐纣、巩固西周政权上也发挥了重要作用，与周公同为周天子的左膀右臂，是国家的股肱之臣（gǔ gōng zhī chén）。周武王死后，周公与召公以陕州为界，周公主政陕州以东，开疆拓土；召公主政陕州以西，保障后勤，两人合作相得益

彰（xiāng dé yì zhāng）。陕州在现在河南省三门峡市，现在的陕西省名就源自"陕州以西"。周公和召公的爵位世袭罔替（wǎng tì）。世袭是指帝位、爵位、领地在某一家族中世代承袭，罔替是指不更替、不废除。中国世袭制度主要有两种形式：一种是世袭罔替，这种形式承袭次数不受限制，承袭者完全继承被承袭者的爵位。最知名的世袭罔替莫过于清朝册封的十二位功勋卓著的皇室宗亲，这十二位亲王的爵位世袭罔替，俗称"铁帽子王"。另一种是世袭，没有"罔替"二字，这种世袭次数有限，每承袭一次，承袭者的爵位就要比被承袭者的低一级。召公主政陕州之西，巡察乡邑。地方官员为召公准备舒适的屋子，要把百姓召集在一起听候召公指令。召公摆摆手："不劳一身而劳百姓，非吾先君文王之志也。"大意是我一个人舒服了却让百姓劳累，这可不是我先祖文王的作风。他要"劳一身而利万民"，于是召公坐在路边一棵甘棠树下处理政务、判决官司。上到官吏、下到百姓都被召公这种勤政爱民的做法感动。

召公去世之后，人们非常怀念他，便把那棵甘棠树精心保护起来。后来人们写了一首《甘棠》诗颂扬召公，这首诗收录在孔子编订的《诗经》之中。孔子对召公也很推崇，曾经赞誉召公说："我每读到《甘棠》就好像看到那庄严的庙堂。人们怀念召公，所以爱护与他相关的树，人们尊重他的为人，所以敬畏他的职位。"由召公的故事引申出"甘棠遗爱"这个成语，以表达人们对离去官员的思念。庙堂是古代帝王祭祀和议事的地方。

（6）封叔虞于唐。叔虞是周武王的儿子、西周第二代天子周成王的弟弟。"唐"这个地方大致在现在的山西境内，叔虞的儿子继承爵位之后，因有条河流叫晋水，这个诸侯国从此称为"晋"。没错，就是那个在春秋时期叱咤风云（chì zhà fēng yún）的晋国。后来这个国家分裂成韩、赵、魏三个国家，史称"三家分晋"，北宋大文豪司马光在他的著作《资治通鉴》中把这一事件看作春秋、战国的分界线。山西省简称"晋"或别称"三晋"，渊源于此。再后来，有一个人也被封在这个地方，这个人就是隋朝时期的唐国公李渊，他从这里起兵，建立中国历史上最有影响力的朝代——唐朝。

关于叔虞封唐还有一个小小的插曲。史书上是这样

记载的：叔虞的母亲邑姜怀他的时候，周武王梦见天帝对他说："你将有一个儿子，你要给他起名'虞'，将来要把他封在唐国。"周武王本以为只是一个普通的梦，等到这个孩子出生的时候，大吃一惊，这个孩子一只手上的掌纹竟然像个"虞"字，周武王便给这个孩子起名"虞"。史书一般都会给大人物一个不同凡响的出生经历。

周武王去世的时候，这个孩子太小，没有受封。周成王继位之后，和这个弟弟感情非常好，两个人经常在一起玩耍。有一天，周成王心血来潮，从地上捡起一片桐叶，剪成玉圭（guī）的形状，交与叔虞，说道："以此为信物，我要封你做诸侯！"

在一旁专门负责记录天子言行的史官连忙记下周成王的许诺，走上前请求周成王选个黄道吉日册封叔虞。

周成王一愣，马上笑着说道："我只不过和弟弟开个玩笑，你怎么当真了？"

史官说道："天子无戏言。我的职责就是把您的每句话记录下来，然后按照礼仪制度落实它，再编成音乐歌颂它！请兑现您的诺言！"

　　周成王哪里肯理会史官的纠缠，一甩袖子，满脸不高兴地走开了。恰巧周公路过，见周成王不高兴，忙问怎么回事。在一旁的叔虞就把事情的经过讲述一遍。周公赞成史官的意见，对周成王劝谏一番。正巧，周公刚刚平定唐国祸乱，周成王就把叔虞封在唐国，叔虞因此被称为"唐叔虞"。这就是"桐叶封弟"或"桐叶封唐"的故事。

　　后人为了纪念唐叔虞开国之功，在晋水源头修建一座祠堂，称为"唐叔虞祠"，后改名为晋祠。晋祠现在是一处著名的旅游景点，是我国现存最早的皇家园林。

　　前面讲过，周朝爵位分为五个等级，分别是公、侯、伯、子、男。西方也有类似的爵位，译名与之相同，所以在读西方小说的时候我们经常会看到公爵、侯爵、伯爵、子爵、男爵这样的称呼。

jiā guó tóng gòu
家 国 同 构
西周时期的宗法制度

西周实行分封制，随之而来的一个问题就是从天子到士，他们的权力、财产、土地该由谁来继承？为解决这一问题，西周实行与分封制互为表里、相辅相成的宗法制度。

宗法制度就是按照血缘关系的亲疏远近来确定每个贵族在整个国家中的政治等级，其核心是嫡长子继承制。中国古代婚姻是一夫一妻多妾制，妻子生的儿子称为"嫡子"，嫡子中年龄最大的称为"嫡长子"，妻子之外其他人所生的儿子称为"庶子"。

由于每个人的政治等级不同，在宗法制中又产生大宗和小宗两个概念。周王的嫡长子继承王位，称为大宗，其他儿子分封为诸侯，称为小宗。大宗和小宗只是相对而言。诸侯相对于周王为小宗，但是他在自己的封国内，相对于封国内的其他人又是大宗。在诸侯国内，嫡长子继承诸侯的爵位，称为大宗，诸侯的其他儿子被封为卿大夫，相对于嫡长子来说就是小宗。卿大夫在自己的领地内称为大宗，士为小宗。在宗法制度下，小宗要绝对服从大宗，天下的大宗是周王，因此周王对全国拥有最高的统治权，所以《诗经·小雅·北山》中说："溥天之下，莫非王土；率土之滨，莫非王臣。"意思是普天之下的每一寸土地都是周王的领土，四海之内每一个人都是周王的臣民。

宗法制度对中国社会一个重要影响就是"家国同构"，意思是国家和家庭的结构相似，可以说"家是最小的国，国是最大的家"。家国同构又引申出"忠孝同义"，古人讲"求忠臣必于孝子之门"，意思是说一个家庭里如果出现孝子，那么这个家庭的成员入朝为官，很有可能就是位忠臣。《礼记·大学》中这样说："古之欲明明德于天下者，先治其国；欲治其国者，先齐其家；欲齐其家者，先修其身；欲修其身者，先正其心；欲正其心者，先诚其意；欲诚其意者，先致其知，致知在格物。"意思就是古代君子讲求"修身、齐家、治国、平

天下"，也就是说一个人要先提高自身的品德、修养，品德修养提高了，就能管理好自己的家族，管理好自己的家族，就能治理好国家，治理好国家，就能天下太平。

jīn téng cè shū
金 縢 策 书
周公以命易命救武王

　　周武王夺取天下，想着如何治理国家，日夜操劳，不敢有半点懈怠，终于积劳成疾，没过多久就病倒了，而且还是一场大病，全国最好的医生都无能为力。

　　这可急坏了满朝文武。那个时候人们敬天畏地，遇到事情总要求神问卜，以求上天或是先祖能给个指示。姜太公、召公等人极力主张赶快占卜一下，看看武王这病什么时候能好。

　　周公却提出反对意见，说道："占卜固然可以知道大王什么时候能够痊愈，不过这样做，我们的先祖就会知道大王得了重病，难免会因此而担忧，所以我们现在还不能占卜，再想想别的对策吧！"

　　姜太公一听，马上说道："除了占卜，我们所有办法都已用尽，你还能有其他对策吗？"

　　周公脸色凝重地答道："我还有一法，但是不能对

右图是《神话时代》中的人物，
你记得他是谁吗？
可以把这个故事讲给别人听吗？

你们说。你们就等着我的好消息吧！"

姜太公等人一脸疑惑，不过看到周公那充满自信的眼神，大家还是给予他绝对的支持。

周公有什么办法呢？那就是用自己的命换武王的命。他设置三个祭坛，非常虔诚地向太王、王季、文王三位先祖祈祷，大意是："你们的贤孙姬发卧病在床，迟迟不见好转。如果你们欠上天一个儿子，请不要带走他，他不会侍奉鬼神，而我却不同，我心灵手巧，懂得侍奉鬼神的技巧，把我带去一定会让上天满意。周王姬发受命于天，能够安定天下，留下他就能保证国运长久，各位祖先也能享受永久的奉祀。"

祈祷结束之后，周公开始占卜，大吉。周公心中高兴，认为祖先已经同意用他的命抵周武王的命。按惯例周公祈祷的内容和占卜的结果要由史官原封不动地记录在册，以供他人查阅。可是周公不是沽名钓誉之人，他不想让别人知道他为周武王做的这些事情，就命人把这些文书藏在柜中，柜外缠绕金属丝线，并叮嘱史官不可将此事泄露给他人。

世界上没有上天、没有鬼神，求神问鬼只不过是一种心理上的安慰。可是无巧不成书，就在周公祈祷之后的第二天，周武王竟然痊愈。众人问周公到底使用什么办法，周公笑而不答。

多年戎马生活，周武王深刻体会到战争的残酷，如今天下太平，百姓应该过上和平的日子，于是周武王命令军队刀枪入库、马放南山，向天下人宣示以后不再用兵。

到此为止，周武王该退出历史舞台了，他在灭商之后的第四年病逝，他的儿子继位，史称周成王。

chéng kāng zhī zhì

成 康 之 治
史载最早的太平盛世

周公吐哺：周公摄政平三监

成王即位的时候还是个不懂事的孩子，周国名义上统一天下，但立国不久，有一些诸侯表面上臣服于周国，暗地里却想着如何摆脱周国的统治。周武王健在时还能压得住局面，现在成王这个小娃娃还能让那些不稳定分子俯首称臣吗？周公十分担心诸侯会背叛周国，他做出一个非常大胆的决定：摄政。摄政，就是代替天子行使对整个国家的领导权。

周公摄政本是为维护周国稳定的临时之举，可是一些别有用心、垂涎王位的人开始诋毁

右图是《传说时代》中的人物，
你记得她是谁吗？
可以把这个故事讲给别人听吗？

周公。比如说我们之前提过的三监之首管叔就和一群兄弟在国内散布谣言，说周公借摄政之名，行篡位之实。三人成虎，说的人多了，那些本来非常信任周公的人内心也产生疑虑，怎么看周公都像个图谋不轨之人，最后连姜太公、召公这些国之重臣也怀疑周公有不臣之心。

周公一下子被孤立起来，只得去寻求姜太公、召公等人的支持。

周公说道："我之所以冒天下之大不韪（mào tiān xià zhī dà bù wěi）登位摄政，是担心诸侯趁天下百废待兴之时背叛周国。如果发生这样的事情，我们就愧对列祖列宗，我们几代人的努力就付之一炬。武王早逝，大王现在又懵懂（měng dǒng）不知政务，如何能稳得住阵脚、压得住诸侯？我也是考虑到周国的千秋伟业，不得已而为之。我绝无半点私心，待大王成年之时，一定还政于他。"

姜子牙、召公等人非常精明，哪能被周公这三言两语轻易说动。周公见这些人还是不相信自己，就摆事实、讲道理，把商汤到武

丁的辅政大臣细数一遍，说这些帝王之所以能成为一代明君，离不开这些贤德之臣代帝王施政。周公费尽口舌，终于让这些大臣信服自己对周王没有二心，获得他们的支持。

但也有对周公不满的，代表人物还是前面提到过的管叔。管叔是武王的弟弟、周公的哥哥，史书上记载管叔一直怀疑周公图谋不轨，他就怂恿（sǒng yǒng）蔡叔、霍叔一起反对周公。我们不去探究管叔造反的真实目的，总之他成功地说服蔡叔和霍叔与他一起"清君侧"，他们打着维护天子王权的旗号，率领大军杀奔镐京。王畿之地实力远大于诸侯国，管叔们联合起来也不是周公的对手，要想成功，还必须联合一切反对周公的力量，他们想到一个人：纣王的儿子武庚。敌人的敌人就是朋友，武庚复国之心不死，双方一拍即合，武庚加入反周的队伍。

管叔看中武庚的不仅仅是他封地的那点虾兵蟹将，还有殷商灭国之后尚存的余威和号召力。果然，武庚振臂一呼，那些表面臣服于周公的殷商顽民群集响应，反周的力量一下子大到足可与中央抗衡。

武王和周公日夜担忧的事情发生了。当初为防范殷民叛乱，他们绞尽脑汁，却没想到这次带头造反的竟是肩负着看管殷民的"三监"。虽是自家兄弟，只要威胁到帝国的安全，那就只有一条路：消灭他们！

　　战争打得相当艰苦，周公亲自率兵东征，历经三年时间才平定叛乱：诛杀首恶管叔、武庚，流放蔡叔，废霍叔为庶民，消灭殷商旧地诸侯五十余国。自此周国彻底消除殷商叛乱的隐患。

　　殷商遗民中也有头脑清醒没有追随武庚叛乱的，纣王的哥哥微子就是其中一位。周公按照"灭国不绝祀"的原则，将殷商王畿之地一分为二：其一分封给武王的弟弟康叔，国号卫；其二分封给微子，国号宋。

　　历史上有"三恪（kè）"的说法，三恪就是周天子封以前三个王朝的子孙为诸侯，以示敬重之意。三恪到底指哪三个诸侯国？一种说法是舜、夏、商后代的三个封国陈、杞、宋。另一种说法是黄帝、尧、舜后代的三个封国蓟（jì）、祝、陈。关于"恪"字，还有一个小争论。著名历史学家陈寅恪的名字怎样读，一直很有争议，包括一些名人都将他的名字读作陈寅恪（què），为此还有人专门写文章探讨这一名字的读音，真可谓仁者

见仁、智者见智，不过权威字典上并没有"què"这个读音。

众口铄金：周公还政周成王

周公摄政七年，兑现自己的承诺，还政于周成王。摄政期间，有些人总在周成王耳边说周公的坏话，周成王几度怀疑周公的忠心，最严重的一次周公被逼无奈，主动请辞。不过时间证明了一切，周公忠君爱国、天下为公的精神被后世称道！白居易在《放言五首》中感叹道："周公恐惧流言日，王莽谦恭未篡时。向使当初身便死，一生真伪复谁知。"意思是周公摄政的时候大家都怀疑他想篡位，王莽非常谦恭执政的时候大家都认为他是忠臣，假如当时这两个人都死去，当初大家对这两个人的评价是对还是错，又有谁会知道呢？

王莽是西汉末年的一位改革家，他谦恭待人、礼贤下士，世人认为只有他能够力挽狂澜于既倒，振兴风雨飘摇中的大汉王朝。可没想到王莽一旦大权在握，就举行一个禅让仪式，自己登基做了皇帝，改国号"新"，为世人诟病。所以说王莽如果在篡位之前就去世，那他一定是彪炳千秋的忠臣、贤臣。周公也是如此，如果在大家都说他有篡位之心时就去世，谁还能还周公一个清白呢？

周公还政周成王三年后逝世，他遗言将自己葬于"成周"。成周在现在的洛阳，是周公主持修建的都城，镐京被称为"宗周"。周成王却没有实现周公的遗愿，他把周公葬在宗周周文王墓旁。这不是成王对周公有成见，而是对周公一生功绩的颂扬，以此来表示他尊敬周公，不敢以周公为臣。

据说周公去世那年，有一天风雨大作，吹得庄稼东倒西歪，参天大树被连根拔起。古人不知这是自然现象，以为上天要惩罚周国，上至天子、下至黎民对此非常害怕。遇到这种事情，人们就要占卜祈福。周成王带着文武大臣准备占卜，忽然看到一个用金线缠绕的柜子，命人打开，里面有一文册，内容是武王病重，周公愿以自

己的生命换周武王的生命。周成王非常疑惑，不知真假，找来史官，史官说确有此事。周成王更加纳闷，怎么从未听人说起如此重大的事情。史官答道周公不允许泄露此事。周成王问清来龙去脉，手执文册放声痛哭："周公对国家忠心耿耿、操劳一生，我那时年幼无知，不懂他的苦心，甚至还怀疑他。这场暴风骤雨就是上天在向我彰显周公的功绩！不用占卜了！我们马上设祭坛拜祭周公神灵，这才不会辜负他的一片忠心！"说也凑巧，拜祭完周公，风不刮了，雨也不下了，庄稼又苗壮生长，当年全国大丰收。因为周公的丰功伟绩，鲁国特准可以使用一些周天子才能享有的礼乐。

繁文缛节：姜子牙的预言

周公虽取得很大的成就，可是有一个人却认为鲁国成不了气候，这个人就是姜子牙。

诸侯就国之后要向周天子汇报治国情况。姜子牙受封五个月就回来汇报工作，周公没想到姜子牙能如此迅

速地理顺齐国政务，惊
讶地问道："您怎么
这么快就治理好齐
国？"

姜子牙答道："很简
单，我简化各种礼仪流
程，入乡随俗而已！"

就任鲁国的是周公的儿子伯禽。周公挂念着伯禽治
理鲁国情况，左等右等，过了三年伯禽才姗姗而来。周
公问道："你怎么才来汇报！"

伯禽振振有词："我到了鲁国就开始改变当地风俗，
让它符合礼仪要求，做这些事情至少要三年才能看出效
果，所以现在才来！"

姜子牙听说这件事情感慨道："哎！以后鲁国就要
成为我们齐国的臣子了！"

大家不明就里。姜子牙解释说："繁文缛节（fán
wén rù jié）会让人民怨声载道（yuàn shēng zài dào）。
没有人民的支持，国家还能长治久安吗？政令平易近
人，就会获得人民的支持，国家就会强大。"

姜子牙的这个观点只是治国的一个方面，不过从后
来齐鲁两国的走势来看，姜子牙的预测并没有错，齐国

发展成为东方大国，鲁国始终不温不火、偏安一隅。

鲁国是周礼最正统和最坚定的执行者，圣人孔子出生于鲁国，他对周公及周礼推崇备至，给予鲁国很高的评价，他说："齐一变，至于鲁；鲁一变，至于道。"齐国代表那些礼崩乐坏的乱世国家，鲁国则代表谨守周礼的升平之世，道是天下太平的大同社会。齐和鲁都在现在的山东，山东又有齐鲁大地之称。

周公之后，召公、毕公（周文王的另一个儿子）等人辅助周成王及其儿子周康王治国。这个时期周国政治清明、国力强盛，据说"四十余年刑措不用"，也就是说四十年没动用过刑具，史称"成康之治"。

shèng shì zhī shuāi
盛 世 之 衰
跳不出的历史周期率

　　孟子说过："君子之泽，五世而斩。"意思是一个君子对社会的影响力，过了五代人就会消失殆尽，这类似于我们俗话说的"富不过三代"。成康之后，西周王朝开始由鼎盛时期逐步走向衰落，昭穆两代天子尚能守住家业，其他各代天子虽也有昙花一现的复兴迹象，但总的发展趋势是在走下坡路。由于缺少史料，从周昭王到周夷王这六代国君乏善可陈，只是偶尔有些微小的历史碎片。比如说周昭王南下征楚，全军覆没，身死异乡；比如说周穆王驾八骏、昆仑山上会王母；比如说周共王为了三个美女消灭密国；等等。

黄竹倚窗：穆天子瑶池会西王母

　　周穆王是西周第五代天子。西晋时期，有一伙盗墓贼在汲（jí）郡偷盗了一座战国时期魏王的陵墓。在

207

这座墓中发现一批用科斗文写成的竹简，记录了上至黄帝、下至魏襄王两千多年的历史事件，

右图是《神话时代》中的人物，**你记得她是谁吗？** **可以把这个故事讲给别人听吗？**

据说这些内容是由春秋时期晋国史官和战国时期魏国史官编写而成。科斗文是先秦时期的一种手写体文字，形似蝌蚪，故名之。这批竹简称为《竹书纪年》，因为是在汲郡的古墓中发现的，又称为《汲冢（zhǒng）纪年》《汲冢书》。"冢"就是坟墓。在这些竹简中有一部分讲的是周穆王的事迹，后人把这部分内容称为《穆天子传》。《穆天子传》中最传奇、最浪漫的内容就是周穆王在昆仑山与西王母相会的故事。

传说周穆王时期有一个来自遥远国度的人，擅长变化，在这里我们称他为"化人"。化人的本事可大了，他能穿水入火、翻江倒海，他能飘在空中不掉下来，他能穿过墙壁不受阻挡。周穆王对化人优待有加，甚至倾全国之所有给他建造了一座高达千仞的宫殿，名曰"中天之台"。

化人对周穆王也是投我以桃，报之以李。一天，周穆王宴请群臣，化人站起身来说道："大王，请让我带

您到我的宫殿一游。"

周穆王没想到化人还有宫殿，惊奇地问道："你的宫殿在什么地方？"

化人向上一指，说道："就在天上！"

周穆王更加惊奇："我不会飞，怎么才能和你到天上呢？"

化人走到周穆王身边说道："很简单，您只要抓住我的衣袖就可以飞到天上！"

周穆王将信将疑，紧紧抓住化人的衣袖，忽然觉得身体一轻，瞬间和化人飞起来，直冲向天空。周穆王吓得紧闭双眼。不知过了多久，周穆王感到脚下似乎踩到平地，方才慢慢睁开眼睛，眼前豁然一座富丽堂皇的宫殿。

化人抬手一指："大王，这就是我的宫殿。"

周穆王定睛一看，只见眼前这座宫殿外墙上贴满金银，宫殿里挂满珠宝。周穆王向下望去，宫殿高高地矗立（chù lì）在云雨之上，自己脚下踩着的不是土地，而是一层厚厚的白云。走入宫殿，他所看到的、听到的、闻到的、品尝到的东西都是那样新奇，似乎从未在人间见过。

周穆王向下瞥（piē）了一眼，远远地看见自己的宫殿。那些宫殿就像一个长满荒草的小土堆，他不禁感叹："这里一定就是传说中天帝居住的清都、紫微，那美妙的音乐一定就是只有天帝才能够听到的钧天、广乐。就算让我在这里待上几十年我也不会厌倦！"

　　化人似乎猜出周穆王的心思，说道："大王，请让我带您再到其他地方转转！"

　　周穆王心中一喜，暗自想道："莫非还有比这里更加美妙的地方！"

　　只见化人轻拉周穆王的衣袖，周穆王身不由己地和他一同飞了起来，速度极快，一阵阵风声从他耳边疾驰而过。所到之处，向上看不到日月，向下望不见江河。一道道光影绚烂夺目，晃得穆王看不到任何景致；一阵阵声响震耳欲聋，吵得穆王听不出任何旋律。周穆王只觉得自己五脏六腑似乎都挪了地方，挤作一团，连忙央求化人赶紧带他离开这里。化人在周穆王的背上轻轻一推，周穆王两脚一空，像颗流星似的从天上直落下来，吓得他两眼一闭，"砰"的一下跌落在地上。很奇怪，他并没有感到疼痛，慢慢睁开眼睛，自己仍然坐在原来的地方，群臣仍在那里推杯换盏，桌上的酒菜还是热的。

周穆王惊魂未定地问道："刚才发生了什么事情？"

群臣你看看我、我看看你，一脸疑惑地答道："您只是坐在那里沉默了一会儿。"

周穆王见化人站在那里，问道："我记得刚才和你在天上游玩，一不小心掉落下来，我怎么还坐在这里呢？"

化人微微一笑："大王只是和我在天上神游而已，身体怎么会动呢？"

周穆王放宽心思，不无遗憾地说道："在天上看到的那一切真让人神往啊！"

化人说道："此言差矣！大王在天上看到的、听到的，其实和人间的这一切没什么区别，只是您久处人间，对一切习以为常，才会觉得在天上看到不一样的事物。您习惯了实实在在的东西，才会去追求那些虚幻不可得的事物，其实它们都一样！"

周穆王细细一琢磨，似乎明白了什么，从此不再关心朝政，驾着八匹骏马游

历四方。据《穆天子传》中记载，这八匹骏马名叫：赤骥、盗骊、白义、踰（yú）轮、山子、渠黄、华骝（liú）、绿耳。东晋王嘉给这八匹骏马赋予另外八个美丽的名字：绝地、翻羽、奔霄、越影、逾晖、超光、腾雾、挟翼。历史上许多画家画过《八骏图》，最有名的要算以画马享誉世界的现代画家徐悲鸿。

接下来就该我们的女主角出场了。这一天周穆王向西来到西王母统治的国度。周穆王一路所经之国对他都是毕恭毕敬，献上珠宝美玉无数。可是周穆王到了西王母那里却是一反常态，非但没让西王母进献什么宝物，还送给西王母白圭玄璧、绫罗绸缎，对西王母真可谓一见倾心。

美好的时光总是十分短暂。相处数日，周穆王辞别西王母，西王母依依不舍地在"瑶池"为周穆王送行。瑶池应该是西域的一处湖泊（hú pō），后来被人们演化为王母娘娘举办蟠桃盛会之地。

依依惜别之际，主宾无不心中落寞。西王母知道留不住周穆王，起身唱道："白云在天，山陵自出。道里

悠远，山川间之。将子
无死，尚能复来。"意思
是：一朵朵白云飘拂在
天上，一道道山陵绵延向
远方，道路漫长不见尽头，从此我们
将远隔万水千山！什么时候才能再见
到您啊？祝福您永生不老，有一天还能来到这美丽而又
令人留恋的地方。

西王母一曲完毕，周穆王为之动容，唱和道："予
归东土，和治诸夏。万民平均，吾顾见汝。比及三年，
将复而野。"意思是：我不愿离开这片土地，但我要回
到东方治理我的国家。等到天下太平、百姓安乐，我
就会回到你的身边。我发誓不会让你等得太久，我们以
三年为期，三年之后我一定会再次来到这个让我眷恋的
地方！

周穆王的歌声未停，西王母已经潸然泪下（shān
rán lèi xià），她感慨地唱道："徂彼西土，爰居其野，虎
豹为群，乌鹊与处。嘉命不迁，我惟帝女，彼何世民，
又将去子？吹笙鼓簧，中心翱翔，世民之子，惟天之
望。"意思是：我来到西方这片土地，就居住在这荒凉
的原野，与老虎豹子为伍，与乌鸦喜鹊共处。只有您的

到来，我才知道域外的世界是多么美好！我多么希望和您同去东方啊！可是上天让我成为一国之君，我就不敢违抗天命舍弃我的国家。您将动身返回家园，可怜我的子民，无法得到您的荫庇（yìn bì）！乐师吹笙鼓簧，我却心乱如麻。唉！我那些可怜的子民啊，只能每天仰望着空荡荡的天空遥寄对您的思念！

就这样，周穆王和西王母你一句、我一句话离别。

周穆王就要走出西王母的国家时，路过一座高山，百感交集，命人在那座山上的一块大石头上刻下他此次西行的所遇所想，又在山上种下一棵槐树，在树上刻下"西王母之山"五个大字。

过程缠绵，结果却不圆满，三年之后周穆王并没有如约返回。周穆王为什么会爽约呢？有的说周穆王回国之后没多久就死去了，还有的说四年后西王母来到周国

与周穆王欢聚一堂。总之，那已经是太久远的事情，现在已经没人能说得清楚。

历史上很多文人写过诗文借用过这段故事。晚唐诗人李商隐在他的《瑶池》这首诗中写道："瑶池阿母倚窗开，黄竹歌声动地哀。八骏日行三万里，穆王何事不重来。"我们不去探究李商隐写这首诗讽刺当朝皇帝不顾民间疾苦、一心求仙成道的本意，我们只把它当作一首爱情诗来解读：西王母日夜思念周穆王，这一天又如平常一样满脸愁容地推开窗户，她望着远方，期盼出现那熟悉的身影。忽然，一阵哀伤的黄竹歌声响彻大地，那是她的心上人为贫苦百姓写的歌。可是，心上人啊，你又在哪里呢？日行三万里的八匹骏马呀，你们为什么没有载着我的穆王来这瑶池如约赴会？

据说，有一年春天非常寒冷，狂风夹着大雪，很多百姓都被冻死。周穆王正好经过一个叫黄竹的地方，看到冻死的百姓，顿生怜悯之心，于是写下三首诗表达自己的哀伤，这些诗称为《黄竹》。

在《山海经》这本书中也有个西王母，这个西王母就是我们在后羿射日中提到的那个西王母，人身、豹尾、虎牙、声如野兽、

蓬头垢面。周穆王见到的西王母一定不会是这样的，不然周天子也不会对她一往情深，我更愿意相信这位西王母是西域一位漂亮的女首领。

西域，古代对我国玉门关、阳关以西地区的统称，范围大致是我国新疆、中亚等地。玉门关，在现在甘肃敦煌境内，古代是中原通往西域的交通要道，因西域各国多经此道运送玉石到中原，故名玉门关。阳关，也在甘肃敦煌境内，因在玉门关的南面，所以称为阳关。中国古代对山的南面或水的北面称为"阳"，简单来说，这两个地方都是阳光能够照射到的地方；反之，山的北面或水的南面称为"阴"。汉唐之际，人们由中原到西域，要么走玉门关，要么走阳关，久居中原的人走出这两道关隘（guān'ài）面对的就是茫茫戈壁，就真正离开家乡，所以这两个地方多见于文人骚客的诗文之中。比如说唐代诗人王昌龄在《从军行》中写道："青海长云暗雪山，孤城遥望玉门关。黄沙百战穿金甲，不破楼兰终不还！"又比如说唐代诗人王之涣在《凉州词》中写道："黄河远上白云间，一片孤城万仞山。羌笛何须怨杨柳，春风不度玉门关。"这两首诗都是与玉门关相关的千古绝唱。当然，写阳关的诗人也不弱，比如"诗中有画、画中有诗"被称为"诗佛"的唐代大诗人王维，他的一首《送元二使安西》便足可与这两首诗相媲美（pì měi）："渭城朝雨浥轻尘，客舍青青柳色新。劝君更尽一杯酒，西出阳关无故人。"

识微知害：密康公母亲的预言

西周王朝的第六位天子是周共王。周共王不是我们接下来这个故事中的主角，我们的主角是一位伟大的母亲——密康公的母亲。话说有一年周共王出游，密国国君密康公陪伴同行。其间有三个非常漂亮的美女投奔密康公，密康公非常喜欢她们，并把她们带回家中。

密康公的母亲一见这三个女人大惊失色，对密康公说道："赶快把这三个女人献给大王！"

满心欢喜的密康公哪里舍得把三个美女让给别人，密康公

右图是《传说时代》中的人物，你记得他是谁吗？可以把这个故事讲给别人听吗？

的母亲劝说道："三只野兽称为'群'，三个人称为'众'，三个美女称为'粲'（càn）。天子打猎的时候从来不会猎杀整群的野兽，诸侯做决策的时候至少会征求三个人的意见，天子从同一家族中选娶嫔妃（pín fēi）不会超过三人，这就是礼法。粲，是世界上最美好的事物，天子尚且不敢破坏规矩，你这样的小人物怎敢如此贪心，违背礼法接纳这三个美女呢？赶快把她们献给天子，否则大王必定会治罪于你！"简而言之就是一个人千万不能要不该要的东西，不能拿不该拿的东西。

密康公早被这三个美女迷得神魂颠倒（shén hún diān dǎo），哪里听得进去母亲的劝告，执意留下她们。密康公的母亲心知家族就要大祸临头，却又无力扭转，只能感慨命不由人，徒叹奈何。

正如密康公母亲所预料的那样，周共王很快就得知密康公不守礼法的事情。礼法相当于我们现在的法律，公然违法，不把天子放在眼里，这还了

得，不刹住这股歪风邪气，以后还怎么号令天下？于是周共王兴兵，一举消灭密国。

刘向编写的《列女传》"仁智"篇中收录了这段故事，赞扬密康公的母亲能够"识微知著"，意思是她看到事物的苗头就能够预见到它的发展趋势，只可惜她的儿子不知低调做人，不知遵守礼法，更不知他这样的"小人物"有几斤几两，以至于惨遭灭国之祸。

lì wáng zhǐ bàng
厉王止谤
国人暴动与周召共和

　　周厉王是西周王朝的第十位天子，也是一位颇具争议的人物。有人说他是一位失败的改革家，想要扭转王朝的颓势，却以失败告终；有人说他是一位可与桀、纣相提并论的暴君，最终被自己的子民推翻，客死他乡。

　　周厉王继位的时候，西周王朝已经日薄西山，对诸侯的控制力越来越弱。史书上记载在周厉王的父亲周夷王时期，王室衰微，势力强大的诸侯开始不把周天子当回事儿，不按规矩朝觐天子，有的甚至攻打一些弱小的诸侯国。最过分的当属楚国国君熊渠，他认为自己地处南方蛮夷之地，与中原文化大不相同，怎能接受周天子的管束呢？于是他胆大妄为地自立为王，还学着周天子分封他三个儿子为王：大儿子句亶王、二儿子鄂王、三儿子越章王。这下可惊动天下诸侯，要知道那个时候只有周天子才能称"王"，其他的诸侯根据爵位，要么称

为"公"，比如周公，要么称为"侯"，比如蔡文侯……楚国国君是子爵，所以被称为"楚子"。他现在不叫"楚子"，自称"楚王"，周天子岂能容忍这种大逆不道的事情？天下诸侯静坐一旁等着上演周天子吊打楚子的好戏。一天、两天、三天……诸侯等得如饥似渴，周夷王却没有任何应对之策。其实，周夷王恨不得把熊渠挫骨扬灰，可是眼下诸侯对他早已离心离德，他没有能力征伐楚国。周夷王并没有死心，一直寻找一个重树王威的机会。恰在此时，纪国国君跑到周夷王那里，诬陷自己的邻居齐国国君齐哀公图谋不轨，周夷王眼睛一亮，自己能打过齐国啊！于是派人赶赴齐国，把齐哀公绑到国都，二话不说找口大锅煮杀齐哀公。国不可一日无君，周夷王马上册封齐哀公的弟弟为齐国国君，史称"齐胡公"。周夷王本以为自己这一招"杀鸡儆猴"（shā jī jǐng hóu）能重拾天子雄风，看谁还敢再挑战天子权威，可没承想半路杀出一个程咬金，齐哀公最小的弟弟可不买周夷王的账，三下五除二打败齐胡公，自立为国君，史称"齐献公"。按说周夷王应该发兵以示惩戒，可是他依然什么都没干，默认齐献公的举动。天子颜面，一朝丧尽！

就在人人都把周天子当成纸老虎的时候，周厉王继位了。史书上对周厉王的负面描写居多，不过细究历史，他应该有些建树，比如之前提过的那个熊渠，在周厉王面前竟然像只温顺的小绵羊，主动取消"王"的称号，乖乖改回"楚子"。

总体来看，周厉王的执政是不得人心的，国人对他颇有微词，一个个牢骚满腹。这里的"国人"是指居住在国都里面的人。居住在城外的人称为"野人"或"鄙人"（bǐ rén）。

召公担心国家会出大乱子，急忙进谏说："您的政策过于严苛，人民忍耐度已到极限，怨言很多！"这里的召公和下面谈到的周公都是开国时期召公、周公的后代。

周厉王一听大怒，从卫国召集来一群巫师，时刻监听大家都在聊些什么，有胆敢诽谤朝廷的，立即向他报告，按律处决。

这一招还真管用，大街上议论朝政的人少了。周厉王内心高兴，命令那些巫师要更加严格地监听国人的言论。这一下子，再也没人敢乱说话，路上碰到熟人也只是递个眼神就匆匆离开，后人称之为"道路以目"。

223

周厉王笑逐颜开地对召公炫耀道："现在没人敢诽谤我了吧！"

召公说道："您只是堵住国人的嘴，却没有疏导他们心中的怨气，这些怨气在他们心中积聚，迟早有一天会爆发出来，那种破坏力会比江河决口还要大。'防民之口，甚于防川'，您应该多倾听国人的意见，有则改之，无则加勉。像您这样只是一味地堵住别人的嘴，一定会出大乱子！"

周厉王哪听得进去召公的劝谏。一意孤行的结果就是引起国人集体不满，他们造反了！周厉王没能阻挡住国人的攻击，最后逃出国都，在彘（zhì）这个地方安顿下来。

愤怒的国人没有抓住周厉王，心有不甘，听说太子没有逃出国都，躲到召公家中，立刻包围召公的府第，要求召公交出太子，就地处决。

此时，召公在家中正做着一个艰难的决定，左思右想终于拿定主意。他把家人召集到一起："我之前劝谏大王，要他实行仁政，他不听，才导致今天的祸事。如果我们把太子交出去，太子必死无疑。太子是国家的希望！不管大王对我们怎样，我们一定要忠于这个国家。现在就是我们为这个国家尽忠的

时候！"

说着，召公指着自己的儿子，哽咽（gěng yè）着说道："我决定要你代替太子受死！"

召公的儿子也是忠勇之人，二话不说，拜别家人，勇敢地走出家门。国人不认识太子，以为召公的儿子就是太子，恨不得生啖其肉。最终召公儿子惨死于国人之手，这就是中华民族的脊梁！

这段历史称为"国人暴动"。也许是周厉王劣迹太多，诸侯竟没有一个起兵勤王，拥护周厉王回国。周厉王在彘地生活十多年，最后病死在那里。

周厉王流亡的这段时间里，国人拥戴召公和周公共同执政，史称"周召共和"。这一年是公元前841年，我国有确切纪年就是从这一年开始，一直延续到今天。在这之前，史书记载的我国各个事件发生的时间都很模糊，不够准确。公元，即我们现在使用的公历或阳历，它以基督教信仰的救世主耶稣诞辰的那年为公元元年，在这年之前称为"公元前"，在这年之后称为"公元"，公元元年相当于我国西汉时期汉平帝元年。

夕阳黄昏
xī yáng huáng hūn

昙花一现之后的落寞

宣王中兴：帝国最后的挣扎

共和十四年，周厉王病死，那位被召公藏起来的太子继位，这就是周宣王。最初周宣王能够励精图治，西周王朝面目一新，国力日渐强大、重振雄威，见风使舵的诸侯都规矩起来，该朝贡的朝贡、该出力的出力，历史上称这段时间为"宣王中兴"。

到了晚年，志得意满的周宣王有些膨胀，不顺耳的就不听、不顺眼的就杀掉，几次对外战争均以失败告终、损失惨重，西周王朝的轨迹又一次掉头向下，许多诸侯又不把周天子当回事儿了。

千金一笑：周幽王烽火戏诸侯

西周王朝最后一代天子是周幽王，他可没有自己父亲周宣王那么英明神武，他重用的大臣都是些奸佞之人，百姓怨声载道。这时，周国境内发生地震，江河断流，一些有识之士悲叹道："难道我们要亡国了！"据传说，早在周幽王出生之前就已经有人预测到他将是亡国之君。当初周宣王让那人给尚在娘胎中的周幽王占卜，那人向周宣王汇报占卜结果："如果这孩子出生健全，就会亡国；如果出生残疾，就会国祚（guó zuò）永续！"周幽王健健康康地出生了，周宣王想起占卜结果一肚子担忧，想要把这孩子处死。大臣听说这事急忙进谏，说周宣王只有这么一个儿子，处死他，谁来继承王位呢？最后，周宣王听从大臣的建议，留下周幽王。当然，这只是传说，权当是茶余饭后的谈资。

周幽王做的最荒唐的事情就是"烽火戏诸侯"。

褒国国君犯了错误，被周幽王抓起来，一关就是三年。三年间，褒国人想尽一切办法营救国君，周幽王就是不为所动。最后褒国人把一个非常漂亮的姑娘献给周幽王。周幽王一见这姑娘就心生爱慕，很快释放了褒国国君。这位姑娘就是这个故事的女主角褒姒（bāo sì）。

要说这褒姒有多漂亮，借用唐代诗人白居易《长恨歌》中的一句诗来形容："回眸一笑百媚生，六宫粉黛无颜色。"周幽王对褒姒有多宠爱呢？也可以借用《长恨歌》中的一句诗来形容："后宫佳丽三千人，三千宠爱在一身。"自褒姒入宫以后，周幽王的眼中再没有了别人。

如果没有后面的事情，周幽王和褒姒这段爱情故事一定能够成为千古传唱的佳话，可历史给我们看到的却是一幕悲剧。褒姒虽然漂亮，但她整天闷闷不乐，从来不笑。周幽王为此十分焦急，束手无策。周幽王对褒姒那可是真爱啊，为了能够让褒姒快乐起来，周幽王在全国悬赏，谁要是能让褒姒笑一笑，加官晋爵、赏赐千金。

一个大臣想出个好主意，对周幽王说道："大王点燃骊（lí）山的烽火，诸侯看见烽火，以为国都被异族攻打，必定会日夜兼程前来勤王护驾。等他们到达国都发现没有战事，也一定会懊恼地率军离开。当夫人看到这些人被大王戏耍得风尘仆仆而来，又狼狈而去，一定会哈哈大笑起来！"

周幽王认为这是一个好主意，就带着褒姒、领着群臣来到骊山之上，摆下筵

右图是《神话时代》中的人物，你记得她是谁吗？可以把这个故事讲给别人听吗？

席（yán xí）。群臣不知周幽王葫芦里卖的是什么药，议论纷纷。周幽王看着这些大臣得意扬扬、笑而不语。忽然，周幽王一声令下：点燃烽火！

周幽王这看似轻描淡写的命令，吓得群臣手足无措。你道这是为什么？原来，古时候通信不便，一旦外敌入侵，再派人四下报告敌情、请求援兵，根本来不及。人们想出一个好办法：建造烽火台。骊山是镐京的屏障，在山上每隔几里就建造一个烽火台，烽火台里预备着干柴等易燃且易生烟的东西，只有遇到紧急军情，需要诸侯立即赶来支援的时候才会点燃烽火台里的东西。一个烽火台燃起浓烟，相邻的烽火台看到这些烟火也会点燃烽火，接着是第三个、第四个……这样信号就会传递很快、很远。诸侯看到烽火，就会立即带兵赶往国都保护天子。如今没有遇到敌情周幽王就让点燃烽火，这不是在向诸侯传递错误信号吗？把国家大事当作儿戏，这可是闻所未闻的事情，所以大臣都被吓得惊慌失措。

没过多久，远处就尘土飞

扬，附近的诸侯领着军队陆续赶到骊山。见到周幽王，他们愣住了。骊山上，乐声悠扬，周幽王和大臣正推杯换盏，哪里像是有敌情啊！

周幽王站起身来，对着诸侯说道："大家辛苦了！这里没什么紧急情况，我只是和你们开个玩笑！赶快回去休整吧！"

诸侯知道被周幽王戏耍，心中带气地领兵返回封国。看着垂头丧气而去的军队，周幽王哈哈大笑，这一笑也感染到旁边的褒姒，她也跟着笑起来。周幽王见这一招灵验，后来又有几次为博取褒姒一笑，点燃烽火，诸侯被周幽王折腾得心力交瘁（xīn lì jiāo cuì）。

平王东迁：西周王朝的终结

周幽王的王后是申国国君申侯的女儿，她生下一个儿子，被立为太子。周幽王自从宠爱褒姒之后，就对王后爱搭不理，总想找个机会立褒姒为王后。没过多久，褒姒也为周幽王生了一个儿子，周幽王非常欢喜，不顾大臣的反对，废掉申后和太子，立褒姒为王后，立褒姒的儿子为太子。

申后和她的儿子被周幽王赶回娘家申国，这可惹恼了申侯。亲闺女受欺负，当爸的一定要为她出头。申侯的办法很简单，起兵造反！虽然西周王朝的国力已经江河日下，但是一个小小的申国还是无法凭借一己之力推翻周天子的统治。不过，这个世界上就是不缺少志同道合的朋友，申侯联合缯（zēng）国和周国的宿敌犬戎一起攻打周幽王。"戎"是我国古代中原地区对西部敌对民族的统称。"犬"，一说是中原人士对这些民族的蔑称，也就是骂他们是狼、是狗；另一说是这些民族的图腾是狼或狗。总之，当时犬戎是一个很强悍（qiáng hàn）的民族。

周幽王见叛军将至，急忙命人点燃骊山上的烽火，搬取救兵。他左等右等，眼看着叛军打到城下，也不见一个救兵的影子。这是怎么回事呢？原来，诸侯见到骊山上燃起烽火，以为周幽王又要拿他们寻开心逗褒姒一笑，谁都不愿再做傻瓜，没有一个诸侯前来救援。

周幽王手下的那点军队根本阻挡不住叛军。很快叛军就冲入都城，周幽王见势不好，带着褒姒、太子逃向骊山。他们刚逃到骊山，叛军就赶了上来，周幽王和太子被杀，褒姒一说是被杀，另一说是被犬戎掳（lǔ）走。

虽说是三路大军，但申国、缯国兵力弱小，还是以犬戎为主力，申国、缯国无力约束犬戎，犬戎在镐京城内烧杀抢掠、为所欲为，一座繁华的都城顷刻间只剩瓦砾（wǎ lì）。

诸侯陆续得知周幽王被杀的消息，浩浩荡荡地赶赴镐京勤王救驾。犬戎见诸侯联军将到，无心恋战，带着无数战利品扬长而去。

犬戎退去，幽王已死，诸侯拥立申侯的外孙、原来的太子为天子，这就是周平王。残破的镐京已经无法立国，周平王在诸侯的护卫之下迁都到成周洛邑，历史上把这之后的周王朝称为东周，这一年也是历史上"春秋时期"的开始。自此以后，周天子名义上还统治着这个国家，实际上周国已经沦落为一个普通的小国，无力指点天下。正如孔子所说"天下有道，则礼乐征伐自天子出；天下无道，则礼乐征伐自诸侯出"，天下已经不是有道的天下，周天子也不再是历史的主角。